봄을 마주하고 10년을 걸었다

세월호 생존자, 형제자매,

그 곁의 이야기

봄을
마주하고
10년을
걸었다

세월호참사 작가기록단

세월호 청(소)년이 마주해온
열 번의 봄

"8년 전 세월호로 친구를 잃으면서 그게 마지막 눈물인 줄 알았는데 친구들을 또 잃었다. 누군가를 잃는 것이 정말 이번이 마지막이길."

— 2022.11.4. 이태원역 1번 출구 추모글

세월호참사가 있던 그날로부터 8년 뒤. 159개의 우주가 사라진 이태원참사 현장에 세월호 생존자이거나 희생자의 친구가 남긴 것으로 보이는 메모 한 장이 붙었다. 심장이 조여온 건 우리만이 아니었을 것이다. 십 대 때 세월호를 겪고 이십 대에 다시 또래들의 죽음을 목격한 이들은 어떤 심정으로 이 지독한 사회를 살아내고 있을까. 참사가 남긴 충격과 고통의 깊이만큼 이 사회가 근본적으로 성찰하고 변화하기를 바라는 열망과 다짐의 언어로 자신을 '세월호 세대'라 부른 유가족 형제자매나 생존자의 얼굴이 떠올랐다.

　또 한 번의 봄이 오고 또 한 번의 봄이 오고. 그렇게 열 번째 봄이 찾아오는 동안 청소년에서 청년이 된 그들은 어떻게 그날들을 마주해왔을까. 인생의 그 어느 때보다 변화와 이동이 잦은 시기를 통과하는 동안, 재난 피해자라는 위치성은 그들의 삶에 어떤 지문을 남겼을까. 박근혜가 탄핵되고, 이태원에서 다시 시민들이 버림받고, 오송에서, 반지하에서 다시 누군가 물에 잠겨 목숨을 잃는 동안, 그들의 마음은 어떻게 요동쳤을까. '가만히 있으라'로 대표된 세월호의 명령들이 더는 되풀이되게끔 하지 말자던 다짐이 어느새인가 옅어지고 흩어지는 동안, 그들의 삶에는 또 어떤 다짐들이 새겨졌을까.

　세월호참사 2주기에 발간된 『다시 봄이 올 거예요』는 단원고 생존자와 유가족 형제자매의 이야기를 담고 있다. 그 책의 인터뷰를 마치면서 우리는 '참사의 본질을 어디서 찾아야 하는가'라는 새로운 질문을 품게 되었다. 누구나 참사 당시의 잔혹함과 참사를 낳은 원인 규명에는 관심을 두지만, 참사 이후 피해자들에게 찾아온 또 다른 고통을 섬세하게 헤아리는 이들은 많지 않다. 어쩌면 참사의 본질은 사건 '이후'에 있는지도 모른다. 그도 그럴 것이 생존자와 유가족, 형제자매가 처한 '어린 피해자'라는 위치는 참사 이후 1년 사이에 그들의 삶을 송두리째 헤집어놓았기 때문이다. 십 년이 지난 지금, 그들의 삶은 또 어떻게 바뀌었을까. 그들의 이야기를 기어코 다시 들어야 했다.

세월호 10년의 기록을 시작하며 『다시 봄이 올 거예요』에 등장한 이들 외에 새로운 인터뷰이를 더 찾아보기로 했다. '인터뷰할 사람 찾기가 아직도 이렇게 어렵다고?' 생존학생과 유가족 형제자매 중에서 구술자를 찾기 어려운 현실에 맞닥뜨리고 우리는 적잖이 놀랐다. 점과 점으로 간신히 이어져 있거나 끼리와 끼리로 흩어진 이들에게 타전을 보내는 일부터가 쉽지 않았다. 유가족 부모와 달리 형제자매와 생존자는 어째서 더 모이기 힘들었고 모였다가도 흩어져야 했을까. 10년이란 세월이 흘렀어도 여전히 말할 수 없는 이들과 10년이나 지났기에 더는 말하고 싶지 않은 이들의 침묵 앞에서 속이 저렸다.

다행이라 해야 할지, 시간은 하나의 방향으로 균일하게 흐르지 않았다. 10년간 자기의 자리에서 묵묵히 말하기를 이어왔던 이들과, 10년째라서 말할 수 있게 된 이들과, 아직 10년이니 더더욱 말해야 한다고 믿는 이들이 우리가 보낸 타전에 응답했다. '당신은 자식 잃은 부모가 아니지 않은가. 당신은 살아 있지 않은가. 당신은 생존자 중에서도 덜 힘들어하는 사람 아닌가. 당신은 유가족도 생존자도 아니지 않은가.' 사회가 정한 피해자의 범위와 말할 자격이라는 혹독한 잣대 앞에 침묵을 강요당했던, 말하고 싶다와 말해도 되나 사이에서 서성였던 이들이 조심스레 물었다. "저도 말해도 되나요?" 그 서성임이야말로 세월호 10년을 기록해야 할 이유라고 우리는 답했다. 세월호 10년의 역사는 왜 참사 피해자들이 여전히 말하기 어려운 상황에 놓여 있는가를 질문하지 않고서는 결코 쓰일 수 없다. 수학여행에 가지 않은 '잔류학생'으로 분류되어 당사자의 위치를 박탈당했던 이가 확장된 생존자로서 구술에 참여하게 된 건 그래서 더 의미가 남다르다.

이 책은 재난 피해자가 보낸 10년을 다시 추적하여 기록한, 한국사회에서는 전례 없는 시도다. 세월호와 함께 이십 대를 살아가는 사람들이 왜 여전히 말하기 어려운가에 대한 책인 동시에, 이들이 피해자 혐오에 굴복하지 않을 수 있었던 이유에 관한 책이기도 하다. 생존자 감수성이라고는 찾아볼 수 없는 이 사회에서 그들은 각자의 위치에서, 각자의 방식으로 세월호 운동에 함께해왔다. '어린 피해자'로서 겪어야 했던 차별, 그리고 생존자에게 던져진 호기심을 가장한 낙인의 힘은 셌다. 하지만 그들을 무릎 꿇리지는 못했다. 자기 자신으로만 살기에도, 희생자의 언니 형 동생으로 살기에도 부대낄 수밖에 없는 유가족 형제자매들은 자신과도, 주변과도 싸우는 시간을 부단히 오갔다. '이미 10년이나 지난 일'이라고 말하는 사회에 맞서, 세월호에 대해 우리가 아직 알지 못하고 듣지 못한 이야기가 있다고 그들은 말한다. 세월호 운동에는 자기 자리가 없거나 뒤로 물러나 있어야 한다고 여겼던 20대 시민들은 세월호를 자기 삶과 운동으로 품어온 시간을 들려준다.

4·16이라는 사건을 각자의 목소리로 기억하는 사람들의 이야기엔 귀를 사로잡는, 아니 영혼을 포박하는 각별함이 있다. 삶에 들이닥친 사건과 자기의 위치와 주변을 오랫동안 곰곰이 헤아려본 사람만이 가지게 된 시야의 힘이랄까. 이 경이

로움이 피해자의 개별적 노력이나 몇몇 조력자와의 만남에만 빚지고 있다는 건 뼈아프다. 이는 곧 지난 10년 동안 우리 사회가 '어린 피해자'를 염려하고 프로그램을 제공하는 일에는 자못 성실했으나 수동적 위치에 놓이기 쉬운 피해자들이 자기 언어를 지닌 정치적 주체로 전환하도록 돕는 일에는, 그들이 힘을 비축하고 서로를 엮어 세울 장소를 지켜내는 일에는 게으르거나 무지했다는 증언 같다.

세월호 사건이 참사라고 불린 건 단지 피해자의 규모가 크기 때문이 아니다. 그 일이 복합적이고 다층적인 구조가 맞물려 발생한 사건이기 때문이다. 그렇기에 세월호 이후를 살아간다는 것은 피해자들이 삶을 새로이 구축하고 사회와 다르게 연결되도록 돕는 일을 포함하여, 참사를 빚어낸 구조를 바꾸는 과정이 되어야 한다. 피해자들의 위치는 단일하지 않다. 각자 다른 방식으로 참사를 살아낸다. 참사로 인해 삶이 송두리째 뒤바뀐 사람들의 이야기를 제대로 듣기 위해서는 그만큼 다양한 시야가 확보되어야 한다. 1년이 넘는 시간 동안, 기록단 여럿이 구술자 한 명을 함께 만나기도 하고 수십 차례 머리를 맞대 기록의 방향을 의논하는 공동 작업을 거친 덕분에 그 엄청난 세계의 일부나마 책에 담을 수 있었다.

지금도 말할 수 없다고 여기는 세월호 피해자들에게, 또 다른 참사의 피해자들에게, 다양한 이유로 애도를 박탈당했던 시민들에게, 이 시대를 살아가는 십 대들과 이십 대들에게 이 책이 위로와 용기가 되길 바란다. 두 번의 큰 참사를 겪었고 일상에서 더 잦은 참사를 마주하고 있는 이십 대에 대한 사회적 논의가 촉발되는 계기가 되면 좋겠다. 이 책의 기록 작업에 여러모로 도움을 준 4·16세월호참사 가족협의회와 구술자를 만나는 데 가교 역할을 해준 인연들, 무엇보다 구술에 참여해준 이들에게 감사를 전한다.

열 번째 봄,
4·16세월호참사 작가기록단

차례

첫 번째 이야기

살아가다 문득 그곳에

생존자 한수영 이야기

운동과 사람, 대화를 좋아하는 한수영이 선택한 직업은 물리치료사다. '목표가 없으면 인생이 재미없다'는 그에게 대학 졸업 무렵 치른 국가고시는 큰 도전이자 성취였다. 자격을 취득하기 위해 3개월간 "불같이 달려" 공부해본 시간은 인생의 주요 변곡점으로 꼽을 만큼 소중하다. 의료 현장에서 환자를 직접 만나는 일도 순조롭게 해나가고 있다. "성격이 참 좋으시네요"라는 반응을 가장 많이 접한다. "서슴없이 재치 있게" 안부를 묻고, 증상을 염려하는 그의 태도가 아픈 사람의 뾰족해진 마음을 누그러뜨리나 보다. 그러한 치료사를 만나는 건 환자로서 행운이다. 친근한 대화를 나누는 순간만큼은 통증을 잠시 잊고, 평범한 일상으로 돌아올 수 있으므로. 서글서글한 그의 성품 덕분에 불필요한 긴장을 덜고 인터뷰에 집중한 나는 환자의 마음을 충분히 짐작해볼 수 있었다.

"마음이 좀 편안해지니까 잊으면 안 된다는 생각이 더 드는 것 같아요." 지금까지 한 번도 외부 인터뷰에 응한 적 없던 그가 10주기를 앞두고 자신이 나서야 할 이유를 찾았다. '이제는 괜찮아졌다'는 한수영의 증언을 연거푸 들으며 나는 궁금해졌다. '괜찮다'는 건 무엇일까. 더 정확히 말하자면 생존자로서 그는 '어떻게' 괜찮아질 수 있었을까. 괜찮아져서 다행이라는 말을 살며시 건네며 그가 들려줄 회복의 여정에 귀 기울이기 시작했다.

◆

생존학생 도보행진을 한다고 했을 때 '나도 같이 갈까?' 고민은 했지만 결국 가진 않았어요. 그때는 우리가 직접 뭔가를 보여줘야 한다는 필요성을 느끼지 못했던 것 같아요. 세월호에 관심을 보이는 시민도 많았고, '우리가 움직인다고 해서 뭐가 바뀌겠어?'라는 마음도 솔직히 있었던 것 같고요. 나서려면 나설 수 있는 성격인데도 당시에는 좀 가만히 있었죠. 친구들이 세월호 관련 활동을 할 때도 조용히 옆에 있다 가는 정도로만 참여했어요.

10주기를 앞두고 보니 세월호참사를 잘 모르거나, 알긴 알지만 별다른 관심을 두지 않는 사람이 많아졌더라고요. 20년, 30년, 세월은 계속 흐를 텐데 우리가 나서지 않으면 세상이 이걸 잊어버릴 수도 있겠다 싶었어요. 잊어가는 사람들을 비난할 마음은 없어요. 생존자인 저 자신도 시간이 흐를수록 조금씩 현실에 익숙해지고, 적응해가고 있으니까요. 일상을 살아가며 세월호를 떠올리는 순간이 점점 줄어드는 게 어쩌면 더 자연스러운 일인지도 모르죠. 그런데 이렇게 자꾸 이해하고, 인정하게 돼버리는 것 자체가 스스로 아쉽긴 하더라고요. 잊히지 않았으면 좋겠다는 마음이 더 커서 조금 더 노력하게 되는 거예요. 누가 참사 당시 상황을 물어보면 이제는 자세하게 설명해주는 걸 좋아해요. 기억에 더 많이 남았으면 해서요.

/ 부재

저는 구조가 시작된 후 초중반에 배에서 나왔어요. 바로 체육관으로 가서 옷 갈아입고, TV를 봤어요. 정신없는 와중에도 TV는 설치되어 있더라고요. 우리나라가 쓸데없는 건 참 빨라요. 뉴스가 나오는데 '전원 구조됐다, 안 됐다' 말이 계속 바뀌는 거예요. 그냥 전원 생존이었으면 좋겠다는 바람이었지 누가 꼭 살았으면 좋겠다… 이런 생각은 들지 않았어요. 저는 한동네에 계속 살아서 한 무리로 초중고를 다 같이 올라갔어요. 두루두루 서로 얼굴을 다 알고, 친한 사이였고요. 참사는 저에게 같이 놀고 자란 친구들이 한꺼번에 사라진 사건이었어요.

고려대 안산병원에 있을 때 친구들 장례식이나 발인을 보러 가지 못하게 했어요. 그래도 친한 친구 장례식은 가고 싶어서 몰래 다른 학교 친구한테 부탁해 사복으로 갈아입고 나갔거든요. 그런데 도착해서 친구 부모님 보자마자 할 말이 없더라고요. '죄송합니다'라는 말밖에는… 지금 와서 생각해보면 제가 살아 나온 게 죄송할 일도 아니고, 친구를 구할 수 있는 상황도 아니었지만, 그때는 그 말이 나왔어요. 정말 많이 울었어요. 양옆에 앉은 애들이 밥 먹고 있는데 저는 혼자 계속 울면서 앉아 있던 기억이 나요. 이 친구 부모님을 너무 다시 뵙고 싶었는데 타이밍을 놓치니까 도저히 못 가게 되더라고요. 옛날처럼 편하게 "어머니, 저 왔습니다" 하고 뵙기에는 스스로 느꼈던 죄책감이 커서 다가가기가 힘들었어요. 시간이 흐를수록 점점 멀어져서 이제는 따로 만날 수 없는 존재가 되었어요.

병원에 도착해서 부모님을 만났을 때 엄마가 혼자 울고 계셨어요. 괜찮으시냐며 제가 오히려 위로해드렸죠. 아빠도 한쪽에서 울고 있다가 "힘내고, 애들 몫까지 다해서 더 열심히 살아야 한다"고 말씀하셨어요. 이후에 부모님과 세월호 관련 이야기를 직접 나눠본 적은 거의 없어요. 할아버지가 돌아가셨을 때, 아빠가 통곡하듯 우는 걸 보고 저 혼자 생각에 잠긴 적은 있어요. 내가 겪은 세월호의 슬픔도 가끔 떠올리실까? 그때 제가 돌아오지 못했을 수도 있는 거니까요. 지금도 항상 저 출근할 때 나와서 인사를 받아주세요. 참사 직후 '마지막 모습일 줄 알았다면 더 오래 안아주고, 인사했을 텐데' 하는 유가족분들의 마음이 담긴 글귀가 SNS에 많이 올라왔었어요. 아빠가 그걸 보셨는지는 잘 모르겠지만, 그 뒤로 더 열심히 인사해준다는 느낌이 들어요.

/ 눈치와 반전

원래 학교 가는 걸 좋아했어요. 애들 볼

생각에 등굣길부터 설레고, 즐거워하는 타입 있잖아요. 그래도 어쨌든 학교는 단체생활이고, 정해진 규칙 속에서 살아야 하니까 조금 갑갑한 면은 있었죠. 연수원* 생활은 상대적으로 훨씬 자유롭게 느껴졌어요. 큰 충격을 받은 상태이기 때문에 억압적인 환경에 따른 스트레스를 받지 않는 게 중요하다고 의사 선생님들이 강조하셨대요. 자고 싶은 만큼 자고, 친구들과 밤새도록 대화하고… 그곳에서 친구들과 함께 보낸 시간은 평생 못 잊을 것 같아요. 서로 더 돈독해졌고, 지금까지도 계속 만나는 힘이 여기서 오지 않았을까 싶어요.

연수원을 떠나 일상이 다시 시작되면서 오히려 스트레스를 받았던 것 같아요. 연수원에서는 우리끼리만 있으니까 때때로 서로 장난도 치고, 웃기도 하고 그랬는데 밖에서는 스스로 눈치를 보게 되더라고요. 세월호 관련 행사에 가면 사람들이 알아보지는 못해도, '내가 웃어도 되는 건가?' 하는 생각이 스쳤어요. 무엇보다도 다른 학교에 다니는 또래를 만날 때 신경이 가장 많이 쓰였어요. 예를 들어 외부 봉사활동을 가서 서로 몇 학년인지, 어디 사는지 물어볼 수 있잖아요. 고등학교 2학년이고, 안산에 산다고 하면 "너 혹시 단원고등학교야?" 이런 반응이 오는 거죠. 괜히 숨기고 싶고, 말하고 싶지 않아서 실제로 다른 학교 이름을 말한 적도 있어요. 저는 상대방이 놀라는 게 싫

---

* 세월호 생존학생 75명 중 69명은 고려대 안산병원 퇴원 후 2014년 4월 30일부터 6월 24일까지 안산시에 소재한 중소기업연수원에서 지냈다. 그곳에서 학생들은 심리지원 프로그램, 멘토링 프로그램, 교과 수업 등을 하면서 함께 생활했다.

더라고요. 괜찮냐고 묻고, 걱정해주는 거야 너무 고맙죠. 그런데 가끔 저를 되게 불쌍하다는 듯 볼 때가 있어요. 측은하게 보는 눈빛이 있거든요. 그 눈빛의 의미가 정확히 무엇인지는 모르겠지만, 지금도 여전히 느낌은 남아 있어요.

대학에 가서는 단원고의 '단' 자, 세월호의 '세' 자도 먼저 꺼내지 않았어요. 굳이 이야기하고 싶지 않았고, 얼굴 붉히고 싶지 않았어요. 그걸로 말이 오가는 게 싫었어요. 그래서 저는 겉보기엔 되게 밝은 친구였죠. 남들하고 똑같이 친구들이랑 재밌게 놀고, 공부하고, 축구하고, 게임 하고, 술도 마시고 평범하게 지냈어요.

그러다가 2학년 때 친한 동기가 밤늦은 시간에 전화를 걸어 온 적이 있어요. 무슨 일 있냐고 물었더니, 술에 살짝 취한 목소리로 "너 왜 그랬냐? 어떻게 그렇게 지낼 수 있냐?" 그러더라고요. 순간 느낌이 확 왔죠. '이거 세월호다.' 제가 눈치가 빠르거든요. 근데 계속 모른 척하면서 "뭐가?" 했더니, 어떻게 그런 일을 겪었으면서 아무렇지 않게 밝게 지낼 수 있냐고, 왜 그렇게 연기했냐고 그러더라고요. "그냥 지내는 거지, 뭐" 하면서 일부러 자연스럽게 넘겼더니 자기가 더 슬프다고, 그렇게 밝게 안 지내도 된다고, 술 취해서 같은 말을 계속 반복하더라고요. (웃음) "빨리 자" 하고 전화를 끊고, 다음 날 아침 학교에서 만났는데 언제 그런 통화를 했나 싶게 평소처럼 지냈어요. 그 뒤로 이 친구가 세월호 이야기를 꺼낸 적은 한 번도 없어요. 어딘가에서 듣고 마음속에 간직하고 있었는데 술김에 뭔가 올라왔던 모양이에요.

　슬프고 우울한데 일부러 밝은 척하거나 연기를 한 건 아니었어요. 다만, 눈치를 보는 밝음이랄까요. 세월호가 언급되면 잘 모른다는 듯이 가만히 있고, 안산이 화제로 떠오르면 화장실에 간다거나 다른 장소로 옮겨 갔어요. 세월호에 대한 당시 사회적 분위기의 영향도 받았던 것 같아요. 언론이 워낙 세월호와 관련된 사람들을 부정적으로 그리니까, 저도 똑같은 방식으로 취급될까 봐 두려웠거든요. 특히 입학 초반에는 '특례'라는 말에 스스로 갇힌 측면도 있는 것 같아요. 아무런 노력 없이 대학에 들어온 게 아니었지만, 사람들은 다르게 볼 수도 있으니까요. 이게 좀 많이 신경 쓰여서 항상 눈치를 봤어요. 그래서 더 보여주려고 열심히 공부한 측면도 있어요. 참사로 피해를 인정받아 특별한 지원을 받은 것은 맞지만, 그 이후를 책임지는 건 제 몫이니까요. 국가고시에 합격하고 대학원에도 진학한 지금은 생각이 달라졌어요. 예전처럼 부담스럽게 느껴지지 않아요. 저 스스로 해낸 거니까요.

　대학 졸업을 앞두고 한 술자리에서 동기들에게 제가 단원고 생존자라고 먼저 말을 꺼냈어요. 4년 넘게 알고 지낸 친구들이니까 이제는 이야기할 때가 됐다 싶었거든요. 근데, 이미 다 알고 있더라고요. "너 알았어?" "너희 진짜 알았어?" 제가 놀라서 막 물어보고. (웃음) 다들 모르는 척하고 있었던 거예요, 졸업할 때까지. 알고도 티 내지 않았던 거죠. 되게 고마웠어요. '이야기해서 뭐 해? 때가 되면 본인이 먼저 말하겠지.' 이런 마음들이었다고 하더라고요. 자연스럽게 제 속마음을 좀 더 말하게 됐는데, 그러다 보니 친구들의 슬픈 사연도 듣게 됐어요. 이 날 술자리가 완전 눈물바다였어요. 내 슬픔이 굉장히 크다고 생각했는데, 친구들한테도 각자의 큰 슬픔이 하나씩 있더라고요. 나만 힘든 게 아니라는 걸, 친구들도 각자 견디고 있는 부분이 있다는 걸 알았어요.

/ 트라우마와 우정

정말 바닷물이 시커멨어요. 배가 기우는 건 느껴지는데 물에 못 들어가겠는 거예요. 어렸을 때 동생하고 수영장에서 놀다가 깊은 곳에 빠진 적이 있어서 물을 무서워했어요. 여길 나가야 내가 살긴 할 텐데, 사리분별이 안 될 정도로 물이 너무 무서워서 엄청 고민했어요. 어떡하지, 어떡하지 계속 망설이다가 결국엔 뛰어들었는데, 트라우마로 크게 남긴 했죠. 사고 겪고 초반에는 배를 타는 것도 힘들었어요. 물에 들어가는 것도 마찬가지였고요.

물이 덜 무서워진 계기가 하나 있어요. 3년 전에 고등학교 때 친구들하고 놀러간 계곡에 높이가 2미터 정도 되는 절벽이 있었거든요. 어린아이들도 막 물속으로 뛰어내리면서 노는데 저는 못 하겠는 거예요. 같이 간 친구들 중에 저처럼 못 뛰어내린 애가 한 명 또 있었는데, 두 시간 동안 그 친구랑 같이 절벽 위에서 '뛰어, 말어' 계속 고민하던 와중에, 친구가 먼저 뛰어내리더라고요. 저도 도전해보려고 절벽 끝으로 다가섰는데 너무 무서웠어요. 그렇다고 뒤로 물러서기엔 너무 해내고 싶고. 제가 한참을 망설이고 있으니까 친구가 다시 올라왔어요. 제 입술이 겁에 질린 사람처럼 진짜 파랬대요. 한 시간쯤 더 흐르고 해 질 무렵 결국 혼자 뛰어내렸어요. 해보니까 별거 아니구나! 저한테는 진짜 뜻깊은 날이었어요. 여기까지 왔는데 걸어서 절벽을 내려가고 싶진 않았거든요. 이겨내고 싶었어요. 같이 기다려준 친구들이 있어서 포기하지 않을 수 있었던 것 같아요. 지금도 의미 있는 추억으로 남아 있어요.

저는 누구에게 쉽게 의지하는 성격은 아니에요. 최대한 스스로 해내려고 해요. 그런데 당장 고등학교 때 친구들이 곁에 없다고 생각하면 마음이 조금 흔들리는 것 같아요. 무슨 일이 있든 그냥 옆에 같이 있어준 친구들이에요. 16년을 알고 지냈죠. 요즘엔 자주 못 보는 편인데도 어쨌거나 한동네에 사니까 일주일에 한 번은 만나요. (웃음) 막 놀리듯이 떠올릴 수 있는 사소한 추억이 너무 많아요. 말로 설명하고 나면 사실 별것도 아닌 일 있잖아요. 그런 일들이 쌓여서 지금의 우리가 된 거죠. 이제 서로를 너무 잘 알고, 성격도 잘 맞으니까 만날 때마다 소중하다는 생각을 하죠.

참사 이후 초반 3년 동안엔 기억 자체가 사라졌으면 좋겠다는 생각도 솔직히 했어요. 먼저 떠난 친구들을 잊고 싶진 않은데, 좋지 않은 기억을 자꾸 되새김질해야 하는 상황이 참 힘들었어요. 잊고 싶지만 잊히지 않고, 잊어서도 안 되는 기억이라고 해야 할까요. 마음이 복잡하고 어렵더라고요. 풀리지 않는 고민을 계속 붙잡고 가는 성격은 아니어서 이후 한 3년 정도는 그냥 내려놓고 일상에 푹 빠져 지냈어요. 그러다 8주기 무렵, 기억하려는 마음이 더 소중하다는 생각이 들더라고요. 참사는 있어서는 안 될 일이었지만, 그 뒤에 빚어진 상황과 환경은 저와 친구들을 단단히 묶어주기도 했어요. 병원이나 연수원 생활도 그렇고, 함께 보낸 시간이 많으니 함께 겪는 일도 많았고요. 돈독한 관계가 된 거죠. 그 모든 일이 어쨌든 하나의 추억이라는 생각이 드는 거예요. '잊으면 안 되는 소중한 시간이다.' 한편으로는 추억이라는 단어를 꺼내는 것 자체가 먼저 떠난 친구들에게 미안하기도 해요. 그 친구들과의 추억은 참사를 기점으로 멈춘 거잖아요… 이후는 생존한 친구들과 쌓은 추억이고, 시간이 흐를수록 그 비중이 점점 커지고 있으니까요. 떠난 친구들을 잊을 수는 없어요. 다만 추억을 같이 채워갈 수 없다는 게 아쉬운 거죠.

/ 문득, 세월호

4월 16일이 다가오면 '나의 날이구나, 친구들 얼굴 보는 날이구나' 해요. 특별한 건 없고, 매해 똑같아요. 저도, 친구들도 일을 놓고 다 모여요. 다섯 명이 한 차로 다니면 편하니까 그 정도씩 모여서 안산 하늘추모공원, 평택 서호추모공원, 화성 효원납골공원 세 곳*을 쭉 돌아요. 아침 일찍부터 움직여야 화랑유원지에서 시작하는 추모행사 시간에 딱 맞춰 도착할 수 있어요. 도착해보면 중학교 때 친구들도 와 있어요. 저는 맨 뒤에서 보고 있다가 행사가 끝나면 조용히 빠져나와요. 그러고는 친구들과 저녁을 먹거나 술 한잔하고 흩어져요. 동창회 아닌 동창회 느낌이죠. 4·16과 관련된 이야기를 나누기도 하지만, '오랜만이다' '얼굴 보기 힘들다' '어떻게 지내냐'… 평소 술자리랑 비슷해요.

돌이켜보면 저는 운이 좋았던 편이에요. 저희 동네가 이웃끼리 왁자지껄 엄청 친하게 지냈었는데, 사고 소식 듣고 다들 놀라고 걱정은 많이 해주셨지만 4·16 이전과 크게 달라진 건 없었어요. 저를 평소와 똑같이 대해준 게 오히려 좋았어요. 대학 다닐 때 담당 교수님도 제가 세월호 생존자인 걸 안 뒤로 챙겨주고, 안부 전화도 많이 걸어주고 그러셨어요. 세월호참사를 두고 인터넷에 떠도는 안 좋은 이야기는 많이 접했지만, 주변에서 직접 겪은 일은 하나도 없었네요. 우연히 식당에서 밥 먹다가 세월호에 대해 막말하는 손님과 싸웠다는 친구도 있었는데, 저는 그런 일을 겪은 적도 없어요. 상처받는 일이 적어서였을까요. 저는 어느 순간부터 평탄하고 완만하게 괜찮아졌어요.

* 세월호참사로 희생된 단원고등학교 학생들과 교사들의 유골이 세 군데 공원에 나뉘어 안치되어 있다.

일상을 잘 살아가다가 문득 제가 세월호 생존자라는 걸 자각하는 순간은 있어요. 비행기나 배를 탈 때마다 비상구가 어디에 있는지 항상 확인해요. 비상시 매뉴얼도 다 정독하고, 머릿속으로 시뮬레이션을 한번 돌려봐야 마음이 편해요. 뉴스에서 재난참사 소식을 접할 때면 세월호 기억이 스치고요.

단원고등학교에서 걸어 나오는 길가에 벚꽃이 예쁘게 펴요. 그쪽 길을 평소에 자주 가진 않지만, 약속이 있어 지나칠 때가 있어요. 야간자율학습 끝나고 애들하고 벚꽃 사진 찍으며 놀던 거리를 지나면 그때 생각이 확 나요. 마치 영화처럼, 같이 있었던 장면이 상상 속에서 펼쳐지는 거죠. 세월호참사가 없었다면 그 거리가 이렇게까지 각별하게 느껴지진 않았을 것 같아요. 친구들과의 추억을 회상할 수 있는 장소여서 저에겐 의미가 있어요.

/ '좋은 우울'을 간직하며 살다

세월호를 주제로 다룬 다큐멘터리나 영화가 나오면 거의 다 챙겨 보는 편이에요. 여전히 이런 작품이 나온다는 게 반가워요. 제가 겪은 일이니까 보고 싶고, 어떤 이야기를 담아 만들었을지 궁금하기도 해요. 정확하게 취재를 했는지, 혹시 또 거짓말을 하고 있지는 않은지 지켜보려는 마음도 있고요. (웃음) 다큐멘터리는 사실적으로 보여주니까 그때 상황을 다시 생각할 수 있게 해주잖아요. 시간이 많이 흐르다 보니 저도 종종 놓치거나 잊어버린 내용이 있어요. '맞아! 저랬었지' 하면서 더 잘 기억하고 싶어서 보기도 해요. 보고 나서도 괴롭거나 힘들지 않아요. 말로 표현하기 어려운데, 저는 그냥 좋아요. 완전히 공감되는 슬픔이라고 해야 할까요. 드라마를 볼 때도 주인공이 겪는 상황에 공감할 때가 있지만 그건 진짜 내 일은 아니잖아요. 차원이 좀 다른 것 같아요. 보면서 엄청 큰 슬픔이 닥치기도 하고 우울해지기도 하지만, 그래도 되게 좋은 우울이에요. 예전에는 세월호와 관련된 영상을 한 번 보면, 그걸 다시 보는 일이 거의 없었어요. 요즘은 계속 보게 돼요. 배에 물이 차오르기 전에 친구들이 찍은 영상 같은 것도 예전에는 잘 못 봤거든요. 지금은 간직하고 싶어졌어요. 시간이 흐르면 조금씩 이렇게 되는 걸까요? 참사를 겪은 피해 생존자들이 다 이런 과정을 겪는지는 잘 모르겠지만, 저는 그렇게 느껴요.

말씀하신 것처럼 이것 역시 애도의 한 과정일 수 있겠네요. 지금의 감정도 느끼고 그때의 감정도 떠올리면서, 우울함이나 슬픔을 밀어내기보다는 제 안에 간직하게 돼요. 세월호 자체를 잊는 건 아니지만, 당시에 힘들고 안 좋았던 감정은 점점 잊혀가는 느낌이 들어요. 그것들이 사라진 자리에는 추억이 남고요. 딱 그 정도 상태에 이른 것 같아요. 저에게는 이게 세월호를 잘 기억하는 방법이에요. 좋은 추억은 오래 간직하잖아요. 참사를 겪으면서 관계의 소중함을 크게 깨달았어요. 누군가를 순식간에 잃을 수 있다는 걸 알아서인지 친구들과 함께 보내는 시간 하나하나가 이전보다 소중하게 느껴져요. 이렇게 일상을 지내다가, 지금 인터뷰처럼 제가 할 수 있는 일을 하다 보면 세상도 잘 기억하지 않을까요. 잘 모르겠지만, 그랬으면 좋겠어요. 지금처럼 한 해 한 해 지날 때마다 멈추지 않고 기억식 같은 행사가 열렸으면 좋겠어요. 4·19나 5·18이 하나의 기념일로 계속 기억되는 것처럼요. 생존자인 저희는 잊히더라도 먼저 떠난 애들이 꾸준히 오래도록 기억되길 바라요. 먼저 떠나갔으니까 최소한 이거라도 있어야죠.

◇

억지로 잊으려 애쓰지 않아도 되는, 꺼내 보고 싶을 때 꺼낼 수 있는 아픈 기억. "세월호의 '세' 자도 꺼내기 싫었던" 시절도 있었지만, 지금은 참사의 기억이 세월호 생존자 한수영의 한 부분으로 통합되어가고 있는 듯했다. 이는 매끈하고 기계적인 결합과는 다르다. 마음의 일렁임을 무작정 덮어버리는 봉합도 아니다. '눈치를 보는 밝음' '동창회 아닌 동창회' '좋은 우울'… 슬픈 모순으로 얽힌 통합의 흔적은 어떻게든 삶을 충실히 살아가고자 했던 한수영의 분투가 빚어낸 결과다.

예상치 못하게 그의 삶에 파고든 참사는 평탄했던 일상을 할퀴고 지나갔다. 그는 어떻게 헝클어진 마음과 일상을 정돈하고, 다시 괜찮아질 수 있었을까. "기복이 별로 없는" 성품이 회복에 미친 영향을 무시할 수 없다. 참사 이후의 경험을 되짚어 보니 그의 말마따나 "운도 좋았다". 그러나 그의 곁을 두텁게 에워쌌던 우정 어린 관계들이 없었다면, 현재에 집중해 살아가다가 이따금 참사가 남긴 흔적에 머무는 한수영만의 균형점에 도달하는 데 더 오랜 시간이 걸리지 않았을까. 요란스럽지 않게 '한수영'을 그저 '한수영'으로 대하는 친구, 동료, 이웃이 있었기 때문에 그는 온전히 자신을 위한 회복의 여정에 집중할 수 있었을 것이다.

혹시나 하는 마음에 덧붙인다. 담담하면서도 뭉클한 한수영의 이야기가 여전히 트라우마의 한복판을 통과하고 있는 어느 생존자를 비난하는 근거로 쓰이지 않길 바란다. 왜 아직 그 자리에 있냐고, 언제쯤 괜찮아질 거냐고 책망할 권리는 누구에게도 없다. 다시는 이러한 고통이 반복되지 않도록 더 나은 세상을 만들 책임이 모두에게 있을 뿐이다. 생존자 한 명 한 명이 치열하게 써나가는 치유와 회복의 여정에 귀 기울이자, 요란스럽지 않게. 이것이 그/녀의 평안을 혼자만의 몫으로 남겨두지 않는 사회를 만들기 위한 첫걸음 아닐까.

/ 박민진(한낱)

그 생존자가 바로 접니다

생존자 김도연 이야기

세월호참사 9주기를 앞두고 생존자 말하기 모임을 함께 준비해주면 좋겠다는 제안을 받았다. 생존자 모임이라니! 가능할까 싶으면서도 너무나 귀한 자리인지라 열 일 제치고 달려갔다. 첫 준비 모임에서 생존자 김도연을 만났다. 언론에 실린 인터뷰 기사에서 간간이 보았던 사람이라 그런지 내심 낯설지 않았다.

이를 도(到)에 예쁠 연(娟). 이름처럼 도연은 빈틈없이 찬찬히, 정성껏 예쁘게 생존자 친구들을 초대할 자리를 마련해나갔다. 요렇게도 생각해보고 저렇게도 생각해보면서 누구도 상처받지 않고 안전하게 자기 이야기를 꺼내놓을 방안을 열심히 궁리하는 모습이 믿음직했다. 준비하는 과정에서, 그리고 기적처럼 성사된 말하기 모임에서 김도연이 꺼내놓은 이야기들 역시 마음을 사로잡았다. 그 자리에 함께한 이들만 듣고 말기에는 너무도 아까운 이야기였고, 이야기 너머의 이야기도 더없이 궁금해져 조심스레 이 책의 인터뷰를 제안했다. 그는 단숨에 승낙해주었다.

생존자 중에서는 비교적 괜찮은 편에 속해서, 예전엔 괜찮지 않았을지 몰라도 지금은 괜찮아져서 김도연이 다른 친구들까지 살피는 자리를 만드나 보다 생각했는데, 완전한 오판이었다. 세월호참사가 온몸을 관통하여 그대로 각인된 사람, 생존자로서의 책임까지 몸에 새겨온 사람, 김도연은 누구와도 다른 시간을 지나왔고 누구와도 다른 여기에 이르러 있었다.

◆

얼마 전에 회사 대리님이랑 이야기하다 신기한 발견을 했어요. 당일 급하게 쓰는 연차 이야기가 나와서, 가족이나 친척이 아니라 정말 친한 친구가 죽으면 어떡하느냐고 물었죠. 그때가 직원들끼리 한창 MBTI 이야기를 자주 하던 때였거든요. "무슨 그런 생각을 해? 도연 씨 진짜 N이다." 대리님이 그러는 거예요. 터무니없는 N들의 상상이라는 식으로. 저는 그 반응에 오히려 놀랐어요. "정말 친한 친구가 갑자기 죽을 수도 있다는 생각을 한 번도 해본 적이 없어요?" 저는 그 생각을 계속해왔거든요. 학교 다니면서, 인턴 하면서, 회사 다니면서, 줄곧. 왜 친한 친구가 죽었을 때 해당하는 규정은 없는 거지? 나에게는 당장 내일이라도 당연히 일어날 수 있는 일인데. 친구가 죽으면 주말이 껴 있길 바라야 하나? 그걸 고려해서 연차를 여유 있게 남겨둬야 하나? 이런 현실적인 고민을 하는데, 남들은 생각해본 적이 없는 주제더라고요.

/ 악몽

그날 이후 지금도 꿈을 꿔요. 매번 같은

30

꿈. 대개는 일주일에 서너 번, 자주 안 꿀 때도 두 번은 꾸는 것 같아요. 참사 직후에 애들이랑 그런 이야기를 많이 나눴어요. 각자 배 어디에 있었고 어떻게 탈출했고 뭘 목격했는지. 친구들이 해준 이야기나 참사 직후에 떠다녔던 수많은 동영상을 바탕으로 제 머릿속에 그려진 그림이 있을 거잖아요. 세월호를 타보지 않은 사람들은 모르는. 해경 보트에 달린 것 같은 검은색 튜브를 타고 저 혼자 바다에 둥둥 떠 있어요. 바다 한가운데서 세월호가 침몰하는 걸 지켜봐요. 해경이 오고, 제가 탈출해서 구조되고, 친구들이 한 명 한 명 탈출해요. 사이사이 무슨 드라마처럼 배가 투명해져서 배 안의 모습이 다 보여요. 3층에서 어떤 일이 일어나고 있고 4층에서 어떤 일이 일어나고 있는지. 아수라장이 된 상황을 다 지켜봐요. 그러다 끝내 친구들이 구조되지 못하고 배가 침몰해요. 해경을 붙잡고 한 번씩은 꼭 말하는 것 같아요. 제발 구해달라고, 3층에 누가 있고 4층에 누가 있다고. 근데 해경은 저를 보지 못해요, 투명인간인 것처럼. 계속 말해도 해경은 듣지 못해요. 그렇게 침몰이 시작된 순간부터 그 침몰의 마지막 순간까지 다 보는 거죠.

깨고 나면 꿈에서 본 장면이 선명해요. 처음에는 너무 무서워서 다시 잠들지 못했어요. 꿈이 이어질까 봐. 놀라서 깨고, 땀 흘리면서 깨고, 울면서 깨고. 깨고 나면 다시 잠들지 못하고. 그러면서 불면증이 왔어요. 예전에는 머리만 대면 자는 사람이었는데. 그렇게 매일 두세 시간씩 자는 게 4~5년 정도 됐을 때 번아웃이 크게 오더라고요. 내 상태를 인정하고 수면제를 먹기 시작한 다음부터는 평균 네다섯 시간은 자는데, 잠의 깊이는 얕은 편이에요. 누가 문만 쓱 열어도 깨서 "왔어?" 하고 말할 정도로 긴장하면서 자는 상태가 오래 유지된 것 같아요.

9년 넘게 반복되니까 이제는 꿈이 무섭지 않아요. 언젠간 이 악몽도 끝나겠지. 잦아드는 순간이 올 거야. 그러면서도 과연 끝나기는 할까라는 생각이 더 커요. 마음이 불편하거나 스트레스가 많거나 면역력이 떨어질 때면 날 찾아오겠지, 죽을 때까지. 이 악몽이 끝나려면 내가 덜 생각하고 덜 마주해야 하는데… 그러기엔 제가 세월호에 너무 깊이 관여돼 있죠. 생존자 중에서도 똑같은 이야기를 들어도 세월호를 안 떠올리는 사람, 친구를 안 떠올리는 사람도 있을 거예요. 근데 저는 그냥 '세월'이라는 말만 들어도 가슴이 툭 내려앉거든요. 4시 16분만 봐도 툭, 지나가다 리본 비슷한 모양만 봐도 툭, 심지어 노란색만 봐도 툭, 반응을 하는 사람인데 어떻게 관여도가 줄어들 수 있겠어요? 남들이 가볍게 던진 말, 전혀 관련이 없는 말에서도 혼자 세월호와의 접점을 찾는 사람인 걸요, 저는.

도망가고 싶죠. 누군가 '기억을 지울래?' 하고 물어 온다면 저는 지운다고 할 것 같아요. 예전 같으면 잃어버린 친구도, 사랑하는 사람도 기억 못 하게 되는 거니까 아니라고 했을 텐데, 지금은 '가족까지도 다 지워지고 너는 그냥 혼자가 될 텐데 그래도 지울래?' 한다 해도 지우고 싶어요. 그 정도로 하루하루 버티기가 힘들다고 느낄 때가 많아서. 기억을 간직하고 살아가려면 덜 생각해야 하는데, 조금 덜 마주해야 하는데 저는 그게 안 되더라고요. 생각을 하려고 해서 하는 게 아니라 그냥 그 감정이 먼저 찾아오는 거니까. 내가 좀 더 무딘 사람이었으면 나았을까 하는 생각도 가끔 하죠. 근데 저는 그게 안 되는 사람이더라고요.

/ 도언, 도연

　　　　　　　　　도언이랑은 중2 때부터 친하게 지냈어요. 걔는 김도언, 저는 김도연이어서 바로 앞뒤 번호였어요. 처음부터 친하지는 않았어요. 노는 무리도 달랐고 성향도 달랐고. 저희 집이 한부모가정이라 저한테 들어오는 지원금 같은 게 있는데, 한번은 도언이한테 잘못 지급된 거예요. 그 일로 저희 엄마랑 도언이 엄마랑 통화하면서 도언이를 제대로 인지하게 됐고, 어쩌다 저쩌다 친해졌죠. 집도 가까웠고 노는 무리도 같아졌고. 도언이랑 저, 그리고 쌍둥이인 남자애들 둘까지, 이렇게 넷이서 많이 어울렸어요. 고등학교도 같이 가려고 했는데 결국 같은 단원고가 됐고요. 애들이랑 중학교 졸업여행이랍시고 롯데월드에 간 날, 반 배정 결과가 나왔거든요. 도언이랑 저랑 같은 반이 된 거예요. 너무 신기했죠. 2학년 때도 같은 반이 되려고 도언이가 선택과목까지 저랑 다 맞췄어요.

　　저는 세월호에서 탈출해서 진도체육관으로 바로 왔어요. 같이 이동했던 아이들이 쌍둥이랑 같이 탈출했는데, 걔네는 동거차도, 서거차도로 갔다길래 그 친구들도 살았구나 알게 됐죠. 그래서 도언이의 생사를 물어보고 다녔어요. 도언이는 키가 좀 크고 똥그란 안경을 쓰고 다녔어요. 사람들이 막 '김구 선생님 안경'이라고 부르는, 정말 똥그란 안경이었거든요. 제 휴대폰에도 '똥글똥글 김도언'이라는 이름으로 전화번호를 저장해두었고요. 체육관 안에 있는 친구들 한 명 한 명 붙잡고 이렇게 생긴 애 본 적 있느냐고, 똥글똥글 안경 쓰고 있고 이름은 김도언이라고 하니까, 한 친구가 자기랑 같이 탈출했다는 거예요. 그래서 도언이가 살아 있는 줄 알았어요.

추가 생존자들이 오고 있다고 계속 발표를 했거든요. 추가 생존자가 있다니까 도언이가 올 거라는 확신을 가지고 담요를 두른 채 계속 바깥 계단에 앉아 있었어요. 기자들이 계속 인터뷰를 요청해서 불편하긴 했지만, 도언이가 왔을 때 맞이하고 싶어서. 근데 오고 있다는데 안 오고, 오고 있다는데 안 오고. 저는 진짜 도언이가 살아 있는 줄 알고 도언이 어머니한테 전화해서 그 말을 또 전해드렸어요. (울음) 도언이 어머니한테 제가 '엄마 엄마' 하고 부를 정도로 왕래도 잦았고. 엄마한테 도언이 살아 있으니까 걱정하지 마시고 조심히 오셔라, 이렇게 말을 했는데… 마지막 11시 차를 타고 안산에 올라오니 새벽 2~3시쯤이었어요. 그때까지도 추가 생존자 명단이 몇 번이나 떴는데 거기에 계속 도언이 이름이 있었어요. 그런데 기적을 꿈꾸면서도, 배 어딘가에 어떤 공간이 있지 않을까 꿈꾸면서도 도언이가 생존했을 가능성이 없는 것 같았어요. 나랑 이름이 비슷해서 뭔가 착오가 있나 보다. 나 때문에 도언이 이름이 계속 명단에 뜨는구나. 도언이 어머니는 그로 인해 수십 번 희망과 기적을 꿈꾸다가 끝없이 무너지셨겠다 싶었죠.

일주일 뒤에 도언이가 나왔어요. 그날이 저희 엄마 생일이에요. 4·16을 기일로 하는 친구가 있고 시신을 찾은 날짜를 기일로 하는 친구도 있는데, 도언이는 찾은 날짜로 하고 있어요. 그래서 매년 저희 엄마 생일이 도언이 기일이기도 해요. 도언이를 찾자마자 도언이 어머니로부터 바로 연락이 왔어요. 고대병원으로 갈 거라고. 제가 1학년 때부터 방송부였는데, 도언이보다 며칠 전에 나온 방송부 친구가 발인하고 학교에 들러 방송부에도 온다며 후배들이 저한테 혹시 올 수 있겠냐고 연락을 해준적이 있었어요. 생존자 친구랑 저랑 둘이 '이건 우리한테 인사하러 오는 거'라고 생각해서 가려고 했는데, 병원에서 못 가게해서 간호사분이랑 싸우고 그랬거든요. 저희 엄마가 '애가 저렇게까지 말할 때는 들어줘야 하는 거 아니냐. 갔다 와서 감당 못 할 일이 있더라도 그건 애 몫이다. 내 딸은 감당할 수 있는 애다' 이렇게 말했는데 병원에서는 계속 안 된다고. 결국 못 갔어요. 그 일을 먼저 겪었던 터라 도언이 장례식 때는 말하지 말고몰래 다녀오자, 이렇게 된 거죠. 엄마가 "가고 싶니? 갈 수 있겠어?" 하고 물어봐서 나는 '무조건 가고 싶다'고… 엄마도 도언이를 굉장히 좋아했었으니까 그러시더라고요. "나도 도언이한테 인사하고 싶다. 가자!"

다른 생존자들은 주로 7층에 있었는데, 저는 다른 친구 한 명이랑 6층에서 일반인분들이랑 같이 병실을 썼어요. 그래서 보는 눈이 비교적 적었어요. 저는 커튼 치고 병원복 갈아입고, 쌍둥이도 옷 싸 들고 제 병실로 와서 화장실에서 갈아입고. 여자 병실이라 저희 방 사람들한테 양해를 구했는데 다들 한마음으로 응원해줬어요. 그러곤 비상구 계단으로 몰래 내려가는데 다리가 너무 떨려서 잘 못 내려가겠는 거예요. 저희 셋 모두 다리를 후들후들 떨면서 겨우겨우 내려갔어요. 도중에 사복경찰도 만났는데 그냥 아무렇지 않은 척하면서 지나가려고 애썼죠. 누가 봐도 단원고 생존자들처럼 보일 것 같아서. 그렇게 도언이한테 갔어요. 다행히 저희가 있던 고대병원에서 장례식을 해서 갈 수 있었던 거 같아요.

도언이 어머니는 저희가 올 건 알았지만, 저희를 마주했을 때 어떤 느낌일지는 예상을 못 하셨던 것 같아요. 막상 저희를 보고 나니 생각보다 힘드셨던 거죠. 그걸 모두가 느낄 수 있었어요. 넷이 매일 어울려 다니고 등하교할 때도 어머니가 몇 번이나 저희를 태워주셨는데, 넷이 셋이 되어 들어오는 걸 보니 얼마나 힘드셨겠어요. 저희 넷이 찍은 사진 뒤에 편지를 써서 어머니에게 드렸거든요. 그걸 받으시고는 휘청휘청하시더라고요. 어머니한테 인사드리고 급하게 도망치듯 장례식장에서 나왔어요. 그래서 발인을 못 갔어요. 저희가 어머니 모습을 보고 놀란 것만큼이나 어머니도 저희를 보고 힘드셨을 테니까.

그래도 49재는 갔어요. 도언이 어머니도 원하셨고 저희도 가고 싶었고. 아침 6시인가 7시인가에 동네에 모여서 부모님이

빌린 버스 타고 절로 가서 49재를 지냈어요. 그때 도언이 물품을 많이 태웠거든요. 안경을 제외하고요. 제가 도언이한테 인사하고… 보낼 기회를 주신 느낌이라 감사했죠. 도언이 발인을 못 갔던 게 아직도 평생의 한인데, 발인을 못 갔으니 인사할 기회가 없었잖아요. 그러니까 도언이의 죽음을 못 받아들이겠는 거예요. (울음) 사실 저는 그때까지도 거의 매일… 도언이한테 편지 쓰고 중얼중얼거리고 카톡 보내고 소셜 계정에 글 남기고 그랬거든요. 도언이 물품 태우는 거 보면서 갔구나, 가는구나, 보내야 하는구나… 좀 받아들이게 됐던 것 같아요. 저희를 다시 보는 게 쉽지 않았을 텐데 어머니가 그렇게 해주셨어요.

그 뒤론 서로 힘들기도 하고 조심스러운 게 있으니까 자연스럽게 멀어지게 된 것 같아요. 도언이 어머니가 기억교실 관리소장이니까, 갈 때마다 혹시나 뵈려나 싶었는데 늘 못 뵀거든요. 그러다 지난 9주기 때 기억교실에 갔었는데, 뒷모습이 너무 익숙해서 멍하니 쫓아가 보니 도언이 어머니였어요. 정말 오랜만에 인사 나눴어요. 그렇게 얼굴 뵙고 인사 나누니까 너무 반갑고 너무 죄송하고, 더 자주 찾아뵐걸, 더 자주 안부 물을걸 싶었어요. 그래도 돌이켜보면 그게 제가 할 수 있는 최선이었던 것 같아 후회되지는 않아요.

/ 바로 그 생존자

고등학교 때 방송부 활동을 했으니까 자연스럽게 미디어학부를 전공으로 택하게 된 것 같아요. 꿈, 진로 이런 걸 세부적으로 생각했다기보다는 내가 해온 게 그것뿐인 것 같아서요. 신입생 오리엔테이션 때 한 명 한 명 돌아가면서 자기소개를 했거든요. 이 학부를 선택한 이유나 인생의 터닝 포인트로 세월호를 꼽는 동기가 절반 이상이더라고요. 그만큼 당시엔 참사를 계기로 언론의 역할을 고민하게 된 사람이 많았던 것 같아요.

저는 활동 위주의 삶을 살았던 사람이고, 그게 저의 강점인 걸 알고 있었어요. 대학에서 내가 세월호 생존자라는 사실이 알려지더라도, 그 사실이 다른 생존자들이나 희생자 친구들을 욕되게 해서는 안 된단 생각이 들었어요. 그래서 애초에 스스로 잘할 수 있는 걸 찾아 했던 게 학생회 활동이었어요. 제가 부과대표로 뽑혀서 교수님들한테 인사하러 갔는데 다들 그러시더라고요. 이번 신입생 중에 세월호 생존자가 있으니 신경을 좀 써달라고. 제가 말했어요. "그 생존자가 바로 접니다." 교수님들이 살짝 당황해하시더라고요.

대학 동기들이나 학교 사람들이랑 대화할 때 그 주제가 나오면 저는 피하지 않고 생존자임을 말하려고 했어요. 타이밍이라는 게 정말 중요한데, 내가 숨기려고 숨긴 게 아니더라도 타이밍을 잡느라 기다리다 보면 아예 말할 기회를 놓칠 것 같았거든요. 사실 그때도 지금도 괜찮아서 말하는 순간은 단 한 순간도 없어요. 특히나 당시에는 기회를 놓치면 거짓말한 게 될까 봐 노심초사하면서, 눈 감고 숨 꼭 참으면서, 갑자기 분위기가 싸해지는 순간을 수없이 헤쳐나가면서 말했던 거였고. 대학 처음 들어가면 페이스북 같은 데서 친구 맺고 하는데, 자기소개란에 덤덤하게 그냥 '단원고'라고 써놓기도 했어요. 내가 용기 내어 말하지 않아도 애들이 어림잡아서나마 알 수 있게끔. 관련 게시글을 올려야 할 때도 눈치 보지 않고 올리려고 애쓰고. 물론 그렇게 마음은 먹었지만 올렸다 지웠다, 올렸다 지웠다 몇 번을 반복하기도 했어요.

동기들이 세월호참사에 관심이 있고 마음을 쓴다는 것과 특례입학은 또 별개의 문제니까, 저를 어떻게 볼지 모르겠더라고요. 애들이 나한테 무슨 전형으로 왔느냐고 묻는데 입을 닫고 있는 것도 웃기고 다른 전형으로 왔다고 거짓말하는 것도 웃기고. 그래서 솔직히 말했어요. 다행히 제 앞에서는 부정적인 반응이 딱히 없었어요. 엄청 친하게 지내는 대학 친구 하나가 처음에 무슨 전형으로 왔는지 저랑 이야기하고는 집에 가서 부모님한테 그랬대요. 자기가 오늘 처음 만난 친구한테 실수한 것 같다고. 어떤 의도가 있어서는 아니었지만 전형을 물어본 게 누군가에게는 굉장히 실례가 될 수 있다는 걸 알았다고. 저한테도 자기가 생각이 모자라서 실수한 것 같다며 사과를 하더라고요. 저도 괜찮다고 말했죠.

다행히 학교에서 세월호 물품 나눔을 할 때라든지, 학교에서 무슨 활동을 할 때마다 저는 혼자인 적이 없었어요. 정말 감사한 일이죠. 제가 굳이 도움을 요청하지 않아도 친구들이 '그럼 나도 갈게' '나도 할게' '그때 공강이니까 들를게' 하는 식이었어요. 애초에 과 사람들이 세월호참사 자체에 관심이 있기도 했고, 특례생이라고 저한테 부정적이지도 않았고요. 당사자인 제가 세월호 관련 활동을 한다고 하니 같이해준 친구들도 많았어요. 고등학교 때도 그랬는데, 가끔 광화문광장에 가면 내가 여기에 생존자로서가 아니라 한 사람의 청년으로서 있는 순간이 오면 좋겠다고 생각했어요. 저희 대학이 박근혜 탄핵 촛불시위 때 시국선언을 되게 일찍 한 편이었거든요. 그때 시국선언을 하는 일원으로서 동기들, 선후배들과 광화문에 함께 섰던 기억이 저에게는 특별히 남아 있어요. 이후에도 제가 언론과 인터뷰를 이어가고, 내 상태를 마주하고, 청년으로서 어떤 활동을 하는 데 모든 바탕이 되어준 곳이 학교였고 학과였어요. 과 친구들이 항상 같이해주어서, 안정적인 울타리가 있고 응원과 지지를 보내주는 사람들이 있어서 저도 할 만했던 것 같아요.

세월호 팔찌를 차고, 손목에 노란 리본과 '2014 0416' 숫자까지 타투로 새겨두고 있다 보니 질문이 따라오는 일이 많아요. 고등학교 때부터 '스무 살 되면 리본 하나라도 새겨야지' 하는 마음이 있었어요. 세월호 팔찌를 매일 차기가 어렵더라고요. 옷소매에 걸려 거추장스러울 때도 있는데, 안 하기에는 마음 한편에 죄책감이 들고. 남들도 제 타투를 보면서 기억하길 바라는 마음으로 새겼는데, 워낙 눈에 잘 띄는 위치에 있다 보니 예상보다 너무 많은 질문이 들어오더라고요. 그것까지 고려하지는 않았는데. (웃음) 초기에는 안전하다고 느껴지는 사람들한테만 말하려고 했어요. 그러다 실체 없는 악플러가 아니라 실체 있는 연대자들을 만나게 되면서 '내가 받아들여지지 않으면 뭐 어떤가' 이런 생각이 들더라고요. 한 번 보고 말 사람도 아니고, 좋은 분위기를 망칠 정도가 아니면 차라리 빨리 말해버리자. 회사 사람들과는 매일 점심을 같이 먹으면서 온갖 이야기를 하니까 일찌감치 생존자라고 밝혔어요.

/ 직면

대학 3학년 때 몸이 강력한 신호를 보내고 나서야 내가 위험한 상태라는 걸 인지했어요. 그 전에도 4월이 다가오거나 도언이 생일이 있는 12월이 되면, 2주나 한 달 내내 음식을 게워낸다든지 악몽이 잦아진다든지 하는 증상이 있었어요. 꼭 4월이나 12월이 아니어도 3개월 넘게 내리 구토를 한다든지 몸이 자잘한 신호를 보낸 순간이 많았는데, 제가 제대로 인지하지 못하거나 무시했죠. 응원하는 친구들이 있었지만, 저의 상태나 감정을 이야기한 적은 없었어요. 악몽을 꾸면서도 가족한테조차 말하지 않았으니까. 가족들은 알고 있었는데 티 내지 않으려고 했던 것 같아요. 걱정이 되니까 한 번씩 지나가면서 "괜찮아?"라고 하면 저도 습관처럼 "괜찮아" 이랬거든요. 그렇게 한 5년을 평균 두세 시간밖에 못 자는 상태로 버틴 거잖아요. 깨어 있는 동안에는 엄청 긴장하면서 시간을 보냈고요. 고등학교 때도 학생회와 방송부에서 뭔가 대표성을 띠며 활동을 했으니까 계속 긴장된 상태였고. 집에 가서는 멍하니 시간을 보냈고.

생존자들 코호트 설문조사를 주기적으로 하거든요. 거기에 이런 항목들이 있어요. 식욕이 과하게 떨어진다, 집중하기 어렵다, 기억이 나지 않는다, 최근 2주간 어떤 몸의 변화를 느꼈다, 최근 한 달간 어떤 감정적인 변화가 있었다 같은 것들. 한 5년 동안은 매번 '전혀 아니다'에 체크하면서 '이런 질문은 왜 있는 거야? 이런 사람이 있어?' 했는데, 어느 순간 진짜 그 질문들이 전부 머릿속을 스쳐 지나가면서 '아, 이거구나. 이게 다 지금의 나구나' 확 와닿더라고요. 강의가 귀에 들어오지 않고 친구들과 대화하면서도 계속 멍 때리고. 주위 사람들이 피곤해할 만큼 좋았던 기억력도 떨어지고. 친구들이 처음엔 아프냐고 걱정하다가, "도연아 좀! 제발!" 하면서 화를 낼 정도로 삶이 온전치 않았어요. 이대로 가다간 더 위험해지겠다, 내년에 휴학을 해야겠다, 제주도에 가서 좀 오래 쉬어야겠다는 마음으로 남은 학년을 간신히 버텼던 것 같아요.

4학년 때 휴학하고 제주도에 살러 갔을 때 저의 목표는 오로지 '쉰다'였어요. 가서 아무런 생각도 하지 말고 고민도 하지 말아야지. 편도 항공권만 끊고 갔어요. 동쪽 '월정리'라는 작은 동네에 있는 게스트하우스에서 스태프로 일하며 지냈어요. 일어나자마자 그리고 자기 전에 슬리퍼 끌고 나가서 도보 5분 거리에 있는 바닷가 산책하고, 골목골목 걷고… 그렇게 지냈어요. 그렇게 석 달을 제주에서 보냈어요. 어쨌든 저는 제주도에 가던 중 그런 일을 겪었으니, 혼자 제주에 가서 온전히 바다를 마주하는 것도 하나의 직면할 기회였어요. 나에게 트라우마 증상이 나타난다는 것도, 정신과 상담이 필요하다는 것도 그때 처음 받아들였어요. 내 삶이 온전치 않으니 나에게 덜 엄격하게 대하고 더 자비를 베풀고자 노력하기도 했고. 다녀오길 진짜 잘한 것 같아요.

그 다음부터 저의 상태를 객관적으로 들여다보려고 했어요. 4월이 되었는데 아주 큰 증상이 없으면 '괜찮은 주기를 보냈네' 싶고. 그러면 그런대로 꽤 뿌듯하고. 그래서 앞으로 괜찮아질 거라 생각했는데 그다음 4월은 또 너무 힘든 거예요. 그럼 또 '그럴 수도 있구나' 받아들이고. 정신과에 가서 수면제 처방도 받고. 약 자체가 도움이 되는지는 잘 모르겠지만 스스로 정신과에 가고 약을 처방받는다는 것 자체가 내 상태를 받아들이는 거잖아요. 물론 정신과 가서는 별 이야기 안 하고 약 처방만 받아 후다닥 나오거든요. 심리상담이 필요하다는 걸 저도 알고 있고 하고 싶기는 한데, 음… 제 이야기를 형식적으로 듣는 사람이 많을 것 같고, 새로운 사람을 만나 처음부터 이야기를 털어놓으면서 하나하나 시작해나가는 게 너무 힘들게 느껴지더라고요. 스쿨닥터였던 김은지 샘이나 온마음센터* 담당 샘한테는 지금이라도 이야기를 털어놓을 수 있을 것 같은데 안산까지는 거리가 너무 멀고, 비용이나 시간도 감당하기 어렵고.

사실 고3 때도 위험했던 적이 있거든요. 그때도 두 시간씩 자면서 너무 긴장을 한 채 생활하다가, 집에 오면 아무도 없었어요. 엄마는 생존자 부모 활동에 나가고 언니는 다른 데서 자취하고. 멍 때리다가 정신을 차려보니 제가 손목을 그었더라고요. 너무 놀라고 무서웠죠. 그 순간엔 '이걸 어떻게 숨기지?' 하는 생각밖에 없었던 것 같아요. 죽고 싶다고 생각한 적이 전혀 없었는데 도대체 왜 이랬지? 다른 친구들 몇 명도 비슷한 증상이 있다는 걸 알게 되면서 용기를 내어 친구들한테 말하고 담임 샘한테도 말하고 가족한테도 알렸어요. 혼자 숨기고 있으면 더 위험해지겠다 싶어서. 병원에서 치료도 받고요. 혹시라도 내가 무의식적으로 다시 그럴 수도 있으니 날카로운 물건을 주변에 두지 않는다거나, 혼자 있는 시간을 오래 갖지 않는다거나, 멍해지기 시작하면 몸을 움직인다거나 하는 식으로 한동안 하루하루를 보냈어요. 제 인생에서 너무도 큰일이었는데, 그때도 나름 건강하게 헤쳐나갔다는 생각이 들어요.

지금도 4월이랑 12월에는 구토를 계속한다거나 악몽이 더 잦아진다거나 하는 증상은 유지되고 있지만, 다행히 그런 증상이 다가올 걸 알고 차분하게 대처할 수 있는 능력 정도는 생긴

---

* 세월호참사 직후 비상체제로 운영되던 '경기-안산 통합재난심리지원단'이 그해 5월 1일, 안산정신건강트라우마센터로 개소했다. 이후 '안산온마음센터'로 이름이 바뀌었다. 그 이듬해 제정된 '4·16세월호참사 피해구제 및 지원 등을 위한 특별법'에 근거하여 유가족, 생존자, 지역주민, 구조자 등을 대상으로 다양한 심리지원 사업과 기억 활동을 이어가고 있다.

것 같아요. 한 번씩 몸이 크게 신호를 보내올 때 그걸 온전히 마주하려고 노력해왔고요. 언젠가 이러다 쓰러질지도 모르겠다는 생각이 들 정도로 구토가 내리 계속되고 그 후유증인지 살이 쫙쫙 빠진 적이 있어요. 그래서 다시 밥도 열심히 먹고 체중도 늘리고 근력 기르려고 열심히 운동도 했어요. 예전에는 뭔가 도움이 되길 바라는 마음으로 코호트 설문에 참여했다면 지금은 6개월에 한 번씩 제 상태를 객관적으로 들여다볼 기회여서 꾸준히 하고 있거든요. 전에는 결과지가 와도 쳐다보지도 않았는데 지금은 꼼꼼히 살펴봐요. 사람들과 이야기를 하다가도 불현듯 참사가 떠올라서 어떤 생각이 들면 그걸 기록해두기도 하고요. 어떤 이야기가 날 힘들게 했는지, 내가 참사로 인해서 어떤 감정이나 상태에 자주 놓이는지 객관적으로 계속 살피고 있어요.

/ 내 편

　　　　　오른팔에는 엄마가 어릴 적 자주 그리던 낙서 그림을 타투로 새겼어요. 제가 낙서하는 습관이 있는데, 통화를 하다 보면 어느 순간 노트나 종이 위에 이것저것 끄적이고 있는 거예요. 노트나 프린트물을 보면 도언이 얼굴, 'Remember 0416', 배 그림, 이런 게 엄청 많아요. 엄마도 어릴 적부터 그랬대요. '똔또(tonto)'라는 말이 스페인어로 '바보'라는 뜻인데 엄마가 중학교 때부터 이 말을 엄청 좋아해서 자주 낙서했다고 하더라고요. 엄마 카톡명도 똔또. 어느날 엄마한테 그려달라고 했죠. 엄마 손글씨랑 그림을 그대로 따서 새기고 싶었거든요. 종이 한 장이랑 펜을 드리면서 "며칠 그려보고 마음에 드는 거 보여줘" 그랬어요. 딸 몸에 새기는 건데 엄마가 며칠은 고민해서 그려줄 줄 알았거든요? 근데 바로 5분 뒤에 건네는 거예요. 딱 두 번 그리셨더라고요. (웃음) "고등학교 졸업하고는 한 번도 그려본 적 없어서 이젠 기억도 잘 안 나. 그냥 이걸로 해." 엄마가 좋아하셨냐고요? 어릴 적 자기가 그렸던 낙서가 딸 몸에 새겨져 집에서 자꾸 돌아다니니까 그냥 기분이 이상하다고 그러세요.

　엄마한테도 많이 했던 말인데, 저는 엄마 같은 사람이 되고 싶지도 않고 엄마 같은 아내가 되고 싶지도 않지만, 엄마 같은 엄마는 되고 싶거든요. 어렸을 때도 "공부하지 말고 나가 놀아. 날이 이렇게 좋은데 왜 방구석에서 공부를 해?" 그러고. 다만 책은 읽으라 했어요. 만화책도 상관없으니까 책만 읽으라고. 물론 저는 읽지 않았지만. (웃음) 학교 갈 때는 늘 "재밌게 놀다 와", 집에 오면 "오늘 뭐 하고 놀았어?" 하고, 쉬는 시간에 공부했다고 답하면 "왜 그랬어? 쉬는 시간은 쉬라고 있는 시간이야" 그러고. 학원도 제가 가고 싶다고 하면 보내줬지만 말하지 않으면 보내지 않았고, 성적이 나오지 않아도 뭐라 하지 않았어요. 저도 당당하게 망했다고 말했고요. 학부모 참여 수업이 있을 때도 제가 "와줬으면 좋겠어"라고 말할 때가 아니면

오지 않았어요.

근데 참사 나고 저희가 학교로 돌아온 이후에 부모님들이 1년 넘게 학교에 상주했잖아요. 저희 엄마도 당시 생존자 부모 대표단 중 한 분이어서 학교에 상주하기 시작했어요. 엄마가 그런 대표성을 띠는 일을 한 번도 한 적이 없는데 온전히 저 때문에 하신 거죠. 그러면서 매일매일 엄마가 학교에 있고, 내 친구들을 모두 알고, 내가 어제 어디를 갔으며 누구를 만났는지 다음 날 학교 가면 모두가 다 아는 상황이 됐죠. 막상 집에 오면 엄마는 활동하느라 바빠서 거의 보기 어렵고요. 제가 엄청 의지하는 저희 언니는 지방에서 자취하느라 집에 없고. 그러니 이야기할 사람이 없고. 뭔가 우리 가족답지 않고 가족들끼리 제대로 함께할 시간도 없었어요. 부모님들이 학교에 계속 있으면서 학교를 막 돌아다니고 교무실과 교장실에 들락날락하는 모습도 의아했죠. 이게 학교 맞나? 이런 모든 상황이 너무 지치고 힘들었던 것 같아요.

그래서 국가를 상대로 한 세월호 피해자 손해배상소송도 하지 말자고 했어요. 엄마는 하고 싶어 했거든요. 재판에 가서 진술하는 건 부담되지 않았어요. 저는 오히려 그런 일은 열심히 하려고 하는 편이었어요. 근데 제가 당시에 너무 지쳐서, 모든 활동이 너무 지치고 힘들어서, 친구든 부모님이든 더는 얽히는 게 싫어서 그냥 합의로 가자고 했어요. 엄마는 이랬어요. "후회 안 할 자신 있어? 나중에 시간이 지나고 네 선택에 정말 후회하지 않을 자신이 있어? 그러면 엄마는 너의 선택을 따를게." 그렇게 해서 저희는 합의 쪽으로 나온 건데, 그게 나중에는 다르게 비치더라고요. 재판 가는 친구는 진상규명을 더 원하는 친구고, 합의한 친구는 원하지 않는 친구, 이렇게.

엄마도 많이 힘들었을 거예요. 원래도 몸이 안 좋았는데 갱년기까지 겹친 시기에 참사를 겪다 보니 본인을 살필 틈도 없이 저한테 삶을 올인했거든요. 엄마가 저를 임신했을 때도 엄청 아팠대요. 임신한 내내 하혈이 심했는데, 피가 나는 정도가 아니라 쏟아내는 정도였대요. 병원에서 애를 지우지 않으면 낳다가 애가 죽든가 어머니가 돌아가시든가 둘 중 하나다, 이렇게 말을 했을 정도로. 엄마가 암이 있었는데 그냥 혹인 줄 알고 있다가 저를 임신한 거죠. 주위에서 다들 지우라고 했는데 엄마는 한 번도 고민하지 않았대요. 하혈을 할 때마다 "아가, 괜찮아? 아가, 괜찮아? 괜찮으면 발 한 번만 차줄래?" 하며 제가 살아 있는지 확인한 다음 병원에 가고. 그렇게 열 달을 저를 품은 거죠. 그래서 엄마한테 조금 더 감사하면서 살자, 이런 생각을 가지면서 엄마를 새기고 싶었던 것 같아요.

부모님이 이혼한 뒤에도 아빠랑은 자주 연락하고 보면서 살았어요. 언니나 제가 누구랑 싸워서 교무실에 불려 오는 일이 있거나 졸업식, 체육대회가 열리면 늘 아빠도 같이 있었고요. 제가 중학교 1학년 때 아파서 좀 길게 입원했던 적이 있어요. 언니가 집에 혼자 있으니 밤에는 엄마가 집에 가고 아빠가 일 끝나면 병원에 왔어요. 제가 자느라 아빠 얼굴을 못 보더라도 아침에 일어나면 늘 다녀간 흔적이 있었어요. 참사 당일에도 아빠가 팽목항에, 진도체육관에 같이 왔어요. 저나 언니가 걱정되니까 아빠랑 엄마가 한동안 다시 같이 살기로 했어요. 쉽지 않은 선택이었을 텐데 저희에게는 고마운 일이었죠. 2년인가 지나고부터는 아빠랑 따로 살게 됐고요. 따로 살아도 안 볼 사이 아니고 그게 더 애틋하고 좋을 수도 있으니까. 지금은 언니랑 아빠랑 저랑 데이트하고, 언니랑 엄마랑 저랑 데이트하고 이런 식으로 잘 지내고 있어요.

제가 언니를 무지 좋아하거든요. 언니가 아픈 걸 상상하거나 나와 함께 있지 않은 미래를 생각하면 눈물부터 날 것 같아요. 나중에 아이를 가지면 이보다 더하면 더했지 덜하지 않을 텐데 이렇게 절대적인 사람이 생기면 어떡하지? 이런 생각이 들 정도로 언니가 제겐 절대적인 존재예요. 어려서부터 제가 신기하리만큼 언니를 따랐대요. 고3인 언니 기 세워주려고 큰 상자에 과자를 가득 담아서 반 친구들이랑 나눠 먹으라며 가져다준 적도 있었고. 언니가 수능 점수 떨어져서 날마다 울 때 언니 방에 매일 편지 써두고 나오기도 했고. 언니가 맨날 "나는 너 없으면 아무것도 못 해"라고 말해요. 근데 감정적으로는 제가 더 많이 의지해요.

친구가 제 생일에 그랬어요. "아버님 어머님, 도연이 낳아주셔서 감사합니다. 언니님, 도연이 키워주셔서 감사합니다." 그래도 제가 지금까지 건강하게 시간을 보낼 수 있었던 데에는 가족이 엄청 힘이 됐어요. 내가 어떤 말을 해도 엄마와 언니와 아빠가 내 편이 되어줄 거라는 확신이 있어서, 그래서 괜찮았던 것 같아요. 그 휴학했던 4월이 처음 가족이랑 함께한 4월이었는데 그때 참 편하고 안정적인 느낌이 들었어요. 특히 4월이면 가족들이 나를 이렇게 바라보고 있었을 텐데… 내가 가족을 필요로 할까 봐, 내가 도움을 요청할까 봐 늘 하염없이 나만 바라보고 있었을 텐데… 나는 회피만 하고 있었구나 싶었죠. 그때 처음으로 가족을 온전히 마주했어요. 나한테 이런 존재들이 있구나. 가족이 애써줬기 때문에 저도 여기까지 왔어요.

/ 생존자 감수성

참사 직후부터 매년 세월호 생존자로서 언론사와 인터뷰를 했어요. 대학에서 미디어학부에 다니다 보니, 언론인 선배 중에 세월호 기사를 준비하는 분이 있으면 교수님이 나서서 '우리 과에 생존자가 있다'고 하며 인터뷰를 연결해준 적도 있고요. 초반에는 되게 무서웠죠. 기사 반응이 예측되지 않는 데다 초기에는 특히 더 날 선 반응이 많았으니까. 그래서 한두 번은 가명을 쓴다거나 모자이크 요청을 했었어요. 근데 엄마가 조심스럽게 얘기하더라고요. "네가 범죄자야? 네가 왜 가명을 쓰고 모자이크를 하는지 잘 모르겠어. 용기가 없으면 조금 더 용기가 생길 때까지 기다려도 되고, 지금 정말 하고 싶은 이야기가 명확하게 있다면 가리지 않고 나가는 게 어때?" 그 말을 듣고 나니까 '그러게, 내가 범죄자도 아닌데 왜 숨겨야 하지?' 이런 생각이 들면서 그때부터 당당히 나서기 시작했던 것 같아요.

그게 제가 할 수 있는 역할이라고 생각했어요. 언론 인터뷰를 하고 기사화가 되면 단원고의 모든 선후배와 친구들에게까지 화살이 가고 가족한테도 영향이 가다 보니, 이름 내걸고 뭔가를 하는 게 조심스럽기는 했지만요. 진상규명이 절실한데, '진상규명'이라는 그 네 글자가 제겐 너무 무겁더라고요. 저희는 진행 상황도 정확히 모르고요. 사실 위에서 움직이지 않으면 내가 어떻게 할 수 있는 게 없잖아요. 그래서 이렇게 생각했던 것 같아요. '최소한 나는 당사자가 겪고 느꼈던 것들을 말하는 사람이 되어야겠다.' 친구들을 기억해달라는 것과 우리는 구조받은 게 아니라 탈출했다는 것, 참사 직후에 있었던 언론 오보의 문제점이라든지, 보상이나 심리상담 시스템 등이 정상적이지 않았다는 것을 말할 수 있는 사람이 필요하겠다. 그 모든 과정에서 당사자들이 계속 배제되고 있다는 걸 말할 수 있는 사람은 생존자밖에 없겠다. 부당한 상황이 반복되는데 아무것도 안 하고 가만히 있으면서 불편함을 계속 말한다면 자격이 없는 거 아닐까. 생존자들이 어떤 상황인지 아무도 말하지 않으니 그 문제를 다룰 수가 없고, 다루지 않으니 문제의식을 못 느끼고, 문제의식을 못 느끼니 시스템이 없는 거다. 그러니 나라도 생존자의 목소리를 내야겠다.

요즘은 '트라우마'나 'PTSD'라는 말을 유행처럼 사용하잖아요. 나 무슨 일 겪어서 트라우마 올 것 같아, 이런 식으로.

너무 가볍게 사용하는 건 아닌가 싶을 만큼 일상적인 언어가 됐는데, 그렇다고 유가족이나 생존자가 겪는 트라우마에 대한 이해도가 정말 높아졌느냐 하면 그건 아닌 것 같아요. 어떤 분이 세월호에 대해서 계속 뭔가 안 좋은 뉘앙스를 풍기며 말하길래 일부러 내가 생존자라는 걸 밝혔어요. 내 앞에서는 적어도 그런 어법을 피해달라는 뜻으로, 좀 적당히 하라는 뜻으로요. 그분이 놀라더니 분위기 풀겠다고 하는 말이 '넌 정말 행운아다, 운이 정말 좋은 사람이니까 밖에서 사람들 한 명 한 명 다 악수해서 행운 좀 나눠줘라' 그러더라고요. 너무 황당해서 그냥 무시하고 말았는데, 그런 일이 적지 않게 일어나죠.

　　충분하지는 않아도 유가족이나 희생자에 대해서는 사람들이 그나마 조금은 더 쉽게 감정이입을 하는 것 같아요. 물론 본인들이 생각하는 피해자의 규정 아래, 본인들이 생각해놓은 슬픔의 기간 내에서만 아파해야 하는 것처럼 대하기는 하지만요. 근데 생존자에 대해서는 애초에 제대로 고민한 적이 없다는 걸 자주 느껴요. 실제로 생존자들이 너무 힘드니까 많이 숨기도 했고요. 이런 생각이 자주 들었어요. 생존자들은 앞에 나서서 힘듦과 아픔, 권리와 피해를 주장할 만한 여력이 없지 않았나? 그래도 된다는 걸 아무도 모르지 않았나? 그래서 자기 상태에 대한 객관화가 안 되고, 결국 자신을 비정상으로 규정해 사회로부터 스스로 격리되고 만 게 아닐까. 참고할 만한 전례가 없으니 생존자들이 드러내지 못하고 참기만 했구나. 그러다 보니 사회도 생존자에 대해서 고민해보지 않았겠구나. 그래서 우리가 이렇구나… 생존자 감수성이라고 해야 할까요? 우리 사회에는 그게 없다고 느낀 순간이 진짜 많았어요.

참사 초기에 하루 이틀 심리상담으로 내 상태를 판단하고는 전문가랍시고 임의로 보상금을 지정하는 것도 기괴했어요. 이 보상금이라는 게 뭘까? 국가가 사과한다는 의미인가? 향후 5년치 치료비인가? 보상 기준은 또 뭐지? 무엇 하나 제대로 규정되지 않은 채 자기들이 임의로 지정한 돈을 주고 나면 우리는 그저 괜찮아져야 하는 건가? 그걸로 사건이 끝났다고 보는 것도, 책임을 다한 게 되는 것도 납득하기 어려웠죠. 왜 우리가 아파도 되는 정도와 기간을, 애도하는 기간을 사회에서 정하고 그 기한을 넘어서면 유난을 떠는 것처럼 대하는 건지도. 최근 서현역에서 칼부림이 일어났을 때도(2023년 8월 3일) 그런 식이었어요. 사건 현장에서 일하던 분이 올린 글을 봤어요. 일터가 아수라장이 됐고 그 모든 과정을 지켜봤는데, 다음 날 정상출근을 하라는 지시를 받아서 아직도 피비린내와 약품 냄새가 진동하는 현장에서 근무를 해야 했다고. 언론은 너 나 할 것 없이 자기한테 마이크와 카메라를 들이미는데, 이게 정상적인 사회가 맞느냐고 지적하는 글이었어요. 목격한 사람도 사실 충격을 받았을 텐데 그저 모두가 아무렇지 않아야 하는 사회인 것 같아요. 이태원참사 때도(2022년 10월 29일), 장마와 폭우로 오송 지하차도에서 사람들이 죽었을 때도(2023년 7월 15일), 칼부림이 났을 때도 늘 비슷한 일이 반복되었잖아요. 그걸 보면 이 사회는 정말 변하지 않는구나 싶죠.

참사가 일어났을 때 피해자는 과연 누구일까 하는 생각도 많이 했어요. 희생자, 유가족, 생존자까지만 피해자인가? 우리와 함께 살아 돌아왔지만 온갖 비난을 받고 교직을 떠나야 했던 선생님들은 피해자가 아닌가? 연수원에 있을 때 애들이 '그 선생님들도 우리랑 같이 연수원 오셔야 하는 거 아니냐'고 했었거든요. 참사 생존자가 아니어도 도언이를 같이 잃은 경험이 있는 친구들 역시 4월이 되면 힘들어하는데, 수많은 친구를 잃고 생존자의 삶을 가까이에서 바라본 다른 학교 또래 친구들이 피해자가 아니라면 누가 피해자지? 왜 그들은 대책에도 포함되지 않지? 그 친구들은 저한테 말할 때 늘 이렇게 덧붙여요. "나는 물론 당사자가 아니지만." "나는 물론 너만큼은 아니지만." 그때마다 너무 마음이 아파요. "너도 똑같지. 너라고 뭐가 다르겠어?" 그리고 가장 큰 부분이 있죠. 수학여행에 가지 않은 같은 학년 친구들. 가끔 차라리 내가 생존자여서 다행이다 싶을 정도로 그 친구들이 느끼는 아픔과 혼란이 크다고 생각했어요. 한 친구는 참사 일어나고 점점 더 학교를 못 나오더니 결국 유급까지 됐어요. 그 친구도 가장 친한 친구가, 아니, 반 애들이 거의 다 죽은 거잖아요. 그 친구도 당사자인데 사회는 당사자가 아니라고 하니 얼마나 혼란스러웠겠어요?

유가족뿐 아니라 생존자도, 주변 사람들도 갑작스럽게 친구를 잃었어요. 아직도 참사가 왜 일어났는지에 대한 근본적인 질문에 대답을 못 하니까, 지금까지 밝혀진 게 과연 전부인지 아닌지 그걸 모르니까, 사과도 인정도 충분치 않았으니까, 그래서 더 응어리처럼 오래가는 것 같아요.

/ 탈취

　　　　　　　　저희가 학생이고 청소년이어서 더 무례
한 일을 많이 겪었다고 생각해요. 참사 초기에는 언론사 기자
들이 매일 학교에 와 있을 때라 머물 공간이 필요해서 방송실을
썼나 봐요. 그러면 재학생들에게 협조나 양해를 구해야 하는 게
맞는데, 그런 과정 하나 없이 들이닥쳐 공간을 빼앗았다고 하
소연하는 후배들이 있었어요. 학생들이 사용하는 공간을 함부
로 사용하면서 왜 제대로 된 설명을 안 하고, 양해도 허락도 구
하지 않지? 병원에 있으면서도 뻔히 핸드폰에 녹음기가 켜 있
는 게, 저 볼펜에 불빛이 들어와 있는 게 보이는데 아무렇지도
않게 접근해서 우리의 이야기를 빼앗아 가려고 하는 저 기자들
의 무례함은 대체 어디서 나오는 거지? 왜 우리 이야기가 필요
한지 설명해주면 인터뷰 의사가 있는 친구들은 협조할 텐데, 왜
저런 방법밖에 택하지 못하지? 왜 우리도 생각하는 걸 저들은
생각 못 하지?
　　장례식장에 가지 말라는 말도 그래요. '내가 친구한테 인
사해야겠다는 생각이 절실하더라도 유가족에게는 나의 존재가
더없이 아플 수 있겠구나. 그러면 나는 가는 게 맞나 안 가는 게
맞나.' 이런 정도의 판단은 우리도 할 수 있잖아요. 우리가 아직

스스로 감정을 토닥이기 어려운 상황이라는 게 이유라면, 그럼에도 우리가 감당하겠다고 할 땐 그 정도 판단은 할 수 있게끔 해줘야죠. 설령 판단을 구하지 않고 '가면 안 된다'는 쪽으로 결정을 내렸다 한들 저희한테 이유라도 명확하게 설명을 해줘야 하는데… 기존 교실을 존치하느냐 옮기느냐 하는 결정도 그렇잖아요. 저는 기억교실은 남겨둬야 한다는 입장이지만 후배들을 생각해서 학교 안에 계속 두는 건 반대했어요. 물론 친구들마다 생각이 달랐을 테죠. 어쨌거나 교사들과 부모들끼리 다 결정했을 뿐, 저희를 불러서 제대로 의견을 물어본 적이 없어요.

국어 시간에 시키는 게 소설 읽고 저자의 의도를 파악하라는 거였잖아요. 이런 거 공부할 나이가 됐으면, 상대방의 의도를 듣고 이해할 나이는 됐겠죠. 근데 아무 설명이 없어. 어른들이라는 이유로 '우리가 모든 수를 생각해서 결론 내렸으니 너희는 따르기만 하면 된다'는 방식이 모든 과정에 적용됐어요. 참사 직후에 내 상태를 판단하는 것부터 내 친구의 죽음을 받아들이고 보내주는 것, 그 뒤에 이어진 모든 과정이 그렇게 이루어진 거예요. '우린 어른이고, 너희의 보호자고, 너희는 아직 어리기 때문에 우리끼리 고민해서 결론을 이렇게 내렸다' 하며 통보해 왔죠. 그에 대한 설명이 충분했던 적은 없었고요. 그래서 늘 '왜? 왜 그렇대?'라는 질문이 따라왔던 것 같아요. 저희끼리도 그 결정을 이해하는 사람, 이해 못 하는 사람, 이해하고 싶어도 하지 못하는 사람, 이렇게 나뉘었고요.

그러다 보니 어른들에 대한 신뢰가 없었어요. '4·16세월호 참사가족협의회'(이하 가협)나 '쉼표'* 같은 데서 생존학생 단톡방을 통해 언론 인터뷰나 활동 제안이 와도 저는 하기가 싫더라고요. 언론 인터뷰도 저한테 직접 언론사에서 연락하는 경우에만 응했어요. 청소년 보호라는 우산 아래서 어른들이 하라는 걸 하는 게 싫었고, 딱히 더 안전하다고 느껴지지도 않았으니까. 신뢰라는 건 오래 관계를 맺고 판단하면서 쌓이는 건데, 참사 이후 세월호로 오래 관계 맺은 어른이 없어요. 신뢰가 있어야 잃을 수도 있는 거고, 신뢰를 얻으려면 관계를 맺어야 하는데… 그런 관계를 맺은 어른이 없었던 거예요.

/ 전환

몇 년 전에 텔레그램 N번방 사건이 터지고 대다수 피해자가 어린 여성들이라는 걸 알았을 때 '어른들이 미안해'라는 말에 처음으로 공감이 갔던 것 같아요. 참사

* '쉼표'는 세월호참사 생존자인 단원고 학생들의 휴식과 치유를 위해 만들어진 공간이다. 생존학생들이 편하게 쉴 수 있는 공간이 필요하다는 공감대 속에서 2014년 7월부터 안산과 광주의 시민들이 함께 준비했고, 문화·예술사회적기업 '신나는문화학교' 경기지부, 안산민예총과 광주시민상주 등이 기금을 모아 2015년 11월 단원고등학교에서 멀지 않은 곳에 개관했다. 자유롭게 이용할 수 있는 휴식 공간, 부엌, 모임방 등으로 구성되어 있다. 쉼표에서는 세월호 생존자들과 함께 봉사활동, 멘토링 프로젝트 등 지역사회와 소통할 수 있는 여러 프로그램을 진행해왔다.

이후 아이들에게 미안하다고 말하는 어른들이 많았잖아요. 처음엔 이해가 잘 안 갔었거든요. '저 말이 대체 뭐야? 어린아이들에게 참사가 일어나서, 내 아이도 그럴 수 있다는 생각에서 미안하다는 건가? 그렇다고 갑자기 저렇게 마음을 쓰고 공감도가 팍 올라가게 되나?' 근데 제가 사회에서 규정하는 어른의 나이가 되고 N번방 사건을 접하니까 가해자가 어른이고 피해자가 어린 사람들일 때 느끼는 감정이 이런 거였겠구나, 처음으로 어렴풋이 느꼈던 것 같아요. 예전에는 나 스스로 참사를 기억하기 위해서, 내 친구를 기억하기 위해서 세월호를 기억해달라고 이야기해왔다면, 앞으로는 우리 사회에서 일어나는 여러 참사의 생존자들이 느끼게 될 상황에 대해 목소리를 내고 책임을 다하는 일도 필요하겠다고 느낀 계기였어요. 앞선 생존자로서, 이 사회의 일원으로서 내가 책임질 몫이 있구나. 그 전환을 만들어준 사건이 바로 N번방 사건이었어요.

피해 내용이나 가해 형태에 따라 피해자들이 겪게 될 어려움은 조금씩 다르겠죠. '피해자가 무지해서 일어난 일'이라는 비난도 있을 테고, 특히 성적인 피해일 때는 피해자가 더 움츠러들게 될 테고. 이때 피해자들이 자기 상태를 잘 들여다보고 저처럼 몸이 보내는 신호를 외면하지 않았으면 좋겠어요. 절대 유난 떠는 게 아니라는 걸, 저마다 증상은 다를 수 있다는 걸 말해주고 싶어요. 내 상태를 객관적으로 파악해야만 앞으로 호전될 방향도 잡히는 거니까, 내면의 소리든 몸의 신호든 자기 소리에 집중해주면 좋겠어요. 응답할 사람이 분명 있을 거예요.

당연히 있어야죠.

요즘 세상이 너무 각박하잖아요. 칼부림하고 서로 혐오하고, 난리가 났잖아요. 두려운 세상이죠. 피해자를 움츠러들게하는 접근 대신 가해자에게 책임을 물을 수 있는 접근으로 바뀌면 좋겠어요. 그런 말 있죠. 지하철에서 누가 성추행할 때 '살려주세요!'라고 외치면 다들 피해자를 쳐다보지만, '야, 이 미친놈아!' 그러면 가해자를 찾는다고. 그렇게 패러다임을 옮기면 세상이 조금은 나아지지 않을까요?

/ 돗자리

사실 친한 생존자 친구들끼리 만나도 참사 이야기는 거의 안 해요. 주위에 많이 힘들어하는 친구가 있어서 그 친구 상태를 걱정하고 이유를 추측하느라 세월호 이야기를 하는 경우가 있긴 하지만. 가끔씩 생존자 중에 누가 어려운 시간을 보내고 있다는 소식이 들려오면 '무슨 일이 있었던 걸까? 잘 지냈으면 좋겠는데… 안 아팠으면 좋겠는데…' 하는 마음이 들어요. 나랑 친하지도 않고, 서로 맞지 않아서 어울리지 않을 것 같은 애라도 그렇게 응원하게 되더라고요.

기억교실이나 분향소가 제 마음의 안식처였거든요. 중고등학교 친구들이 다 있는 곳도 안산인데, 스물한 살 가을에 집안 사정으로 안산을 떠나게 됐어요. 온마음센터도 그렇고 모든 지원 체계가 안산에 몰려 있다 보니, 거기를 떠나니까 지지받고 응원받을 기회나 공간을 박탈당한 기분이 들더라고요. 나처럼 어떤 이유에서든 이야기할 공간이나 사람이 없는 친구들이 많을 수도 있겠다 싶었어요. 저희는 서로한테 굳이 길게 설명하지 않아도, 애써 증명하지 않아도 그냥 '그랬구나' 할 수 있는 사람들이에요. 친하진 않더라도, 남들은 조심스럽게 물어볼 만한 말들이 저희끼리는 전혀 아닌 것도 있고. 그러니 우리끼리 이야기하는 자리를 만들어보면 어떨까 생각했어요. 내가 지금의 나이가 되기까지 내 상태를 받아들이고 응원받으면서 한 발짝씩 나아갔던 부분이 있었으니까. 이 자리가 누군가에게는 자기 상태를 온전히 받아들이고, 무한한 지지를 받고, 그 지지가 본인한테 거름이 돼서 앞으로 나아가는 데 힘이 되었으면 하는 바람이 있었거든요.

생존자 친구 주희랑 이런 이야기를 나누다가 9주기가 끝난 4월 말에 첫 모임을 갖기로 했어요. 마침 저나 주희가 취업도 하고 마음의 여유가 있던 때라 가능했던 일인 것 같아요. 세월호 연극을 통해 인연을 맺은 연극인들이랑 세월호 기록 활동과 청소년 인권 활동을 함께 해왔던 분들에게 함께 준비해달라고 부탁했어요. 우리끼리만 이야기하는 것보다는 더 안전한 자리를 만들 수도 있고 이야기도 더 풍성하게 확장할 수 있을 것 같았어요. 그러면 모임도 더 안정적으로 유지될 수 있겠다 싶었고요. 다행히 여러 사람이 기꺼이 합류해주었어요. 모임 이름도 정했어요. '돛자리'라고. 노란 리본의 돛을 달고 돛자리에서

처럼 편안하게 둘러앉아 이야기하는 자리가 되면 좋겠다는 의미로 지은 거예요. 여기저기 알음알음 부탁해서 친구들 연락처를 다 구해 모두에게 물어봤어요. 아무도 배제되지 않도록, 누가 먼저 연락을 받는다거나 나중에 소식을 듣는다거나 하는 일이 없도록 동시에 연락했죠.

첫 돗자리 모임이 열리고 나서 생각해봤어요. 내가 정말 원한 게 맞나? 끝까지 책임질 수 있을까? 그런데 다른 건 몰라도 이 모임이 누군가에게 굉장히 소중한 시간이 될 거라는 확신은 들더라고요. 사실 같이 준비해준 분들을 떠올리면 많이들 참여했으면 좋겠다는 욕심이 있지만 저 개인적으로는 많이 오지 않아도 된다고 생각해요. 모든 친구가 이런 모임이 있음을 알고서 한 명이든 두 명이든 필요한 순간에 찾을 수만 있어도 좋겠어요. 고3 때 친구가 이런 이야기를 한 적 있어요. 자기는 잠도 잘 자고 트라우마도 없고 괜찮아서 오히려 죄책감이 든다고. 그러다 '너희는 다 괜찮아졌는데 나중에 내가 아파지면 어떡해' 하고 묻는 거예요. 그래서 제가 이야기했어요. "그러네. 그럴 때 주변에 아무도 없다고 느낄 수도 있겠다. 그럴 땐 나한테 꼭 말해." 꼭 지금 힘든 친구가 아니더라도 이런 모임이 있다는 걸 알면 분명 언젠간 도움이 될 거예요.

모임에서 이야기 나눌 때 서로 지켰으면 하는 약속도 정했어요. '언제든 자기 이야기를 덧붙이고, 지우고, 다시 쓰는 것이 가능하다. 모임에서 주고받은 이야기를 타인에게 전하지 않는다. 그리고 나와 생각이나 경험이 다른 사람의 의견을 배제하

61

거나 판단하지 않는다…' 만약 자기 이야기가 함부로 판단되거나 부정당한다는 느낌을 받으면 다들 입을 닫고 다시는 오고 싶지 않아질 테니, 이 점을 특히 주의했으면 좋겠다고 생각했거든요. 근데 사실 이 모임을 찾아오는 친구들은 결국 저마다의 힘듦이 있어서 마음에 여유가 없을 수도 있잖아요. 그러다 보면 누군가의 말에 귀 기울이지 않거나 누군가의 존재를 부정하는 것처럼 비치는 행동을 할 수도 있고요. 그렇게 되지 않기 위해 신경을 계속 써야 할 것 같아요. 또 누군가 쌓아두었던 감정을 폭발시킬 때 그걸 모임 안에서 잘 풀 수 있도록 도와줘야지, 쓸데없이 제가 괜한 오지랖을 부리면 일을 키울 수도 있겠다 싶어요. 그런 적정선을 지킬 줄 알아야겠다는 생각도 했고요.

회사 일도 바쁜데 모임을 준비하려면 신경 쓸 게 많으니 피곤해지는 순간이 오겠지만, 그래도 할 수 있는 데까지는 해보고 싶어요. 사실 최근 두 달 동안 아침에 엄청 일찍 출근하고, 20분 만에 점심 먹고, 퇴근한 뒤 집에 와서도 일하느라 엄청 바빴거든요. 그래서 중간에 포기하고 싶었던 적도 있었어요. 시간도, 마음의 여유도 부족한데 대충대충 준비하고 싶지는 않으니까 버겁더라고요. 그래도 힘들어도 하루하루 버티다가 문득 지나서 보면 이 모임이 나의 버팀목이 되어 있지 않을까 하는 생각으로 포기하지 않을 수 있었어요. 누군가에게 도움이 되고 싶어서, 힘이 되고 싶어서 하던 일이 결국은 나를 위한 일이었음을 알게 된 순간이 많았거든요. 해외 봉사가 그랬고, 생존자 모임도 그럴 것 같았어요. 저는 스무 살 이후 그리고 고등학교 1학년 때까지의 기억은 온전한데, 그사이 2년 동안은 굉장히 흐릿해요. 근데 모임에 나온 어떤 친구는 모든 걸 선명하게 기억하고 있더라고요. 친구 이야기를 듣다 보니 제 기억의 퍼즐도 맞추게 됐어요. 친구들을 위해서 열었던 자리인데 이번에도 나를 위한 모임이 된 거죠.

이 모임이 정말 잘돼서 생존자를 위한 매뉴얼을 만드는 발판이 되면 좋겠다는 막연한 꿈이 있어요. 또 다른 참사가 일어났을 때 세월호참사의 경우에는 생존자들이 이런 모임을 했다더라, 그게 도움이 됐다더라, 우리도 이런 시간이 필요하지 않을까, 하고 자연스럽게 터득한다면 좋지 않을까요?

✧

김도연이 사는 파주에서 두 번째 인터뷰가 끝난 후 함께 소주를 마셨다. 인터뷰의 여운 때문인지, 둘이 가장 좋아하는 술이 같아서인지, 기력 보강을 위한 맛있는 안주가 앞에 있어서인지 몰라도 소주가 몹시 달았다. 세월호 생존자로서 언론 인터뷰는 매년 해왔지만 자기가 살아온 삶에 대해 이렇게 길게 이야기해본 적은 처음이라고, 김도연이 수줍게 말했다. 그리고 이번엔 자기 차례라는 듯 내게 인권 활동을 왜 시작했는지, 왜 세월호 일을 계속하는지 물었다. 내가 살아온 인생과 내가 꿈꾸는 세상에 관한 이야기에 이어 그의 언니 사랑, 친구 사랑이 이어졌다. 서해선이 개통되면서 파주에서 안산까지 가는 길이 조금 더 빨라졌다며 기뻐하는 그와 다음 생존자 모임에 대한 기대도 함께 나눴다. 어느새 소주 세 병이 비워졌다.

알딸딸해진 기분으로 그와 헤어져 돌아오는 길에 생각했다. 김도연의 바람대로 생존자들의 이야기가 모이고 그 이야기가 사람들에게 전해져 이 사회의 생존자 감수성이 조금은 올라가는 발판이 되면 좋겠다고. 그들 곁에서 작은 일이라도 거들수 있어 참 다행이라고. 10년이라는 세월 동안 어떻게 감당해왔을까 싶을 만큼 고통스러운 시간을 통과하면서도 김도연은 허우적대지 않고 이름대로 찬찬히 여기까지 왔다. 그 걸음걸이를따라 나도 다시 힘을 내어보고 싶어졌다.

2023년 초여름에 시작된 416 단원고 생존자 말하기 모임 '돗자리'는 지금까지 총 네 차례 이어졌다. 이 모임이 언제까지이어질지는 모른다. 다만 제안자인 김도연과 김주희가 멈추지않는 한, 친구들을 기다리는 돗자리는 계속 펼쳐질 것이다.

/ 배경내

함께여서 지금, 여기까지

생존자 박상원, 최영진 이야기

"하죠, 뭐." 인터뷰를 요청했을 때 박상원은 흔쾌히 대답했다. 이전까지 인터뷰 경험이 많지 않았다고 들었는데, 별 망설임이 없어 보였다. "그냥 제 이야기 하면 되는 거잖아요?" 하고 싶은 이야기가 있는 걸까, 해야만 한다고 생각하는 걸까. 흔쾌히 수락해준 마음이 반가우면서도 궁금했다.

"음… 상원이가 하면 저도 할게요." 조금 망설이던 최영진이 말했다. 중간 다리가 되어준 '쉼표' 선생님을 통해서 최영진이 낯을 가리는 편이라는 이야기를 미리 전해 들었던 차였다. 망설이면서도 수락해준 마음이 고마우면서도 더 알고 싶었다.

인터뷰를 앞두고 박상원과 최영진을 함께 만났다. 둘 다 그 전에 봤을 때 보다는 조금 더 편해 보였다. 술병이 하나둘 쌓이는 동안 두 사람이 보내온 시간을 차곡차곡 들을 수 있었다. 애써 과장하지도, 부러 겸손 떨지도 않은 채 담담하게 말해주는 이야기를 들으며, 종종 서로에게 기대며 만들어온 지난 10년의 역사가 보이기 시작했다.

'인생이 짧으니 하기 싫은 건 안 하려고 한다'는 박상원, '10년 동안 무탈하고 유하게 잘 흘러온 것 같다'는 최영진. 인터뷰를 진행할수록 처음에는 서로 너무 다르다고 느껴졌던 두 사람의 공통점을 느낄 수 있었다. 흔쾌함과 망설임 속에서 서로를 엮어내며 이 자리까지 와준 단단함이었다.

박상원 　그때 기억나? 같이 처음으로 캠핑 갔을 때.

최영진 　한 2, 3년 전인가? 처음부터 캠핑을 가려고 했던 건 아니었잖아. 그냥 집에 있는 것들 가지고 일단 낚시라도 다녀오자 했다가 그게 너무 좋아서 두 번째, 세 번째, 자주 갔었지.

박상원 　우리가 또 워낙 계획이 없잖아. 둘 다 P라서. (웃음)

최영진 　맞아. 같이 술 한잔하다가 "지금 갈까? 진짜 갈까?" 이랬나. 집에 있던 텐트 챙기고, 다이소 같은 데서 대충 물건 사서 바로 대부도 해수욕장으로 갔지. 아마 지금은 안 될 텐데, 그때는 해수욕장에서 캠핑을 할 수 있었으니까. 어디 다리 밑에 텐트 치고 술 마시다가, 베개도 없어서 컵라면 베고 자고 그랬어. (웃음)

박상원 　그때는 그냥 막 갔던 것 같아, 겁도 없이. "가서 그냥 술 먹고 자면 되지", 이런 식으로. 우리 왜 그때 첫차 타고 부산도 갔었잖아.

최영진 　그것도 술 먹다가 갔었나? 여름에 이제 막 더워지던 때였는데. 아마 그때 다들 백수였을 거야. 새벽까지 술 마시다가 "갈까? 가자!" 했지. 바로 각자 집에 가서 짐 챙기고, 광명역에 모여서 첫차 타고 부산으로 가서 아침에 잠깐 눈 붙이고, 바로 바닷가로 갔잖아. 근데 또 계획이 없었지. 그래서 그

해수욕장에서 물놀이만 한 다섯 시간 했나? 계속 바다에 들어 갔다 나왔다, 다들 몸이 새빨갛게 익었던 것 같아. 저녁에 또 술 마시고, 근처 모텔에 빨리 예약해서 자고, 그러곤 올라왔지.

박상원   너랑 나랑 전역하고 나서 복학하기 전 마지막 방학 때는 다른 지역에 있는 공장에 들어가서 일한 적도 있잖아. 처음에는 다른 친구가 일하고 있던 공장에 갔었지. 걔가 사는 자취방에서 같이 자면서 한 2주 정도 일했나? 그다음에는 너희 이모부 계시는 곳 가서 한 달 정도 일하고. 그때도 갑자기 막 그 냥 떠났어, 아무런 계획도 없이. "일단 가, 뭐 어떻게든 되겠지. 가면 무조건 재밌을 거야", 이러면서.

최영진   그래도 뭘 같이 하면 항상 재밌었던 것 같아. 그 러니까 계속 만났겠지? 계획이 없으니까 일단 만나고 나서 뭐 할지를 정하잖아. 그러면 그냥 정자 앞에 서서 술도 안 마시고 세 시간 동안 내내 수다 떨고, 그다음에 뭘 하러 간다거나. 그런 사소한 거 하나하나가 다 재밌으니까.

박상원   우리는 동네가 좁으니까 중학교 친구들이 다 고 등학교 친구들이고, 서로 엄청 친하지는 않아도 얼굴은 다 아는 사이였잖아. 나야 지금은 이사했지만 예전에는 한동네에 다 모 여 살기도 했으니까. 따로 약속을 안 잡아도 그냥 집 앞에 나가 면 친구들이 있고, 다들 옆 건물이나 옆옆 건물에 살고, 집 앞에 있는 피시방에 가면 언제나 다 있고. (웃음) 나 요즘에도 그 동 네 피시방에 가끔 가. 거리가 좀 멀어서 차 타고 가기는 해야 하 는데, 그래도 추억이 있잖아.

최영진　항상 붙어 있고, 지역도 같고, 군대도 비슷한 시기에 다녀오고 그랬으니까.

박상원　근데 다른 지역에 사는 사람들 이야기 들어보면, 그 사람들이 학창 시절 친구들을 대하는 것보다는 우리가 조금 더 돈독한 것 같기는 해. 뭔가 더 끈끈한 것도 있고. 아무래도 우리는 친구가 많이 줄어들었으니까, 원래 서로 다른 무리였던 애들도 사고 이후에는 다 같이 뭉치게 된 게 있지. 누구 한 명을 만나면 자연스럽게 다른 친구들도 계속 만나게 되고. 그래서 성인 되고 나서도 계속 만나게 된 것 같아. 뭐, 이제는 군대 가고 취직하고 하면서 많이 흩어진 것 같기는 하지만.

최영진　다른 사람들이 어떻게 생각할지는 모르겠지만, 그렇다고 우리가 다들 서로 엄청나게 친한 건 아니잖아. '생존자들 몇 명 안 되는데 다들 서로 친한 거 아냐? 서로 다 아는 거 아냐?'라고 할 수도 있지만, 사실 우리도 여자애들이랑은 아예 연락도 안 하고, 만나는 애들만 만나고, 그런 거지 뭐.

박상원　사고 있고 나서 고등학교 남자애들 열네 명이 친하게 지냈잖아. 그때는 그 열네 명이 진짜 죽을 때까지 같이 모여서 놀 줄 알았는데, 지금 만나는 사람은 네다섯 명밖에 없으니까. 잘 맞는 애들끼리 만나게 되는 거구나 싶기도 해. 당연히 계속되는 관계는 없구나. 뭐 그렇다고 서로 싸우거나, 관계를 끊거나, 그런 것도 아니긴 하지.

최영진　고등학교 친구들이랑 같이 계곡에 놀러 갔던 것도 기억난다. 그때 너는 없었나? 처음에는 경기도 북부에 있는 계곡으로 갔거든. TV 프로그램에 나왔던 곳이 있어서 거기를 가자고 했어. 딱 갔는데, 그때가 한창 계곡에서 불법 영업하는 음식점들 단속하던 때라서인지 아무것도 없는 거야. 이건 뭔가 잘못됐다, 그래서 다시 가평 쪽에 있는 계곡으로 가서 놀았지. 그때도 완전 즉흥적으로, 아무것도 안 들고 몸만 갔어. 돌아올 때는 다 젖은 옷 대충 말려서 차에 타고. (웃음) 내가 원래 물을 별로 안 좋아했거든. 지금은 아닌데 어렸을 때는 워낙 말랐어서, 물이 너무 차갑게 느껴지고 저체온증도 바로 오고 그랬어. 또 그때 같이 갔던 친구 한 명은 어렸을 때 물에 빠진 적이 있어서 물을 좀 무서워했고. 근데 그때 계곡에서 다 같이 다이빙을 했거든. 다른 친구들은 이미 다 뛰어내렸고, 나랑 그 친구만 절벽 위에서 계속 망설이면서 있는데, 어떤 아이가 나보다 더 높은 곳에서 뛰어내리는 거야. 어? 이거 안 되겠다, 자존심이 허락을 안 해서 나도 뛰어내렸지. (웃음) 다른 친구도 엄청 고민하다가 결국 뛰긴 했던 것 같아.

/ 그때

박상원　사고 났을 때 우리가 갑판 쪽에 같이 있었잖아, 너랑 다른 친구들이랑. 보트가 갑판 쪽으로 와서 사람들이 순서대로 타는데, 딱 내 앞에서 자리가 다 차버린 거야. 보트는 일단 한번 다녀와야 하니까 떠났지, 배는 점점 기울어져서 물이 갑

69

판으로 계속 차오르지, 어차피 이럴 거 그냥 바다로 나가야겠다 싶더라고. 그때는 정신이 없어서 물이 무섭다는 생각도 안 들었던 것 같아.

최영진   그때 너 구명조끼도 안 입고 있지 않았어?

박상원   맞아. 다른 친구들은 다 입고 있었는데, 그때 내 옆에 계시던 분이 구명조끼가 망가져서 지퍼가 안 잠기길래 내 걸 드렸지. 근데 나는 그분이 원래 입고 있던 망가진 구명조끼를 나한테 주실 줄 알았거든? 그냥 그 위에 두 겹으로 입으시더라고. 그런데 뭐랄까, 그때는 나도 워낙 정신이 없어서 그 상황을 별로 심각하게 생각하지 못했던 것 같아. 근처에 구명조끼 입은 친구들이 있으니까 걔네를 붙잡으면 되겠다, 이런 식으로. 내 옆에 다른 친구가 있었는데 걔가 수영을 잘하는 애였거든. 그래서 걔랑 같이 바다에 떠 있거나, 어디로든 가면 되겠다 싶었어.

최영진   나는 그때도 엄청 추웠던 기억이 많이 나. 내가 지금이랑 고등학교 때랑 키가 똑같은데, 그때는 몸무게가 훨씬 덜 나갔거든. 되게 왜소했지. 아까 계곡에서 다이빙했다던 친구랑 갑판에 같이 있었어. 둘 다 수영을 못하잖아. 걔는 가뜩이나 물을 무서워하기도 하고. 갑판에 물이 차오르는데 둘 다 뛰어들지는 못하고, 물에 둥둥 뜬 상태로 계속 갑판을 잡고 있었어. 구명조끼는 입고 있었으니까. 그러다가 헬기가 와서 커다란 튜브 같은 걸 내려주고, 우리가 그 위에 올라탔잖아? 아마 네가 나를 끌어올려줬나, 그랬던 것 같은데. 이미 바다에 들어가서 온몸이 젖어 있던 데다가 위에 뜬 헬기 때문에 바람도 세게 불지, 몸은 차갑지, 진짜 너무너무 추웠어. 그러다가 다시 보트가 와서 그걸 타고, 큰 배로 갈아탄 다음 옷을 갈아입었는데도 내가 계속 덜덜 떠니까 옆에서 다른 애들이 몸을 주물러줬던 것 같아.

박상원　　맞아, 그때 진짜 추웠어. 바다에 떠 있을 때는 차라리 덜 추웠는데, 튜브 위로 올라왔더니 헬기 바람이 너무 세게 불어서. 그 튜브 위에 얼마나 있었는지는 기억 안 나지만 체감상 진짜 오래 있었던 것 같아.

최영진　　튜브 위에 올라타 있다가 배를 한 번인가 두 번 갈아타고, 바로 진도체육관으로 갔었지? 그때 바다로 안 들어가고 바로 보트에 타서 핸드폰이 살아 있는 친구가 있었거든. 부모님한테 전화를 드렸더니 놀라서 바로 내려오셨어. 몇몇 친구는 그렇게 부모님 차 타고, 다른 친구들은 버스 타고 고대병원으로 갔지. 나는 부모님이랑 조금 일찍 올라왔으니까, 집에 들러 샤워도 하고 옷도 갈아입고 병원으로 갔어.

박상원　　나도 부모님한테 전화드렸더니 바로 오겠다고 하셨는데 그냥 오지 마시라고 했던 것 같아. "어차피 버스로 다 데려다준대", 이러면서. 굳이 또 내려오시려면 몇 시간은 걸리고 힘들잖아. 나는 워낙 그전부터 부모님한테 걱정을 많이 끼쳐드렸거든. 그때는 더 걱정 끼치기 싫다는 마음이 컸어. 근데 또 한편으로는 지금 이 상황이 별것 아닌 일이었으면 좋겠다는 바람도 좀 있었던 것 같아. 통화하는데 부모님도 너무 걱정하고

71

계셨고, 뉴스에도 계속 소식이 나오고 있으니까. 엄마는 소식 듣고 바로 학교로 달려가셨는데, 학교에서 내 전화를 받고 안심하셨지. 그날 밤에 버스 타고 고대병원으로 갔는데 기자가 엄청 많았고, 그 사이에서 아빠가 나타나서 나를 꽉 안아주셨는데 그때 기억이 많이 나. 무슨 이야기를 했는지는 기억이 안 나고, 딱 그 장면만.

최영진 그래도 둘 다 조금 부딪히기만 하고 크게 다치진 않아서 다행이었지.

박상원 병원에는 한 2주 있었나? 친구들이랑 같이 병실을 썼는데 병원 밥이 너무 맛없어서 배달음식을 많이 시켜 먹었던 것 같아. 친척분이 반찬을 해다 주시기도 하고. 또 기자가 엄청 많아서 어색하고 생소했어. 기자들이 막 일반인인 척하면서 인터뷰하려 들고. 그때 친구들이랑 병원 로비인가, 대기실인가에 있었는데 어떤 사람이 오더니 우리한테 너무 고생했다면서 피자 같은 걸 시켜줬거든. 근데 이 사람이 피자를 먹으면서 계속 뭔가를 꼬치꼬치 물어보는 거야. 알고 보니 기자였던 거지. 내가 먼저 그 사람한테 기자인지 물어봤던가? 아무튼 기자인 게 밝혀진 다음에 나랑 친구들이랑 같이 욕하면서 그 자리를 떠났던 것 같아.

최영진 나는 병원에서는 그냥 멍하니 지냈어. 가끔씩 다른 병실에서 친구들이 오거나, 중학교 친구들이랑 선생님이 병문안을 오기도 했는데, 그냥 멍하니 앉아서 뉴스만 계속 봤어. 일부러 뉴스를 찾아본 건 아니지만, 나도 궁금하고 알고 싶으니까. 지금 이게 뭔지, 어떻게 된 상황인지. 근데 그냥 다 현실적이지가 않았던 것 같아. 지금 내가 왜 여기에 있는지도 잘 모르겠고, 꿈꾸고 있는 것 같고. 안 좋은 뉴스는 계속 나오지, 애들 막 올라왔다고 해서 장례식장에 가려고 준비하는 친구들도 있었는데 병원에서 못 가게 하는 바람에 싸우기도 하지. 병원에 있던 시간을 떠올리면 거기서 더 아파진 것 같은 느낌이야. 그때가 사고 직후였잖아. 의사랑 상담을 하는데, 자꾸 친구들 이야기를 꺼내면서 '얼마나 친했느냐, 어떤 기억이 제일 많이 나느냐', 이런 걸 물어보는 거야. 그래서 상담하다가 친구들하고 축구했던 이야기 하면서 울기도 했거든. 그 뒤로 상담이나 검사 같은 걸 별로 안 좋아해. 병원에 있는 동안은 괜히 더 생각에 빠져들고, 더 우울해졌던 것 같아. 그래서 당시에는 친구들 장례식에 가봐야겠다는 생각도 안 들었어. 병원에서 가지 말라고 한 것도 있었지만, 그냥 계속 멍하니까. 지금이라면 좀 다를 것 같은데.

박상원　나랑 친했던 애들은 다들 내가 병원에 있을 때 올라와서, 고대병원에서 열리는 장례식은 무조건 갔던 것 같아. 나는 그때 답답한 게 싫어서 링거도 안 맞고 있었거든. 지금 생각해보면 그거 되게 비싼 거였을 텐데, 그냥 좀 맞아둘걸. (웃음) 누구한테 같이 가자고 한 적은 없는 것 같고, 그냥 갈 애들은 알아서 가는 분위기였지. 나중에 이야기 들어보니까 다른 애들은 몰래 장례식장 가려고 링거도 빼고, 옷도 갈아입느라 고생했던 것 같은데, 나는 좀 자유롭게 다녔던 편이야. 고대병원

말고 다른 데서 했던 장례식도 중학교 때 친구들이랑 같이 한 번 갔으니까. 못 가본 친구들 장례식도 많지만, 진짜 친했던 친구들 장례식에는 다 가려고 했던 것 같아. 가야 한다고 생각했거든.

/ 비일상과 일상

최영진   연수원 가고 나서는 친구들이랑 같이 있을 수 있으니까, 조금씩 더 괜찮아졌던 것 같아. 아무래도 병원보다는 자유로웠고, 조금씩 일상생활에 녹아들기 시작했으니까. 친구들이랑 로비에 앉아서 이야기하거나 방에 같이 있을 때가 많았지. 우리끼리 프로그램도 계속하고, 놀러 가기도 하고, 그러면서 조금씩 친해지기도 했어. 우리가 원래부터 서로 다 친하지는 않았는데 그때는 뭐든 같이하고, 놀 때도 같이 놀고, 밥도 같이 먹고 했으니까.

박상원   프로그램이 엄청 많았잖아. 연예인도 오고. 그때는 그런 게 다 싫었는데, 지금 와서는 좀 기억에 남는 것 같아. 내가 느끼기에는 병원에 있을 때도 그렇고 연수원에 있을 때도 그렇고, 우리를 좀 불쌍하게 여기는 것 같아서 싫었어. 괜히 관심받는 것도, 이슈화되는 것도 싫고. 그래서 나는 그런 프로그램에 거의 참여를 안 했거든. 억지로 앉아 있기는 했지만. 지금 생각하면 그런 부분이 좀 아쉽기도 해.

최영진　　그래도 대학생분들이 와서 멘토링해줬던 건 기억에 남는다. 그렇게 만난 사람들이 좋아서 그런 것 같아. 내 친구 중에는 거기서 만난 멘토 형이랑 아직까지 자주 연락하면서 친하게 지내는 애도 있어.

박상원　　학교 선생님들이 연수원에 와서 수업도 했잖아. 개판이었지, 뭐. 누가 거기서 공부를 하고 있겠어. 수업을 했다는 건 기억나지만 내용은 하나도 기억이 안 나. 나도 그렇고, 애들도 불만이 엄청 많았지. 왜 나한테 이런 일이 일어나서 이렇게 자꾸 남들과 다르게 대우받고 있나. 지금 생각해보면 수업 태도 같은 게 다 엄청 부정적이고, 반항적이고, 그랬던 것 같아.

최영진　　사실 막 웃고 떠들기에도 뭐했지. 상황이 계속 진행 중이었잖아. 학교도 정신없고, 장례식이랑 발인도 이어지고, 그래서 우리가 연수원에 모여 있었던 거니까.

박상원　　그때는 다 같이 모여 있으니, 억지로 재밌어하려는 느낌도 있었어. 나뿐만 아니라 다른 애들도 그랬던 것 같은데, 가만히 있으면 너무 가라앉으니까 괜히 더 장난치려 하고, 친구들이랑 같이 있으려 하고, 그랬지.

최영진　　연수원에 한 달 정도 있다가 다시 학교로 왔잖아. 맨 처음 다시 학교에 갔을 때는 심장이 엄청 두근거렸던 기억이나. 너무 많이 긴장돼서. 교실에 딱 갔더니 추모 공간으로 꾸며져 있는 걸 보고 좀 더 현실감도 들었던 것 같고. 그런데 나는 학교로 돌아오고 나서야 오히려 조금씩 더 괜찮아진 것 같아. 친구들이랑 수업 듣고, 점심 먹고, 같이 놀고 하면서. 사고를 겪었다고 해서 전에 하던 일을 다르게 하는 것보다, 그냥 평소처럼 똑같이 일상생활을 하는 게 나한테는 더 좋았어. 다른 친구들은 어땠는지 잘 모르겠지만.

박상원　　2학년 때까지는 학교 분위기가 계속 안 좋았지. 그때 교실에 소파가 있었잖아. 애들 다 수업 안 듣고, 소파에 누워 있었어. 다들 자고, 떠들고, 선생님이랑 싸우고. 3학년 되고 나서야 분위기가 좀 달라졌던 것 같아.

최영진　　나는 눈치가 보이는 면도 있었어. 아무도 나한테 이런 말을 하지는 않았지만, 괜히 주변에서 '너희 아무렇지 않은 거냐' '지금 친구들이 그렇게 됐는데 너희끼리 시시덕거리고, 축구하고, 수업 듣고, 놀 때냐' 하는 눈으로 볼 것 같아서. 나는 평소처럼 똑같이 살고 싶은데, 이전처럼 웃고 놀고 싶은데, '쟤 웃고 있네', 이런 시선을 받을까 봐 눈치를 봤던 것 같아. 불안하기도 했고. 그렇다고 우리가 학교생활을 하는데 1년 365일 내내 우울하게 가라앉아 있을 수는 없는 거잖아. 그래서 오히려 더 내가 하고 싶은 대로 했던 것 같아. 더 밝게 지내려고 하고.

박상원　　그때는 이 상황에 화가 나고, 반항심이 컸어. 왜 나한테 이런 일이 일어났는지도 모르겠고. 그래서 다른 사람들하고 다르게 대해지는 것도 싫었던 것 같아. 게다가 언론에서는 '이게 그냥 평범한 사고가 아니다', 이런 이야기도 엄청 많이 나오고 있었잖아. 선장이 잘못했단 사실을 모두가 알고 있었고, 누가 어쨌네 하는 루머도 지금보다 더 많았고. 그래서 반항심이 컸던 것 같아. 한편으론 병원에서부터 연수원까지 친구들이랑 계속 같이 있다 보니까 소속감도 엄청 높아져서, 이 친구들이랑 같이 노는 것 외에는 아무것도 하기가 싫은 거야. 말썽도 많이 부렸지. 아마 선생님들이 우리 때문에 엄청 힘들었을 거야. (웃음)

최영진　　보통 단원중 나온 애들이 단원고로 많이 진학했는데, 나는 다른 중학교를 나왔잖아. 원래 중학교 때부터 친한 무리가 만들어져 있는 상태에서 내가 온 거지. 그래도 너나 다른 친구들이 나랑 잘 어울려주긴 했지만, 사고 이후에 훨씬 더 친해지고 돈독해졌던 것 같아. 사고 있기 전에 너랑 나랑 몇 명이서 같이 학원 다녔잖아. 근데 나한테 처음 그 학원을 같이 다니자고 말해준 친구가 있었거든. 1학년 때 같은 반이었고, 걔는 단원중을 나왔었어. 걔가 이미 너희랑 친한 상태에서 나를 끌어당겨준 거지. 사고로 잘못됐는데… 그 친구 아니었으면 지금처럼 친한 무리가 형성되지 않았을 수도 있다고, 항상 그렇게 생각하고 있어.

/ 숨게 되는 마음

박상원　　우리 고등학교 때 같이 도보행진 한 적 있잖아. 내가 왜 참여했는지 자세히 기억은 안 나는데, 좀 자연스럽게 하게 된 것 같아. 안 간 친구들도 있기는 했지만, '나는 가야지'

생각했어. 그때 내가 걷다가 힘들어서 잠깐 누워 있었거든. 누워서 엄마인가, 누구랑 통화하고 있었는데 그 사진이 기사에 뜨기도 했어. 친구 한 명은 다리를 다쳐 깁스를 하고 있었어. 걷다가 힘들면 차에 타겠다고 하면서 시작했는데, 그 친구가 끝까지 차에 안 타고 걸으려고 하더라고. 많이 힘들었을 것 같은데. 그게 기억에 남아. 그리고 광화문에 도착해보니 기자가 너무 많았지. 스포트라이트를 너무 많이 받는 것 같아서 그때 우산으로 얼굴을 이렇게 좀 가리고 걸어 들어갔던 것 같아. 괜히 했나 싶기도 했지만, 그래도 뜻깊었던 것 같아.

최영진　맞아. 힘들었지만, 그래도 나쁘지 않았어.

박상원　근데 나는 솔직히 도보행진 하고 나면 뭐라도 될 줄 알았다? 진짜 대단한 거라고 생각했고. 근데 생각보다는 영양가가 별로 없었던 것 같아. 아무 일 없었던 것처럼 지나갔잖아.

최영진　도보행진 했을 때 아마 우리가 언론 같은 데서 욕을 많이 먹었을 거야. 애들 팔아서 뭐 하는 거냐, 정치하려는 거냐, 등등. 그 뒤에도 우리가 계속 모여서 무언가를 했으면 좋았을 텐데. 다 같이 했으면 뭐라도 되지 않았을까? 우리 1주기 때 합창 연습해서 추모제 무대에 오른 적이 있잖아. 나중에 선배들 졸업식 할 때도 공연하고. 나는 그렇게 같이 한 것도 되게 의미 있고 좋다고 생각하는데, 그때도 언론에는 알리지 말자는 분위기가 컸어. 우리끼리만 하자고. 왜냐면 또 욕먹을 수도 있으니까. 그런 일이 계속 쌓이고 쌓여서 다른 애들도 점점 숨게 된 것 아닐까.

박상원　　그런 면이 있는 것 같아. 나는 이번 인터뷰도, 내가 생각했을 때는 남자애들 중에서는 별로 하려는 사람이 없을 것 같아서 한 것도 있거든. 우리랑 친한 애들 중에는 세월호 집회 같은 데 나갔다는 사람도 별로 없었으니까.

최영진　　우리가 그때 언론에 나오면 일단 무조건 욕을 먹었잖아. 대입특별전형도 그렇고. 그러니까 점점 더 숨고, 말을 안 하려고 했던 것 같아.

박상원　　난 사실 지금도 세월호에 대해서는 굳이 이야기하고 싶지가 않아. 누가 나한테 먼저 물어봤을 때 대답하는 건 괜찮지만, 먼저 나서서 말하고 싶지는 않다고 해야 할까. 우리 지금까지도 주기적으로 상담받고, 코호트 검사도 계속 하잖아. 예전부터 나는 그냥 '다 괜찮다'고 했던 것 같거든? 그래야 상담이 빨리 끝나니까. 부모님한테도 사고 당시에 내가 어땠는지 최근에서야 처음으로 말씀드렸어. 당시에 감정적으로 우울하고 힘들었던 이야기, 화가 나고 반항심이 들었던 이야기 같은 거. 엄마는 병원이나 연수원에서 나랑 옆에 좀 더 많이 붙어 있었으니까 어느 정도 아셨을 수도 있는데, 아빠는 몰랐다고 하시더라고.

최영진　　한편으로는 당시에 우리한테 뭔가 의사를 물어봤어야 하는 게 아닌가 싶은 생각도 들어. 우리가 청소년이었다고 하지만 알 거 다 아는 나이고, 각자 생각도 있는데. 어른들이 먼저 생각하고 판단해서 이거는 하고 저거는 하지 말라고 하는 게 아니라 '이런 게 있는데 할래?'라고 설명해줬어야 하는 것 아닐까. 이 일은 무슨 취지로 하는 거고, 뭘 하는 거고, 이런 거를 우리도 좀 알아야 하잖아. 물론 우리가 잘 모르는 트러블이나 어려움이 있었겠지만, 사소한 것 하나하나 다 모른 채 시간이 흘러가니까, 우리는 그냥 그렇게 살았던 거지. 첫 단추가 잘못 끼워진 것 같아. 그러면서 지금 이십 대가 되고, 다들 취업할 시기고, 살기 바쁘니까 더더욱 거리가 생기지 않았을까.

박상원 그래도 너는 계속 관심을 가져온 편이지 않아? 세월호 소식도 꾸준히 찾아보고.

최영진 그렇긴 하지만, 나도 지금 뭔가를 하고 있지는 않잖아. 참 쉽지 않은 것 같아. 이십 대 초반에는 세월호가 진짜 우리 일이고, 그래서 우리가 뭔가를 더 해야 한다는 생각이 컸던 것 같아. 유가족분들이 열심히 하고 계시지만, 앞으로 10년, 20년 생각하면 유가족분들도 나이가 있으시고, 그분들이 언제까지나 계속할 수는 없다고 생각하거든. 우리는 청년이고, 한창 힘쓸 때고 하니까, 우리가 먼저 나서서 뭔가를 해야 한다고 생각하는데… 말했듯이 첫 단추가 잘못 끼워진 거지. 그때는 우리가 지금보다 더 어렸고, 뭘 하고 싶어도 방법을 몰랐으니까. 유가족분들도 우리한테 먼저 같이 하자고 이야기하기 어려웠을 것 같고. 또 한편으로는 지금 내 앞가림도 제대로 못 하고 있는데 그런 걸 생각할 때인가 싶기도 해. 내가 지금 뭔가 하려고 해봤자 '취준생 나부랭이 주제에', 이렇게 손가락질할 것 같기도 하고. 내가 무언가를 하고 싶어도 어느 정도 자리를 잡은 상태에서, 사회적으로 지위도 있어야지 내 말이 통할 것 같달까.

그냥 생존자라는 이름 하나만으로 뭔가를 하고 싶진 않은 마음이 큰 것 같아.

박상원　　나는 사실 너만큼 세월호 소식에 관심을 가지고 찾아보지는 않았거든. 처음에는 일부러 언론 보도나 소식을 피하기도 했는데, 그래도 이십 대 들어서는 다큐멘터리나 영화가 나오면 보고, 언론 보도가 나오면 피하지 않고 눈여겨보는 정도? 사실 지금 세월호 상황이 어느 정도 밝혀졌다고는 하지만, 딱 후련한 상황이 아니잖아.

최영진　　우리가 모르는 게 많았지. 스무 살 무렵에는 그런 불만도 컸어. 내가 뭘 알아야지 하든 말든 하지, 자기들끼리 다 진행해놓고 나중에 이야기하면 어떡해. 우리끼리 그런 걸 소통할 수 있는 자리가 마땅히 없었잖아. 생존자들 사이에서도 선이 그어지는 것처럼 느껴지고, 내가 모르는 자리에서 뭔가가 진행되면, 나는 '어차피 아무것도 안 하는 사람'인 것처럼 생각되는 것 같았달까. 이제는 시간이 많이 지나서 이해가 되는 부분이 더 많지만, 당시에는 기분이 별로 안 좋았던 것 같아.

/ 대학 시절

박상원　　그런데 단원고 출신이라는 이야기나 세월호 관련 이야기를 항상 피할 수 있는 것도 아니었지. 내가 대학 때 다녔던 학과가 좀 빡센 분위기였잖아. 선배들이 군기 잡는답시고 집합시키거나, 이상한 규칙을 지키라고 하거나. 처음 입학했을 때 과 신입생들이 다 같이 강의실에 모여서 자기소개를 하는 시간이 있었거든. 어디서 온 누구다, 이런 식으로. 사실 누가 나한테 개인적으로 물어본다거나, 밥 먹으면서 이야기가 나왔으면 그냥 '나 단원고 나왔어'라고 이야기할 수도 있었을 것 같은데, 사람들이 다 모여 있는 자리에서 이야기하는 건 다르잖아. 내 차례가 다가오는데 진짜 긴장돼서 식은땀이 나더라고. 심장도 쿵쾅쿵쾅 뛰고. 그런데 뭐, 이게 쪽팔린 일도 아니고, 거짓말할 것도 아니잖아? 에라 모르겠다, 하면서 시원하게 말해버렸지. (웃음)

최영진   그때는 우리 나이에 안산에서 왔다고 하면 다 알 때니까. 게다가 안 그래도 특별전형으로 들어간 입장이니 괜히 또 눈치가 보이는 거야. 당시에는 좀 그랬던 것 같아, 자격지심이라고 해야 하나. 정원 외 입학이었는데도 언론에는 계속 욕하는 기사가 뜨니까 더 위축되는 면이 있었지.

박상원   아마 특별전형에 부담을 안 느낀 애는 없지 않았을까? 나에 대해서 이상하게 생각하지는 않을까, 이런 거. 사실 지나고 보면 별것도 아닌데 말이야. 그래서인지 당시에는 오히려 대학 친구들보다는 안산 애들이랑 더 자주 봤던 것 같아. (웃음) 그때 우리 같이 금요일 공강 맞춰서 매주 만났잖아. 금요일은 중앙동에 모여서 같이 술 먹는 날.

최영진   맞아, 그랬지. 맨날 서로 하소연하고. (웃음) 안산 친구들이랑 만나는 게 훨씬 마음이 편했어. 게다가 다른 동기들은 거의 다 기숙사에 살았는데 나는 통학을 했거든. 그런 점도 어려웠던 것 같아. 어쨌든 밤에는 집에 들어가야 하고, 새벽에 다시 나와야 하니까 과 활동에 참여를 잘 못 하잖아. 주변에서는 아마 나를 자기 하고 싶은 대로만 하는 사람으로 보지 않았을까? 대학 다닐 때는 그런 강압적인 분위기가 좀 힘들었어.

박상원 　그래서 나중에는 그냥 개겼던 것 같아. 이해가 안되는 규칙이 많았거든. 이어폰을 끼고 걸어 다니면 안 된다거나, 슬리퍼 신고 학교 오면 안 된다거나. 납득이 안 가잖아? 그래서 그냥 하고 싶은 대로 했지, 뭐. (웃음) 선배들이 집합시켜도 그냥 안 가고, 규칙도 내가 봤을 때 말이 안 된다 싶으면 그냥 무시하고. 그래도 나랑 비슷하게 생각하는 선배나 동기가 있어서, 그런 사람들이랑 친하게 지냈지.

최영진 　나는 지금 와서 생각해보면 선배들이 좀 잘 챙겨주려고 했던 것 같아. 아예 고학번이나 나이 차이 많이 나는 선배들이 막 술도 사주고, 어쩔 수 없이 밤늦게 학교에 남아 있을 때는 택시비도 몇만 원씩 챙겨주고. 사실 그 선배들도 다 대학생이었던 거잖아. 그렇게 신경 써서 나를 챙겨줬는데도 고맙다는 표현을 잘 못 했어. 그때는 학교가 너무 힘들고 싫다는 생각이 커서 호의를 받아들이지 못했던 것 같아. 그래도 군대 다녀와서는 과 분위기도 많이 달라져 있었고, 그때부터는 나도 열심히 했지. 성적도 올랐고. (웃음)

박상원　군대에 있을 때도 어느 지역에서 왔고, 몇 살이고, 이런 걸 이야기하다 보면 우리가 단원고 출신이라는 걸 모를 수가 없잖아. 거짓말하는 게 아닌 이상은 다들 알았던 것 같아. 안산에서 왔다고 하면 "어? 안산? 세월호?" 이럴 때였으니까.

최영진　우리가 비슷한 시기에 각각 의경으로 군대를 갔잖아. 나는 서울에 있는 부대였는데, 시설이 엄청 낙후된 곳이었어. 침대도 아니고 침상이 2층으로 되어 있는 곳이었는데 벽지는 다 뜯어져 있고, 한방에서 이삼십 명이 3단 매트리스를 펴고 자는데… 엄청 열악했지.

박상원　나는 경기 남부에 있는 경찰서에 있었는데, '와, 경찰서인데도 이렇게 허름한 곳이 있다고?' 이런 생각을 했던 것 같아. 내가 있던 부대 중에 침상을 쓰는 곳이 우리 생활관밖에 없었거든. 그래도 나중에는 침대로 바꿔줬던 것 같기는 해.

최영진　우리가 군대 갔을 때가 딱 박근혜 탄핵 심판 직후였어. 그래서 관련 집회가 엄청 많았잖아.

박상원　맞아. 내가 훈련소에 있을 때 탄핵 심판이 있었지.

최영진　주말에 광화문에서 엄청 크게 시위하면 항상 갔던 것 같아. 태극기부대 사람들이 군가 개사한 노래 계속 부르고, 박근혜 석방하라며 외치고. 근무 시간에 어쩌다가 방송용 앰프 앞에 배정되면 진짜 귀 터지는 줄 알았어. 아직도 태극기

집회에서 나오던 노래가 기억날 정도야. 계속 듣고 있으니까 정신이 좀 나갈 것 같더라. 일주일에 한 번씩 똑같은 걸 계속 보고, 똑같은 소리를 계속 들어야 하니까. 또 그 사람들이 외치는 거랑 내 생각이 잘 안 맞으니까.

박상원 　내가 있던 부대에서는 당시 박근혜가 있던 서울구치소 앞을 담당했거든. 서울구치소를 진짜 매일 갔던 것 같아. 박사모(박근혜를 사랑하는 사람들의 모임) 사람들이 구치소 앞에 와서 석방하라고 시위하면 거기에서 근무하고. 박근혜가 병원 간다고 구치소 나왔다 들어갔다 하면 사람들이 엄청 몰려와. 얼굴 한번 보겠다고. 나중에는 분향소 있는 화랑유원지에서 새벽 근무도 많이 섰지.

최영진 　집회에 오는 사람들은 자기들만의 사상이 엄청 강하게 박혀 있잖아. 논리가 조금이라도 있으면 어떻게 들어나 볼 텐데, 그냥 상식적으로 말이 안 되는 소리만 자꾸 하니까. 무조건 "박근혜 석방" 외치고, 이스라엘 국기랑 미국 국기 흔들고. 그러니까 저 사람들이 뭘 원하는지도 모르겠고, 이해도 안 가고, 그렇더라고.

/ 이십 대

박상원 　'쉼표'에는 군 제대하고 나서 다니기 시작했어. 나는 쉼표라는 공간이 있다는 것도 너한테 처음 들었을걸?

　생존자들이 편하게 쉴 수 있는 공간이 있다는 건 고등학교 때부터 알고 있었는데, 자주 이용하기 시작한 건 군대 다녀온 뒤였던 것 같아. 왜 그때 해외 봉사활동 다녀오는 프로그램은 너도 같이 갔었잖아? 그러면서 쉼표 선생님들하고도 많이 친해졌고, 지역 멘토링 동아리도 하게 됐지. 선생님들은 그냥 은사처럼 진짜 항상 따뜻하게, 살갑게 대해주셔서 그게 좋았어. 자꾸 챙겨주려고 하시고. 이십 대 초반에 내가 모르는 자리에서 생존학생 관련 활동이 진행되거나 하면 쉼표 선생님들한테 투덜거리기도 했어. 그래서 선생님들이 많이 도와주셨지. 단톡방에서 소식도 공유해주시고, 이야기도 전해주시고. 예전에는 쉼표가 어떻게 운영되는지, 월급은 어디서 나오는지, 이런 것도 아예 모르니까 고마운 줄도 몰랐는데, 그분들이 애써서 꾸준히 공간을 유지해주신 거잖아. 근데 또 그런 걸 티 내는 분들도 아니니까, 진짜 감사하지.

박상원　그러게. 쉼표에서 같이 필리핀으로 봉사활동 갔을 때 생각난다. 우리 고등학교 때도 이런 기회들이 있었잖아. 봉사활동이나, 어학연수나. 당시에는 귀찮다고 느껴져서 하나도 참여를 안 했거든. 근데 마침 쉼표에서 이런 프로그램이 있다고 하고, 또 너희랑 같이 갈 수 있다고 하니까 반갑게 참여했지.

최영진　한 일주일 정도 다녀왔나? 우리 군대 제대한 직후였지. 2019년 말 정도? 지금 생각해보면 코로나 직전에 마지막 비행기를 탄 거네. 필리핀 가기 전에도 사전 프로그램으로 한 달에 한 번씩, 여덟 번 정도 국내 봉사도 다녀왔잖아. 어린이들이나 장애인분들 만나러 다니고. 그런 것도 다 우리한테 다양한 경험을 선물하려고 선생님들이 준비해주셨던 것 같아.

박상원　가서는 주로 아이들이랑 많이 놀았지. 미니 체육대회나 물총싸움 했던 것도 기억나. 영어를 잘 못하니까 몸짓을 섞어서 어찌어찌 소통하고. (웃음) 그렇게 필리핀 다녀오면서 쉼표 선생님들하고 친해지고, 이후에 지역 멘토링 동아리에도 참여하게 되면서 쉼표에 더 자주 가게 되었던 것 같아. 우리가 아이들을 만나서 함께 운동하는 프로그램을 3년 정도 진행했잖아. 멘토링 동아리 하면서 아이들 가르치는 일에 좀 더 흥미를 느끼기 시작했지. 원래 대학교 다닐 때도 아르바이트로 유소년 축구단 코치나 체대 입시학원 강사처럼 운동 가르치는 일을 했었거든. 근데 멘토링 동아리 하면서 가르치는 일에 대한 관심이 커져서 코치 일을 좀 더 본격적으로 하기도 했어. 지금은 그만두긴 했지만.

최영진　왜 그만뒀어?

박상원　사무직 일도 한 번쯤 경험해보고 싶었거든. 사실 되게 고민을 많이 했어. 코치로 일하던 곳에서 아예 정규직으로 일해보지 않겠느냐는 제안을 받기도 해서. 그래도 몸을 움직이는 일, 앉아서 하는 일, 다양하게 해보고 나한테 뭐가 더 맞는지 비교하고 싶었어. 단기 계약직으로 지금 하는 일을 시작했는데, 막상 해보니까 역시 사무직은 나한테 잘 안 맞더라고. (웃음) 몸은 편하고, 일도 별로 어렵지는 않은데, 지루해서 시간이 잘 안 가는 것 같아. 평생 직업으로 사무직을 하기는 어렵겠다 싶더라. 인생에서 1년 정도면 충분히 해봤다 싶어. 그래서 지금 하는 일 끝나면 뭐 할지 고민하고 있어. 아무래도 나는 몸을 움직이는 일, 손을 쓰는 일, 자연 속에서 하는 일이 잘 맞는 것 같아서.

최영진   나도 이제 조금 있으면 지금 하는 일 계약 기간이 끝나는데, 내가 대학 졸업하자마자 바로 이 일을 시작했던 거잖아. 계약이 끝나고 나면 뭘 할지 고민 중이야. 전공을 살려서 취업할 준비를 해야 하나, 다른 직장을 알아봐야 하나. 전공을 살리려면 아무래도 준비 기간도 필요하고 돈도 많이 들텐데, 내가 그렇게까지 이 일을 하고 싶은 건지 확신이 별로 없어서. 그렇다고 뭐 당장 달리 하고 싶은 게 있는 것도 아니니까, 워킹 홀리데이라도 다녀와볼까 싶기도 하고. 사실 주변에서는 아직 늦지 않은 나이니까 천천히 고민해도 된다고 말해주긴 하는데, 또 친구들 중에서도 하나둘 취업하는 애들이 생기니까 괜히 더 조급해지는 것 같아.

/ 10주기

박상원   이제 곧 10주기네. 지난 10년을 돌아보면 그래도 나는 많이 둥글어지고, 마음가짐도 어른스러워진 것 같아. 예전에는 훨씬 더 날카로웠던 것 같거든. 사고 후에 내 안에 있던 반항심이나 화도 지금은 더 잘 다스리게 된 것 같고. 뭔가 딱 계기가 있었다기보다는 나이가 들면서 점점 변해온 것 같아. 그래도 내가 하고 싶은 대로 하고, 하기 싫은 일은 안 하는 건 변하지 않은 것 같네. (웃음) 인생은 짧으니까.

최영진　나는 뭐 크게 변한 것 같지는 않아. 그대로 잘 큰 것 같아. 항상 유하게, 흘러가는 대로 10년이 잘 지나지 않았나… 뭐, 사건사고 없이 잘 왔다 싶어. 사실 앞으로가 더 중요하지.

박상원　우리 매년 주기 때마다 애들 보러 다니잖아. 평택, 화성, 안산 납골당에 애들이 있고, 특히 평택이랑 화성에 많이 있는데, 거기는 또 늦게까지 안 하니까. 기억식은 잠깐만 보고 애들 보러 갔었지.

최영진　그치. 앞에 나서기도 싫고 주목받기도 싫으니까, 그냥 우리끼리 애들 보러 한 바퀴 돌았던 것 같아.

박상원　그래도 1년에 한 번씩은 보러 가야지, 다른 애들도 그렇게 생각하는 것 같아. 4월 16일이 다가오면 친구들한테 먼저 전화 와서 "너 갈 거야? 가야지, 언제 갈까?" 이런 식으로 자연스럽게 모이게 되니까.

최영진　나는 10주기를 앞두고는 이런 고민도 들어. 지금까지 한국사회에서 다른 참사도 많이 있었잖아. 그런데 나도 여태껏 다른 참사에는 크게 관심을 갖지 않고 살아왔거든. 세월호는 내가 당사자이기 때문에 더 관심을 갖게 되는 걸 텐데… 그래도 되는 걸까? 다른 사람들이 봤을 때는 '세월호는 뭐가 다르냐'고 생각할 수도 있을 것 같아. 사실 아직까지도 왜 이런 사고가 일어난 건지, 나도 모르고 아무도 모르잖아. 최근 몇 년 사이에 검찰 수사도 그렇고, 조사위원회도 그렇고, 뭔가 이렇다 할 성과 없이 끝난 상황인데 그러면 뭘 더 요구할 수 있을까. 이런 생각을 하다 보면 나부터 먼저 스스로 관심을 많이 가지고 열심히 해야겠다 싶어. 이제 세월호를 잘 모르는 세대도 있으니까, 그런 사람들이 와서 나한테 뭔가 물어보면 잘 대답해줄 수 있어야겠다 싶고.

박상원 이런 식의 참사는 다시 없어야 하는 게 맞잖아. 그런 의미에서, 굳이 기억하고 싶지 않은 사람도 있을 수 있겠지만, 다시는 반복하지 않으려고 노력해야 정말로 그렇게 되는 거니까. 잘 기억했으면 좋겠어.

최영진 사실 사람들한테 '꼭 기억해야 한다'고 강요하고 싶지는 않아. 그건 그 사람들 몫이니까, 내가 이래라저래라 할 수 있는 건 아니잖아. 아까도 말했던 것처럼 다른 참사도 많았는데 꼭 세월호만 기억해야 한다고 이야기하기도 싫고. 그래도 여전히 세월호를 기억하는 분들에게는 감사한 마음이 제일 큰 것 같아. 본인들과 직접적으로 관련된 일이 아니라고 여길 수도 있는데, 이렇게까지 같이해주고 마음을 모아주는 게 쉬운 일이 아니라고 생각하거든. 그런 부분이 항상 감사하지. 그냥 일상을 살아가다가도 머릿속 한편에서 세월호를 떠올리고, '그런 사건이 있었지, 많은 친구가 희생되었지'라고만 기억해줘도 감사할 것 같아. 굳이 뭔가를 나서서 하지 않더라도, 무의식중에

나마 그렇게 떠올리는 생각들이 모이면 세상도 좀 더 나아지지 않을까 싶어.

박상원　최근에 이태원참사가 있었잖아. 그때도 '왜 거기를 놀러 갔냐, 그렇게 사람이 많은데 왜 갔냐' 하고 생각하는 사람들도 있었던 것 같거든. 근데 사고를 당하고 싶어서 당하는 건 아니잖아. 또 거기 간 게 잘못도 아니고. 피해자랑 사망자 수가 계속 보도되는 걸 보면서 진짜 충격받았어. 생존자나 유가족 분들도 너무 힘드실 것 같았고. 힘내셨으면 좋겠어.

최영진　4월이 되면 이제 또 생존자나 유가족 인터뷰가 많이 나오겠지. 내가 대학생이었을 때를 떠올려보면 나보다 오히려 주변의 다른 대학생들이 더 나서서 세월호에 대해 이야기하고, 뭐라도 하려고 했던 것 같거든. 그런 모습을 보면서 우리 같은 생존자들도 함께하면 좋겠다는 생각이 계속 들었는데, 한편으로는 우리가 다들 언론에 대한 불신이나 그 전에 겪었던 어려움 때문에 계속 숨어왔던 면이 있잖아. 또 공격을 받을까 봐, 욕먹을까 봐 걱정되는 마음이 지금도 있지. 그래서 지금 하고 있는 이 인터뷰도 여전히 걱정되기는 해. 결과물이 어떻게 나올지도 모르겠고. 그래도 악플을 달거나 나쁘게 말하고 다니는 사람들은 세월호뿐 아니라 모든 사안에 다 악플을 달고 다니는 사람들일 테니까. 아직 세월호를 기억하고 함께하려는 사람들이 많다는 걸, 이제는 알아.

◇

　　　박상원과 최영진에게서 대입, 군대, 졸업, 취업, 진로 등 여느 이십 대가 할 법한 경험과 고민 이야기를 많이 들었다. 그리고 그 안에는 참사 이후의 삶, 참사를 함께 겪은 관계와 같이 여느 이십 대가 하지 못할 법한 경험과 고민도 함께 담겨 있었다. 두 사람은 아무렇지 않은 듯 말을 이어갔지만, 수없이 흔들리며 만들어졌을 단단함을 인터뷰 내내 느낄 수 있었다. 다른 사람의 이야기를 함부로 꺼내지 않으려는 사려 깊음, 자신의 이야기가 다른 사람들에게는 어떻게 들릴지 조심스러워하는 마음 씀씀이도 함께.

　　매번 인터뷰가 끝날 때마다 두 사람은 '오늘 나눈 이야기 중에서 책에 쓸 만한 말이 있었느냐'며 나를 걱정했다. "너무 쓸 말이 많아서 어떻게 골라내야 할지 고민"이라고 반농담처럼 대답했지만, 실제로도 내가 들은 10년의 역사를 어떻게 정리해야 할지 기쁘면서 아득한 심정이었다. 어렵거나 부담스러울 수 있겠다 싶어 조심스럽게 꺼낸 질문에도 담백하고 성실하게 이야기를 돌려준 두 사람 덕분이다. 세월호 생존자이자 이십 대 시민으로 이 사회를 살아왔고 살아갈 두 사람을, 나도 온 마음으로 응원하게 되었다.

/ 어쓰

두 번째 이야기

10년, 우리들 곁에는

형제자매 김소영, 김소희 이야기

2015년을 전후해 한국사회에 페미니즘이 재부상했다. 이십대 여성 절반이 스스로를 페미니스트라고 생각한다는 설문조사 결과가 나오는 시대이니, 세월호참사 희생자의 형제자매들도 그 자장 안에 존재하리라 생각했다. 세월호참사 이후 페미니스트로 정체화한 피해자들은 세월호참사 이후를 어떻게 살아가고 있을까. 2019년, 나는 그러한 문제의식을 설정하고 작은 연구를 수행했다. 소영과 소희 자매는 그 인터뷰로 처음 만났다. 두 사람이 형제자매 모임에 나오기 시작한 지 그리 오래 지나지 않았을 때였다.

김소영과 김소희는 세월호참사로 희생된 단원고 2학년 7반 김기수의 누나다. 다정한 세 남매는 아버지를 일찍 떠나보내고 어머니와 함께 살았다. 참사 후 5년 가까운 세월이 흐른 뒤에야 소영과 소희는 세월호참사와 관련된 활동에 발을 들일 수 있었다. 어머니가 두 사람이 활동하는 것을 원치 않았던 게 가장 큰 이유라지만, 사정은 그리 단순하지 않다. 무엇이 두 사람의 걸음을 막았고, 다시 걷게 했을까. 소영과 소희를 다시 만나 나눈 긴 대화는 이 질문에 대한 간단치 않은 답을 쓰는 일이었다. 소영과 소희는 여러 겹의 죽음을 통과하며 죽음이 준 여러 질문과 싸웠다. 그리고 죽음을 직면한 사람만이 가질 수 있는, 삶에 대한 어떤 관점에 대해 골똘히 생각해왔다.

나는 상실과 회복에 대한 내 관점을 근본적인 지점에서부터 다시 생각했다. 우리는 한 사람의 죽음이란 하나의 우주가 사라진 일이라 말하곤 한다. 그런데 한 사람은 하나의 우주이기만 하지 않다. 그 우주는 여러 우주와 연결되어 있고, 상실은 필연적으로 연쇄반응을 일으킨다. 또한 그 연결망 속에서 이 우주의 상실이 지니게 될 의미는 복잡하고 두터워진다. 그러니 상실을 이해하는 일은 10년을 듣는다고 해도 절대 쉬워지지 않는다. 그 고유한 이야기가 흘러나올 때, 혹여나 놓친 것이 있지 않을까 성실히 귀 기울이는 것만이 우리의 할 일일 것이다.

✦

/ 김소영의 이야기

아빠가 사고를 당하던 날이 지금도 선명해요. 제가 일곱 살이 막 됐을 무렵이었어요. 그날 외가 식구들이 다 모여서 치킨을 시켜 먹고 있었어요. 외할아버지가 퇴직을 앞두고 계셨고 이모 결혼도 코앞이었거든요. 엄마가 아빠한테 일찍 들어오라고 전화를 하셨어요. 아빠가 술을 좋아하셨거든요. 그날도 술자리가 있었어요. "아빠 빨리 들어오세요." 엄마가 일러주는 대로 수화기에 대고 말한 기억이 나요.

그날 아빠는 술에 취해 돌아오는 길에 낙상사고를 당했어요. 반년 정도 중환자실에 계셨던 거 같아요. 애들은 중환자실에 들어갈 수 없다고 해서 아빠를 못 만났어요. 그런데 어느 날 저희 세 남매를 모두 들여보내주더라고요. 아빠가 돌아가시기 전에 마지막으로 만나게 해준 거였어요. 중환자실에 들어가보니 아빠는 침대에 힘없이 누워 있었어요. 몸은 움직이지 못하는데 듣고 생각하는 것 정도는 가능했나 봐요. 저희를 보면서 눈물을 막 흘리시더라고요. 무서웠어요. 그 공간 자체가. 아빠가 그렇게 누워 있는 것도.

"아빠, 괜찮으실 거예요. 아빠, 사랑해요." 고모가 울면서 아빠에게 드릴 마지막 인사를 일러줬어요. 막내 기수는 너무 어릴 때라 아무것도 몰랐어요. 다섯 살 소희도 무서운지 뒤로 숨더라고요. 저는 큰딸이니까 아빠 손을 잡고 말했어요. 아빠, 괜찮으실 거예요. 아빠, 사랑해요.

저희는 잘 모르잖아요, 죽음이라는 게 어떤 건지. 아빠 장례식장 한편에서 동생들과 뛰어놀았어요. 할아버지가 그런 저를 끌어안고 엉엉 우시더라고요. 소영아, 이제 너는 아빠가 없다, 하시면서. 그런 모습을 처음 봤어요. 아빠 고향이 전남 곡성이거든요. 작은아버지가 아빠 사진을 들고, 막냇삼촌이 저랑 소희를 양손에 붙잡고 아빠의 고향 동네를 한 바퀴 돌던 기억이 나요. 그게 저의 일곱 살 마지막 기억이에요. 그날 눈이 왔던 거 같아요. 12월이었거든요.

/ 장녀의 길

아빠 살아계실 때는 집안 형편이 그런대로 살 만했어요. 그때 저희가 서울 관악구 쪽에 살았는데, 주택청약에 당첨되어서 새 아파트 입주를 앞두고 있었어요. 전세 계약은 만료됐는데 아파트 입주까지는 6개월이 남아서 구로구 쪽에 있는 외가에서 함께 사는 중이었어요.

엄마는 결혼하고 쭉 전업주부로 지냈는데 이제 직장을 구해야 했어요. 엄마는 안산으로 가고 저희 세 남매는 외가에 맡

겨졌죠. 따로 살게 되고 6개월 정도 엄마 얼굴을 보지 못했어요. 나중에 알게 된 건데 그때 엄마가 진짜 힘들었대요. 하루 한 끼도 간신히 드실 정도로 형편이 어려웠다나 봐요. 저는 그런 사정을 모르니까 엄마한테 매일 전화했어요. 엄마 언제 와? 엄마 왜 안 와?

엄마와 따로 사는 동안은 자주 만나지 못했어요. 초등학교 4학년 때 엄마가 아파서 수술을 받았다는 연락이 왔어요. 병원에 가서 엄마를 봤는데 깜짝 놀랐어요. 제가 알고 있던 엄마가 아니더라고요. 원래 체격이 조금 큰 분이거든요. 80킬로그램 정도 나가던 사람이 그때는 50킬로그램이나 나갔을까. 가슴에는 크게 찢어 꿰맨 자국이 보였어요. 심장 수술을 했거든요. 심장판막이 뛰는 힘이 부족해서 인공판막을 넣은 거예요. 엄마 심장에 귀를 대니 작은 기계 소리가 들렸어요.

할머니 댁으로 돌아오면서 생각했어요. 우리 이제 앞으로 어떻게 해야 하지? 암담하더라고요. 다행히 외가에서 보낸 초등학생 시절이 너무 힘들지는 않았어요. 증조할머니가 저희를 예뻐해주셨거든요. 위생 상태나 학습을 잘 살펴주시지는 못했지만 감사해하며 지냈어요. 그러다 제가 중학교에 들어가면서 좀 나쁜 친구들과 어울리고 일탈할 뻔한 상황이 왔어요. 엄마가 어떻게 그걸 눈치채셨나 봐요. 저를 곁에 두고 살펴야겠다고 생각하셨어요. 혼자 셋을 다 키우기는 어려우니까 저만 안산으로 데려가시고 동생들은 시골 친가로 보내셨어요. 방학이면 저도 거기 가서 동생들과 같이 지냈는데, 혼자 기차 타고 돌아올 때마다 엄청 울었어요. 동생들을 버리고 가는 것 같아서…

　친가에서는 기수랑 소희를 제대로 돌봐주지 않았어요. 1년 반쯤 지나서 애들이 방학이라고 엄마를 만나러 왔는데 정말 거지꼴인 거예요. 엄마가 안 되겠다 싶었는지 셋을 다 데리고 살기로 했어요. 지하 단칸방에서 네 식구가 함께 지냈죠. 2년간은 끼니때마다 밥에 김치만 먹었어요. 지금이야 학교에서 급식도 나오고 도시락 지원도 있지만, 그때는 그런 게 없었잖아요. 진짜 힘들었어요. 제가 고등학교에 올라갈 때쯤 저희 집이 차상위 계층으로 인정받으면서 상황이 조금 나아졌어요.

　대학입시를 앞두고 엄마가 저를 부르더니 말씀하셨어요. 네가 일을 했으면 좋겠다, 대학 1년만 미뤘다 가면 안 되겠냐. 아, 그때 느꼈어요. 내가 지금 대학에 못 가면 평생 못 가겠구나. 엄마 말에 따랐다가는 동생들 뒷바라지하는 장녀의 길을 걸을 게 뻔했어요. 그래서 싫다고 대답했죠. 엄마가 다시 말했어요. 나는 아무것도 해줄 수 없다. 학비도 못 대주고 네가 다 알아서 해야 한다. 알겠다고 답하고 그길로 친척들한테 전화를 돌렸어요. 입학금과 한 학기 등록금만 내달라고. 나머진 내가 알아서 하겠다고. 외할머니가 돈을 주셔서 간신히 대학에 들어갔는데, 딱 2주 만에 엄마가 쓰러졌어요. 이번에는 뇌혈관이 막혔대요.

　응급실로 달려갔더니 외할머니가 저를 보고는 속상한 마음을 감추지 않으셨어요. 할머니에겐 손녀보다 자기 딸이 더 소중하니까요. 당장 학교 때려치우고 공장 들어가라는 말을 듣고 일주일은 울었던 것 같아요. 그 말에 상처받은 게 아니라 그 말이 현실로 다가오는가 싶어서요. 내가 대학에 어떻게 들어갔는데…

저는 어디에서도 내 몫을 할 수 있는 사람이라는 자부심이 있거든요. 집에서 학원 한 번 안 보내줬는데 반에서 1, 2등을 놓치지 않았어요. 공부할 곳이 마땅치 않아 엄마가 일하는 식당에서 손님 없는 시간에 공부했어요. 그런 제가 가정환경 때문에 자꾸 고꾸라지는 게 너무 싫은 거예요. 이렇게는 살 수 없다는 생각이 들었어요. 이대로 가면 우리는 다 망한다. 이기적인 사람이라고 욕을 먹더라도 나라도 탈출해야겠다. 나만 잘되겠다는 마음이 아니라, 나라도 잘돼서 집을 구하고 싶은 마음이었어요. 돈을 많이 벌어 잘살고 싶었어요. 그때 진짜 독한 마음을 먹었던 거 같아요.

다행히 엄마는 빠르게 회복하고 퇴원했어요. 학비는 장학금과 학자금 대출을 병행해서 충당했고요. 대학을 다니는 내내 아르바이트를 쉬지 않았어요. 성적이 잘 나오기는 힘들었죠. 일과 병행하니까 쉽지 않더라고요.

/ 2014년, 그해

세월호참사가 일어난 게 대학 3학년 때예요. 1, 2, 3교시 연강이 있는 날이라서 학교에 일찍 갔어요. 1

교시 끝나고 쉬는 시간에 옆자리 친구가 페이스북을 보다가 말했어요. 야, 어느 고등학교 수학여행 가는데 사고가 났대. 그냥 그런가 보다 했어요. 제 동생 일이라고 생각도 안 했죠. 2교시가 시작되는데 문득 동생이 수학여행 갔다는 사실이 떠올랐어요. 페이스북을 봤더니 그 학교가 안산 단원고라는 거예요. 너무 놀라서 엄마한테 전화했는데 이미 엄마는 엄청 울고 계셨어요. 구조 작업 중에 있다고 해서 뉴스를 찾아봤어요. 그러다 전원 구조 소식을 접한 거죠. 어차피 수업이고 뭐고 집중도 안 되고 엄마도 마음에 걸려서 집으로 돌아갔어요. 그사이에 전원 구조가 오보라는 뉴스가 뜨더라고요. 그길로 단원고로 갔어요. 강당에 엄마하고 이모, 소희까지 와 있었어요. 첫 번째 사망자 소식이 전해졌을 때 단원고 강당 안을 휘감던 분위기가 아직도 기억이 나요.

거기에 기자분들이 많이 계셨잖아요. 엄마가 부탁하니 그 중 한 분이 명단을 확인해주겠다고 하셨어요. 11시쯤이었나, 생존자 명단에 2학년 7반 김기수가 없다, 그 이야기 듣는 순간 셋이 주저앉아 엄청 울었어요.

사고 다음 날 새벽 6시쯤 팽목항으로 가는 버스에 올랐는데, 그때만 해도 상황이 그렇게 심각할 거라고 생각을 못 했어요. 하루 이틀이면 끝날 거라 여겨서 편한 복장에 휴대폰과 배터리 정도만 챙겨서 갔어요.

진도체육관에 도착하니 가족들과 기자들에, 온갖 관계자들로 발 디딜 틈이 없었어요. 어수선하고 물품도 부족해서 첫날은 제대로 못 먹었어요. 일주일은 씻지도 못했고. 전라도 쪽에 계신 친척들이 찾아와주셔서 그나마 의지가 됐어요. 하루 이틀은 생존 가능성을 기대했는데 주말부터 마음을 접었어요. 둘째 주부터는 모든 기대를 내려놓았어요. 기수 찾기만 하자. 찾아서 데려가자. 매일 새벽 5시 반이나 6시쯤 되면 마이크로 그날 수습된 희생자 번호를 불러줘요. 11번. 상의는 뭘 입었고 하의는 뭘 입었고 인상착의가 어떻고 키는 대충 어떻습니다. 그 마이크 소리만 들으면 자다가도 벌떡 일어났어요. 방송이 끝나면 어머니들 울음소리가 하늘을 찢어요. 내 아이가 아니면 아니어서 울고, 맞으면 맞아서 울고.

단원고 실종자 가족들은 반별로 모임을 하루에 한 번씩 열었어요. 공유할 정보나 논의 사항을 거기서 다 이야기했어요. 그때 제가 스물두 살, 제 동생이 스무 살이었거든요. 다 어머니 아버지인데 저희만 애들이라 부담이 됐어요. 그래도 반대표를 맡으신 어머님이 저희를 챙겨주려고 하시는 게 보여서 감사했죠.

엄마가 아프니까 진도에 소희랑 저 둘이 있었었거든요. 오래 있었어요. 기수가 희생자 수습된 순서가 200번대 끝쪽이라 올라올 때까지 4주 정도 걸렸던 것 같아요. 마지막 주에는 엄마도 오셨어요. 거기 있어도 상황이 잘 파악되지 않으니까 뉴스를 찾아보다 밤늦게 지쳐서 잠들었어요. 사건이 많았죠. 가족들이 기자들과 싸우고 카메라가 부서지기도 하고… 가족들을 감시하는 사람도 많았어요. 저희는 진도체육관 2층에 자리를 잡고 있었는데, 2층에는 가족이 저희밖에 없었거든요. 아무리 봐도 관계자는 아닌 사람들이 옆에 있어요. 그냥 일상복을 입은 사람들. 사복경찰이라고 하더라고요. 엄마는 미행도 당했어요. 소희가 그런 내용을 언론에 많이 제보했어요. 그런데 받아들여지지 않더라고요. 현장에서 겪는 상황이 무서운 게 아니라 내가 알고 있는 것들이 밖으로 기사화가 되지 않는다는 게 너무 무서웠어요.

제일 두려웠던 건, 기수를 직접 만나는 일이었어요. 친척들 없이 엄마랑 저희 자매만 있을 때 기수를 찾을까 봐 너무 무서웠어요. 동생이 사망했을 거라는 건 이미 알고 있었거든요. 그래도 시신을 내 눈으로 직접 보는 건 또 다르잖아요. 엄마가 우리 앞에서야 괜찮은 척하지만 매일 팽목항 가서 두세 시간씩 울다 온다는 것도 알았어요. 기수를 만났을 때 엄마가 무너질까 봐 걱정됐어요. 다행히 기수가 어린이날 올라왔어요. 마침 어린이날 앞뒤로 휴일이 붙어 있어서 다른 가족들이 함께 있어줬어요. 기수를 찾은 날 밤 안산으로 올라와 장례를 치렀어요.

그해 제가 무너졌어요. 학교에 돌아가고 싶지 않았어요. 학교에서는 원하면 휴학할 수 있게 해주겠다고 했어요. 등록금도 돌려주겠다고. 그런데 엄마가 강하게 반대했어요. 절대 안 된다, 이 악물고 다녀라. 지금 생각하면 현명한 결정이셨는데 그 당시에는 너무 힘들었죠. 제가 유가족인 걸 온 학교 사람들이 다 알았어요. 그 상황에서 학교에 다니려니… 제가 술을 잘 안 마시는데, 그때는 매일 술을 마셨어요.

사고 나고 처음 등교하던 날, 화장하고 예쁜 옷을 입고 학교에 갔어요. 저는 매일 풀메이크업에 블라우스나 원피스를 차려입고 학교에 가던 사람이었거든요. 나는 괜찮다는 걸 보여줘야 하니까 평소처럼 하고 가야만 했어요. 학교에서 저와 마주치면 다들 일단 놀라요. 그 순간이 제일 싫죠. 우는 친구들도 있고 괜찮냐고 물어보는 친구들도 있어요. 저는 아무렇지 않은 척 웃으며 인사했어요. 나 괜찮아. 한동안 만나는 사람마다 그렇게 인사하는 게 제 일이었어요.

저는 가족한테 불만이 있으면 다 이야기해요. 그런데 학교에 돌아가고 싶지 않은 그 마음에 대해선 말을 못 하겠더라고요. 엄마가 어떤 마음으로 살아가고 있는지 다 알지 못해도 짐작은 하잖아요.

4학년 때부터는 일상으로 돌아가려고 애썼어요. 공부도 열심히 하고 주말에 아르바이트도 하고 있었거든요. 10월쯤 엄마가 묻더라고요. 이제 제대로 된 일자리를 찾아봐야 하지 않겠냐고. 전공을 살려서 가장 빠르게 돈을 벌 수 있는 게 학원이었어요. 그래서 12월에 학원 강사로 취직했어요. 소희는 대학에 가지 않고 바로 일을 시작했거든요. 둘이 일하니까 확실히 집 형편이 나아졌어요. 그렇게 한숨 돌리나 싶을 즈음 엄마가 뇌졸중으로 또 쓰러지셨어요.

　　　　　　　　　저 스무 살 때 엄마가 이미 한 번 쓰러졌
잖아요. 그때는 빨리 발견했지만 이번엔 늦었어요. 뇌의 40퍼
센트가 손상됐다더라고요. 몸이 마비돼서 거동을 거의 못 하는
상태가 됐어요. 뇌졸중이 5년 안에 재발률이 높대요. 엄마는 5
년을 넘겨 잘 지내고 있었거든요. 참사로 자식을 잃은 고통 때
문이었겠죠. 눈앞이 캄캄했어요. 엄마는 24시간 누가 돌봐주지
않으면 안 될 상황이었으니까. 소희랑 저는 하던 일도 그만두고
하루씩 엄마 곁을 지켰어요.

　매일 저녁 교대하는데, 전날 집에 간 사람이 먹거리를 챙
겨 와서 둘이 같이 저녁을 먹고 헤어졌어요. 엄마가 골격이 크
거든요. 대소변 치우는 일부터 휠체어에 태우는 일이 혼자서는
쉽지 않았어요. 매일 오전 오후로 물리치료 갔다가 언어치료도
갔다가 바쁘게 움직이다 보니 체력적으로 아주 힘들더라고요.
거의 병원 안에서만 지내다 보니 답답함도 커졌어요. 너무 힘들
면 이틀에 한 번씩 교대했어요. 친구라도 만나고 올 수 있게. 그
런데 그렇게 해도 시원하지가 않더라고요. 친구들도 저희 엄마
가 아픈 상황인 걸 아니까 제 눈치를 보는 것 같았어요. 마음 편
하게 소통할 사람이 그때 동생 말고는 남자친구밖에 없었어요.
남자친구가 퇴근하고 밤 10시쯤 병원에 와줬어요. 밤에는 병원
에서 크게 할 일이 없거든요. 휴게실에서 두세 시간 함께 있다
가는 거예요. 그렇게 1년 반을 병원에서 데이트했어요. 진짜 고

맙죠.

간병이 길어지니 소희랑 저 둘 다 초주검 상태였어요. 너무 지쳐서 집에 가서도 잠만 잤어요. 맨날 울다시피 했어요. 둘이 병원에서 나누는 이야기는 늘 똑같았죠. 이거 언제 끝날까? 언제 조금 자유로워질 수 있을까? 끝이 안 보인다는 게 너무 무섭더라고요. 아무리 힘들어도 끝이 보이면 버틸 수 있잖아요. 우리 같이 죽어버릴까? 그런 말을 동생과 진짜 많이 했어요.

병원비도 말도 못 하게 많이 나왔어요. 엄마가 의료급여를 받고 있어서 많이 줄긴 했지만, 그래도 부담스러운 금액이었어요. 수술비 말고도 입원비와 치료비가 매달 200만 원가량 들었거든요. 저희가 일을 못 하니까 생활비도 다 빚인데 그 200만 원이 얼마나 큰 돈이었겠어요. 초반에는 친척 어른들이 도와주셨는데 그것도 눈치 보이고…

사고 나고 1년쯤 됐을 때, 배보상금에 대한 이야기로 세상이 떠들썩했어요. 정부에서 배보상 절차에 들어간다고 발표하면서 사람들 관심이 확 쏠릴 때였어요. 친척 어른들도 명절에 와서 할머니한테 물어보셨어요. 그걸 묻는 어른들에게 서운한 게 아니라 답을 하는 할머니에게 서운하더라고요. 뭘 그런 거에 관심을 가져? 하고 딱 잘라주셨으면 좋았을 텐데, 우리 할머니도 궁금하다는 식으로 말씀하셨어요. 엄마는 친척들이 왈가불가하는 게 듣기 싫어서 그 돈을 어떻게 했는지 대략 얘기했대요. 저희한테는 이야기 안 해줬어요. 저희는 얼마를 받았는지도 모르고 엄마가 그 돈을 어떻게 썼는지도 몰라요. 엄마 돌아가시고 사망신고를 하면서 재산 상황을 확인하게 됐는데, 아무 것도 없더라고요. 당황했어요.

지금 사는 집은 보상금을 통해서 마련한 집이긴 한데, 전체 보상금의 일부거든요. 나머지는 기부할 거라고 하시더니 정말 그렇게 하신 것 같아요. 바깥에서는 저희가 그 보상금을 가지고 살고 있을 거라고 생각할 거예요.

온마음센터를 통해서, 세월호참사로 인한 질병은 병원비가 지원된다는 걸 알게 됐어요. 증빙을 위해서는 담당 의사에게 우리가 피해자라는 사실을 오픈할 수밖에 없었어요. 의사 선생님이 처음에는 되게 당황하시다가 증빙서류를 써주겠다고 했어요. 이야기를 마치고 나와서 혼자 한참 울었어요. 일일이 사정을 설명하는 게 너무 구차하게 느껴져서요. 그 일을 동생한테 시킬 수는 없었어요. 그래도 지원금이 나와서 한시름 놓았죠. 가족이 간병하는 경우에는 간병비를 가족에게 지급했는데, 많지는 않았어도 저희 밥값과 교통비 정도는 충당할 수 있었어요. 금전적인 문제가 해결되니까 좀 덜 우울하더라고요.

그렇게 1년 반쯤 지나서 엄마가 요양병원에 가시게 됐어요. 동생과 상의해 간병인을 쓰기로 했어요. 가족간병 아니더라도 간병비가 지원되니까. 둘이 일해서 그 지원비에 100만 원 정도만 더하면 간병인을 쓸 수 있겠다 싶었어요. 좋은 간병인을 구하는 일이 생각처럼 쉽지 않았어요. 우여곡절 끝에 상주 간병인이 있는 다인병실에 들어갔는데, 거기서는 편했어요. 엄마가 같은 병실에 계신 할머니들과 대화도 할 수 있고, 간병인분이 좋으셔서 저희를 예뻐해주셨거든요. 엄마는 거기 4개월쯤 계시다가 돌아가셨어요.

/ 작은 울타리

　　　　　　　남동생 장례식에서 엄마나 제가 상주 자리에 설 거라고 생각했어요. 그런데 사촌동생을 세우더라고요. 상주는 남자가 하는 거라나. 마음이 상했죠. 엄마 장례식 때는 우리가 꼭 앞자리에 서자고 소희와 이야기했어요. 상주로 이름은 올렸지만, 결국 엄마의 영정과 유골함을 드는 건 못 했어요. 억울했어요. 우리가 엄마 자식인데. 어떤 어른들은 제사도 딸이 지내면 안 지내느니만 못하다고 그러시더라고요.

　　　　제가 페미니즘에 관심을 가지기 시작한 게 2015년 즈음이에요. 구체적인 시작점을 잘 모르겠어요. 곰곰이 생각해봤는데 정말 모르겠더라고요. 그냥 물 흐르듯이 제 삶에 들어왔나 봐요. 인터넷에서 처음 그런 이야기를 접했을 때 '정말 쓰잘데기 없는 이야기다' 하고 덮었거든요. 아마도 '이게 나한테도 적용되는 이야기구나'를 깨닫고 나서부터가 아닌가 싶어요. 2016년 쯤부터 '오버워치'라는 슈팅게임을 오래 했어요. 온라인상에서 여섯 명이 한 팀이 돼서 다른 팀과 전투를 벌이는 건데요, 각자 자기 캐릭터를 선택할 수 있어요. 게임은 남자들의 전유물이라는 생각이 있잖아요. 제가 남성적인 캐릭터를 선택하면 반발이나 조롱이 돌아왔어요. 무슨 여자가 그런 거를 해? 힐(힐러)이나 해!* 이런 식이죠. 페미니즘에 관심을 가지게 된 시작점은 모르겠지만 불을 붙인 시점은 확실히 거기였어요.

메인 캐릭터는 당연히 남자들이 하는 거지. 여자는 그 캐릭터 못 해. 그런 말이 저한테는 당연하게 받아들여지지 않았어요. 혹여나 제가 그런 캐릭터로 잘하면 이런 말이 돌아와요. 여자가 이걸 잘하는 거 처음 봤어. 여자치고 잘하네. 남자들은 그런 말이 칭찬인 줄 알아요. 제가 화내는 이유를 모르더라고요. 우리나라에서 사용하는 욕이나 비속어가 여성에 관련된 게 많잖아요. 특히 여성 성기에 관련된 것들이요. 저 혼자서 게임 하면 그런 말을 진짜 많이 들었어요. 그런데 남자친구랑 같이 하면 단 한순간도 듣지 않더라고요. 왜 그렇게 차이가 나는지 너무 의아했어요. 남자친구한테 말했더니 제 말을 이해 못 하더라고요. 그래서 여자인 척하고 같이 게임을 해보자고 남자친구에게 제안했죠. 남자친구가 충격을 받았어요. 이렇게나 욕을 많이 한다고?

이전에도 게임을 했었지만 헤드셋으로 다른 유저와 이야기하면서 하는 게임은 '오버워치'가 처음이었어요. 게임 문화가 원래 여성들에게 차별적이었다고 하더라고요. 그러니 여자들은 게임을 할 때 자기가 여자라는 사실을 오픈하지 않아요.

---

* 힐러(Healer)는 팀플레이에서 같은 팀을 지원하는 역할을 한다. 체력을 회복시키거나 능력치를 높이거나 치유 기술을 쓸 수 있다. 후방 지원, 치유자의 역할을 하므로 여성적 캐릭터로 인식된다.

아마도 게임을 남자가 많이 한다고 착각하는 데에는 그런 이유도 있을 것 같아요.

게임 할 때 누가 저에게 욕을 하면 같이 욕했어요. 더 세게 했죠. 그러면 상대가 아무 이야기 안 하더라고요. 여자가 세게 나올 거라고 생각을 못 해서 그런가 봐요. 처음에 욕하고는 막 울었어요. 너무 속상해서. 그런데 어떡해요. 저는 이 게임을 해야겠는데. 이 게임은 보이스채팅을 안 하면 질 가능성이 커요. 팀원끼리 어디에 뭐가 있다고 소통해야 플레이가 잘 되거든요. 욕설을 듣고도 내가 아무 말 못 하면 그 말을 뱉은 사람이 즐거워하는 것 같더라고요. 그걸 멈추려면 가만히 있으면 안 되겠더라고요.

저는 원래도 할 말은 하고 사는 성격이거든요. 그래도 게임 중에 욕을 맞받아치는 건 용기가 필요했어요. 보이스채팅상 들려오는 목소리는 대부분 남자니까. 서로 연합해서 나를 욕할 수 있잖아요. 바로 욕부터 하지 않고 팀원들에게 지금 상황을 한번 이야기했어요. 그렇게 맞대응하면서 욕설을 듣는 일이 많이 줄었어요. 그 시기에 여성들이 진행하는 인터넷 게임 방송을 많이 봤는데, 저처럼 행동하는 여성이 늘어나더라고요. 지금은 게임 안에서 여성 유저에게 욕하는 일이 많이 줄었죠.

저는 아빠가 안 계시는 집의 첫째 딸이잖아요. 집안에서 모든 일을 다 잘해야 하는 큰 누나의 자리에 있었어요. 엄마는 아들에게 집안일을 시키지 않았어요. 저와 소희에게는 대학에 가는 대신 일을 하라고 하셨지만, 기수는 대학에 보내실 거라고 하셨어요. 페미니즘을 접하다 보니까 내가 여성이라는 이유로 그렇게 살아왔다는 걸 깨닫게 되더라고요. 저희는 친척들끼리 사이가 좋아서 왕래가 잦아요. 엄마가 살아계실 땐, 다 같이 모여서 먹고 논 자리인데 마치 당연하단 듯 엄마 혼자 뒷정리하는 모습이 보기 싫었어요. 그래서 제가 소희와 같이 치웠거든요. 이제는 일부러 남자들을 시켜요. 이불 개는 것도 시키고 설거지도 시키고 자기가 먹었던 밥그릇 치우는 것도 시키고.

페미니즘을 알게 되면서 가정폭력이나 데이트폭력 문제에 눈길이 가더라고요. 굳이 검색을 해보지 않아도 기사가 많이 뜨니까. 물리적 폭력만이 아니라 말이나 화법 자체도 폭력이 될 수 있는 거잖아요. 남자친구와의 관계에 대해서도 생각해봐요. 남자친구가 나에게 하는 말뿐만 아니라 내가 그 사람에게 하는 말 또한 폭력은 아닐지. 그런 이야기를 서로 자주 나눠요. 그 사람도 또래 남자치고는 많이 공부하려고 해요.

남자친구는 처음에 제가 유가족인지 몰랐어요. 사귀던 중에 알게 된 거죠. 사귀기 전에 제가 어떤 사람이었는지 궁금하잖아요. 제 페이스북 과거 게시물을 쭉 보다 알게 된 거죠. 그런데 말을 안 하고 있었더라고요. 사귀고 3년쯤 지난 후였나, 4월 16일이 주말이어서 저녁에 남자친구를 만났어요. 저를 보자마자 갑자기 펑펑 우는 거예요. 알고 있구나 싶었죠. 그냥 덤덤하게 대했어요. 가능하면 말을 안 하고 싶었거든요. 참사 이후에 저를 알게 된 사람들은 저한테 소희만 있는 줄 알아요. 그런 척을 해왔으니까. 남자친구한테도 둘만 있는 척을 하던 중이었어요. 알게 되니까 차라리 편하더라고요.

엄마가 돌아가시고 이것저것 모임을 많이 하면서 새로운 사람들도 많이 만났어요. 사회적인 문제에 관해 이야기할 수 있는 대상이 많아지면서 제가 생각하는 방식도 달라지고 생각의 범위도 커지는 것 같아요. 신기해요. 나는 아주 작은 울타리 안에 사는 줄 알았는데 그 울타리는 제 생각만큼 단단한 게 아니었더라고요.

/ 그런 사람 되지 말자

참사가 일어나고 보나 페이스북을 팔로우해서 계속 보고 있었어요. 나도 저렇게 활동하고 싶다. 나도 잘할 수 있을 것 같은데. 그런 생각을 많이 했어요. 2019년에야 형제자매 모임에 처음 나왔어요. 저희 집에서 세월호참사에 대한 이야기는 금기였거든요. 엄마의 뜻이었어요. 가족을 지켜야 한다는 사명감으로 엄마 말에 따랐어요. 동생도 정말 소중하지만, 저한테 그다음으로 소중한 존재는 엄마니까. 늦게라도 활동을 시작하게 된 건 이제 더 이상 엄마의 허락을 구하지 않아도 된다는 점이 가장 큰 이유예요.

형제자매들이랑 있으면 그냥 그 시간 자체가 힐링이에요. 제가 세월호참사에 무관심했던 시절에 활동한 친구들이잖아요. 그때 있었던 이야기를 듣는 게 좋아요. 해보고 싶지만 못 했던 일들에 대해 듣는 거니까. 딱히 뭘 말하지 않아도 좋아요. 눈빛만 봐도 서로 통하는 게 있어요.

2019년 12월에 '4·16메모리얼서포터즈'로 독일의 추모문화를 알아보러 일주일 정도 다녀왔어요. 베를린에서 '코리아협의회'라는 곳을 방문했는데 참 좋았어요. 그곳은 한반도의 역사·정치·사회·문화를 알리고 교류의 장을 만드는 시민단체예요. 일제강점기 때 일본군 '위안부' 문제가 있었잖아요. 유럽에서도 그런 일이 있었다고 하더라고요. 활동가분들과 그쪽 이야기도 듣고 우리 이야기도 하는데, 세월호를 통해 상처받았던 걸 저희끼리도 말 꺼내기가 쉽지 않거든요. 그런데 그 공간에서는 자연스럽게 상처를 서로 꺼내놓았어요. 펑펑 우는 언니도 있었고. 원래 한 시간 예정으로 갔다가 서너 시간은 머물렀나 봐요.

저는 앞에 나서서 활동한 사람은 아니었으니까 나를 모르는 타인이 나에게 상처를 주는 일은 기껏해야 네이버 기사 댓글 정도였거든요. 그런데 참사 초기부터 활동하던 언니들이나 친구들은 SNS를 통해 받은 상처가 많았죠. 그런 이야기를 들으면 너무 속상하기도 하고, 그 당시에 같이 있어주지 못한 미안함도 들었어요. 여러 감정이 교차하더라고요. 그날 동생이랑 한참 이야기를 나눴던 기억이 나요. 우리는 그런 사람 되지 말자. 여전히 세월호 관련 댓글은 잘 안 읽으려고 해요. 그래도 말 같지도 않은 댓글이 보이면 '싫어요'를 다 눌러요. (웃음)

저는 활동하지 않는 형제자매들의 마음을 알아요. 실은 저도 둘이니까 나왔지 혼자였으면 어려웠을 것 같아요. 참사 초기에는 보고 싶지 않아도 세월호 관련 소식을 보게 되잖아요. 부정적인 반응이나 악성댓글을 자꾸 보니까 상처받더라고요. 그렇다고 내가 앞에 나서서 뭘 할 수 있는 상황도 아니었고. 나는 정말 잘살아야겠다, 성공해서 진짜 잘살아야겠다, 이런 마음으로 모든 걸 차단하고 앞만 보면서 살았어요. 동생이 살지 못한 삶까지 잘 살아야겠다는 마음도 있었지만, 한편으로 힘을 갖고 싶었어요. 우리가 힘이 없다는 걸, 그래서 할 수 없는 게 많다는 걸 진도에 한 달간 있으면서 아주 깊이 느꼈거든요. 영향력 있는 사람이 되고 싶었어요. 저는 돈에 대한 열망이 있었잖아요. 세월호참사를 겪고 나서도 한동안 그 열망이 강했어요. 성공한 사람이 돼야겠다는 마음으로 살았어요. 엄마가 병원에 가시면서 그 생각이 바뀐 거예요. 병원에 있으면서 아무것도 할 수 없었잖아요. 사람을 만나는 일이 얼마나 소중한지 깨달았어요. 우리에게도 시간이 많이 남아 있지 않을 수도 있다는 생각이 확 들더라고요. 성공과 돈이 삶의 중심이 아니구나. 내가 행복해야 하는구나.

저는 착한 아이 콤플렉스가 있었어요. 어릴 때부터 집안일을 도왔어요. 네가 잘해야 한다, 동생 잘 챙겨라, 동생 밥 잘 먹여라… 귀에 딱지가 앉도록 그 말을 들었어요. 엄마는 예의범절을 엄하게 가르쳤어요. '얘는 아빠가 없어서 그래' 같은 말을 듣기 싫었으니까. 저희는 엄마한테도 존댓말을 썼어요. 대학교 때만 해도 졸업하자마자 결혼할 거라고 친구들에게 말했어요. 아들딸 하나씩 낳아서 잘 살 거라고. 엄마와 아빠와 자식들이 함께 있어야 그게 행복한 가정이라는 생각에 사로잡혀 있었거든요. 그런 가족을 경험해보고 싶었어요.

엄마를 보내고 나서 댄스 학원이며 필라테스 강좌에 등록하고 각종 모임에 나갔어요. 이상하게 자꾸 하고 싶은 게 생기는 거예요. 제가 주체적으로 뭘 많이 하더라고요. 하고 싶은 일이 너무 많아요. 글도 써보고 싶고 사진도 찍어보고 싶고 유튜브 영상도 만들어보고 싶고. 결혼에 대한 생각도 바뀌었어요. 결혼이라는 사회적 관계 안에 들어가면 이렇게 사는 게 어려울 수 있겠더라고요.

저 지금 한 20킬로그램 뺀 거거든요. 어렸을 때 살이 많이 쪘었어요. 초등학교, 중학교 때 남자애들이 수도 없이 놀려댔죠. 특히 가까운 사람들이 그런 상처를 많이 줬어요. 다이어트에 대한 강박관념이 강했어요. 굶기, 먹고 토하기를 오래 했어요. 살을 열심히 빼고 대학에 들어갔고, 매일 풀메이크업에 블라우스와 치마만 입었어요. 페미니즘을 공부하면서 매년 내가 버려야 할 것들 세 가지를 정했어요. 첫해는 한여름에 스타킹 신지 않기, 속눈썹 붙이지 않기, 일주일의 절반 이상은 화장하지 않고 맨얼굴로 나가기. 다 실천했어요. 다음 해는 바지 입고 생활하기, 맨얼굴로 출근하기, 이런 것들. 제 삶을 움켜쥐고 있던 것들을 하나씩 버려나가는 중이에요.

엄마를 간병하고 떠나보냈을 때 저희가 경제적으로 어려움을 겪었잖아요. 그때 4·16재단 청년지원 프로그램으로 1년에 200만 원을 받았어요. 삶을 회복하기 위한 활동에 자유롭게 쓸 수 있는 거예요. 세세한 증빙을 요구하지도 않았어요. 그걸로 학원비를 쓸 수 있어서 너무 감사했죠. 운전면허도 땄어요. 온마음센터에서도 지원받아 사회복지사 자격증도 땄고. 그런 일을 하나하나 해낼 때 충족감이 생기더라고요.

엄마 간병하느라 경력에 공백 기간이 2년 정도 생겼어요. 게다가 취업시장에서는 더 이상 어린 나이가 아니고. 불안했죠. 원래는 학원강사로 일하면서 돈을 벌어서 대학원에 갈 계획이었어요. 그렇게 예정했던 진로가 어그러진 데서 오는 상실감도 컸어요. 취업을 위해 이것저것 많이 찾아봤어요. 안산시에서 청년들을 지원하는 인턴십 제도가 있더라고요. 2년 정도 일할 수 있었는데, 어려운 시절에 큰 도움이 됐어요.

그사이 코로나 시대를 지났잖아요. 내가 코로나에 걸릴까에 대한 불안감보다는 일상이 무너지는 게 무섭더라고요. 학원이 6개월씩 문을 닫으니까 너무 우울한 거예요. 사람들을 못 만나고 집에만 갇혀 있으니 삶의 동력이 사라졌어요. 게임에만 빠져 있고 배달음식에도 눈을 떴어요. 원래는 입이 짧은 편인데도 그 시기에는 다른 사람들과 밥을 먹으면 제가 항상 끝까지 수저를 들고 있더라고요. 스트레스가 있었나 봐요. 최고조에 달했을 때는 취업 준비 때. 이력서도 많이 쓰고 면접을 질릴 정도로 많이 봤어요. 그 시기를 겨우 넘기고 어렵게 취직했어요.

직장이 집하고 엄청 가까워요. 걸어서 다니거든요. 출퇴근 시간이 짧으니 퇴근하고 다른 일을 할 수 있어서 좋더라고요. 물론 연말 연초 야근이 있긴 한데 돈을 주니 화는 많이 수그러들어요. (웃음) 급여가 많은 편은 아니라 돈만 생각했으면 일 못했어요. 워라밸을 추구할 수 있는 일이어서 하는 거예요. 돈보다 행복을 추구하기로 했으니까.

직장에서는 제가 유가족인 걸 아예 몰라요. 사고 이후에 만난 사람들한테는 오픈 안 했어요. 세월호참사 유가족이라는 게 설명하기 참 어려운 위치잖아요. 유가족에 대한 사회적 인식이라는 것도 있으니, 나를 밝혔을 때 상대가 나를 어떻게 받아들일지 걱정이 돼요.

한국사회에 참사가 많이 일어나잖아요. 저는 사람들과 있을 때 그런 일에 대해 함부로 언급하지 않거든요. 이 공간에 그 아픔을 겪은 사람이 있을지도 모른다고 늘 생각해요. 제가 당사자가 되어보니 알게 됐잖아요. 사람들은 그 자리에 유가족이 있을 거라고 상상하지 않고 말해요. 이제 남은 가족들 어떡하니? 나쁜 뜻으로 한 말은 아니라지만 참사 나고 한동안은 그런 말을 듣는 것조차도 싫더라고요. 특히 저는 아빠가 일찍 돌아가셨으니까 어른들이나 친구들이 그냥 별생각 없이 '아빠는 무슨 일 하셔?'라고 묻는 게 너무 불편했어요. 그래서 저는 지금도 새로운 사람을 만나면 '부모님은 뭐 하세요?' 이런 거 안 물어봐요.

세월호참사 이후로 갑자기 가족을 잃은 분들을 보면 마음이 너무 아파요. 이태원참사가 나고도 이틀을 못 잤어요. 기사 찾아보느라고. 과거였다면 진짜 안타까운 일이구나 하고 그냥 지나칠 텐데 좀 변한 거죠. 시야가 넓어졌어요. 예전에는 오직 나만 봤다면 지금은 사회를 보려고 해요. 어떤 사건을 볼 때 예전에는 찬성하는 사람이거나 비판하는 사람이기만 했어요. 지금은 그런 단순화된 입장을 벗어나서 상황을 입체적으로 보려고 하고요. 함부로 판단하지 않고 신중해졌어요.

세월호참사가 일어나고 10년이나 흘렀다니. 고작 4, 5년쯤 흐른 느낌이에요. 저는 단원고 옆에 살아서 매일 단원고를 지나가요. 예전에는 교복만 봐도 눈물이 주르르 흘렀는데 지금은 그렇지는 않아요. 조금 수용하기 시작한 것 같아요. 삶이 조금 안정된 덕이겠죠. 그래도 항상 묵직함이 남아 있어요. 슬픔이라기보다 책임감.

소희와 저는 가정하는 말을 많이 하거든요. 기수가 있었으면, 엄마가 있었으면, 어디 여행을 갔다고 치면, 이런 말들을 하는 거죠. 기수가 같이 있었으면 더 큰 방을 잡아야 했겠다. 그랬으면 우리 이 소형차로는 못 왔겠다. 걔는 덩치가 크니까. 그러면서 비어 있는 자리를 조금씩 메꾸는 것 같아요. 죽기 전에 세월호참사가 왜 일어났는지를 충분히 알 수 있으면 좋겠어요. 화를 내고 원망을 표출하려면 대상이 있어야 하는데 지금은 대상이 불분명하잖아요. 국가가 대상인지, 당시 대통령인지, 아니면 배를 운전한 사람인지가 불분명하거든요, 저에게는.

/ 엄마, 그리고 소희

이제 천천히 엄마를 돌아보게 돼요. 앞으로 쌓아나갈 추억이 없으니까 과거를 조금 더 생각해보는 것 같아요. 왜냐면 진짜 많이 잊어버리니까. 솔직히 기수와의 추억도 점점 사라지고 있거든요. 소희와 저는 잊지 않으려고 일부러 엄마와 기수에 대해 자주 이야기해요. 그러면서 엄마에 대한 생각이 조금씩 달라지는 것 같긴 해요.

엄마는 저에게 애증의 대상이에요. 초등학교 시절에는 증조할머니가 제 엄마였어요. 엄마가 외할머니랑 크게 싸우시면서 느닷없이 가방을 싸서 할머니 댁을 나온 거거든요. 그 상황이 어이가 없었어요. 한 달 내내 엄마랑 울면서 싸웠어요. 나 할머니 집 간다고. 게다가 제가 중학교 2학년 때 증조할머니가 돌아가셨는데 엄마가 말을 안 해주신 거예요. 한 달인가 지나고 나서야 증조할머니가 돌아가신 걸 알았거든요. 엄마한테 화를 엄청 냈어요. 아빠가 돌아가셨을 때 저는 어렸잖아요. 소중한 존재의 죽음을 처음으로 명확히 인식한 건 증조할머니가 처음이었어요. 그러니 제 마음이 어땠겠어요.

저는 엄마를 마냥 사랑하지만은 않아요. 힘든 와중에 저희를 포기하지 않고 끌고 와주신 건 감사하지만, 저희가 이렇게 힘든 어린 시절을 겪게 한 장본인이라는 생각도 하거든요. 아빠가 돌아가신 이후에 엄마가 아파트를 사기당해 날리셨어요. 그러면서 저희의 '찐 힘듦'이 시작됐거든요. 엄마가 안산에 계실

119

때 남자분을 소개받으셔서 가정을 꾸리려고 하셨어요. 그것도 잘 안 됐죠. 헤어지는 과정도 쉽지 않았어요. 그 일로 빚을 많이 지셨어요. 안산에 샀던 집도 날아가고 파산하면서 또 다른 어려움이 시작됐어요. 그래서 엄마를 많이 원망했어요.

그때의 무력한 나 자신을 원망했어요. 내가 너무 어린 게 억울한 거죠. 내가 조금 더 일찍 태어나서 중학생이나 고등학생만 됐어도 뭐라도 했을 텐데. 그 구렁텅이에서 엄마를 빨리 구출하지 못한 게 늘 마음에 걸렸어요. 그래서 더 진짜 이를 악물었어요. 이렇게 저의 삶을 끝내고 싶지 않았거든요.

주변 어른들로부터 엄마의 이야기를 하나씩 하나씩 들어요. 저희가 어릴 때라 못 했던 이야기들을 이제는 해주시는 거죠. 나이가 들면서 저도 세상 사는 일에서 어려움을 많이 겪잖아요. 그러니까 엄마를 조금씩 더 이해하게 돼요. 우리를 데리고 살려고 그 와중에 진-짜 진-짜 아픈 몸 이끌고 일 열심히 하셨구나. 그래도 마음 한켠에 미운 마음은 계속 있어요. 그땐 왜 그랬을까, 나한테. 원망보다는 약간 짜증이 나는 거 같아요. 만약에 제가 한 사람 몫을 하면서 살지 않고 침울해져 있는 상황이었다면 분노와 원망이 엄청났을 거 같아요. 지금은 제가 그렇지 않으니까.

엄마 간병으로 지쳤을 때, 소희와 제가 온마음센터에서 심리상담을 받은 적이 있어요. 상담 선생님이 말씀하시더라고요. "소희 씨는 안 그런데 소영 씨는 이야기의 99퍼센트가 동생인 거 아세요?" 너무 놀랐어요. 그런 줄 몰랐거든요. 저는 삶에서

나 자신이 제일 중요한 사람이었어요. 그런데 제가 생활의 우선순위를 다 동생한테 맞추고 있더라고요. 엄마가 쓰러지고 병원에 들어가면서부터 소희와 떨어진 적이 없거든요. 제가 동생을 책임져야 할 것 같았어요.

3년을 한 몸처럼 붙어 있다 보니 서로 너무 익숙해졌어요. 둘이 있는 게 재밌기도 하고. 성격이 다른데 잘 맞아요. 저희는 세상에 가족이 둘뿐이잖아요. 힘든 시기를 같이 겪어온 전우 같은 느낌도 있어요. 그래서 아마 다른 형제자매들이 서로를 생각하는 것보다 조금 더 애틋할 거예요. 서로를 배려하려고 많이 노력해요. 동생은 지금 대학에 다녀요.

대학에 가겠다고 했을 때 한 달 정도 싸웠어요. 자식들 떠나가면 부모님이 느끼는 마음 같다고나 할까요. 너무 서운한 거예요. 소희가 나 없는 공간에 가서 놀고 이러는 게. 소희가 뭘해도 이상하게 다 서운하더라고요. 왜 이런 감정이 드는지 저자신도 웃긴 일이라고 생각했어요. 소희도 그때 좀 힘들었을 거예요. 이해가 안 됐겠죠. 언니가 왜 저럴까. 제가 그 당시에 소희를 과보호하고 있던 탓일 수 있어요. 지금은 소희와 집을 분리했거든요. 소희가 나가고 처음 한 달은 너무 재밌더라고요. 조금 지나니까 심심해졌고. 맨날 남자친구한테 전화해서 한 시간씩 떠들고 소희한테 전화해서 한 시간씩 떠들고 그랬죠. 조금씩 적응해가고 있어요.

✦

/ 김소희의 이야기

기수는… 어릴 때부터 장난기가 엄청 많았어요. 아기 때 사진만 봐도 개구쟁이 같고. 누나 둘 밑에서 자라서 그런지 보통 남자애들에 비해 섬세했어요. 사람 감정도 볼 줄 알고. 여자와 남자는 놀고 대화하는 문화가 완전 다르잖아요. 그런데 여자들하고도 대화가 통하니까 기수를 좋아하는 여자 친구들이 많았어요. 기수도 항상 엄마에 대한 애착이 있었어요. 공부도 못하면서 의사가 돼서 엄마를 고쳐주겠다는 말도 하고. (웃음) 엄마를 위해 나서주려는 애였어요. 사춘기 되니까 키가 엄청 커졌거든요. 그러니까 자기가 듬직해졌다고 느꼈는지 그때부터 조금 더 나서서 뭘 하려고 하고. 진짜 착했어요. 언니랑도 자주 말해요. 우리 기수 정말 착했다. 남자애들은 그렇게 커지면 누나고 뭐고 힘으로 꺾으려고 했을 텐데, 기수는 전혀 그러지 않았거든요. 사춘기를 겪긴 했어도 유순한 편이었어요.

친할머니댁에 있을 때 기수하고 저 둘이서 엄청 돈독해졌어요. 의지할 수 있는 게 서로밖에 없었잖아요. 기수는 저를 누나이자 엄마처럼 따랐고, 저는 기수가 동생이니까 더 챙겼죠.

저도 단원고에 다녔거든요. 두 살 터울이니까 기수 1학년 때 저는 3학년이었어요. 하교할 때 같이 왔어요. 기수가 야간자율학습을 안 하고 저만 하는 날에는, 집에서 쉬다가 야간자율학습 끝나는 시각에 맞춰서 저를 데리러 왔어요. 밤길 위험하다고. 정말 착한 동생이자 친구였죠. 컴퓨터 하나 놓고 같이 게임도 하고. 그 게임이 저희가 시골에 있을 때 둘이 같이했던 게임이거든요. 옛날에 문방구 앞에 보면 동전 넣고 조이스틱으로 하는 게임들 있잖아요. 세월이 흐르니까 그런 걸 컴퓨터로 할 수 있게 되더라고요. 그런 취미가 잘 맞았어요.

엄마는 정말 유순한 사람. 남한테 쓴 말도 못 하고 그냥 가만히 있는 사람 있잖아요. 조용하고 내성적인 사람이었어요. 원체 마음이 여리고 베푸는 거를 좋아하셨어요. 남들한테 다 주고 자기는 좀 손해 보는 스타일. 그런 사람이 누가 봐도 저 사람 장난 아니겠다라고 보일 정도로 강한 사람이 된 거죠. 대단하다고 생각해요. 저였으면 그렇게 못 했을 것 같아요. 온전히 자기를 희생해서 우리를 키운 엄마에 대한 존경심이 있어요.

엄마가 병원에 계셨을 때 엄마 서랍장에서 뭘 찾다가 무심코 수첩을 펴보게 됐어요. 가끔 쓰신 일기더라고요. '나는 없는 것 같다'는 뜻의 문장과 함께 눈코입이 없는 동그란 얼굴만 그려져 있었어요. 이건 엄마의 진짜 속마음이라 제가 읽으면 안 될 것 같아서 바로 덮고 넣어놨어요.

엄마가 진짜 뜬금없이 화를 낼 때가 있었어요. 잘 있다가도 갑자기 분통을 터뜨리는 거죠. 너희는 엄마 생각을 하나도 안 한다고. 저희는 이해할 수가 없었죠. 우리는 엄마 말 잘 듣는데. 월급도 받아 오면 다 엄마 드리는데. 그런 걸로 서운함을 표현하지도 않았어요. 우리가 다 같이 살려면 그렇게 해야 한다고 생각했으니까. 그런데 왜 엄마는 우리한테 저러는 걸까. 왜 그랬는지 알겠더라고요. 엄마의 일기장을 본 순간.

엄마는 집 안에 자기 자리가 없다고 느끼셨어요. 부모로서 역할을 못한다는 자괴감이 있으셨던 거 같아요. 엄마가 몸이 아프시니까 매달 병원에 몇십만 원씩 돈을 쓰셔야 했거든요. 자식들이 벌어 오는 돈으로 가정을 꾸려야 하는 상황에서 저희가 엄마 말을 안 들어주면 존중받지 못한다고 생각하셨던 것 같아요. 내가 자격 없는 엄마여서 애들이 나를 인정 안 해주나? 그런 자격지심.

엄마도 상처가 참 많은 사람이구나. 그 상처를 치유할 새도 없이 삶을 너무 바쁘게 살았구나. 그러다 또 다음 상처가 오고 또 다음 상처가 오고… 그렇게 상처가 계속 쌓이기만 한 사람이구나. 그런 상처를 받은 사람치고는 우리한테 잘한 거구나. 장군 같은 엄마의 여린 모습을 보니까 제 딴에는 큰 충격이었죠.

기수가 그렇게 가고 나서 엄마는 허전함을 항상 느끼셨어요. 제가 그걸 채워드리려고 했거든요. 너는 왜 이렇게 엄마한테 어리광 부리느냐는 말을 주변에서 들을 정도였어요. 엄마가 그렇게 저를 보살피고 챙기면서 만족감을 얻는 게 보였거든요. 저에게 기수를 투영했을 수도 있고, 엄마 자신의 존재감을 느꼈기 때문이기도 할 거예요. 그걸 채워드리려고 더 어리광 부리고 엄마가 하라는 대로 한 면도 있어요.

거기서 오는 원망이 가장 커요. 부재, 엄마의 그 부재. 나를 애처럼 만들어 놓고 엄마는 가버렸다는 느낌. 이렇게 할 거면 평생 나랑 같이 있어줘야지… 그렇게 사랑했는데 혼자 가버리면 어떡해… (울음) 정말 애증이에요, 애증. 너무 사랑했기 때문에 화가 나는 것 같아요.

상실감이 너무 커요. 떠난 사람들 빈자리를 그 무엇으로도 대체할 수 없잖아요. 다른 누군가의 사랑을 느끼면서 어느 정도는 채울 수 있지만 근본적으로는 평생 채울 수가 없어요. 그냥 계속 그리워하는 수밖에 없다는 게 너무 슬퍼요.

/ 상실

동생에게 사고가 났을 때 저는 백화점에서 일하고 있었어요. 다른 직원이 말해줘서 사고 소식을 알게 됐어요. 그길로 단원고로 뛰어갔죠. 제 동생이 그 사고를 겪었다는 걸 백화점에서 일하시는 분들이 다 알게 됐어요. 장례식장에도 오셨거든요. 동생 발인하고 며칠 있다가 바로 출근했어요. 웃지도 못했고 일하면서도 눈물이 나려는 걸 계속 참으면서 일했죠. 생각을 안 하려고 해도 계속 생각이 나잖아요. 같이 일하시는 분들도 아주 조심스러워하시는데 그분들에게는 그곳이

자기 일터잖아요. 시간이 흐르니 불편해하시더라고요. 하루는 일하다가 감정이 북받쳐 올랐어요. 이러다 매장에서 울 것 같은 거예요. 죄송하다고 잠깐만 쉬고 온다고 말하고 밖에 나가서 유가족인 친구에게 전화를 걸었어요. 엄청 울었어요. 저는 몰랐는데 한 시간을 그러고 있었더라고요. 사장님 눈에는 좋게 보이지 않았던 거죠.

저는 의류 매장에서 판매직으로 일했는데, 노동 강도가 높았어요. 주 6일제고 하루에 열 시간씩 일했죠. 식사 시간을 제외하고는 서서 근무했어요. 추가 근무에 대한 권리는 당연하게 없고. 그런 거에 비해서 임금은 무척 적었어요. 백화점은 CS팀*에서 돌아다니면서 옷차림과 태도를 지적해요. 너무 생기가 없어 보이니까 조금 더 밝은 톤의 립스틱을 바르라고 한다든지 너무 수척해 보이니까 메이크업 좀 하라든지. 항상 여자들한테 그러더라고요.

1주기 앞두고 고민을 많이 했어요. 그날 내가 직장에 나갈 수 있을까? 쉬어야 하지 않을까? 내가 이날 쉬면 누가 봐도 유가족이라 쉰다고 생각할 것 같아서 그냥 출근했어요. 저를 대하기 조심스러워하는 게 눈에 다 보이더라고요. 그때는 1주기라 백화점도 자체적으로 직원들이 노란 리본을 달거나 옷을 어둡게 입게 했어요. 음악도 잔잔한 걸 틀고. 문득 그런 생각이 들더라고요. 이런 날 내가 웃거나 즐거운 모습을 보이면 저 사람들

---

* CS, customer satisfaction. 고객 서비스 관리.

이 나를 안 좋게 생각할까? 이래저래 눈치를 많이 봤어요. 죄책감도 들었어요. 동생이 그런 일을 겪고 이제 1년밖에 안 지났는데 나는 이렇게 살아 있다는 게 미안하더라고요.

스무 살 되던 해 3월에 일을 시작해서 얼마 뒤 그 일을 겪은 거였어요. 그런 상태로 스물세 살 여름까지 일했거든요. 몸이 너무 안 좋아졌어요. 우울증도 심하게 왔고. 일을 그만둬야겠다는 생각이 들었어요. 엄마가 저에게 대학 가도 되겠다고 말씀하시더라고요. 언니가 대학 졸업하고 돈을 벌고 있었거든요. 언니도 나를 대학에 보내고 싶어 했어요. 그래서 직장을 그만두려고 하는데, 엄마가 또다시 쓰러졌어요.

제가 고등학교 졸업하고 일을 시작한 지 한 달쯤 지났을 때 기수가 그렇게 됐잖아요. 첫 월급을 타고 이제 우리 환경이 조금은 나아질 수 있겠다는 희망이 딱 생겼을 때라, 뭔가 무너졌다는 느낌이 있었어요. 의지가 굳센 사람은 아니었지만 그래도 저만의 사명감으로 살아왔거든요. 내가 일을 해야 우리 가족이 좀 덜 고생하겠다, 그 마음으로 대학 진학을 포기하고 일을 한 건데, 맥이 탁 풀린 느낌… 엄마가 시키니까 계속 일은 했지만 아무 의미 없이 쳇바퀴 굴리듯 집과 직장을 오갔어요. 그러다 엄마가 그렇게 딱 쓰러지는 순간, 그나마 몇 개 있던 지지대가 다 무너진 느낌이 들더라고요. 우리 가족은 역시 안 되는구나. 모든 걸 놓아버렸어요.

/ 전환

　　　　　동생을 잃고 한 1년 가까이는 남은 가족
끼리 서로 데면데면했었어요. 엄마는 엄청 예민해지고 저희를
과보호하기 시작하셨어요. 어디를 나간다고 하면 불안감을 많
이 느끼셨고, 엄마가 원하는 대로 저희가 따르지 않으면 엄청
화를 내셨어요. 한 명이라도 더 잃을까 봐 그러셨겠죠. 저는 동
생의 죽음에 대해서 인정을 안 했어요. 현실도피처럼 일부러 세
월호 관련 기사를 아예 안 봤어요. 마주할 용기가 없더라고요.
가족들끼리도 그 주제로 절대 대화하지 않았죠. 똑같은 슬픔을
겪었는데 서로 꺼내지는 않고 각자의 방에서 웅크리고만 있었
어요. 서로 터지기 일보 직전의 긴장감이 집 안에 가득했어요.
저 사람이 왜 우울하고 슬픈지는 아는데 나도 힘드니까 서로 날
이 서 있는 거예요. 조금만 부딪히면 싸워댔어요.

　　어머니를 간병하게 되면서 제 삶이라는 게 없어졌어요. 저
는 대학에 가보지도 못했는데 스물세 살 제 친구들은 대학 졸업
후의 진로를 고민하더라고요. 친구들은 점점 앞으로 나아가는
데 나만 또 이렇게 멈춰 있다는 느낌. 사람은 사회적 동물인데
나는 함께 어울리지 못하는 거예요. 슬픈 일을 겪었다고 누구나
거기 계속 빠져 있진 않잖아요. 상황이 나를 이렇게 만든 건데,
이건 너라서 이렇게 된 거야 하면서 자신을 책망했어요. 그게
자기혐오로 이어지더라고요. 저 자신에게 먹을 것도 주기 싫었
어요. 한두 달 정도를 잘 안 먹었어요. 그때는 그게 식이장애인

줄도 몰랐죠.

　엄마 간병할 때는 너무 힘들어서 매일같이 죽고 싶었어요. 언니에게 미안해서 버텼어요. 내가 죽어버리면 언니 혼자 그 힘든 간병을 도맡아야 하니까. 나중에 들었는데, 언니도 같은 심정으로 버텼더라고요. 엄마 간병하는 동안 온마음센터에서 자주 찾아와주셨어요. 제가 힘들어하는 걸 알고 상담사를 소개해 주시더라고요.

　상담이라고 해서 딱딱한 분위기일 줄 알았는데 일상적인 걸 물어보셨어요. 그동안 뭐 했냐? 취미는 뭐냐? 그러다 문득 자신을 되돌아보게 하는 질문을 툭 던지시더라고요. 하루는 어제 뭐 했냐고 물어보셨어요. 아무것도 안 했다고 했더니 뭐라도 한 걸 말해보라고 하셨어요. 그냥 뭐 TV 보고 유튜브 보고 휴대폰 보고 그랬다, 아무것도 안 했다고 대답했죠. 그러면 아무것도 안 한 게 아니지 않느냐고 그러시더라고요. 휴대폰도 하고 TV도 보지 않았느냐고. 삶에서 겪는 모든 일들을 저울에 올려서 재지 말라고 하시더라고요. 책 읽는 날은 의미 있는 날, TV 보고 휴대폰만 한 날은 의미 없는 날, 이렇게 정의 내리지 말자고. 그때 삶을 보는 관점을 전환하게 됐어요. 모든 일에 굳이 다 의미를 두지 말아야겠구나. 지금 내 상황에도 큰 의미를 두지 말아야겠다. 내가 멈춰 있을 수도 있고 어떻게 보면 나아가고 있을 수도 있다. 그런 생각을 하니 마음이 조금 편해졌어요.

　간병하면서 뭐라도 버틸 동력이 있어야겠다 싶어서 운동을 시작했어요. 언니와 집 근처 필라테스 학원에 등록했어요.

저는 그때까지 살면서 한 번도 저 스스로 뭘 해본 적이 없거든요. 엄마나 언니가 시키는 것만 했어요. 선택도 못 하고, 하고 싶은 게 있어도 말도 못 하고, 정말 소극적이고 내향적이었거든요. 그때는 눈에 보이는 게 없었던 것 같아요. 어차피 이거 아니면 진짜 죽겠다 싶었으니까. 사람이 바닥까지 가니까 그런 용기가 생기더라고요.

친구와 댄스 학원에도 등록했어요. 실은 춤을 추고 싶다는 마음이 오래전부터 있었거든요. 남들이 봤을 때는 대수롭지 않은 일이겠지만 저한테는 큰 도전이었어요. 나는 뭘 해도 안 될 거니 애초에 시도하지 말자는 마음으로 살았잖아요. 나도 할 수 있다는 걸 깨달으면서 우울감에서 조금 벗어나게 되더라고요. 학원을 다니면서 다양한 연령대의 새로운 사람들을 많이 만났어요. 그러면서 배우는 것도 많더라고요. 사람들이 살아온 이야기를 듣는 게 너무 재밌어요. 내가 못 해본 것들, 내가 모르는 세상 이야기에서 제가 활력을 얻는 것 같아요. 그렇게 시작한 취미생활을 지금까지 이어오고 있어요.

/ 독립

제가 대학을 갈 때 전공을 도서관학과로 정했거든요. 책이 좋아서 도서관에 흥미가 생겼는데, 언니가 혹시 제가 진로를 얼렁뚱땅 결정한 게 아닌가 싶어서 걱정을 좀 했대요. 사실 별 생각 없이 가긴 했어요. 아니다 싶으면 중도 포기할 생각도 하고 들어간 거예요. 제가 성격이 좀 느긋해요. 그래도 대학에 가서는 이 악물고 했어요. 언니의 시간과 돈을 빌려서 간 거잖아요. 내 인생에서 제일 큰 도전이기도 했어요. 남들보다 늦은 나이에 시작했으니 더 열심히 해야 한다는 생각도 들었고.

도서관이라는 공간 자체가 조용하고 멈춰 있는 느낌인데 저는 여기저기 다니는 걸 좋아하는 사람이에요. 처음엔 잘못 온 게 아닌가 싶었는데, 사서라는 직업이 생각보다는 다재다능해야 하더라고요. 도서관 이용자를 위한 다양한 프로그램도 짜고 홍보 포스터도 만들고. 과제로 프로그램 기획을 하는데 재밌더라고요. 지금은 학과 조교로도 일하면서 바쁘게 지내고 있어요.

온마음센터 프로그램에 참여하면서 형제자매 모임에도 나오게 됐어요. 처음에는 활동에 거부감이 있었어요. 독일에 갈 때만 해도 활동을 하고 싶은 마음과 회피하고 싶은 마음 사이에서 갈팡질팡했어요. 독일에서 인상적이었던 건, 추모시설이 일상에 함께 있더라고요. 추모 공간은 엄숙하고, 행실도 조심해야 하고, 웃고 떠들면 안 되는 공간이라고 생각했거든요. 물론 독일에도 그렇게 자중해야 하는 곳이 있지만, 사람들이 앉아서 간식도 먹고 쉬기도 하는 공원 같은 곳도 많은 거예요. 우리나라에서 그랬다면 고인을 욕보이거나 무시하는 행동이라고 질타를 받았을 텐데. 추모 공간이라는 게 꼭 어두워야 하는 게 아

131

니라 우리 일상에 녹아 있어도 괜찮은 거구나. 제가 가진 고정관념을 깬 계기가 됐어요.

한국사회가 죽음이라는 걸 너무 무겁게 보기도 하고 자기와 관련 없는 일이라고도 생각하는 것 같아요. 저도 예전에 그랬죠. 그런데 제 주변에 떠나간 사람들이 많다 보니까, 죽는다는 게 누구한테나 다 일어나는 일이고, 언제 일어나도 진짜 이상하지 않은 일이라는 걸 배웠거든요. 지금 이렇게 살아 있다는 게 오히려 신기할 정도로 죽음은 우리 가까이 있구나. 그 사실을 인식한 후로 열심히 살게 됐어요. 막 죽기 살기로 열심히 한다는 게 아니라, 내 삶에 집중하게 됐다는 뜻이에요. 언제 죽을지 모르니까 해보자, 좀 더 행복하게 살자, 내가 하고 싶은 걸 하자라고 생각하게 됐어요. 그래서 대학도 가보기로 한 거였어요.

저에게 죽음이 가까이 왔을 때도 저는 자연스럽게 받아들이고 싶거든요. 그리고 만약 제가 더 먼저 가게 된다면 남은 사람들이 제 죽음을 그렇게 받아들였으면 좋겠어요. 저는 남겨진 사람이니까, 남겨진 사람의 마음을 잘 알거든요. 남은 사람들은 간 사람들의 마지막을 끝까지 안고 계속 살아가잖아요. 그 슬픔과 그리움을 계속 안고 살아가니까, 저는 늘 남겨질 사람에 대해 더 생각하게 돼요.

엄마가 그래도 마음의 준비를 할 시간을 준 것 같다는 생각이 들어요. 기수처럼 어느 날 갑자기 가버렸으면 아마 저도 같이 따라갔을 것 같아요. 정말로. 언니가 있어서 다행이었죠. 저 혼자 있었으면 못 버텼어요. 언니랑 원래는 서로 그렇게까지 살가운 사이가 아니었어요. 간병하면서 둘이 돈독해진 거죠. 기댈 데가 둘밖에 없으니까. 언니는 제2의 엄마. 어렸을 때부터 저를 계속 챙겨준 사람이에요. 엄마가 일을 하느라 밤늦게 돌아왔으니까. 엄마가 돌아가시고 제가 언니한테 기대기 시작했어요. 언니한테 너무 짐을 지워줘서 미안하고, 그래서 애정이 커요.

제가 대학에 가고 나서 정말 많이 바뀌었거든요. 대학생이 되고 사는 공간이 분리되면서 언니가 저를 케어해줄 일이 줄어들었어요. 금전적으로는 밀어줄 수 있지만 그 이후의 일은 제가 다 결정하고 혼자 헤쳐나가야 하잖아요. 그 상황에 1년은 적응을 못 했어요. 스스로가 한심하다고 느껴지는 거예요. 스물일곱이나 되어서도 자기 앞가림을 못 하고 있다는 게. 그러다 보니 지나온 삶을 돌아보게 된 거죠. 이렇게 기대고만 있으면 내 삶의 반경이 좁아지는구나를 깨달았어요. 책임질 수 있는 사람이 되어야 주변 사람들도 내가 돌봐줄 수 있겠다. 혼자 세상을 살아나갈 힘을 길러야겠다고 정말 크게 느낀 거예요. 난생처음으로. 그래서 독립 준비를 한 거죠.

우리 둘, 자매치고는 너무 과하다. 딸과 엄마 같은 감정은 조금 잘라내는 게 맞는 것 같다. 삶을 너무 같이하는 건 서로에게 좋지 않겠다. 저희가 한날한시에 죽을 수가 없잖아요. 누군가 한 명은 먼저 떠날 텐데 이렇게 애착이 심한 관계에서 그 상실감을 감당할 수 없을 것 같은 거예요. 이미 지나온 상실이 너무 많은데. 누구 하나가 없어져도 이 상실감을 다른 사람들로 채워서 이겨나갈 수 있게 서로의 삶을 구축해야겠다는 생각이 들었죠.

이제는 저도 금전적으로 제 앞가림을 할 수 있게 되다 보니까 언니랑 아예 떨어져서 사는 삶을 생각을 하고 있어요. 언니가 들으면 서운해할 것 같은데, 저는 이게 맞다고 생각이 들어요. 언니는 미래를 엄청 그리는 사람인데, 제가 눈에 밟혀서 하고 싶은 걸 못 한다고 느낄 때가 많아요. 나 혼자 잘할 수 있다는 걸 보여줘야지 언니도 나를 신경 쓰지 않고 자기 삶을 좀 더 꾸려나갈 거 같아요. 이제는 언니가 하고 싶다고 생각한 걸 했으면 좋겠어요.

/ 빈자리

삶의 목표가 생겼어요. 옆에서 언니가 잡아주기도 하고, 그때 딱 하고 싶고 좋아하는 일을 만나기도 했고, 그리고 주변에 새로운 좋은 사람들을 많이 만나서 시너지가 생겨났어요. 엄마가 돌아가시면서 삶의 목표를 잃었던 절망감은 좀 회복한 것 같아요. 그래도 기수와 엄마에 대한 애도는 아직 진행 중인 느낌이죠. 이미 이 세상에 없는 사람은 맞지만, 인정하기 싫은 마음이 남아 있어요.

저랑 언니는 살아오면서 벌써 가족 셋이 떠나버린 거잖아요. 누군가와 깊은 관계를 맺는다는 게 무섭기도 해요. 서로 깊은 유대관계가 생겼는데 그게 또 끊길까 봐. 물론 언젠가는 끊길 수밖에 없잖아요. 인간은 언젠가 죽으니까. 그게 무서워서 깊은 관계를 만들면 안 되겠다는 생각까지 했죠. 그런데 그게 사람 마음처럼 안 되잖아요. 정말 좋은 사람들을 만나면 더 알고 싶어지고 함께 있고 싶어지니까. 끝을 생각하면 시작할 수 있는 게 없더라고요.

모든 사람이 살아가면서 상실을 겪잖아요. 만남이 있고 끝이 있는 게 인생이니까. 헤어지는 게 무섭다는 이유로 지금 살아 있는 삶에서 다른 사람들과의 교류와 추억을 만들지 않는다는 건 바보 같은 일이라는 것도 받아들이게 됐어요. 지금은 현재의 삶에 좀 더 집중하면서 같이 있는 사람들과 최대한 좋게 보내면서 살아가려고 해요. 큰 행복보다는 소소한 것에 만족하고 행복하게 살았으면 좋겠어요.

/ 박희정

나만 할 수 있는 이야기니까

형제자매 안주영 이야기

　　　　　　　　안주영은 자주 말을 멈추고 침묵을 이어갔다. 할 말을 정리하는 중인 것처럼 보이기도 했고, 할 말이 없는 것처럼 보이기도 했다. 더 이상은 말하고 싶지 않다는 표현으로 들리기도 했고, 어떻게든 말하고 싶어서 애쓰는 것처럼 읽히기도 했다. 침묵을 잘 견디지 못한 내가 섣불리 끼어들어 이렇게 저렇게 그의 마음을 짐작하면, 안주영은 다시 작은 목소리로 자신의 이야기를 이어가곤 했다.

　　7년 전, 세월호 유가족 형제자매들과 함께하는 기행을 준비하며 당시 청소년이었던 안주영을 처음 만났다. 그때의 안주영은 쑥스러움을 많이 타고, 좀처럼 자기 속마음을 터놓지 않는 사람이었다. 참여자들 중 가장 어렸던 안주영은 말수가 많지는 않았지만, 좋아하는 이야기가 나오면 눈을 반짝이며 말했고, 형 누나들과 같이 보내는 지금 이 시간이 너무 좋다는 걸 온몸으로 표현하곤 했다.

　　세월호참사 10주기를 앞두고 그간의 이야기를 들려줄 형제자매를 찾을 때 가장 먼저 안주영을 떠올렸다. 오랜만의 연락에 반가워하던 안주영은 인터뷰 제안에 조금 고민하더니 긍정적으로 생각해보겠다는 답변을 돌려줬다. 지금까지는 세월호나 형에 대해서 말하고 떠올리는 게 그저 싫기만 했는데, 요즘은 혼자서만 슬퍼하기보다는 아주 조금이나마 이야기해볼 수 있겠다는 생각을 하기 시작했다고 덧붙였다. 안주영이 그간 보내온 시간과 겪어온 변화가 더욱 궁금해졌다.

　　한 번도 이런 식의 인터뷰를 통해서 말해본 적이 없다는 안주영. 내가 형에 대해서 말해도 되나 싶었다는 안주영. 신이 나서 이야기하다가도 말을 멈추고 깊이 생각하며, 종종 낮게 속삭이는 목소리로 천천히, 안주영이 말했다.

　　　　　　안산에서 태어났어요. 어렸을 때 부모님이 맞벌이를 하셨거든요. 그래서 두 살 때 이모가 사는 부천 근처로 잠깐 옮겨 가서 다섯 살 때까지 살다가, 다시 안산으로 와서는 지금껏 쭉 살고 있어요.

　대학에 들어갔을 때 코로나 때문에 입학식도 못 했어요. 교수님들이 '신입생들 다 같이 한번은 봐야 하지 않겠느냐' 해서 어렵게 성사된 학과 오리엔테이션에 다녀온 뒤로는 계속 비대면 수업을 했어요. 그러다가 작년에 대면 수업으로 전환되면서 1년 동안 자취를 했는데, 그때는 빨리 집에 돌아가고 싶다는 생각밖에 안 들었어요. 부모님이랑 살다가 저 혼자 있으니까 외롭게 느껴진 것 같아요. 비대면 수업 할 때가 훨씬 좋았죠. 집에 있을 수 있으니까. 부모님이랑 관계가 좋아서 같이 사는 것도 괜찮아요. 의견 차이나 언쟁 같은 것도, 물론 있기야 하겠지만 많이는 없어요. 이미 예전에 속을 많이 썩여서 그런가 봐요. (웃음)

　한동안 부모님이 활동하는 데 따라다니던 시기가 있었어요. 그때는 솔직히 좀 무섭기도 했어요. 경찰도 엄청 많았고, 경찰 버스도 다닥다닥 세워져 못 지나가게 하고. 오래전부터 경찰은 뭔가 잘못했을 때만 만나는 사람들이라고 생각했거든요. 우리는 그냥 시위하는 건데, 아무 잘못도 안 했는데 왜 경찰이 있지? 이런 생각이 들었어요. 국회 앞 농성하는 곳에 따라간 적이 있는데, 속이 안 좋아서 잠깐 국회 안에 있는 화장실을 이용하려고 했거든요. 근데 경찰이 못 가게 막는 거예요. 아버지가 화가 나서 경찰한테 따지는데, 저희를 가로막은 경찰 무전기에서는 "왜 화장실 가게 두냐, 막아"라고 말하는 소리가 들리고. 너무 황당하고 화가 났어요.

좀 다른 기억도 있기는 해요. 안산에서 진도까지 도보행진할 때 며칠 참여한 적이 있어요. 그때 좋았던 게, 다른 분들이 저를 엄청 많이 챙겨주셨어요. 당시 밥버거가 유행할 때였는데 잘 모르는 분이 그걸 사주기도 하고, 또 다른 유가족 어머니분은 저를 편의점에 데려가서 저희 어머니 몰래 과자 사주고. 어떤 분은 떡을 주고, 어떤 분은 물이나 음료수를 주고. 제가 어려서 그랬는지 다들 무척 아껴주셨죠.

또 국회 앞에서 농성할 때 어머니는 다른 가족분들이랑 있고, 저는 아버지랑 국회 옆 산책로에 간 적이 있어요. 한강 따라서 이어진 산책로 벤치에 앉아 사이다도 마시고 그랬죠. 아버지랑 그때, 좋았어요. 좋아하면 안 되는 상황이었지만. 솔직히 한강 풍경이 아름답잖아요. 그때 날씨도 좋았거든요. 햇빛도 쨍쨍 내리쬐고. 내가 아버지랑 또 언제 이런 곳에 올까, 그런 생각이 들었죠. 아버지는 서울을 싫어하거든요. 차도 많고 교통 체증도 심하다고요. 한번은 제가 서울에 볼일이 있어서 아버지에게 태워달라고 부탁을 드렸더니, "다음에는 전철 타고 가면 안 되겠냐"고 하시는 거예요. 차가 많아서 싫다고요. 그런데 아버지가 제 부탁에 거절을 잘 못 하는 편이거든요. 다 받아주세요. 그래서 "에이, 한 번만 태워주세요" 하면 또 태워주고요. (웃음)

부모님은 예전에도 지금도 항상 제 의사를 100퍼센트 존중해주셨어요. 가고 싶으면 가고, 가기 싫으면 가지 말고. 하고 싶으면 하고, 하기 싫으면 하지 말고. 사고 싶은 거 있으면 말하라고 하고. 별로 반대를 안 하는 스타일이에요. 부모님 두 분 다 언제나 형이나 제가 하는 걸 전적으로 수용하고 지지해주셨어요. 그런 부모님이 세상에 어디 있을까 싶을 정도로요.

/ 방황

중학교 1학년 때 사고가 있고 나서 한동안은 많이, 안 좋았어요. 제 인생 최대의 방황기. 1학년 때는 집 바깥을 아예 안 나갔어요. 어쩔 수 없으니까 학교에는 갔지만, 학교 끝나면 무조건 바로 집에 왔어요. 친구들이 막 놀자 놀자 해도 그냥 다 무시하고요. 하도 밖에 안 나가고 집에만 있으니까, 제가 집에 혼자 있는 걸 어머니가 되게 불안해하셨어요. 너무 안 나가니까. 그래서 한동안 부모님이 활동하는 곳에 저를 데리고 다닌 거죠. 근데 그때는 그냥 다 하기가 싫었어요. 아무래도 밖으로 발걸음이 안 떼어지고, 그냥 밖에 나가기 싫고.

그러다 2학년 때는 반항심이 '맥스'가 됐어요. '세상아, 덤

벼라!', 약간 이런 거? 친구랑 잘 놀다가도 뭔가 안 내키면 바로 싸우고, 말싸움이 주먹다짐으로 번지고, 선생님이나 부모님이 하는 말도 내 마음에 안 들면 반항하고 그랬어요. 이제 와서 생각하면 왜 싸웠는지, 어떤 말에 반항했는지도 잘 기억이 안 나요. 밖에 안 나가던 1학년 때는 그런 반항심 같은 게 전혀 들지 않았는데, 그때 표출하지 못했던 걸 2학년이 됐을 때 '중2병'이 같이 오면서 표출하기 시작한 게 아닐까 싶어요. 1학년 때는 다 하기가 싫었다면, 2학년 때는 그냥 세상 모든 게 다 싫었어요. 그걸 표출할 수 있는 방법이 반항이라고 생각했던 것 같아요. 그래도 밖에 나가기는 하니까 집에만 있던 시기보다는 조금 나아진 거죠.

지금 돌이켜보면 부모님한테 되게 죄송해요. 사고 후 1년 밖에 안 지났을 때라서 부모님도 엄청 힘드셨을 텐데, 제가 그러는 걸 받아주느라… 어머니가 학교에 엄청 많이 불려 왔어요. 다섯 번 이상 왔을걸요? 그때 어머니 얼굴 볼 때마다 엄청 미안했거든요. 근데 그걸 또 표현을 못 했어요. 저도 너무 힘들었으니까요. 제가 진짜 너무 이해가 안 되는 게 뭔 줄 아세요? 부모님이 그때 저를 이해해줬다는 거예요. (침묵) 제가 짜증을 내거나 화를 내도 받아주고, 저 때문에 학교 여러 번 불려 오는 것도 되게 싫었을 것 같은데 그런 티를 한 번도 안 내고. 그게 너무… 고맙고 미안하고, 그래요. 부모님이 어떻게 그럴 수 있었는지 잘 모르겠어요.

/ 미안함

생각해보면 항상 미안한 게 너무 많아요. 부모님한테도, 형한테도. 저는 인생을 살아오면서 잘한 것보다 잘못한 게 더 많은 것 같아요.

부모님이랑 같이 여행을 간 적이 있어요. 여행지에서 어떤 프로그램을 들었는데 좀 비쌌거든요. 제가 잘 참여하지도 않고 그냥 핸드폰만 보고 있으니까 아버지가 저한테 "다들 하고 있는데 넌 뭐 하냐, 왜 핸드폰 하냐", 이런 말씀을 하셨어요. 차라리 그냥 나가라고. 그래서 제가 아버지에게 "아, 알겠어요, 나가면 되잖아요", 이런 식으로 말을 좀 언짢게 했거든요. 저도 기분이 좀 안 좋아져서 옆에 있는 소파에 앉아 있었어요. 나중에 프로그램 끝날 때쯤 아버지가 전화로 저를 찾았어요. "주영아, 어디 있냐." 제가 옆쪽 소파에 있다고 하니까 "응, 조금 있으면 끝나니까 우리가 그쪽으로 갈게"라고 하셨거든요. 그때 아버지 말투가… 아까 나한테 화낸 게 아니었구나, 그런 생각을 했죠. 아, 부모님 생각하니까 왜 이렇게 짠하지.

형을 생각해도… 지금 생각해도 형한테 너무 미안한데, 저희가 프라모델을 엄청 좋아했어요. 혹시 〈골판지 전기〉라는 애니메이션 아세요? 그걸 좋아해서 형이랑 같이 사서 직접 만드는데, 저는 만드는 데 별로 소질이 없어서 형이 제 것까지 다 만들어줬거든요. 그런데 처음부터 애니메이션이랑 똑같이 나온 것도 있고, 색칠이 안 된 것도 있었어요. 저희가 샀던 건 직접

색칠을 해야 했거든요. 프라모델 칠하는 마커펜이 있는데… 그때 왜 그랬지. 제가 지금은 별로 안 그런데, 예전에는 뭘 사놓고 안 쓰는 경향이 있었거든요. 그냥 새것처럼 두고 싶은 마음이 있어서. 그래서 형한테 그 마커펜, 분명 같이 산 건데도 그걸 못 쓰게 했던 기억이… (침묵) 비 오는 날이나 좀 어둑어둑할 때 제 방에 들어가면, 지금도 제 책상 옆에 형 책상이 있거든요. 그걸 보면 형한테 잘못한 게 너무 많이 떠올라요.

제가 그렇게 떼를 써도, 형은 너무 착해가지고 다 이해해줬어요. 저희 형이 진짜 착했거든요. 보통 어린 시절 형들이 이런 게 있잖아요. 부모님이 형제 사이에서 동생을 더 챙기면 아기 때는 첫째가 동생을 질투하는 경우가 많은데, 저희 형은 그런 것도 없었어요. 항상 저를 너무 예뻐하고, 싸운 적도 별로 없어요. 저는 어렸을 때 땡깡 많이 부렸거든요. 마트에서 장난감 안 사주면 그 자리에 누워버리는 애들 있잖아요. (웃음) 근데 형은 안 그랬어요. 엄청 모범생. 저희 형이 진짜 착한 게, 사촌 동생들이 있거든요. 저는 걔네를 별로 안 좋아해서 좀 못되게 굴기도 했는데, 제가 그럴 때마다 형이 왜 그러냐면서 애기들한테 착하게 대했어요. 형이 저한테 그랬던 것처럼. 저랑 형이랑 가장 크게 다른 부분이 있다면 그런 점인 것 같아요.

그리고 진짜… (침묵) 이건 진짜 떠올리기 싫은데. 옛날에 제가 진짜 아기 때, 형도 아기 때인데, 제가 형한테 뭔가 네모난 물건을 던졌거든요. 네모나고 뾰족한 거. 그게 형 귀에, 여기에 스쳐가지고, 귀 여기가 찢어져서… 꿰맸는데, 그땐 몰랐는

142

데 지금 생각해보면… 얼마나 아팠을까요. (침묵) 근데 형은 왜 나한테 계속 잘해줬는지 모르겠어요. 아주 어릴 적 일인데도 그 일은 잊을 수가 없어요.

그래서 형 이야기를 하는 게 싫었어요. 미안한 게 자꾸 떠올라서. 형 이야기를 하고 나면 '내가 말해도 되나?' 이런 생각이 들고. 부모님이 활동하는 데 따라다닐 때도, 따라다니는 것 자체보다 그게 싫었어요. 왜 남들 앞에서 형 이야기를 하지? 우리 가족 이야기를, 좋은 일도 아니고 안 좋은 일 이야기인데… 왜 모르는 사람들한테 우리 가족 이야기를 해야 하지? 부모님도 형 이야기를 할 때 힘들게 말씀하시니까 그걸 보는 것도 싫었지만, 그냥 형에 대해서 모르는 사람들에게 이야기하는 게 싫었던 것 같아요.

형이랑 많이 친했어요. 방학 때 부모님 두 분 다 안 계시면 저랑 형만 있잖아요. 제가 형을 깨우면서 엄마 아빠 나갔다고, 우리 같이 재밌게 놀자고, 그랬던 기억이 나요. 〈닥치고 꽃미남 밴드〉라는 드라마가 있는데, 형이랑 그걸 같이 봤거든요. 형이 그걸 보고 나서 기타를 치기 시작했어요. 드라마 주인공이 치는 기타가 있었는데 그게 좀 비쌌거든요. 형이 원래는 그걸 사고 싶어 했는데, 너무 비싸서 최대한 비슷한 기타를 찾아서 샀어요. 〈내 여자친구는 구미호〉라는 드라마를 같이 봤던 기억도 나요. 연말에 하는 시상식 같은 것도 같이 보고. 언젠가는 무서운 프로그램을 같이 봤는데, 그날 밤 화장실 가기 무서워서 형한테 같이 가달라고 했던 것 같아요. 제가 초등학생 때. (웃음)

형이 학원을 가면 집에 저 혼자 있잖아요. 그때는 진짜 너무 허전했어요. 그래서 형이 돌아오면 또 되게 좋아했어요. 부모님이 오실 때보다 더 반기고, 좋아하고. 형이 고등학교 다닐 때 가끔씩 야간자율학습 끝날 시간에 마중 나가기도 했어요. 형이 빨리 보고 싶어서. 단원고 앞에 편의점이 있거든요. 제가 배고파 하면 형이 거기에서 빵이나 도넛을 사줬어요. 그거 되게 맛있었는데.

　형한테 고마운 기억이 많아요. 분명히 이것 말고도 더 좋은 기억이 많이 있을 텐데… (침묵) 잘 모르겠어요. 지금 형한테 미안한 기억이 너무 머릿속에 가득 차 있어서. 분명 더 있는데, 제가 기억을 못 하는 것 같아요.

/ 또 다른 가족

　　중학교 2학년 때 드럼을 처음 배우기 시작했어요. 형이 예전에 기타를 쳤거든요. 통기타랑 일렉 기타. 저도 원래부터 음악은 하고 싶었어요. 피아노 아니면 드럼? 그때 제 안에 쌓인 게 많아서 어떻게 하면 풀 수 있을까 생각해봤는데, 드럼을 배울 기회가 한 번 있어서 접하게 됐거든요? 재미있는 거예요. 드럼이 '치는' 거잖아요. 두세 번 배우다 보니까 뭔가 제 속이 시원해졌어요. 그냥 손으로 치기만 했는데. 그 시원한 느낌, 그 감정을 계속 가져가고 싶었어요. 그때부터 1년 정도 드럼을 배우고 밴드부 활동도 하다가, 중학교 3학년 때 베이스로 전향했어요. 형처럼 기타를 치고 싶었거든요.

어느 순간 형이 기타를 치는 게 멋있어 보였어요. 기타 치면서 노래를 따라 불렀는데, 가사는 잘 기억이 안 나지만⋯ (음을 흥얼거림) 이런 식의 외국 노래였어요. 어느 날 형이 밴드 영상을 보고 있을 때 물어봤어요. 저기 네 줄짜리 기타는 뭐냐고, 저 뒤에서 스틱으로 치는 건 뭐냐고. 형이 베이스 기타랑 드럼이라고 알려줬어요. 형이랑 약속도 했거든요. 나중에 저거 배워서 형이랑 같이 합주하기로. 드럼이랑 베이스를 치면서 반항심 같은 감정이 조금은 해소된 것 같아요, 많이는 아니지만.

다른 유가족 형제자매 형 누나도 중학교 2학년 무렵에 처음 만났어요. 아버지였나 어머니였나, 둘 중 한 분을 따라 당시 분향소 앞 가족대기실에 있었을 거예요. 한 형제자매 누나가 와서 뭐 할 거 있는데 같이 해줄 수 있겠느냐고 해서 알겠다고 했죠. 스케치북에 뭘 쓰고 사진 찍고, 그랬던 것 같아요. '우리함께'*에도 그 무렵 처음 갔어요. 어머니가 가보라고 하셔서 거기서 하는 멘토링 프로그램에 참여했거든요. '우리함께'에 가면 다른 형 누나들이 항상 있었으니까, 그때 서로 인사하고 좀 친

---

* 안산 지역공동체 회복을 위한 복지관 네트워크 '우리함께'. 세월호참사 이후 안산 지역사회 내 열 개의 복지관이 모여 지역사회 네트워크 지원, 세월호참사 피해자 지원 등의 활동을 펼쳤고, 같은 이름의 '우리함께'라는 공간을 운영하며 형제자매들이 자유롭게 이용할 수 있도록 했다. 2014년부터 2018년까지 활동했으며, 현재는 네트워크를 해소하고 공간도 사라졌다. 안주영의 이야기 속 '우리함께'는 주로 형제자매 공간을 뜻한다.

해지기 시작했던 것 같아요.

형 누나들이랑 있으면 마음이 편해요. 집에만 있던 시기나 학교에서 싸우고 있던 시기랑 비교해보면, 그때는 많이 우울했거든요. 근데 형 누나들 만나면서 어느새 그런 감정도 사라지고, 그냥 만나는 것 자체가 좋았어요. 제가 당시 형제자매들 모임에서는 막내였거든요. 형 누나들이 저를 많이 챙겨줬어요. 먹을 게 있어도 하나 더 챙겨주고. 제가 원래 형제였잖아요. 그래서인지 형들을 조금 더 편하게 생각하는 게 있었거든요. 누나들이 약간 질투하기도 했어요. 제가 형들만 좋아한다고. (웃음) 누나들이 모임을 챙기는 역할을 많이 했는데, 그게 참 대단한 것 같아요. 아마 저라면 절대 못 했을 거예요. 제가 극I거든요.

'우리함께'도, 저 진짜 너무 편했거든요. '우리함께'는 저한테 제2의 쉴 수 있는 공간, 편하게 있을 수 있는 공간이었어요. 원래 사람이 어색한 공간은 몇 번을 가도 어색하잖아요. 근데 '우리함께'는 그런 게 없었어요. 두 번째 갔을 때부터 편해졌던 것 같아요. 신기하죠. 다른 형 누나들도 자주 오니까 거기에 있다 보면 마주칠 일도 많았는데, 이제 없어진 이후로는 그렇게 보기는 어렵죠.

'우리함께'가 없어졌을 때는… 믿기 싫었어요. 없어진다는 말을 딱 들었을 때는, 내가 여태까지 그곳에서 봤던 사람들, 보내온 시간들, 이게 싹 사라지는 느낌이 들었어요. 요즘 출퇴근길에 '우리함께'가 있던 곳 근처를 지나가거든요. 딱 한 곳밖에 안 보여요. 저기는 '우리함께'가 있던 곳인데… 지금도 유가족이나 형제자매가 이용할 수 있는 공간이 있기는 하지만, '우리함께'랑은 다른 것 같아요. '우리함께'는 방도 여러 개 있어서 사생활도 보장됐고, 정말 라면 하나를 끓여서 먹어도 눈치 볼 필요 없이 좋았거든요. 당시 거기 있던 선생님들도, 말투나 행동에서부터 진심이라는 게 느껴졌어요. 정말 진심으로 저희가 오는 걸 반겨주시니까. 그 샘들도 생각나요.

지금도 형 누나들을 만나기는 해요. 온마음센터에서 진행하는 프로그램을 통해 만나기도 하고요. 최근에는 동아리 활동을 지원하는 프로그램이 있었는데, 형들이랑 같이 신청해서 선정되기도 했어요. 여행 동아리인데, 한 달에 한 번씩 가기로 했어요. 지난주에는 같이 대부도에 1박 2일로 다녀왔어요. 동아리를 하면 식비나 교통비 같은 걸 지원해주거든요. 식재료 사서 숙소에서 같이 맛있는 거 먹고, 게임 하고 놀았죠. 다음번에는 낚시 가기로 했는데, 제가 낚시를 싫어해서 조금 후회 중이에요. (웃음) 그래도 형들이 저를 배려해줘서 낚시 싫어하는 사람은 그냥 방에서 놀자고, 게임기도 가져가자고 했어요. 그렇게 말해주는 게 되게 좋았어요.

지금 같이 동아리 하는 형들은 주로 온마음센터에서 진행하는 형제자매 대상 프로그램에서 만났어요. 어디 놀러 다니는 프로그램은 그래도 좀 재밌지만, 뭘 만드는 프로그램이 많거든요. 그런 건 제가 별로 흥미를 못 느껴요. 온마음센터에 처음 간 건 중학교 2학년 때지만, 주로 이용하기 시작한 건 '우리함께' 없어지고 나서, 대학교 때인 것 같아요. 사실 프로그램이 좋다기보다는, 거기 가면 형 누나들 만날 수 있으니까 간 거죠. 이렇게 말하면 온마음센터 선생님들이 서운해할 수도 있지만요.

형 누나들은 저에게는 가족 같은 존재예요. 정말 친형, 친누나를 만나는 느낌이랄까요. 힘든 일이나 안 좋은 일이 있어도 형 누나들을 만난다고 하면 그걸로 약간 힘을 내고, 만나면 힐링되고. 요즘은 예전처럼 자주 만나지는 못하죠. 1년에 한두 번 정도. 지금은 결혼한 분들도 있고, 각자 사정이 있으니까. 그래도 저는 다시 '우리함께'처럼 저희가 편하게 머물 수 있는 공간이 있었으면 좋겠어요.

/ 멀기만 한 일, 변하지 않은 것

'우리함께'에서 했던 활동 중에는 형 누나들이랑 같이 기행 갔던 게 많이 기억나요. 2017년에 갔던 '다시 봄 마주하기' 기행이나 독일 기행이요. 솔직히 처음 같이 여행 갔을 때는 엄청 어색했거든요. 아는 사람도 거의 없었고. 그런데 같이 기행 다니면서 더 많이 친해질 수 있는 계기가 되었던 것 같아요. 무슨 사진 찍기 미션 같은 게 있었는데 그거 하면서 형 누나들이랑 친해지고. 진짜 이거는 뭐라고 해야 하지, 잊지 못할 추억?

독일 기행은 4·16재단을 통해서 갔어요. 형제자매 누나들이랑 같이요. 그때 다른 형들은 아무도 안 갔거든요. 첫날 모여서 버스를 타고 공항으로 출발하는데, 그때가 겨울이었어요. 근데 저는 유럽 날씨에 대해서 잘 모르고 그냥 한국이랑 정반대일 거라고 생각했던 거예요. 제가 후드 집업 하나만 입고 나타나니까 누나들이 엄청 놀라면서 '너 괜찮겠냐'고, '거기 가서 패딩 하나 사야 하는 거 아니냐'고 걱정하는 거예요. 누나들이 진심으로 걱정하는 게 느껴졌어요. 급하게 아버지에게 전화해서 롱패딩 하나만 빨리 가져다주실 수 있냐고 물었죠. (웃음) 버스 출발하기 2분 전쯤 갖다주셨어요. 그 롱패딩 없었으면 진짜 큰일 났을걸요?

가서는 한국이랑 되게 다르다고 느낀 것 같아요. 너무 신기했던 게 베를린 '브란덴부르크 문'이 우리나라로 치면 남산 서울타워 같은 랜드마크인데, 거기 바로 옆에 유대인 추모 공간이 있었어요. '홀로코스트 메모리얼'이라는 곳인데요. 거기 사람들은 그냥 무슨 송도 센트럴파크 이용하듯이 아무렇지도 않게 지나다니는 거예요. 아이들 웃는 소리도 들리고, 멀리서 희미하게 봤는데 아이들이 숨바꼭질을 하고 있는 것 같았어요. 그런 게 큰 문화 충격이었어요. 한국에서는 상상도 못 할 일이잖아요. 그런 랜드마크 옆에 추모공원이 있다? 사람들이 아무렇지도 않게 이용한다? 와, 한국에서는 아주 먼 미래의 이야기 아닐까요.

독일 기행 가서 나치가 저질렀던 범죄에 대해서도 자세한 내막을 알게 됐는데, 너무 충격적이었어요. 나치 범죄가 단순히 유대인을 대상으로 한 줄 알고 있었거든요. 그런데 유대인뿐만 아니라 노인이나 어린이, 그리고 정말로 이해할 수 없었는데 장애인까지. 완전한 인간이 아니라는 이유를 내세워, 히틀러가 장애인을 학살했다는 이야기를 해설사분한테 들었는데, 그 말을 듣는 순간 이게 뭔가··· 말이 안 나올 정도로 참혹했어요. 그러다 자기들이 전쟁에서 질 것 같으니까 수용소를 부숴버렸다고 하더라고요. 범죄 현장을, 그러니까 증거를 없애려고 한 거죠. 나치 범죄에 가담했던 아돌프 아이히만은 도주 중에 잡혀서 국제전범재판에 회부되었는데, 그때 이 사람이 '나는 위에서 시키는 대로 한 것뿐이다'라고 했대요. 이런 걸 보면서 지금도 바뀐 게 없다고 느꼈어요. 한국에서도 현재 진행형인 일들이 잖아요. 증거를 없애고, 책임을 회피하고. 아마 제 대학 전공 때문에 이런 식으로 과거랑 현재를 연결해서 생각하게 되는 것 같아요.

/ 진로

대학에서는 역사를 전공하고 있어요. 고등학교 때까진 계속 음악을 했죠. 고등학교도 관련 학과가 있는 특성화고를 찾아서 갔거든요. 2학년 때까지는 계속 음악 한다고 공부도 잘 안 했어요. 원래는 대학도 음악 전공으로 가려고 했는데, 생각해보니 아무래도 음악을 정말로 잘하는 게 아니면 대학입시도 그렇고 이후 먹고사는 데에도 어려움이 있을 것 같더라고요. 그런 생각을 하면서 입시를 준비하려니, 고등학교 2학년 말에 담임 선생님이랑 진로 상담을 하는데 '아무래도 수시는 어려울 것 같다, 정시를 준비해보자'고 말씀하셨어요. 제가 1학년 때 선배들이 '공부 열심히 하라'는 말을 많이 했는데, 한 귀로 듣고 한 귀로 흘렸던 게 후회됐죠. 그래서 고등학교 2학년 말부터 수능 공부를 시작했어요. 제가 특성화고를 나왔잖아요. 대학에 안 가는 애들도 많았고, 떨어진 애들도 좀 있었는데, 그래도 현역으로 대학에 들어가서 좀 뿌듯했어요.

전공을 정할 때 음악 이외에 그나마 제가 좋아하고 자신 있는 걸 생각해봤어요. 어렸을 때부터 역사 공부를 좋아했거든요. 초등학교 5학년 때쯤이었던 것 같은데, 심심해서 역사책을 읽었어요. 형 책이었는데, 읽다 보니까 너무 재미있는 거예요. 그 시대에는 이런 일이 있었네, 이 사건은 이래서 일어났고 이렇게 진행됐구나, 하면서 파고든 거죠. 친구들은 역사 공부할 때 연표 외우는 게 어렵다고 하는데, 저는 어려움보다는 재미를 더 많이 느꼈어요. 시대랑 사건을 알아갈수록 내가 그 속으로 들어가는 기분? 하나만 알다가 둘을 알고, 또 연결돼서 서넛을 알고… 뭔가 스토리가 끊어지지 않고 이어지니까 그렇게 연결되는 게 신기하고 재밌어서 좋아하게 된 것 같아요. 그래서 역사학과로 진학했어요.

지금은 잠시 휴학한 상태인데, 복학하고 졸업한 다음이 고민이죠. 전공과 관련된 일을 찾아봐야 할지, 대학원 진학을 해야 할지, 아니면 직장을 찾아야 할지. 그래도 전공을 살리고 싶기는 한데, 아무래도 쉽지는 않으니까요. 아직 먼 이야기일 수도 있지만 저한테는 너무 가깝게 느껴져요. 주변에 아직 군대 안 간 친구들이 몇 명 있거든요. 걔네는 이제 4학년이고 곧 졸업하는데, 이야기 들어보면 많이 힘든 것 같아요. 저게 내 미래구나 싶죠. 졸업하고 바로 취업할 수도 있는데, 그냥 1년 정도 나만의 시간을 가져볼까 싶은 생각도 있어요. 해외에 나가서 살아보고 싶거든요. 그것도 시간이 있어야 할 수 있는 일이잖아요. 만약 바로 직장에 들어가면 그렇게 여유 부리지 못할 테고, 원해도 못 하는 경우가 더 많으니까요. 그런 고민도 하고 있어요.

/ 숨기고 싶으면서도 말하고 싶은 마음

지인들이나 친구들은 제가 유가족인 걸 모르는 경우가 많아요. 아직은 그런 이야기를 할 때 마음이 편하지 않아요. 제가 유가족이라는 걸 주변에서 몰랐으면 좋겠어요. 그래도 형 누나들이랑 있으면 편안하고, 못 할 이야기도 없죠. 물론 친구들도 좋기는 하지만 아직은 제가… 제가 그렇게 믿고 있는 것 같아요.

사고 있고 세 달쯤 뒤였을 거예요. 이런 일이 있었어요. 제가 이모 댁에 있는데 초등학교 친구들한테 카톡이 오는 거예요. 너희 어머니 뉴스에 나온다고. 제 친구들이 어머니를 몇 번 본

적이 있거든요. (침묵) 당시에 가장 듣기 싫었던 말은 '너 괜찮아?'라는 질문이었어요. 물론 친구들도 말 꺼내기가 쉽지는 않았겠죠. 되게 고마웠던 건, 다 아는 데도 그냥 모르는 척해준 애들, 그런 애들이 몇 명 있었거든요. 걔네가 그랬다는 걸 저도 나중에야 알았어요.

예전에 세월호 간담회에 간 적이 한 번 있어요. 무슨 이야기를 해야 할지, 머릿속에 온갖 게 다 떠올랐는데… 다른 형제자매 형 누나들이 간담회에서 나눴던 이야기를 듣고 알았어요. 그냥 내 이야기를 하면 되는구나. 그때 제가 어떻게 그 많은 사람 앞에서 이야기했는지 잘 모르겠는데, 그냥 생각나는 대로 형 이야기를 했던 것 같아요. 좀 많이 힘들었는데… (침묵) 그래도 나만 아는 이야기니까, 나만 할 수 있는 이야기니까.

고등학교 다닐 때는 안산을 너무 떠나고 싶었어요. 그때는 그냥… (침묵) 안산이 싫었던 것 같아요. 사고 난 이후부터 계속 안산이 싫었는데, 고등학생 때 떠나고 싶다는 생각이 제일 커졌어요. 안산에서 형이랑 같이 살았으니까. 이사를 가면 형이랑 함께했던 시간을 잊을 수 있지 않을까, 그런 생각을 좀 했던 것 같아요. 제가 다 피하려고 했어요.

이제는 그렇게 생각하지 않아요. 그때는 마냥 피하고만 싶었는데, 지금까지도 피한다면 좀 너무… 어느 순간 이런 생각을 했어요. 내가 왜 피해야 하지, 내가 잘못한 것도 아닌데. 안산을 떠나면 다른 유가족 형제자매 형 누나들도 못 마주칠 것 같고. 부모님들이 활동하시는 모습을 보다 보면 솔직히 더 피하고 싶은 사람은 나보다는 우리 부모님이 아닐까 하는 생각도 들고. 그런데도 부모님들이 끝까지 싸우시는 걸 보고, 저도 조금 다르게 생각하기 시작한 것 같아요. 피하지 말아보자고.

/ 기억

　　　　지난 10년을 돌아볼 때 가장 기억에 남는 순간 하나는 중학교랑 고등학교 졸업했을 때인 것 같아요. 그냥 졸업했다는 것 자체에 큰 의미를 부여하고 싶어요. 음⋯ (침묵) 초등학교 졸업식까지만 해도 분명히 형 얼굴을 봤는데. 그때 형도 졸업식이 있었는데, 잠깐 우리 초등학교에 왔다가 갔거든요. 이모들이랑 다 같이 축하해준다고. 근데 중학교랑 고등학교 졸업식 때는 부모님하고 친구들밖에 없고⋯ 그래서요.

　벌써 10년이 지났다고 생각하면⋯ 형이 집에 없었던 시간이 벌써 10년이 됐구나 싶으면서 인정하기 싫은, 부정하고 싶은 마음이 들어요. 기억식은 매년 참여했던 것 같아요. 그날이 형을 만날 수 있는 기회라고 여겼거든요. 그래도 세월호와 관련된 기사나 소식은, 좀 피하려고 하는 편이에요. 그냥 제가⋯ 보기 좀 그래요.

　그래도 계속 궁금하기는 했어요. 소중한 사람을 잃는다는 게 어떤 건지 저 사람들은 알까, 저렇게 증거를 없애고 책임을 회피하는 사람들이 알까 싶어요.

이태원참사가 있었을 때는, 그냥 거짓말 같았어요. 아침에 뉴스를 보는데 이태원에서 젊은 사람들이 압사 사고를 당했다고… 거짓말인 줄 알았죠. 아무래도 다들, 제 또래도 있고 형 누나들 또래도 있고 하니까 세월호를 떠올리게 되지 않았을까요. 또 국가가, 그러니까 거기에서도 경찰이 아무것도 안 했잖아요. 그냥 보고만 있었잖아요. 우리랑 너무 똑같이 그렇게 되는 게… 솔직히 해경도 그냥 밖으로 나오는 사람만 구했었잖아요. 한국에서 이런 참사와 관련해서 공통점이 하나 있는데, 꼭 아랫 사람만 처벌을 하고 끝내요. 그리고 정작 처벌하더라도 몇 개월 지나고 여론이 잠잠해지면 석방시키죠. 그냥 달라진 게 없는 것 같아요.

그래서 기억하는 게 중요하다고 생각해요. 노란 리본 있잖아요. 길 가다가 가방에 노란 리본을 달고 있는 사람, 팔찌를 한 사람을 보면 이런 생각이 들어요. '아직도 우리를 기억해주고 있구나.' 그렇게라도 계속 기억해줬으면 좋겠어요.

처음에는 인터뷰를 잘할 수 있을까, 좀 많이 떨렸어요. 살면서 이런 인터뷰를 해본 적이 없으니까요. 제가 한 이야기가 책으로 나온다고 생각하니 걱정이 되기도 해요. 근데 이렇게 쭉 이야기하다 보니까, 하면서는 어렵기도 했지만 오늘까지 하고 느낀 건, 뭔가 지금은 약간 속이 시원한 것 같아요. 후련하네요.

✧

두 번째 인터뷰를 위해서 만난 날 밝게 웃으며 인사한 안주영은, 사실 지난 첫 번째 인터뷰를 하고 난 뒤 조금 힘들었다고 고백했다. 그 어디에서도 형에 대해 이야기하지 않다가 갑자기 많은 이야기를 하고 났더니 형이 보고 싶은 마음이 크고 강하게 올라왔다고 했다. 첫 번째 인터뷰 녹취록을 다시 들여다보니, 과연 형에 대한 이야기를 할 때마다 유독 길게 침묵했던 안주영의 모습이 떠올랐다.

인터뷰 내내 안주영은 소리 내 말하는 것만큼이나 침묵으로도 말을 했다. 절절한 그리움과 미안함, 후회 속에서 안주영은 자주 침묵했고, 그 침묵은 다시 나에게 말을 걸었다. 녹취록 중간중간에 들어 있는 안주영의 침묵을 어떻게든 원고에 드러내고 싶었지만 쉽지는 않았다. 그렇게 녹취록을 읽고 또 읽으며, 침묵이 걸어오는 말을 더 잘 들어보려 노력했다.

원고 검토까지 모두 마친 뒤 소감을 물어보는 내게 안주영은 '다음에도 이런 기회가 있으면 또 하고 싶다'고 말했다. 형에 대해 떠올리고 말하는 일은 분명 쉽지 않았지만, 그럼에도 이야기를 꺼내놓은 뒤 느껴지는 후련함이 좋았다고 덧붙였다. 주저하고 망설이면서도 끝내 나아가는 안주영을 잘 드러내는 말에 살짝 웃음이 났다. 정리되지 않았고 정리할 수 있을지도 모르겠는 감정의 파도를 온몸으로 맞아내며, 그럼에도 지금 할 수 있는 만큼의 이야기를 꺼내어준 안주영에게 존경과 감사를 전하고 싶다. 아울러, 앞으로도 힘겹게 꺼내어갈 안주영의 이 야기를 귀 기울여 듣는 사람이 더 많아지기를 바란다.

/ 어쓰

죽음을 세는 법

형제자매 이영은 이야기

"작가님, 여기예요!" 세월호참사 9주기 기억식이 열린 안산 화랑유원지. 유가족들이 모여 앉은 좌석 뒤편에서 그가 나지막이 손을 흔들었다. '당신이었군요!' 유가족 형제자매 가운데 인터뷰에 응해줄 희생자의 동생을 찾느라 애를 먹다가 간신히 그를 소개받았다. 이영은. 오빠를 잃은 2014년 당시, 그는 중학교 2학년이었다.

"지금까지 이 이야기를 다른 사람이랑은 해본 적이 없어요. 가족들과도요. 제가 말에 두서도 없고, 누군가에게 도움이 되는 이야기일지도 모르겠는데… 그래도 괜찮을까요?" 이영은이 눈을 끔뻑이며 물었다. 다른 사람은 제쳐두고라도 당신에게만큼은 도움이 되는 시간일지도 모른다고, 아무렇게나 말해도 제가 잘 다듬어드리겠다는 너스레까지 떨며 그를 안심시켰다.

이후 이영은과의 만남은 두 차례 이어졌다. 기억의 저편과 마음의 이편을 골똘히 더듬으며 그가 조심스레 이야기를 꺼내놓는 동안, 눈가를 훔친 휴지가 테이블 위로 자꾸만 쌓여갔다. 고운 휴지를 미처 준비하지 못한 내 무심함을 원망하며, 이영은의 이야기 속으로 나는 빨려 들어갔다.

"영은이 너는 외동이야? 왠지 외동일 것 같아."

"아닌데. 나 오빠 있는데?"

"왜 이야기를 안 했어? 오빠는 뭐 해? 어디 살아?"

유가족 형제자매 중에 친한 사람이 아무도 없다가 작년부터 친해진 동생이 하나 있어요. 그 친구가 저한테 고민을 이야기했는데, 제가 스무 살 초반부터 지금까지 열심히 반복했던 고민이랑 똑같은 고민이더라고요. 대학 갈 때도 그렇고, 나이가 들어서 사회로 나가니까 이력서 같은 곳에 거주지를 안산으로 적게 되잖아요. 그러면 "안산? 세월호?" 이렇게 말하는 분들이 적지만 아직도 있거든요. 그럴 때 어떻게 해야 할지 모르겠다고. 가족 구성원이 어떻게 되느냐고 누군가 물어볼 때 외동이라고 해야 할지 아니면 언니나 오빠가 있다고 해야 할지도 모르겠고. 저 또한 일상생활을 하다가도 멈칫멈칫하게 되는 큰 고민거리였는데, 같은 처지에 있는 형제자매의 입에서 내가 했던 고민을 들으니까 되게 마음이 이상했어요.

대학에 진학해 안산 지역을 벗어나고부터 제가 외동일 것 같다는 말을 자주 듣기 시작했어요. 엄청 고민했어요. 오빠가 있다고 대답을 해야 하나 말아야 하나. 대학입시 면접에서도 그랬어요. 제가 거짓말을 진짜 못 하든요. 사실대로 이야기했어요. 오빠가 한 명 있다고. 그러자 오빠는 뭘 하느냐고 물어보는 거예요. (울음) 면접관도 여러 명이고 면접 보는 학생도 여러 명인데… 그냥 오빠는 사고로 지금은 없다고 말씀드렸는데… 그러고 싶지 않았는데 눈물이 났어요. 너무 창피하더라고요. 갑자기 면접 보다가 울고. 그 뒤로 어쨌는지 자세히 기억이 안 나는데, 기다리고 있던 엄마 차에 가서 더 울었던 것 같아요. 진짜 그 일을 모르는 사람들투성이였을 텐데. 그때 거짓말을 했어야 했나?

당시에 스트레스가 진짜 많았나 봐요. 그런 일이 한두 번만 일어나는 게 아니니까. 처음에는 나한테 가족 구성원에 대한 질문은 안 했으면 좋겠는 거예요. 오빠 이야기가 조금이라도 나오면 분위기가 어색해지니까. 솔직하게 대답해도 상대방은 어쩔 줄 몰라 하며 미안해할 거고, 저도 괜찮지 않은데 담담한 척 대답하는 게 티가 날 거고. 상대방이 혹시 유가족을 비난하는 사람이 아닐까 하는 생각도 은연중에 하고 있었던 것 같아요. 사건이 일어났을 때 제가 중학교 2학년이었거든요. 같은 반 남자애가 큰 소리로 영화 〈인어공주〉 OST 있잖아요, 〈언더 더 시(Under the sea)〉라는 노래를 부르면서 잔인한 비유까지 써가며 희생자들을 조롱하더라고요. (울음) 중학교 때 기억이 거의 없는데 아직까지도 그 장면은… 그때 제대로 대응하지 못하고 저만 상처받은 채 끝나버린 게 두고두고 후회가 돼요.

주변 사람들이 알까 모를까 걱정하는 데 지쳐서, 기억식

날이나 오빠 생일이 되면 차라리 그냥 다들 알아버리고 이제부터 가족 이야기 물어보지 않으면 좋겠다는 생각이 들어서 SNS에 올렸었어요. 오늘은 그런 날이다, 슬프다, 힘들다고. 제가 슬프고 비관적인 이야기나 솔직한 감정을 써서 올리는 걸 좋아하는 사람이 아닌데, '그냥 미리 알고 나한테 말을 하지 말라' 하는 생각에서요. 그런데 또 막상 올려도 안 보는 사람은 안 보기 때문에 계속 물어봐요. 그래서 그냥 그때부터 외동이라고 하고 다녔어요. 마지못해 외동이라고 한 건데, 주변에선 그럴 줄 알았다고 하죠. 그러면 속으로 말해요. '으이구, 사람 보는 눈 참 없다', 이렇게 실없이 생각하고 진지해지지 않게 가볍게 넘기려고 노력해요.

/ 다시 찾아온 기억

"영은아, 우리 같은 반이었잖아. 기억 안 나?"
"어, 그랬었나?"
"영은아, 우리 그때 거기 갔었잖아. 기억 안 나?"
"내가? 나 안 갔던 것 같은데?"

진짜 학생 때 기억이 거의 없거든요, 저는. 같은 반이었던 친구들도 기억을 잘 못 해요. 평소에 뭘 하고 있어도 그걸 하고 있다는 생각을 잘 못 하고요. 학창 시절엔 친구 사귀는 것도 되게 어려웠어요. 혼자 계속 마음의 거리를 두고. 그런데 지금 이렇게 이야기를 시작하고 나니까, 눌러두었던 기억이 다시 조금씩 돌아오나 봐요.

그날, 교실에서 선생님이 뉴스 화면을 틀어줬거든요. 저는 그때 진짜 거짓말인 줄 알았어요. 그냥 뉴스에서 〈트루먼쇼〉처럼 장난치는 줄 알고, 별로 대수롭지 않게 여겼거든요. 근데 그게 현실, 현실이야, 현실이야 이렇게 되더라고요. 당시엔 그냥 그 상황 자체를 잊어버렸어요. 왜 엄마랑 아빠가 팽목항에 내려가 있고, 왜 내가 외할머니랑 이모랑 같이 집에 있는지 그런 거를 잊었거든요. 수업 시간에 '위(Wee)클래스'에서 유가족 형제자매들끼리 앉아 있을 때 선생님이 저한테만 '너 너무 회피하려고 한다'고 하셨어요. 그런 말도 너무 듣기 싫었어요.

고등학교 갈 때 같은 중학교 학생들이 대부분 가는 인문계 말고 특성화고를 갔어요. 특성화고는 전공이 나뉘어 있잖아요. 제가 왜 특성화고에 갔는지, 왜 그 과를 골라서 지원을 했는지도 기억에 아예 없어요. 생각해보니까 그냥 무의식 중에 가장 먼 데로 가고 싶었던 것 같아요. 근데 같은 안산인데도 세월호에 대해 모르는 친구들이 많으니까, 차라리 그냥 이 동네(단원고 주변)에 있는 게 나았을 수도 있겠다는 생각을 자주 했어요. 그냥 이런 사소한 것들 있잖아요. 친구들이 '나 어제 오빠랑 싸웠어. 엄마가 오빠만 맛있는 거 해줬는데 난 안 해줘서 싸웠어'라고 하고, '언니가 옷 빌려달라고 했는데 안 빌려줘서 엄청 싸웠어. 짜증 나. 집 나갈 거야'라고 하죠. 가끔은 '언니 오빠가 진짜 없었으면 좋겠어', 이런 말도 해요. 그러면 저는 그냥 하염없이 부러운 거예요.

유가족 형제자매들이 더 많은 학교였더라면 선생님들도 더 조심하지 않았을까 싶기도 했어요. 고등학교 때 4·16 기억식이었나 오빠 생일이었나 해서 제가 학교 수업을 빠지고 가족들이랑 오빠를 보러 갔어요. 반 친구들이 제가 학교에 안 나오니까 선생님에게 물어봤다고 하더라고요. 그런데 담임 선생님이 반 친구들한테 '누가 영은이가 키우던 강아지를 갑자기 없애버려서 좀 많이 슬플 수 있다'는 식으로 비유해서 이야기하셨나 봐요. 그때는 그냥 그렇구나 하고 넘겼는데, 지금 생각해보면 선생님이 서투른 배려를 하신 게 아닌가 싶어요. 저는 가족을 한순간에 잃고 2, 3년밖에 지나지 않은 한창 혼란스러운 시기였는데, 키우던 강아지가 없어졌다는 식으로 설명하신 게 적절한 비유는 아니니까.

저한테는 좋은 기억의 선생님이 별로 없는데, 그래도 결국 그 담임 선생님이 좋은 선생님 중 한 명으로 남았어요. 어쨌건 제게 힘든 시기는 다 시험 기간이거든요. 그 일이 있었던 시기도, 오빠 생일도. 저희 학교는 야간자율학습이 없었는데 시험 기간에만 한두 번 했었거든요. 선생님이 저한테 카톡으로 '내려와보라'고 하시더니, 그냥 아무 말 없이 옆에서 같이 울어주셨어요. 밤에 운동장 같이 돌면서. 그 기억이 되게 좋게 남았어요.

고1 때였나? 한번은 영어 시간에 선생님이 조별로 나와서 한 문장씩 읽어보라고 시키셨는데, 서로 '네가 먼저 해' 그러면서 약간 어수선했어요. 그때 선생님이 '너희 이렇게 우왕좌왕하는 거 세월호 때의 모습이다. 이렇게 하면 아무도 살아남지 못한다', 이런 식으로 말씀하시는 거예요. '가만히 있으라'는 지시 때문에 고2 언니 오빠들이 제대로 대처하지 못했던 거지, 우왕좌왕해서 피해를 입은 게 아니잖아요. 참사 있고 2년밖에 지나지 않았는데 그렇게 쉽게 세월호와 영어 시간의 상황을 비교한다는 것도 이해되지 않았어요. 그것도 교사가, 수업 시간에. 대체 내가 무슨 말을 들은 건지 당황스럽기도 하고 화도 났어요. 어떻게 반응했는지 기억이 잘 안 나는데… 영어 선생님이 나중에 다른 친구들한테 전해 들었나 봐요. '영은이가 사실 유가족 형제자매다.' 그 선생님이 갑자기 복도에서 제 팔목을 잡더니 '사과할 테니까 따라오라'고 했는데 제가 안 가겠다고 그랬어요. 그런데도 막 팔 잡아당기시면서 미안하다고, 몰랐다고. 당시에는 제가 안 듣겠다고 하다가, 복도에서 안 놔주시니까 그냥 알겠다고 하고 말았던 것 같아요.

사실 저는 성인이 된 이후의 삶을 그려본 적이 한 번도 없었어요. 대학에 대해서도 당연히 아무 생각이 없었어요. 가게 될 거라고 생각도 안 해봤고. 그냥 입시 시즌이 돼서 친구들이 다 대학을 알아보니까, 친구들을 따라갔어요. 국어 시간이 재밌어서 인문학 쪽으로 가볼까 생각을 했는데, 상담 선생님이 '인문학을 왜 하냐? 취업 못 한다. 책 쓰고 싶으면 나중에 세월호, 네 이야기 쓰면 되지 않냐. 보건직으로 가서 자격증이나 따라', 이렇게 말씀하시더라고요. 그래서 음… 그러면 자격증을 따야 하나 싶기도 했는데… 상담실 문을 닫고 나오자마자 화나거나 슬프다기보다 그냥 어안이 벙벙했어요. 피해자의 이야기로 책을 쓰면 된다는 이야기를 너무 당연한 듯이 하니까 황당했죠. 그게 그렇게 쉬운 일인가?

/ 외로운 자리

"영은 언니, 친구들이 아무 이야기도 안 하고 잊어버리고 있으면 너무 화가 나. 그런데 또 갑자기 아는 체하면 그것도 화가 나."
"우리는 서로 길게 말 안 해도 다 아니까 그냥 우리끼리만 이야기하자. 다른 사람들한테 서운해하지 말고 우리끼리 이야기하고 털어버리자."

대학 입학 전에 결심을 하고 갔어요. 아무한테도 내가 유가족이라는 걸 이야기 안 하겠다. 사람들이 보통 대학 때 친구, 사회에서 만난 친구는 진짜 친구가 아니라고 하잖아요. 그때는 진짜 그런 줄 알고 아무한테도 절대, 절대 이야기 안 해야지 생각했어요.

1학년 때 제가 플라스틱 투명 필통에다가 세월호 리본 스티커를 붙여놨어요. 대학 동기가 어느 날 필통을 보고 '이거

세월호 아니야? 너 정말 착하다. 너 완전 개념 바르다. 의외다',
이렇게 이야기를 하는 거예요. 이런 것까지 생각하는 애인지 몰
랐는데 정말 착하다, 이런 식으로. 불쾌하다기보다 그냥 살짝
당황스럽기도 하고 웃겼어요. 제가 약간 말을 더듬으면서 이렇
게 대답했던 것 같아요. "그런가? 그, 그, 그러니?"

친구들이 외동 같다고 할 때마다 어떻게 답해야 하나 고민
하는 순간이 많다 보니, 저도 모르게 억울함과 화가 뒤섞였나
봐요. 어느 날엔가 수업 끝나고 몇몇 친구한테 이야기했어요.
말하다 보니 눈물이 나더라고요. 근데 그렇게 말하고 나니까 그
뒤론 제가 저 자신한테 '유가족'이라는 고리를 딱 걸어버린 거
예요. 내가 행실을 잘못하면 안 된다는 생각도 들고, 얘가 나한
테 잘해주는 것도 내가 유가족이라서 그런가 하는 의심도 하게
되고. 친구들의 행동에서 자꾸 이유를 찾으려고 하고.

처음엔 기억식 때쯤이나 오빠 생일 때 친구들이 먼저 연락
하지 않는 것도 되게 서운했어요. '같이 가줄까? 가도 될까?'라
고 먼저 말해주는 친구도 없고. 한번은 친구한테 이야기한 적
있어요. 기억식 때 친구들한테 연락이 안 와서 너무 속상했다.
그렇게 말이 나왔는데, 그 친구가 '괜히 연락했다가 네 마음이
더 그럴까 봐'라고 하는 거예요. '그럴 수 있지' 했는데 올해 또
연락을 안 한 거예요. (웃음) 더 서운해지더라고요. 제가 이야기
까지 했는데…

어쩔 수 없는 것 같아요. 기대하고 서운해하고 이런 일이
매년 반복될 것 같은 거예요. 사람을 새로 사귀어도 마찬가지

고. 친해진 유가족 형제자매도 저랑 비슷한 고민이 많았더라고요. 저희가 그 기억을 가지고 있는 한 계속 외로울 거잖아요. 이 상황은 평생 안고 가야 하는 거니까 어쩌면 평생 외로울 수 있겠다. 그 외로움을 받아들여야 한다는 건 아니지만 외로울 수밖에 없는 빈자리가 있는 건 맞으니까. 그 동생한테도 말했어요. 우리와 똑같은 일을 겪은 사람은 아무도 없고 우리가 최초의 피해자가 된 일이라고. 어쨌건 이런 이야기를 나눌 수 있는 사람을, 너무 긴 설명이 없어도 그냥 느끼는 게 같은 사람을 만날 수 있다는 건 복인 것 같다고. 우리는 서로 아니까 우리끼리 말하고 털어버리자고.

근데 생각해보니 저도 친구들한테 관심이 많이 부족했더라고요. (웃음) 나도 관심 없는데 누가 먼저 관심을 가져주겠어요? 그때부터 납득이 됐어요. 학생 때는 그런 걸 잘 모른 채, 나를 위로해줬으면 좋겠고 배려를 해줬으면 좋겠고 그래서 우울한 마음을 많이 표현했던 것 같아요. 얘가 어느 정도로 나랑 친한지 안 친한지도 모른 채 힘든 걸 이야기했었어요. 그 사람의 반응이 원하는 만큼 안 나오면 혼자 속상해하고 서운해하고. 그게 대학 초반까지 갔던 것 같아요. 근데 그런 이야기를 하면 상대방은 저를 계속 그렇게 바라보게 되더라고요. 사실 우리가 맨날 슬퍼, 화나, 그런 건 아니잖아요, 이제는. 근데 우울한 것만 이야기하는 친구는 저였어도 힘들 것 같아요.

이제는 단계라는 걸 좀 알게 됐어요. 그 사람과의 단계. 어디까지가 이 사람이 들어줄 영역인지, 어디까지가 온전히 내 개인적인 영역인지를 구분하려 하고 있어요. 사실 감당하기 힘든 친구들도 있잖아요. 남의 일이고 사회적으로 너무 큰 사건이었으니까. 전혀 상관없는 사람도 트라우마가 생길 수 있다더라고요. 나중에서야 그걸 알게 된 거예요.

고등학교 때 페이스북에 세월호 관련한 스크랩을 해서 올린 적 있어요. 근데 한 친구가 내용을 자세히 읽지도 않고 세월호 관련 글에다가 장난식으로 댓글을 남겨서 제가 너무 화가 났어요. 그래서 학교에서 만나도 무시해버리곤 했죠. 그 친구가 나중에 '내가 제대로 읽지도 않고 그랬다'고, '너무 미안한데 사과를 어떻게 해야 할지 모르겠다'고 하는데, 마음이 그냥 사르르 녹는 거예요. 몇몇 친구의 무심한 말로 기분 상하는 일이 자주 있었지만, 그때껏 먼저 알아차리고 사과해 온 친구는 한 명도 없었거든요. 그 뒤로 그 친구가 기억식 때만 되면 전화 해서 "밥 먹었어?", 그냥 이렇게 물어봐요. '왜 내 주변에는 세월호에 관심 있는 애들이 하나도 없지?' 생각하다가도 '그래, 이런 친구 한 명 만난 것도 잘된 거다' 싶죠. 아무렇지 않게 제 이야기를 들어주려고 노력하는 친구도 있어요. 그게 눈에 보이잖아요. 그러면 그게 또 그렇게 고마워요. 내 친구라서가 아니라 괜찮은 사람이다 싶고.

근데 확실히 서운할 때는… '거리극 축제'라고 있거든요. 사람들이 안산에서 유일하게 큰 행사가 그것뿐이라고 이야기하면, 허무해지기도 하고 밉기도 해요. 기억식도 되게 크게 하는데, 그건 아무도 모르고. 그럴 땐 정말…

/ '죽음을 세는 법'

"한 사람을 죽이는 행위는 그 사람의 주변, 나아가 그 주변으로 무한히 뻗어가는 분인끼리의 연결을 파괴하는 짓이다." 왜 사람을 죽이면 안 되는가. 누구도 단 한 사람만 죽일 수는 없기 때문이다. 살인은 언제나 연쇄살인이기 때문이다.[*]

저는 생각이 엄청 많은 사람이에요. 몇 시간 전의 나도 너무 낯설 때가 있어요. 몇 시간 전 내가 다른 사람 같고, 어제의 내가 이해가 안 되고. 그때 왜 그랬지, 그때 왜 그런 감정이 들었지, 왜 그렇게 어리석었지, 이런 거에 대한 고민이 되게 많은 사람인데…『인생의 역사』라는 책에서 '죽음을 세는 법' 이야기를 봤어요. 그 책에 분인(分人)이란 말이 있더라고요. 어느 외국인 소설가가 한 말인데, 사람은 그저 한 개인이 아니라 여러 개의 나, 주변 사람이나 여러 관계의 집합이라는 거예요. 그 대목을 읽고 나니 '그래서 내가 그랬구나!' 설명이 되더라고요. 또 누구 한 사람을 잃었을 때 슬픈 이유가 그 사람을 잃어서이기도 하지만, 그 사람과 연결돼 있는 내가 사라지는 일이어서 더 슬프다는 거니까요. 그 이야기가 정말 와닿았어요. 인간의 죽음은 그 사람과 무수히 연결되어 있는 사람들 간의 끈을 다 없애버리는 일이라, 딱 한 사람만 죽이는 일은 불가능하다는 말

* 신형철「사람을 죽이면 안 되는 이유」,『인생의 역사』, 난다 2023, 132면.

이 어쩐지 위로가 됐어요.

저희 어머니가 가협 활동을 되게 열심히 하는 분이고 앞장서서 하는 분이니까 인터넷 매체에 노출이 많이 되잖아요. 되게 걱정을 많이 했어요. 인터넷 악플도 많고. 저도 초반에는 욕하고 조롱하는 사람들이 대다수인 줄 알았어요. 그런 사람들의 행위가 우리 언니들 오빠들을 욕되게 하는 거고. 또 거기에서 엄마도 상처받고, 아빠도 상처받고, 저도 상처받고, 또 저희 친척들도 상처받고. 그런 게 마음에 많이 남아 있었나 봐요. 우리가 다 연결되어 있어서 걱정되고 마음이 더 아팠던 거구나. 아픔의 이유를 알게 되니까 자연스럽게 위로가 됐어요. 엄마가 힘들어 할 때 이 말을 전해드리니까 집중해서 잘 들어주시더라고요.

생각해보니 누가 죽거나 이별을 겪었을 때 어떻게 해야 하는지 하나도 배운 게 없는 거예요. 애도를 배우는 단계가 사람들한테 꼭 필요한데도요. 좀 더 편해지는 방법 가운데 하나가 애도를 제대로 하는 일이겠다는 생각이 들었어요. 그걸 알려주는 사람도 없고, 알려주는 환경도 없어서 저도 방황하는 시간이 더 길어진 느낌이에요.

/ 전환의 시초

나에게 세월호라는 단어는 직접적이기 때문에 간혹 공격적으로 느껴질 때가 많다. 그래서 기억식에 참석하기까지 매년 수많은 고민을 하였다. (…) 좋아하는 책의 한 구절이 있다. "절망과 두려움은 이겨내는 것이 아니라 밥처럼 마주 앉아 나누는 것이다. 나누는 사이로 희망이 끼어들어 이유를 완성한다."* 이 구절을 읽은 순간부터 마음에 새기고 결심한 것이 있다. 나에게 일어난 큰 사고가 나를 구성하는 전체가 되는 것은 아니므로 언제나 이 사고를 자연스레 마주해야 한다는 것을, 가족들과 자연스레 어디서든 언제든 과거를 추억하는 것이 추모 그 자체가 될 수 있음을 깨달았다.

— 세월호참사 8주기 기억식에 다녀와서, 이영은의 후기

참사 이후에는 모든 게 위험하게 느껴졌어요. 집도 위험하게 느껴져서, 막 누가 문 따고 들어올까 봐 야구 배트도 방문 앞에 두고. 누가 들어오는 듯한 소리가 들리기도 하고. 굴다리 같은 거 지나면 다리가 무너질 것 같고. 걸을 때 맨홀이나 그런 거 밟으면 막 무너질 것 같고. 광화문에서 유가족들이 경찰과 대치하면서 많이 다치셨잖아요. 엄마는 제가 걱정할까 봐 말을 안 하고 저는 뒤늦게 알고. 그러니까 약간 물가에 내놓은 애처럼 엄마한테 나가지 말라고 그러고. 계속 전화해서 안부를 물어보고. 그게 되게 강했어요. 외상 후 스트레스 장애였나 봐요.

참사 이후 몇 년 동안은 진짜로 세월호 관련된 게 다 싫었어요. 왜 나한테만 이런 일이 일어나? 안 그래도 사는 게 즐겁

---

* 김소연 「소풍」, 『시옷의 세계』, 마음산책 2012, 115면.

171

지 않은데 왜 엎친 데 덮친 격이야? 이런 식으로 화가 진짜 많았고. 초반에는 4·16 기억식도 아빠가 "가족인데 가야지"라고 해서 억지로 억지로 갔었어요. 기억식에 가면 평소에 계속 외면해왔던 것과 한 번에 확 부딪치게 되니까. 그래서 갈까 말까 한참 고민했어요.

온마음센터에서 상담받기도 쉽지가 않았어요. 사실 우리한테 도움을 주려고 가장 자주 손 내미는 곳인데, 거기 가는 게 어려웠다고 말하기가 좀 조심스럽긴 해요. 그래도 그 시기에 저는 현재 상황을 받아들이지 못했으니까, 가는 게 힘들었어요. 형제자매 프로그램에도 한 번인가 참여했는데, 적극적으로 다가오는 형제자매도 있었지만 저는 교류를 하고 싶지 않아서 후다닥 나오기도 했고요.

살던 집에서는 참사가 나고 몇 년 더 살다가 다른 동네로 이사를 갔어요. 사실 먼저 살던 동네가 싫었던 것 같아요. 그 일들을 모두 겪었던 동네. 참사 직후에는 가족이 모두 예민하니까 그곳에 안 좋은 기억이 너무 많았어요. 오빠 방도 그대로 있었는데, 이사하면서 오빠 방은 없어졌어요. 정리를 한다고는 했는데 오빠가 좋아했던 물건은 거의 못 버리고 가져왔죠.

애도하는 법에 대해 찾다 보니 '이별을 겪은 사람, 죽음을 본 사람', 이런 관련 영상이 계속 뜨더라고요. 있었던 걸 없었던 일처럼 하지 말고 그냥 자연스럽게 이야기하라고 하더라고요. 처음에는 저도 오빠 이야기를 차마 못 했어요. 추모공원에 있는 오빠한테 가도 현실 상황으로 받아들이질 못했고요. 엄마랑 아빠가 오빠 사진 앞에서 그렇게나 오빠한테 말을 거는데, 이해가 안 됐어요. 사실 아직도 현실적으로 느껴지지 않을 때가 많지만, 요즘은 그래도 조금씩 오빠 이야기를 꺼내요. 오늘은 오빠 생각이 나네, 오빠 한번 보고 싶다, 이렇게. 최근엔 우리 살던 동네 이야기도 자주 해요. 여기 우리 자주 갔었잖아, 저기 우리 넷이서 다 같이 먹었던 닭갈비집이다!, 이런 식으로.

엄마는 오빠에게 못 해준 것만 자꾸 이야기해요. 그래서 제가 말했어요. "아니야. 난 좋은 것도 많았는데? 그때 엄마도 노력했어." 이렇게 한번 솔직하게 터놓고 말했던 게 변화의 시초였던 것 같아요. 엄마도 처음에는 '그랬어? 내가 그랬었나?' 하다가 조금 더 시간이 지나니까 '그래. 그때 나 힘들었어' 하게 된 거예요. 오빠랑 제가 어릴 적에, 엄마가 좋은 부모 되려고 열심히 힘들게 노력을 하셨거든요. 저는 아직도 그때 엄마 생각하면 너무 안쓰러워요. 맞벌이였고 둘 다 너무 바쁘고 힘드셨으니까. 그때 엄마가 힘들어하던 모습이 어릴 적 제게 좀 강하게 느껴졌었나 봐요. "아니야, 엄마. 나는 이틀만 나가도 하루는 쉬고 싶은데, 주말마다 엄마는 우리 데리고 박물관도 가주고 미술관도 가주고 소풍도 가주고 그랬잖아. 힘들게 땡볕에 우리 데리고 수성못도 가고. 엄마 되게 노력 많이 했어." 그렇게 엄마가 기억 못 했던 걸 하나씩 말씀드렸어요. 저희가 어릴 때 대구 범물동에 살았는데 수성못까지 걸어서 한 시간 정도 걸리더라고요. 멀죠. 어릴 때는 그렇게 먼 곳인지 몰랐거든요. 엄마랑 오빠랑 걸어서 가는 게 마냥 신나고 재밌었으니까. 그렇게 서로 몰랐던 것들을 채워주고, 이야기하고.

　엄마도 너무 힘드니까 기억을 바로바로 못 하고 자꾸 까먹는 면이 있어요. 그래서 했던 말도 또 해야 하고. 엄마가 본인이 못 해준 것만 계속 말하면, 그냥 다시 이야기해드려요. 아니라고. 세 번 네 번 말한 걸 엄마가 또 까먹으면, 짜증도 내버리고요. "몇 번을 말해? 엄마는 왜 이렇게 기억을 못 해?" 서로 기억이 다르니까 이게 맞다, 저게 맞다 실랑이하기도 해요. 다들 뭔가 끊어진 기억들을 지금 막 잇고 있는 시간인가 봐요.

　오빠 장례를 치를 때 죄책감 갖지 말라는 이야기를 많이 들었어요, 사람들한테. 사실 제가 죄책감 가질 일이 아니잖아요. 왜 내가 죄책감을 가진다는 거지? 이상하다, 나는 아닌데. 사람들이 형식적으로 하는 위로의 말 중 하나겠죠. 근데 초창기에는 저도 제 상황을 받아들이지 못하니까, 누가 무슨 말을 해도 '그냥 다 조용히 하고 있어! 나도 내가 감당 안 되니까 아무 말도 안 했으면 좋겠어!' 하고 생각했어요. 처음엔 같이 화내주는 말조차 너무 속 시끄럽더라고요. 제가 상황을 받아들였을 때는 누가 뭔 말을 해도 '그치 그치'라고 답할 수가 있는데, 받아들이지 못하면 옆에서 뭐라고 하든 그 말조차 받아들일 수가 없고. 저만 해도 주위 사람들이 황당하고 화나고 힘든 일 겪으면 같이 욕해주기 바쁘거든요. 어떤 경우에는 해답을 자꾸 찾아주려고 하고. 사실 그냥 가만히 옆에 있는 게 힘이 되는 건데. 상대방이 좀 진정되고 나서, '고생했어. 힘들었지?' 하는 게 더 위로가 되고. 약간 단계가 있는 것 같아요. 그걸 알고 나니까 주위에서 힘들어하면 '가만히 옆에 있을게. 말하고 싶으면 나 찾아와서 말해도 되고 말 안 하고 싶으면 안 해도 돼'라고 위로하려 노력하고 있어요. 제가 노력하는 그게 실은 제가 주위 사람들한테 원했던 거였나 봐요.

지금은 제 상황을 받아들이고 나니까, 시간이 지나고 사람들 관심도 사그라지니까 오히려 누가 한마디씩 해줬으면 좋겠어요. 처음에는 기억식이 참 힘들었는데, 요새는 오히려 기억식 가는 게 되게 든든해지는 일이에요. 가면 에너지를 얻고 와요. 유가족뿐만 아니라 일반 시민분들이 오잖아요. 그게 되게 힘이 돼요. 어쨌건 저한테는 한 해 중 넘어야 하는 가장 큰 산이 4월 16일이니까. 4·16재단도 그렇고 온마음센터도 그렇고 저희가 연대할 수 있는 매개체들이 10년이 다 되도록 항상 그 자리에 있었다는 것도 생각해보면 복인 것 같아요.

/ 의지하기

"영은이 너희 엄마는 뭐 하시는 분이야?"
"너랑 엄마는 친구처럼 지내는 거 같아. 부럽다."

저랑 엄마랑 대화를 많이 나누니까 둘이 되게 친구 같아 보인다고 친구들이 부러워해요. 자기도 엄마랑 그렇게 지내고 싶다고. 전화하는 걸 옆에서 듣다가 엄마가 뭐 하시는 분인지 궁금해하는 친구도 있고요. 참사 초반에는 엄마가 유가족 활동을 안 했으면 좋겠다는 마음이 컸어요. "엄마 그런 거 안 나가면 안 돼?" 그랬었어요. 기사에 엄마 사진 나오면 안 보고. 인터넷 포털에 세월호 유가족들이 어떻게 했다는 그런 기사가 올라와도 '세월호' 글자가 보이면 거의 안 봤어요. 사실 욕하고 조롱하는 사람들은 소수인데, 왜 그런 생각을 했었지? 지금이야 그런 생각이 드는데 그때는 회피하려는 게 엄청 강했거든요. 그러다 보니까 엄마도 저한테 세월호 활동 이야기를 잘 안 하셨어요. 제가 힘들어하니까.

그때는 내가 엄마를 의지하고 있다고 생각을 했는데, 돌이켜보니 의지한 게 아니라 엄마 뒤에 숨었던 거더라고요. 엄마가 너무 강해 보이고 엄마는 뭐든지 답을 알 것 같고 해서. 제 선택을 엄마가 해주는 게 아니잖아요? 그런데 항상 저는 엄마한테 물어봤었어요. 진짜 사소한 물건 하나 살 때도 엄마한테 "사도 돼?"라고 물어보고. 책임지기 싫어서 내 선택을 다 엄마한테 미뤘던 거예요. 엄마도 엄마 한 몸 건사하기 힘들었을 텐데…

엄마가 최근 들어 많이 힘들어하세요. 활동하느라 9년 넘게 달려온 데다가 진상규명이 아직 제대로 되지도 않았으니까. 엄마가 얼마나 힘들게 일해왔는지 최근에야 알게 됐어요. 엄마도 약한 사람이라는 걸 안다고 말로는 그랬지만, 또 막상 엄마니까 나를 보듬어줬으면 좋겠고 그런 마음이 있단 말이에요. 엄마가 자기도 너무 힘들다고, 받아줄 여력이 안 된다고, 그렇게 말씀하시면 서운하기도 하고. 저희 가족이 다 큰 아픔이 있으니까 서로서로 부딪칠 때가 있어요. 서로 예민해지는 시기가 같으니까.

저랑 비슷한 고민을 하는 유가족 동생을 만나니까 동생은 제가 의지가 된다고 했는데, 저는 그 상황 자체가 의지가 되더라고요. 연대를 해야 한다는 말이 그렇게 와닿지는 않았는데, 확실히 같은 고민을 하는 사람이 있다는 것만으로도 덜 외로운 거구나 싶어요. 가족한테만 의지할 수 있는 게 아니라, 상황에 따라 의지가 되는 사람이 따로 있는 거구나 싶어요. 그런 인연이 찾아오는 것도 좋은 일이지만, 그 인연을 받아들일 수 있는 때도 따로 있는 것 같아요. 그럴 때가 지금 왔나 보다 하는 생각이 들었어요. 예전에는 사람을 만나는 게 좀 싫었거든요. 낯선 사람 만나는 걸 기피했었는데… 한번 의지하고 나니까, 이 사람은 이 부분에서 의지가 되고 저 사람은 저 부분에서 의지가 되고. 편해진 것 같아요. 의지라는 게 이런 뜻이구나. 의지가 되는 사람이 따로 있는 게 아니라, 입체도형에 여러 개의 면이 있듯이 이 사람한테는 이 면을, 저 사람한테는 저 면을 의지하면 되는 거구나. 내가 사람을 안 좋아한 게 아니라 사람을 너무 좋아해서 실망해왔던 거구나.

대학 가면서 기숙사에 살다가 자취를 하게 됐어요. 그러면서 엄마 아빠랑 따로 살게 됐죠. 떨어져 지내다 보니 엄마랑 서로 안부만 물으니까 더 애틋해지기도 하고, 그러다가 또 시행착오로 부딪치기도 했어요. "왜 나 힘들 때 같이 안 있어줬어?" 그러면 엄마도 "너도 나 힘들 때 같이 안 있어줬잖아", 이러면서. 저도 먼저 사과하는 법을 배우고, 내가 엄마한테 뭘 기대했던 건지 객관적으로 헤아려보려고 하면서 엄마랑 관계가 많이 개선됐어요. 인생의 조언을 구할 때는 특히 엄마를 찾게 되는 것 같아요. '나 이렇게 저렇게 하다가 이런 상황이 있었는데 뭘 원하는지 모르겠어' 하면 엄마가 조언해주실 때도 있고, '나도 모르겠는데?' 이럴 때도 있고. (웃음)

/ 해보지 않은 일

"영은이 너는 인생의 어려움을 몰랐을 것 같아. 부모님도 잘 해주시고 되게 유복하게 자랐을 것 같아."
'나 그런 사람 아닌데… 나도 힘든 게 있는 사람인데…'

대학 졸업하고 첫 직장에서 일하다가 번아웃이 왔어요. 저한테 일을 몰아서 넘기는 사람도 있었고. 제가 하지 않은 일을 했다는 둥 유복하게 자랐을 것 같다는 둥 사실이 아닌 이야기를 다른 사람들한테 전하는 사람도 있었어요. 마음이 힘들다 보니 밤에 세 시간 자다가 화나서 벌떡벌떡 깨고. 이런 게 홧병인가 싶더라고요. 일을 그만두고 1년은 좀 쉬면서 차근차근 다음을 준비해야겠다 했는데, 쉬면서도 쉬는 마음이 아니었어요. '그때 그 자리에서 좀 더 똑똑하게 말했어야 했는데! 나도 화를 좀 낼걸!' 이런 생각이 계속 드니까.

유가족으로서 갖는 스트레스만큼이나 내가 어떤 사람인지 모르겠다, 자아가 없는 것 같다는 고민도 컸어요. 맨날 편두통 달고 살고, 누가 날 조금이라도 알아주면 이상하게 눈물 터지고. 전에는 나 혼자 멈춰 있는 것 같다고 생각했는데, 최근에는 그 시간들이 다 필요했던 거였다고 인정했어요. 길었던 고민의 시간이 나만의 방법을 찾는 과정이었구나, 단계별로 차근차근 온 거였구나. 지금은 나의 좋은 점을 찾으려고 하는 성장 단계에 있다고 생각해요. '내가 왜 그랬지?' 하는 생각이 들 때마다 빨리 생각을 끊어버리고 '까먹을 사람은 까먹었겠지, 뭐' 하면서 타협하고 있어요.

지금까지 쳇바퀴 돌듯 살다 보니까 새로운 일을 많이 못 해봤더라고요. 경험이 적은 거예요. 어디선가 봤는데, 새로운 경험이 많은 사람은 행복감도 더 쉽게 얻는대요. 그렇다면 나도 이제부터 새로운 걸 피하지 말고 기회가 있으면 다 해봐야겠다, 할 수 있을 때 이것저것 해보자 싶어요. 요즘 취미로 꽃꽂이를 하고 있어요. 가끔씩 집에 꽃이 있으면 기분이 좋더라고요. 예쁘다고 생각되는 꽃을 한두 송이씩 사는 것도 재미있고, 몇 송이를 조합해서 선물해주는 것도 기분 좋고. 온마음센터 프로그램에도 다시 참여하기 시작했어요. 프로그램이 다양하더라고요. 어버이날엔 꽃바구니 만들기를 해요. 꽃꽂이해보고 싶다던 친구가 떠올라서 용기 내어 물어봤어요. "같이 갈래?" 친구가 어떻게 생각할까 살짝 걱정했는데, 별로 신경 안 쓰더라고요. 영은이 네 덕분에 좋은 경험했다고. 뭔가 자랑스럽게 '나 새로운 거 한다'고 하기에는 다른 사람들한테 일상적인 일일지 몰라도, 저는 안 해본 일이니까.

이 인터뷰도 제게는 새로운 시도예요. 이야기를 나누다 보니 생각도 정리되고, 좋네요.

✧

두 차례 인터뷰가 끝난 뒤 다음 약속까지 잡고 웃으며 헤어졌던 이영은은 그 후 오래 아팠다. 억눌러두었던 기억들이 떠올라 그의 삶을 다시 뒤흔든 모양이었다. 그는 추가 인터뷰가 어렵겠다는 문자를 조심스레 보내왔다. 미안함과 용기를 동시에 담아 이영은이 꾹꾹 눌러 쓴 문자를 나는 오래도록 읽고 읽고 또 읽었다. 보조석에 앉은 이가 멀미를 하는 줄도 모른 채 가속 페달을 밟은 운전자처럼 죄인이 된 심정으로. 이영은이 지난 10여 년간 보내온 시간을 다시금 더듬어보았다. 이제는 제법 괜찮아졌을 거라는 섣부른 짐작으로 그를 만났구나. 유가족 형제자매가 보내온 시간의 밀도와 모양을 10년이 흐른 지금까지 나는, 아니 우리 사회는 과연 어렴풋이라도 알고 있다고 말할 수 있나.

다행히도 이영은은 할 수 있는 만큼 토해낸 자신의 이야기를 책에 담는 일을 수락해주었다. 자기보다 어린 유가족 형제자매들이 어쩌면 더 힘겹게 보냈을지 모를 지난 10년을 아마도 떠올렸을 것이다. 첫 만남에서 털어놓았던 것처럼, 어쩌면 그 동생들의 삶에 제대로 당도하지 못했을지 모를 애도의 시간에 자신의 이야기가 조금이라도 도움이 되고픈 마음은 흔들리지 않았기 때문일 것이다. 곱씹고 곱씹고 또 곱씹은 뒤에 내렸을 인터뷰 수락 결정만큼이나 이영은은 자기 이야기를 책에 실을지 말지에 대해서도 곱씹고 곱씹고 또 곱씹으며 용기를 내었을 것이다.

하루라도 빠질세라 폭염이 연일 기승을 부리던 8월의 어느 날, 이영은은 일을 다시 시작했다는 소식을 전해 왔다. 선선한 바람이 불면 차 한잔 마시자는 이야기와 함께. 다음번 만날 때는 함께 꽃을 사러 가야겠다. 보드라운 화장지를 준비하는 것도 잊지 않고. 이번에는 그를 보자마자 눈물이 날 것 같은 나를 위해서.

/ 배경내

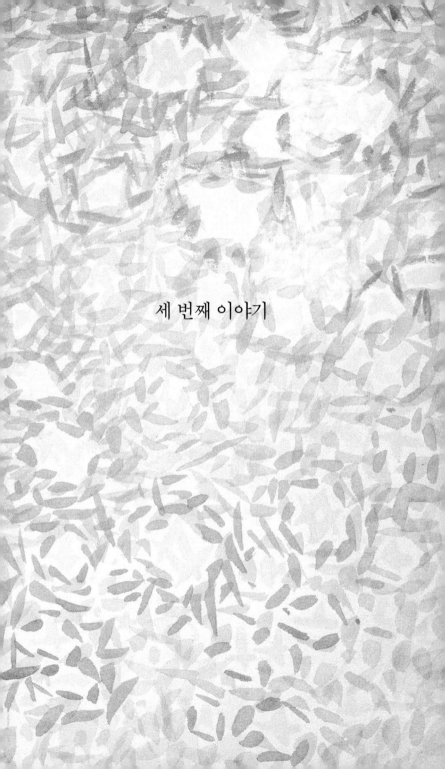

세 번째 이야기

내가 잊어버리면 정말 잊힐까 봐

생존자 이시우 이야기

오후 12시 대전역. 연둣빛 나뭇잎이 살랑살랑 흔들릴 만큼 적당히 바람도 부는 6월 초엽. 나와 이시우는 작가기록단 세미의 집으로 향하는 택시에 올랐다. 기차에서 잠시 눈을 붙인 그는 아침보다 생기가 올라온 듯했고, 말수도 조금 늘었다. 택시에서 내려 아파트 입구로 걸어 들어가는 길목 이곳저곳을 눈여겨보던 그의 얼굴에 미소가 번진다. "비둘기가 식빵을 굽고 있네요." 고양이처럼 웅크린 채 한가로이 햇볕을 쬐고 있는 비둘기 덕분에 농담의 물꼬가 트이고, 서먹했던 기류에 웃음이 살며시 젖어든다.

마중 나온 세미와 함께 집 안으로 들어가니 고소한 카레 향이 들숨을 가득 채운다. 대여섯은 충분히 앉을 만큼 널찍한 나무 테이블 자리에서 점심을 먹고, 차를 마시며 일상 대화를 이어간다. "(사진을 보여주며) 저희 집 강아지 사랑이. 작년에 먼저 갔는데요. 털이 짧을 때는 사슴같이 생겼어요. 이 눈빛은 비련의 주인공 같고. 여기 원래 아빠 자리인데, 자기가 먼저 와서 엄마 옆에 눕거나 아니면 꼭 사람처럼 베개 위에 누워요." (웃음)

이시우의 배낭은 1박 2일의 여정치고 무척 두둑해 보였다. 인터뷰에 앞서 가방을 여니 여행에는 어울리지 않을 법한 물건들이 눈에 띈다. 낡은 노트북, 외장하드, 마우스, 태블릿까지. 모아놓은 사진 자료를 보여주기 위해 집에서부터 들고 왔단다. 이 무거운 걸 반나절 동안 어깨에 지고 다녔느냐는 호들갑은 나의 몫. 저장 용량이 부족해 휴대전화에 따로 담아오질 못했다는 설명과 함께 그는 묵묵히 노트북을 세팅할 뿐이다.

✦

"오늘 이 자리에 간다고 했을 때 부모님이 걱정하진 않으셨어요?"

용돈도 주시고 오히려 좋아하셨어요. 어제 아빠가 갑자기 "이거 빌려줄게" 하면서 바지를 주시는데, 처음 보는 바지인 줄 알았더니 알고 보니까 유류품으로 나왔던 거였어요. 찾고 나서 조금 수선한 다음 아빠가 계속 입으셨대요. 수학여행 때도 저 입으라고 빌려주셨던 건데 도착하기도 전에 그렇게 돼서 못 입었으니까… 다른 사람이랑 여행 온 거는 오랜만인데 감회가 새롭더라고요. '거의 10년이 다 됐는데 이게 있었네. 그걸 이제 입네. 또 다행히 맞네.' 이러면서 입고 왔어요.

저는 그때, 당연하겠지만 짐 없이 제 몸만 나왔거든요. 신발은 결국 못 찾았지만, 가방은 일찍 찾은 편이었어요. 배가 기울어져 완전 난장판이 됐는데도 어쩌다 보니 거의 유실된 게 없었어요. 그때 입고 나왔던 재킷이라고 해야 하나? 그것도 아직 집에 있어요. 그 이후*에는 어떤 물건이든 하나씩 의미를 부여

---

* 이시우는 '세월호참사'라는 직접적 표현을 거의 사용하지 않는다. '그 이후' '사고 난 후' 등으로 말하거나 착용 중인 세월호 팔찌를 짚으며 '이것'이라 지칭한다. 사회적으로 민감한 주제로 여겨지다 보니 공개된 장소에서 발화할 때 항상 조심해온 습관의 연장이다. 글에서는 이시우의

185

하면서 소중히 여기게 된 것 같아요. (노트북을 가리키며) 얘는 9년 넘게 쓰는 중인데 둘째 삼촌이 사주신 거거든요. 비싸서 고민하긴 했는데, 원하는 거 뭐든 하나 고르면 사주겠다고 하셔서 말씀드렸어요. 원래도 한번 쓰면 되게 오래 썼는데, 점점 더 아껴 쓰는 느낌? 저 필통도 너덜너덜해졌는데 고무줄을 이렇게 끼워서. (웃음) 애들한테 다 나눠줬던 건데, 최근에 여기가 또 터졌더라고요. 얘도 이제 거의 9년? 똑같을 거예요, 연식은.

/ 내가 잊어버리면 정말 잊힐까 봐

꿈을 많이 꿔요. 사고 난 후 얼마 안 됐을 땐 그래도 좀 띄엄띄엄 꿨는데, 요즘은 매일 꿔요. 꿈에서 깨면 다시 잠도 안 오고, 몸이 진짜 무거워요. 무슨 꿈인지 다 생각은 안 나는데, 그렇게 즐거운 꿈은 아니에요. 생생할 때는 아예 적어놓기도 하는데, 칼에 찔린다거나 갱단이 제 앞에 있는 사람들을 총으로 쏴서 죽이는 걸 보다가 깨기도 하고. 이상하고, 긴장해서 깨게 되는, 불편한 꿈들… 꼭 사고 관련된 꿈을 꾸는 건 아니지만 갑자기 어느 날 툭 튀어나오듯 꾸기도 해요. 제가 서 있는 바닥이 크게 기울어지거나 어떤 건물에 친구들과 있는데 저만 팅겨 나가서 바닥으로 추락하는 꿈도 있었고… 사고

본래 표현을 최대한 살리되 필요한 경우 각주나 지문을 활용해 독자의 이해를 돕고자 한다.

당시 배가 기울면서 저는 옆방으로 날아가듯 떨어졌거든요. 그때는 아픈지도 몰랐고, 가만히 있는데도 토할 것처럼 멀미가 너무 심해서 빨리 빠져나가고 싶었어요. 그것 때문인지 지금도 어딜 가면 바닥이 기울어져 있다는 게 온몸으로 느껴져요. 제가 수영을 못해서 물은 원래 무서워했었는데, 그 이후에는 기우는 게 무서워요.

대학 다닐 때 느꼈는데, 4월이 가까워지면 능률이 확 떨어지더라고요. 약간 징크스처럼. 굳이 성적으로 따지면 1학기 때보다 2학기 때가 더 낫고. 위화감이라고 해야 하나? 해마다 이상하고 묘한 느낌이 들어서 생각해보니까, 몸이 기억하는 것 같더라고요. 1주기 즈음에는 배에서 다쳤던 얼굴 상처가 다시 올라왔어요. 원래 다 나았었는데 (한쪽 뺨을 가리키며) 여기가 다시 붉게 올라오는 거예요. 저희 엄마도 보고 놀라시고, 저도 놀랐어요. 여기를 다쳤던 적은 그때밖에 없었거든요.

이렇게 몸은 예민하게 반응하는데, 마음은 전혀 느끼질 못해요. 몸과 마음의 괴리감이 커요. 사고 직후에도 다른 애들은 샤워를 못 하거나, 울다가 기절하기도 하고, 잠을 못 자기도 했는데 저는 오히려 너무 평온했어요. '어쩌면 평생 못 느끼는 채로 살아갈 수도 있겠구나, 내가 정상일까, 로봇같이 진짜 감정이 없는 건 아닐까'라고 생각했어요. 그래서인지 제가 좀 더 안정이 필요하다는 이야기가 나오고, 병원에 제일 오래 있었죠. 이상할 만큼 저는 병원에서 편하게 잘 지냈어요. 퇴원하기 일주일 전에 의사 선생님이 저희 엄마한테 말씀하셨대요. 집보다 병원이 편하면 그게 아픈 거고, 이번 주 안에 병원에서 나가지 않으면 평생 병원에서 살게 될 수도 있다고요. 엄마가 몇 년 뒤에 얘기해주셔서 알았어요.

이대로 실감이 안 나는 채로 살아도 저는 상관없어요. 그래서 괜찮은 게 아닐 수도 있지만… 그냥 그때의 일을 계속 기억하고 싶어요. 책임감 때문일 수도 있겠죠. 내가 이걸 잊어버리면 정말 잊힐까 봐. 또 직접 겪은 저만이 가질 수 있는 기억이 있고, 그게 결정적인 증거가 되기도 하잖아요. 근데 이런 부분을 떠나서 그 일 자체도 잊고 싶지가 않아요. 부정한다고 해서 없는 일이 되는 것도 아니고, 차라리 내가 겪어서 다행이라는 생각이 들 때도 있어요. 나는 아무렇지 않으니까… 물론 아예 아무렇지 않은 건 아니지만… 이것 때문에 그렇게 힘들지도 않고.

"여전히 잠도 못 자고, 약도 먹고 있다면서요. 그럼 충분히 힘들다고 할 수 있는 거죠."

오로지 제 입장에서만 보면 힘든 게 맞아요. 하지만 다른 사람들이 힘들어하는 걸 보면 이 정도는 힘든 게 아닐 수 있다고 생각하는 거죠. '사람들이 나처럼 생각하지 않을 수 있다' '내가 잘못 생각한 걸 수도 있다'… 사람마다 입장과 판단이 다를 수 있다는 걸 늘 떠올리는 편이에요. 참사 이전에도 이런 성격이긴 했는데 지금은 좀 더 강박처럼 된 것 같아요. 그러다 보니까 진짜 내 생각이 무엇인지 헷갈릴 때도 있어요. 다른 사람에게 비난을 받거나 관계가 틀어지는 위험 부담을 회피하고 싶어서, 내 의견을 확고하게 말하지 않으려 무의식적으로 애를 쓰는 것 같기도 해요. 최대한 덜 상처받게 미리 준비하는 건 아닐까. 갈등이 생기면 사람들은 그 이전과 다르게 보는 경우가 많으니까요.

/ 말하기 싫은 마음, 말하고 싶은 마음

사실 생존자라는 걸 밝히거나 생존자로서 인터뷰하고 나서 후회하지 않은 적이 없어요. 애초에 저는 제 이야기를 먼저 하는 성격도 아니고, 눈에 별로 띄지 않으려 하거든요. 불특정 다수에게 저에 대해서 말한다는 것 자체가 그렇게 달갑지만은 않아요. 특히 세월호 관련 이야기는 더 신경 쓰이고, 불안한 게 있어요. 저 혼자만 겪은 일이 아니라 더 조심스럽게 전달하게 되는 것도 있고, 이야기를 하는 저보다 듣는 사람이 더 힘들어하는 거 같아서 조심스러운 측면도 있어요. 말하기 싫은 마음과 말하고 싶은 마음이 늘 충돌하는데, 항상 속으로만 쌓아둘 수는 없으니까… 어쩌면 이야기를 하면서 더 기억하고 싶은 걸지도 모르겠어요. 그래도 최근에는 후회의 정도가 좀 줄어드는 것 같아요. '내가 이런 것까지 왜 말했지?'라는 생각이 결국 들긴 하는데, 그래도 괜찮아요. 잘못 말한 게 아니라서. 제가 판단해서 말한 거라서 괜찮은 것 같아요.

당사자인 나밖에 할 수 없는 일이 있잖아요. 그게 또 가장 힘이 있다고도 생각해요. 생존학생 도보행진 때도 제가 직접 가서 보고 느꼈어요. 도착해서 뒤를 돌아보니까 진짜 사람들이 엄청나게 줄을 서서 따라오는데… 여러 감정이 들었어요. 진정성이 사람들에게 가닿았나 보다. 그걸 아는 사람들이 있구나. 아, 그리고 제가 매년 4월 16일에 맞춰서 추모 이미지를 만들고 있는데요. 처음에는 부모님한테만 보여드렸는데 저희 엄마가 그걸 프로필 사진으로 쓴 걸 보고 다른 분들, 특히 유가족분들이 엄마에게 "이거 어디서 났어? 나도 보내줘" 하셔서 더 열심히 만들게 되었어요. 이제는 아예 "올해도 만들지?" 매해 물어보세요. 어쩌다 보니 뉴스 인터뷰에서도 이야기한 적이 있고, 7주기부터는 스티커로도 제작하는데, 찾는 사람이 많은가 봐요. 이것 자체가 뭔가 보탬이 되는 것 같아서 되게 뿌듯해요. 저라서… 생존자 중 한 명이라서… 직접 겪은 사람인데 계속 기억하고, 추모한다는 점이 더 와닿고 울림이 있어서 사람들이 매해 찾는 것 같아요.

2021년 친구들하고 같이 참여했던 '4·16메모리얼서포터즈'* 3기 때에는 한국에서 발생한 재난참사를 저희가 직접 알아보고 서로 소개하고, 재난참사 피해자분들의 이야기를 직접

---

* 사회적 참사 피해자의 역사를 기억하는 '다크 투어'를 통해 세월호참사가 남긴 교훈을 되돌아보고, 이를 다음 세대에 전할 수 있는 역량을 만들어가기 위해 기획된 사업(4·16재단 홈페이지 참조).

들었어요. 코로나 상황 때문에 직접 뵙진 못하고 화상회의로 삼풍백화점, 대구 지하철 참사 유가족분들을 만났어요. 특히 대구 지하철 참사 현장은 직접 방문한 것 자체가 의미 있었어요. 중앙로역 한편에 추모 공간이 마련돼 있고, 사람들이 평범하게 일상처럼 그곳을 오가는데 기분이 이상했어요. 참사가 났던 곳인데, 사람들은 익숙하게 갈 길을 가는구나. 추모벽엔 희생자분들 이름이 다 쓰여 있고, 그때 당시 현장이 엄청 뜨거워서 공중전화 부스도 다 녹아내렸는데 그대로 전시되어 있더라고요. 현장이 보존된 걸 보니까 확 와닿았어요. 저희가 직접 만들어서 준비해 간 응원 카드, 배지, 스티커 등을 전달해드릴 때도 형용할 수 없는 감정을 느꼈어요. 그냥 감사하기도 하고, 쑥스럽기도 하고, 이걸 전달해도 되는 건가 싶고. 그분들도 비슷한 아픔을 겪었는데 같이 이해해주고, 응원해주셔서 감사했어요.

가끔 4·16 행사 가면 스텔라데이지호* 분들도 오세요. 희생자 수가 많다고 큰 사건, 적다고 작은 사건이 아닌데도 인지도가 낮아서… 진상규명까지 가는 게 얼마나 어려울까 생각도 들고요. 이태원참사 같은 경우에는 사람들이 사건을 대하는 태도나 자세 자체가 너무 심각하더라고요. '놀러 갔다가 사고 났

---

* 2017년 3월 31일 브라질에서 철광석 26만 톤을 싣고 중국으로 운항하던 스텔라데이지호가 우루과이 인근 남대서양에서 침몰한 사건. 이 사건으로 승무원 스물두 명이 실종됐으나 정부는 2019년 한 차례의 심해수색 이후 더 이상의 실종자 수색이나 진상규명 절차를 진행하지 않았다. 그리고 2023년 12월 5일, 부산지방해양안전심판원은 폴라리스쉬핑 선사의 책임을 인정하는 해양심판 결과를 발표했다.

다'에만 초점을 맞추잖아요. 어쩌면 지금 세상이 삶의 여유가 없어서 사람들이 더 날카롭게 반응하는 것 같기도 해요. '나 하나 살기도 힘든데 다른 사람이 놀러 가다 겪은 사고까지 내가 신경을 써야 해?' 이런 반응들이요. 그만큼 피해자들도 목소리 내기가 쉽지 않을 것 같아요. 이태원참사를 이야기할 때 어떤 분은 '세월호 세대인 아이들이 어른이 돼서 똑같은 일을 겪었다'고 하더라고요. 저는 여전히 실감이 잘 안 나요. 이런 일이 어떻게 일어날 수 있지? 왜 수습이 안 되지? 왜 저렇게 유가족에게 욕을 하지? 책임자들은 대처를 왜 저따위로 하지? 전혀 나아진 게 없어서 머리가 멍해진다고 해야 하나?

엄마가 이태원참사 유가족분들 만나러 간다고 했을 때, 문득 이런 생각이 들었어요. 어쩌면 그분들 중에 세월호에 무관심하거나, 관련된 사람을 비난했던 분이 있을지도 모른다. 만약 그런 분이 있다면, 우리 입장을 뼈저리게 느끼시겠지… 실제로 참사를 직접 겪기 전까지는 공감하지 못했다고 말씀하신 분이 있었대요. 사실 그럴 수밖에 없는 게, 직접 겪지 않는 이상 피부로 와닿기가 쉽지 않잖아요. 그런 점에서 자신이 직접 겪은 일이 아님에도 응원해주고 함께해주는 사람들이 참 대단하다고 생각해요. 시간이 갈수록 잊히는 건 어찌 보면 자연스러운 일이지만, 그럼에도 아직까지 기억하고 우리와 같이 활동하는 사람들이 많은 걸 보면 진짜 감사해요.

유가족분들은… 부모님과 친해서서 알고 지내는 분들이 있긴 하지만 대하는 거 자체가 여전히 편하지는 않아요. 그냥 차라리 저를 모르셨으면 좋겠어요. 내적으로 항상 죄송스럽고, 면목이 없고, 떳떳하지 않고 그런 게 있어요. 그분들의 아이는 없는데, 나는 살아 있는 거니까. 사실 저를 만나는 것조차 힘든 분이 있을 수 있잖아요. 저의 존재 자체가 유가족분들에게 복합적인 감정을 불러일으킬 것 같아요. 같은 학교 다닌 친구인데 저 애는 나왔는데 왜 우리 애도 못 나왔지? 만약 우리 애도 나왔으면 지금 저렇게 자랐을 텐데… 그 생각이 안 들 수가 없다고 생각해요. 다들 그러잖아요. 자식 잃은 부모는 지칭하는 말이 따로 없을 정도로, 큰 슬픔을 겪는다고… 한 명만 떠나도 충격인데, 너무 순식간에 250명이 떠났으니까 더 충격인 것도 있고요. 게다가 단순한 사고가 아니라 대처를 할 수 있었음에도 제대로 안 해서 일어난 일이라 유가족의 분노가 더 클 수밖에 없고.

그래서 생존자들의 이야기는 사실 밀릴 수밖에 없다고 생각해요. 현재를 살아가는 건 살아남은 사람들이지만, 죽은 사람도 어쨌든 사람이고 존재 자체가… 이런 말 하잖아요. '한 사람이 하나의 세상이다.' 누구든 누군가에게 의미가 있었을 테니까… 그분들도 '내가 이러면 안 되는데' 하면서도 어쩔 수 없이 올라오는 감정이 있을 거라 생각해요. 전에 분향소에서 유가족 어머니를 안아드린 적 있는데 '이 애가 내 아이면 얼마나 좋을까', 분명 그런 생각을 하셨을 것 같아요. 제가 있던 곳에서 저밖에 못 나왔거든요? 그리고 애들이 못 나오는 걸 제가 봤어요. 함께 빠져나오려고 제 발을 잡았다가 놓친 애들도 있었어요. 어쩔 수 없는 상황이었던 걸 알면서도… 저도 한편 '내가 이 랬다면…' 그런 생각이 떠나질 않아요.

/ 있던 곳으로 다시 돌아오는 것뿐인데

　　　　　　　　태어난 곳은 전주인데 얼마 안 돼서 아 빠 직장 때문에 안산으로 아예 올라왔다고 하더라고요. 두세 살 때부터 지금 살던 곳에서 쭉 산 거예요. 여기가 편해요. 이웃분 들을 알기도 하고, 빌라여서 좋아요. 저는 낮은 게 좋거든요. 시 야도 안 걸리고. 또 인간미 있다고 해야 하나. 할아버지, 할머니 도 많이 사시는데 제가 어릴 때부터 인사를 잘했거든요. 지금도 뵐 때마다 인사드리고요. 그럼 특히 할머니들이 완전 엄마 미소 예요. 날 보면서 웃는 거니까 내가 저분한테 좋은 느낌을 드리 는구나 싶어서 좋기도 하고. 그냥 되게 흐뭇해하세요. 인간으 로서 느끼는, 사람 대 사람으로서 느끼는 교감이 좋은 것 같아 요. 근데 결국 재건축이 결정돼서 아파트 짓는다니까 그게 좀 많이 아쉽죠. 아파트는 너무 획일화돼 있고, 집이 아니라 돈벌 이 수단으로만 되는 것 같아서…

　　"집이 단원고 근처라고 하셨는데요. 어머니께서 빌라 반장 　님을 만나 '우리 딸이 보면 안 되니 세월호 혐오 현수막이 　건물에 붙지 않게 도와달라'고 부탁하신 적이 있다고 들었어요."

2018년 동네 곳곳에 '세월호 납골당 결사반대' 현수막이 붙는 일이 있었어요. 꽤 큰 교회나 시청 앞에도 막 붙어 있고, 집 근처 빌라들 앞까지 붙으니까, 진짜 우리 주변에 이런 사람들이 있구나… 단원고 옆에 화랑유원지가 있어요. 안산에서 가장 큰 공원이고, 거기 부지 중 일부에 생명안전공원을 만들고 그 안에 봉안당을 들여서 전국에 흩어져 있는 아이들, 선생님들을 거기로 모시겠다고 하는 거였거든요. 반대하는 사람들은 호국영령의 땅에 어디 감히 그런 시설을 들이려고 하느냐고 말하는 거예요. 거기 전체를 봉안당으로 만든다는 것도 아니고, 진짜 일부인데. 그리고 원래 여기 근처에 살았던 사람들이고 있던 곳으로 다시 돌아오는 거잖아요. 존재 자체를 부정해버리는 느낌이었어요. 자기가 직접 겪지는 않았어도 어쨌든 영향이 없을 수가 없는데 왜 무조건 반대하지? 돈만 보고 생각해서 저렇게 말하는 건가? 우리 이야기를 듣기는 하는 건가?

당시에는 일종의 배신감도 느끼고 실망도 했는데… 한편으론 제가 동네 사람들을 다 아는 것도 아니고, 표현 방식이 좀 과격하고 노골적일 뿐 사람마다 의견이 다를 수도 있다고 생각했어요. 근데 지금까지도 이야기가 나오는 걸 보면 그냥 진짜 말을 안 듣는구나, 다른 사람 입장을 전혀 생각 안 하는구나, 자신의 일이 될 수도 있다는 생각은 안 하는구나 싶어요. 그냥 자기 말만 하는 무전기 같아요. 무전기에서는 자기가 말할 때 상대방 말이 안 들린다면서요. 진짜 그런 것 같아요. 난 저렇게 되지 말아야지 하는 생각도 들고…

/ 코로나 시기가 오히려 반가웠어요

대학은 어느 과를 가고 싶다는 뚜렷한 목표는 솔직히 없었고, 간다면 미술 쪽으로 가고 싶었는데 입시 준비를 늦게 시작한 편이었어요. 고등학교 2학년 초에 학원을 다니려고 하다가 그때 막 사고가 나서 3학년 1학기 개학하자마자 반년 정도 다녔죠. 저는 디자인 쪽으로만 원서를 넣으려고 했는데, 미술은 어렸을 때부터 준비해온 사람도 많으니까 선생님이랑 부모님이 불안하다면서 혹시 모르니 차선책을 생각하자고 하셨어요. 당시는 특례입학 문제로 시끄러웠잖아요. 그런데 제가 지망하는 예체능 계열에는 특례가 거의 없었어요. 그래서 일반전형 디자인 전공으로 지원했는데 그중 한 군데에서 합격 통보를 받았어요. 다행이었죠. 다만 학교가 집과 많이 떨어져 있다 보니 부모님이 걱정하셨어요. 함께 그 대학을 보러 간 날이 또 마침 추운 겨울날이어서 얼마나 을씨년스럽던지…

고민 끝에 결국 선택한 곳은 안산과 가까운 어느 대학의 건축학과예요. 제가 원했던 학과는 아니었지만, 일단은 다녀보자는 생각이었어요. 건축도 종합예술 범주에 속하고, 또 저희 아빠가 건축 관련 일을 하셔서 가까이서 조언받을 수 있겠다는 생각도 했었고요. 이런 생각을 하다 보니 대학 1학년 때는 나름 괜찮게 지냈어요.

1학년 2학기 때 조수간만의 차가 있는 곳에 가로세로 8미터짜리 휴식과 명상을 위한 공간을 만들라는 설계 과제가 있었어요. 교수님이 예시로 메모리얼(추모 공간)을 제시하셨고요. 수업 중에 안산 출신인 사람을 물어보셔서 제가 손을 드니까 "단원고는 아니지?" 하셨고, 맞다고 하니까 "아, 그렇구나" 하면서 조금 당황하시더라고요. 교수님은 가족 중 한 분이 참사를 겪을 뻔한 상황이 있었다는 이야기를 하면서 메모리얼을 설명하셨어요.

저는 세월호를 주제로 잡아서 과제를 했는데, 처음엔 영 갈피를 못 잡았어요. 일대일 피드백 받는 날 교수님과 대화하다가 제가 놀이터처럼 정글짐으로 겉을 만들면 어떨지, 그러면 방문하는 사람들이 정글짐 봉에 노란 리본을 걸 거고, 언젠가는 여기가 노란 정글짐이 될 거라고 말하는데 저도 모르게 갑자기 눈물이 나는 거예요. 밖에 있던 애들이 '교수님이 혼내셨냐'고 묻기까지 했죠. 제가 가져간 노란 리본을 교수님이 하나 받아가시기도 했어요. 그런 부분에서 감동받기도 했죠. 그리고 또 어떤 교수님은 제 이야기를 다른 교수님 SNS에서 보셨나 봐요. 발표를 앞두고 기다리고 있는데 갑자기 오셔서, 저한테 편지를 썼는데 안 가져왔다며 핸드폰 번호를 달라고 하시더라고요. 나중에 응원의 말이 적힌 문자를 보내주셨어요. 무섭다고 악명이 높은 교수님이셨는데 '이런 면도 있으시구나' 했죠.

도전이라고 해야 하나. 입학하고 나서부터 2학년 때까지 과 학생회 활동을 했어요. 그동안은 별로 돌아다니지도 않았고 솔직히 집에 있는 게 더 편했는데, '나도 이런 거 한번 해봐도 괜찮지 않을까?' 하며 새로운 걸 시도하고 싶었어요. 가만히 있기보다 뭐라도 하고 싶었죠. 학교 축제 때 주점을 열었던 일이 나름 재밌었어요. 뒤집개 없이 한 번에 전 뒤집는 방법도 배웠고요. 다음 날 새벽까지 주점 하고 아침에 수업이 있어 학생회실에서 잤다가 감기 걸렸던 적도 있고. (웃음) 그리고 회장, 부회장 선배들이 여러모로 저를 신경 써준 거 같았어요. 주점 끝나고 마무리를 해야 하는데 두 분이 저에게 와서 갑자기 저를 안아주는 거예요. 어떤 말을 주고받은 건 아니지만, 울컥했어요. 위로받는 느낌이었어요.

2학년 때부터 정신적으로 방황을 했다고 해야 하나? 사춘기가 그때 온 느낌이에요. 공부도 손에 잘 안 잡히고, 다른 애들은 다 조금씩 잘해가는데 나 혼자만 그대로인 것 같았어요. 의식적으로 계속 사람들과 자신을 분리했어요. 대놓고 내가 단원고 학생이라고 말한 적은 없지만, 만약 사람들이 내가 세월호 생존자인 걸 알면 나를 어떻게 볼까. 제가 이걸 이용하는 것처럼 보이는 것도 싫고, 힘들어할 때 무조건 세월호랑 연결 짓는 것도 싫고, 나 말고도 생존학생은 많은데 만약 내가 뭐 하나 잘못해서 애들이 다 싸잡아 욕먹지 않을까 걱정도 됐고요.

압박감, 부담감이 계속 쌓이다 터진 게 4학년 때였어요. 건축학과는 5년제고, 4학년 1학기 때부터 가장 중요한 과목인 '설계'를 들어요. 한 학기라도 F학점을 받으면 그 학년 자체를 다시 다녀야 할 정도로 비중이 크거든요. 수업이 팀플(팀 프로젝트)로 진행됐는데, 저를 제외한 나머지 팀원들은 서로 이미 친하고, 저보다 프로그램을 다루는 데 익숙했어요. 팀원들 발목 잡지 않게 열심히 해야겠다고 마음먹었는데 자꾸 그동안의 자괴감, 열등감이 따라다니니까 더 위축되는 거예요. 일을 분담하는 과정에서도 내 의견이 안 받아들여지고 무시당한다는 느낌을 받았고요. 건축학과가 워낙 과제가 많고, 힘들기로 유명해요. 그러니 다른 팀원들은 제가 답답하게 느껴졌을 수도 있죠. 그런데… 중간고사 끝내고 교수님이랑 같이 모인 자리에서 저만 빼고 서로 주먹을 치면서 수고했다, 잘했다 인사를 나눌 땐 정말…

"너무 힘들었겠어요… 이질감, 압박감과 스스로 다투며 어떻게든 대학 생활에 적응하려 애썼을 시간이 고스란히 느껴져요. 서로의 차이를 돌보며 함께 해내고 성장하는 것이 팀워크의 본래 목적인데 대학에서도, 사회에서도 그런 경험을 하기가 점점 더 어려워지는 것 같아요. 비교와 경쟁은 심해지고, 겉으로 드러나는 성과만을 가지고 평가하는 관행이 굳어져 있어요."

예전에는 이 이야기를 꺼내지도 못했어요. 말하려고 하면 눈물부터 나와서… 제가 휴학하고 마음건강센터에 가서 뇌파

검사를 했는데, 선생님이 말하길 뇌파가 PTSD처럼 나왔다고…
실제로 그랬어요. 잠자면 꿈에 팀원들이랑 그 상황이 계속 나오
는 거예요. 진짜 숨이 안 쉬어졌어요. 그래도 중간에 그만두면
이 힘든 걸 또다시 겪어야 하니까 이번 학기는 죽을 듯이 힘들
더라도 이것만 빨리 끝내고 벗어나자, 그렇게 스스로를 달래면
서 버텼어요. 과제 하느라 학교에 밤늦게까지 남아 있거나 밤을
새우는 일도 많았는데, 잠깐 바람 쐬러 나왔다가 온마음센터 담
당 선생님한테 연락해서 운 날도 있어요. 근데 막상 말을 하려
고 해도 내가 팀원들을 나쁜 쪽으로만 몰아갈까 봐, 뒷담화하는
것처럼 될까 봐 그게 또 신경 쓰이는 거예요. 난 너무 힘들었고,
그들이 잘했다는 건 아니지만 솔직히 안 힘든 사람이 어딨나 싶
고… 그렇게 버티고 학기 끝난 다음 휴학을 했어요.

　1년 뒤 복학해서 학교에 갔는데 팀원 두 명을 마주친 거예
요. 그 순간 심장이 철렁했는데, 그분들은 아무렇지 않게 반가
워하면서 인사하더라고요. 제가 이 정도로 힘들어했을 줄은
몰랐겠죠. 복학하고 나서도 쫓기는 느낌, 쪼그라드는 압박감
은 졸업할 때까지 계속 있었어요. 다른 팀플 할 때도 그때가 계
속 떠오르고. 저는 그래서 코로나 시기가 오히려 너무 반가웠
어요.

/ 이만큼의 사람이 떠났구나

졸업작품은 처음이자 마지막으로 자유 주제였어요. 저는 '생명안전공원'을 주제로 잡았고, 마침 부지가 집 바로 앞이기도 해서 도움이 됐죠. 제가 이 주제로 하고 싶다고 하니까 담당 교수님이 세미나 가서 얻은 자료를 저한테 주셨어요. 그 자료들을 참고해서 바로 준비하기 시작했어요. 미리미리 해놓아야 마음이 편한 스타일이어서요.

먼저, 피해자와 시민 구분 없이 모두를 위한 생명안전공원을 주제로 삼았어요. 추모 건축이라고 해서 어둡고 무겁기만 한 장소가 아니라 일상 속에서 자연스럽게 갈 수 있는 곳으로 만들고 싶었어요. 덩그러니 건축물만 만들어놓고 끝내는 것이 아니라 지속적인 관심으로 이어지고, 주변과 연결될 수 있도록 공간을 구성했고요.

생명안전공원은 4·16과 관련된 모든 걸 다루는 곳이잖아요. 그 모든 게 이어져 있다는 걸 담고 싶어서 주변에 있는 (구)합동분향소, 4·16기억전시관(단원고), 4·16민주시민교육원(기억교실) 세 장소의 축이 만나는 곳으로 위치를 잡았어요. 일상 공간인 복합문화시설과 추모 공간을 연결하는 중앙광장은 완충지대이자 중간지대 역할을 해요. 광장의 건축에는 성큰* 설

---

* 성큰(sunken)은 '움푹 들어간, 가라앉은'이라는 뜻으로, 건축에서 지하에 자연광을 유도하기 위해 대지를 파내고 조성하는 방식을 말한다.

계를 적용해서 지표면이 움푹 들어가도록 했고, 그 안에 연못을 뒀어요. 연못은 우리를 거울처럼 비춰준다는 점에서 과거를 다시 성찰한다는 의미가 담겨 있어요. 전시 공간부터 추모 공간까지 지하는 모두 연결되어 있고, 어디로든 갈 수 있어요. 우선 전시 공간 지하에는 세월호에서 무슨 일이 있었고, 어떤 참사였는지 알 수 있는 자료들이 전시되고요. 그다음으로, 성큰 광장 아래 지하 공간이 넓은데 거기에는 나무 한 그루만 두었어요. 이런 넓은 공간에서 사람들이 느낄 법한 공허함을 있는 그대로 표현해보고 싶었거든요. 성큰 광장 계단 일부는 유리로 덮었어요. 지하 광장으로 햇빛이 비쳐 들어오면 간접적으로 세월호 안에 있는 것 같은 느낌을 줄 수 있지 않을까 싶어서요.

마지막으로 추모 공간 지하는 봉안당이에요. 추모비이자 봉안함인 높이 1미터 정도의 구조물을 마치 사람처럼 무게감이 느껴지게 하나하나 일정한 간격으로 세워 304개를 두는 방식으로 구성했어요. 사람들이 시각적으로, 공간적으로 '이만큼의 사람이 떠났구나' 느낄 수 있도록요. 봉안함에는 유가족분들이 전시해두고 싶은 걸 넣어서 희생자 한 명 한 명의 삶이 생생하게 느껴지도록 하고 싶었어요. 그 밖에 중간 연못 위쪽 천장 일부를 뚫어 물이 위에서 아래로 떨어지는 구조로 설계했어요. 봉안당이라고 해서 답답하게 지하에만 있는 게 아니라 지상과 항상 연결되어 있다는 걸 표현했어요.

졸업하고 나서 실제 생명안전공원 설계를 담당한 사무소에서 10개월 정도 일한 적이 있어요. 저는 봉안당 쪽을 담당했

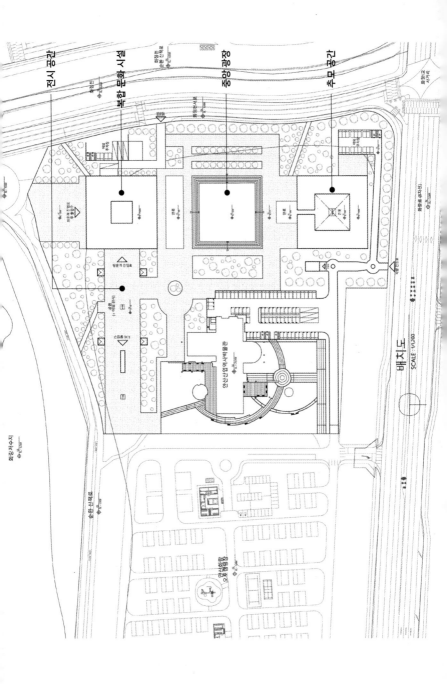

이시우 씨 졸업작품 설계도면 중 생명안전공원 배치도의 일부

는데, 기존 안을 보고 이것저것 의견을 써서 가져갔어요. 손으로 직접 그려서 표현하기도 했고요. 제 의견 중 설계에 반영된 것들이 있어요. 예를 들어 봉안당을 둘러싼 담이 원래 수직이었는데, 저는 30도 정도 안쪽으로 기울이는 방안을 제시했어요. 외벽에 새겨진 전시물을 방문객이 좀 더 쉽게 보고, 만질 수 있도록 하기 위해서요. 기울어진 세월호를 은유적으로 표현하는 의미도 있고요. 또 봉안당 일부에 빈 책상과 의자를 오브제로 두고 사람들이 직접 앉거나, 그것들을 옮길 수 있도록 했어요. 아이들이 떠나고 남은 빈 교실을 상징하는 동시에 사람들이 직접 참여해서 이 공간의 일부라고 느끼면 좋겠다 싶었어요.

일정이 예정보다 미뤄져서 원래 계약했던 기간보다 조금 더 일했거든요. 거기서 일한 지 5, 6개월쯤 되었을 때 소장님이 만약 제가 더 다닌다면 4·16 관련 업무 외에도 어떤 일을 맡게 될지 설명해주시고, 제 가능성을 좋게 보고 있다고 말씀하셨어요. 좀 고민이 됐는데, 그래도 저는 4·16 업무까지만 참여했어요. 봉안당 설계가 거의 마무리되는 시점까지 일했죠. 건축 일은… 항상 마음속으로 미련은 있는데 다시 해볼 용기는 잘 안 나요.

/ 더 많이 웃게 해드리고 싶어요

배에서 나왔을 때 핸드폰 빌려서 가장

먼저 엄마한테 전화를 했는데, 엄마 목소리가 진짜… 세상 모든 걸 잃은 듯한… 그런 힘 없는 목소리는 처음 들었어요. 제가 "엄마?" 하니까 바로 "시우?" 그러셨는데, 저도 그때 울컥해서… 뉴스 속보가 뜨고 배가 90도 이상 넘어갔다고 하니까 그때부터 미치겠더래요. 그러다가 제 전화 받고 생사 확인은 했으니 계속 일을 하려고 했는데, 주변에서 이 상태로 일이 손에 잡히겠느냐며 얼른 가보라고 해서 팽목항으로 오셨대요. 다친 곳을 확인하러 엄마랑 같이 병원에 갔을 때 기자 바리케이드가 쳐 있어서 담요랑 후드티, 모자까지 뒤집어쓰고 차에서 내렸어요. 그때 갑자기 뒤에서 누가 "시우!" 하고 부르는 거예요. 돌아보니까 아빠랑 삼촌이랑 할아버지, 할머니가 오셨는데 삼촌이 달려와서 저를 끌어안고 "살아와줘서 고맙다" 그러면서 우시는 거예요. 삼촌 우는 거 처음 봤거든요. 동생도 전화로 "괜찮아?" 묻더니, 제가 "괜찮아" 하니까 갑자기 울고… 그렇게 제 주변 사람들이 우는 건 처음 봤어요. 당사자가 나니까 되게 싱숭생숭하고 마음 아프기도 하고, 그랬었어요.

병원에 있을 때 특히 저희 엄마가 집이랑 직장이랑 병원을 진짜 바쁘게 왔다 갔다 하셨어요. 평소에도 자잘하게 저를 신경 쓰신다는 게 느껴져요. 특히 제가 멀리 가는 걸 불안해하셔서, 고3 때 한 번 이런 적이 있어요. 밤에 태권도장을 다녔는데, 평소처럼 갔다 오는 거니까 말을 안 하고 그냥 갔죠. 갑자기 엄마가 태권도장으로 헐레벌떡 오더니 저를 보고 주저앉으면서 안심하시는 거예요. 알고 보니까 애가 올 때가 됐는데 안 오니까 불안해서 막 여기저기 전화하셨다고. 그때 심지어 경찰까지 왔더라고요. '엄마도 진짜 많이 불안해하는구나' 생각했어요.

저는 엄마라는 사람 자체가 좋아요. 그냥 마음이 가고 좋아서, 가끔 이렇게 말해요. 나는 엄마가 우리 엄마라서 좋다고. 저랑 같이 시간 보내면서 웃고, 기쁘고 그러면 저도 좋고. 뭔가 잘해드리고 싶고, 더 많이 웃게 해드리고 싶고 그래요. 엄마는 밝고 재밌어요. 엉뚱하기도 하고, 잘 웃으시고. 패션 감각도 있고 잘 꾸미고 흔히 말하는 인싸. (웃음) 분위기를 잘 띄우는 좋은 에너지가 있는 것 같아요.

엄마가 진짜 또 웃긴 게 가끔 엉뚱한 말을 꺼낼 때가 있어요. 주술관계를 거꾸로 한다거나, 이를테면 테이블 위에 꽃다발을 올려놓고 사진을 찍으면서 "테이블 너무 예쁘다"라고 한 적도 있고요. 어느 추운 날 택시에 타자마자 히터를 틀어달라고 한다는 걸 "보일러 좀 틀어주세요" 한다든지… (웃음) 그런 이야기 들을 적마다 너무 웃겨서 핸드폰 메모장에 '엄마 어록'으로 기록해두고 있어요.

최근에는 제가 엄마 아빠랑 다 같이 있는 자리에서 뜬금없이 고맙다고 한 적이 있어요. 두 분 덕택에 제가 이렇게 편히 사는 것 같아서요. 그러니까 아빠가 곧장 "엄마는 노력 안 했는데!" 하고, 엄마는 "썩을 놈!"이라며 맞받아치고… 부모님들 대화를 들으면 즐거워요. 제가 아빠 흉내를 종종 내요. 특히 술취했을 때 아빠 특유의 표정이 있는데 그걸 잘 따라 해요. 그러면 아빠가 빵 터지죠. 그게 저희 아빠 웃음 버튼인가 봐요. 아빠는 좀 현실적인 분이고, 감정 표현이 막 드러나는 편은 아니에요. 제가 건축을 안 한다고 했을 때 직접적으로 말하신 적은 없지만 섭섭하셨을 것 같아요. 시간이 지나면서 세월호 소식 들으면 "가슴 아파서 잘 못 보겠다"고 이야기하세요. 제가 세월호 관련한 섭외가 들어오면 웬만하면 하는 편이다 보니 노파심에 걱정이 돼서 가끔은 안 했으면 좋겠다고도 하시는데, "힘들면 무리해서 하지 마라" "네가 원하는 대로 해"라는 말을 가장 많이 하시죠.

　　두 분 다 가협 활동을 하세요. 그거 자체가 다 의미 있어 보이고, 멋있어 보여요. 처음에는 생면부지의 시민들이 함께 걱정하고 손잡아주는 것에 힘을 얻고 활동하셨는데, 지금은 유가족 부모님들이 그냥 가족같이 느껴지신대요. 최근에도 소풍을 함께 갔는데 그때 엄마가 허리가 아파서 거동이 불편한 때였어요. 그런데도 다른 분들이 엄청 신나게 즐기니까, 그 모습을 앉아서 보고만 있는데도 너무 좋았대요. 뭐든지 단순히 의무감에서가 아니라 스스로 원하고, 즐기면서 하는 거라고 하셔서, 저도 기쁘고 좋아요.

/ 한배를 탄 사람들

　　　　극장판 애니메이션 〈주술회전 0(제로)〉를 보면 소심하고, 자신감 없고, 항상 뭔가에 억눌려 있던 주인공 옷코츠 유타가 이런 말을 해요. "나는 더 이상 아무도 다치게 하고 싶지 않아서 틀어박힌 채 사라지려고 했어. 하지만 혼자 있으면 외롭다는 말을 듣고 반박할 수 없었지. 누군가와 관계를 맺고 싶어. 누군가가 날 필요로 해서 이대로 살아도 된다는 자신감을 얻고 싶어." 참 기본적이고, 소박한 마음인데 제가 바라는 것도 약간 이런 거예요. 흔히 말하는 절친까지는 아니더라도 서로 알고 지내고, 어쩌다 가끔 이야기하는, 그냥 소소한 관계가 참 저는 좋거든요. 그런 데서 감사함도 많이 느끼고.

저에게 친구들은 같은 배를 탄 사람들? 제가 표현이 서툴러서 그렇지 애들이랑 내적 친밀감은 다 있거든요. 친구의 소중함을 알 수 있게 해준 애들이라서 더 마음이 가요. 애틋함이 있어요. 저는 연수원에서 애들하고 같이 생활하지 않고 병원에 계속 있다가 등교를 했어요. 처음엔 어떻게 다가가야 할지 어색했죠. 다른 애들은 이미 연수원에 있을 때 이야기를 많이 나눠서 그런지 서로 친해 보였거든요. 배에서 어떻게 나왔는지를 비롯해 저도 궁금한 게 많았는데 타이밍을 잘 못 잡다가, 애들이 친구끼리 이야기하는 건 괜찮다고 해서 조심스럽게 물어보고 그랬었어요. 인원이 적어서 애들 알아가는 데는 그렇게 오래 안 걸렸던 것 같고… 사실 사고 나기 전에 2학년 되고 나서 제가 저희 반 애들 이름을 다 외웠거든요. 그때도 친해지려고 그랬던 거예요. 사고 직후에 친구들이랑 같이 있지 못했다는 게 아쉽고, 만약 그때로 돌아가서 저에게 선택권이 주어진다면 연수원에서 함께 지내보고 싶어요.

다시 등교 시작하고 얼마 후 2박 3일 힐링 캠프를 같이 갔었어요. 캠프 마지막에 2분 스피치 시간이 있었거든요. 애들 앞에서 짧게 자기가 하고 싶은 이야기를 하는 시간이었는데, 제가 친구들이랑 친해지고 싶고 얘네를 소중하게 생각하고 있다는 걸 말할 기회가 이때가 아닐까 싶어서, 고민하다가 이야기했어요. 약간 분위기 띄우는 것처럼 "제가 무표정이라서 무섭다는 소리를 많이 듣는데, 해치지 않습니다"라고 먼저 말하고는 "저는 여러분들과 친구가 되고 싶습니다"라고 말하는데 감정이 막 올라오는 거예요. 그때 저 말고도 운 애들이 많았어요. 선생님도 울고, 모두가 울고. 당황하다가 "표현도 잘 못 하고 어울리는 방법을 잘 모르긴 하는데 그냥 항상 여러분을 생각하고 있고, 같이 있으면 좋습니다" 하니까 갑자기 친구 한 명이 벌떡 일어나 "시우야, 사랑해!" 그러는 거예요. 그때 되게 감동적이었어요. 그 뒤로는 애들이 학교에서 마주치면 저보고 다 인사를 해줬어요. "시우야, 안녕?" 이렇게요. (웃음)

참사 이전과 이후 제 성격이 크게 달라진 건 없어요. 말 없고, 혼자서도 잘 있고, 무표정하고 낯가리는? 근데 그때보다 지금은 의도적으로 표현을 하려고 해요. 언제 무슨 일이 생길지 모르니까 제 마음을 전할 수 있을 때 전해야겠다는 생각이 들더라고요. 올해는 애들 한 명 한 명 생일 때마다 메시지 보내는 걸 하고 있어요. 그 전에도 띄엄띄엄 보내긴 했는데 이제 그냥 누구든 간에 번호가 저장돼 있어서 생일 알람이 뜨면 보내자고 마음먹었어요. 제가 친밀감을 느껴도 표현을 안 하면 상대방은 모르니까요. 그냥 뭐랄까… 나는 네 편이다? 애들도 제 생일을 축하해주길 바라는 건 아니고요. 그냥 저는 표현하고 싶어서 표현하는 것뿐이에요. 애들이 감동받고, 힘이 됐으면 저야 더 좋은 거고. 근데 생각보다 애들이 답장을 많이 해주더라고요.

/ 나답게 책임지는 삶

저는 제가 아직도 고등학생인 것 같아요. 마음이 거기 머물러 있어요. '내가 몇 살이었지?' 새삼 떠올리고는 '맞아, 나이로는 이제 성인이지?' 이래요. 하지만 한편으로는 내가 할 수 있는 한에서 최대한 내 일은 내가 책임지며 살려고 노력하고 있어요. 만약 잘못한 게 있으면 바로 인정하고, 사과하고, 어떻게 하겠다고 먼저 이야기하고. 미룬다고 해서 없어질 일이 아니니까. 설계사무소 다닐 때도 내가 약간 무의식적으로 책임지지 않고 피하려 한다는 느낌이 들면 어떻게든 나를 달래서 그러지 않으려고 애썼어요. 이건 항상 스스로 다짐하는 거예요.

지금은 이것저것 해보고 싶은 걸 하는 중이에요. 이 인터뷰도 제가 하고 싶어서 하는 거고요. 그런데 자유에는 불안이 따라오더라고요. 당연한 거겠죠? 학교나 회사에 다니면 그것 중심으로 신경을 쓸 수밖에 없는데 지금은 온전히 자유로울 때여서 세월호도 생각하게 되고, 취업이나 미래에 대한 걱정도 하고, 막연한 불안감도 있어요. 친구들은 각자의 삶을 살고 있고, 언제 다시 모일지 모르는데, 다들 어떻게 살아갈까? 나는 또 어떻게 살아가지? '너희 때는 실패해도 된다'는 말을 어른들에게 듣긴 하지만 불안감이 드는 건 어쩔 수 없는 것 같아요. 그래도 지금 상태가 저한테는 진짜 자유예요. 온전히 뭔가에 얽매이지 않아서 좋아요. 온마음센터 선생님들도 저 보고 되게 많이 밝아졌다, 좋아 보인다 그러시더라고요. 주변 사람들이 그렇게 느낄 정도인지는 몰랐어요. 이 상태를 좀 더 유지해보고 싶어요.

스피치 학원엔 휴학하고 다니기 시작해서, 지금 3년 넘게 배우고 있어요. 대학 다니는 것보다 더 좋았어요. 학교에 가면 숨이 턱 막히는 듯했는데, 그나마 스피치 학원을 다닐 수 있어서 숨통이 트였거든요. 학교를 다니면서 나를 잃어버린 것 같다고 느꼈을 때, '내가 정말 하고 싶은 것을 찾아서 해보자' 마음먹고 처음 시도한 게 이거였어요. 주변에서 '졸업할 때까지만 학원을 잠깐 쉬고, 졸업한 다음에 다시 다니는 게 어떻겠냐'고 물을 정도로 열심히 다녔어요.

처음엔 단순히 말을 좀 잘하고 싶어서 다닌 거였어요. 저는 말보다는 글이 더 편하고, 사람들 앞에 서면 긴장해서 불편하기도 해요. 대학 가서 필요성을 더 느낀 게, 제가 누군가를 부르면 상대방이 잘 못 알아듣는 거예요. 성량이 작은가? 노래방에 가야 하나? 고민하다가 이런 부분도 다 말을 잘하는 것에 포함된다고 생각해서 학원을 찾아간 거예요. 기본적으로 발음과 발성을 배우고 그 뒤로는 내레이션이든 목소리 연기든, 일단 말을 하게 해요. 선생님들이 현직 성우분들이에요. 얼굴을 드러내지 않고 감정이나 상황을 전달하는 게 쉬운 일이 아닌데 그걸 해낸다는 게 대단하고, 내가 아닌 다른 캐릭터나 사람이 될 수 있다는 게 멋져 보였어요. 저는 제 목소리에 전혀 장점이 없다고 생각했었는데 하다 보니까 좋은 점, 뛰어난 점을 찾기도 했고요.

지금 누군가 제 꿈이 뭐냐고 물으면 어떻게 대답할진 모르겠어요. 학원도 내가 다니고 싶어서, 성우 공부도 내가 하고 싶어서 하는 거지만, 굳이 남들에게 내 꿈이 성우라고 말하고 싶진 않더라고요. 학원에서 발레리나 강수진 씨가 쓴 글의 일부로 내레이션 연습을 한 적이 있어요. 그 글에는 '태우다'라는 말이 자주 나와요. '남과 비교하지 않고 오직 나를 태워서...' 스스로 항상 되뇌는 말이에요. 나한테만 집중하자고 마음을 다잡으면서.

예전에는 먼저 떠난 친구들을 떠올릴 때 친구들 몫까지 다해야겠다는 책임감을 강하게 느꼈어요. 주체 없이 책임감만 있었던 거죠. 지금은 거기에 내가 추가된 느낌? 어떤 삶을 살지 고민하는데 내가 들어온 느낌? 이제는 내가 잘 사는 게 친구들 몫을 해내는 것과 같다고 느껴요. 그래야 나중에 친구들이 잘살았다고 해줄 것 같아요. 어쨌든 내가 없으면 안 되는 거구나, 내 인생이니까. 네, 그런 것 같아요.

◇

어느덧 세 번째 만나는 자리였지만, 이시우는 여전히 낯을 가렸다. 그의 말문을 열고 싶어 던지는 나의 대중없는 질문들에 대한 대답도 거의 두세 마디를 넘기지 않았다. 인터뷰 일정을 상의하기 위해 만날 약속을 잡은 후, 나는 그를 공부했다. 『다시 봄이 올 거예요』를 읽고, 출연한 다큐멘터리를 보고, 생존학생 지원 단체들이 남긴 기록물을 찾아 훑었다. 도보행진, 각종 집회, 국가 손해배상소송, 기억식, 팽목항 지킴이, 생존자들이 꾸려온 크고 작은 모임까지. 지난 10년간 생존자로서 참여할 수 있는 거의 모든 자리에 그가 있었다. 무엇을 접하든 다큐멘터리 속 이시우의 표정이 잔상처럼 따라다녔다. 말이 주는 자유보다 그것이 남길 무게와 책임을 잘 아는 자의 얼굴. 할 말이 없는 사람이 아니다. 무엇부터, 얼마만큼 꺼내야 할지 고민을 거듭하는 거다. 그렇다면 같이 길을 찾듯 대화하며 10년 동안의 삶을 묻고, 들어야 할 것 같았다. "바람도 쐴 겸 인터뷰 여행 가는 거 어때요?" 의외로 흔쾌히 그가 승낙했고, 1박 2일의 여정을 함께 꾸렸다.

결과적으로 우리의 여정은 장시간 릴레이 인터뷰로 변경되었다. 오랜만에 꾸려진 생존자 모임이 여행 이튿날로 잡혔고, 이시우는 한결같은 마음으로 우정을 선택했다. 하루 동안 충분히 대화를 나누고, 다시 서울로 돌아가 모임에 참여하기로 한 우리는 부지런히 인터뷰를 시작했다. 말의 방둑이 무너진 사람처럼 그는 차곡차곡 쌓아둔 이야기를 내리 여섯 시간 넘게 들려주었다. 더 정확히는 말의 방둑을 스스로 무너뜨리기로 결심한 사람처럼. 여러 번 속으로 앓고, 곱씹었을 사연을 꺼낼 때는 눈물을 머금었다. 충분히 타인을 원망하고 미워해도 될 법한 상황에서조차 그는 이해를 앞세웠다. 섣불리 단정하지 않고, 자기 자신을 먼저 되돌아보는 오랜 습관이 그냥 만들어지진 않았을 것이다. 좀처럼 변하지 않는 세상을 등져버리지 않기 위해 모든 것을 품기로 마음먹은 사람. 슬프고도 웅장한 이시우의 태도 앞에 나는 조금 숙연해졌다.

세월호의 시간은 어느덧 10년이 흘렀고, 다음 10년, 또 다음 10년으로 흘러갈 것이다. 그에 따라 이시우와 그 주변의 삶도, 이야기도 두껍게 쌓이고 범람하길 반복할 것이다. 그러나 그가 또렷한 음성으로 읽어주었던 주제 사라마구의 자서전 글귀처럼, 끝끝내 그가 만들어내는 강줄기의 방향은 달라지지 않을 것이다. 이시우는 강 같은 사람이다.

/ 박민진(한낱)

214

숨지 않고 나답게

생존자 장애진 이야기

우리의 첫 만남은 2015년 11월이었다. 장애진은 세월호참사 작가기록단에서 준비한 생존학생 기록 설명회에 온 두 명 중 한 사람이다. 당시엔 '와, 두 사람이나 왔으니 다행이다' 하고 여길 만큼 생존학생과 만날 수 있는 기회가 여의치 않았다. 낯선 사람들의 초대에 기꺼이 응해준 것도 고마운데, 그는 다른 생존학생들에게 열심히 홍보해주고 인터뷰이를 연결해주었다. 고등학생 때 그는 말이 많지 않고 감정 표현을 거의 하지 않는 사람이었다. 이후 중간중간 얼굴 보는 자리가 있었지만 깊은 대화를 나누진 못했다. 오히려 그의 목소리를 길게 들을 수 있었던 건 세월호참사 기억식에서였다. 그는 기억식에 생존자로서 가장 자주 등장했던 사람이다. 기억식에 찾아온 사람들 앞에서 눈물을 참아가며 끝까지 편지를 읽던 목소리가 기억에 남아 있다. 기억식마다 그는 매번 조금씩 다른 인사를 건넸다. "안녕하세요? 세월호 생존학생 모임 메모리아 대표 장애진입니다." "안녕하세요? 세월호 생존학생, 지금은 25살이 된 장애진입니다." "안녕하세요? 세월호 생존학생, 지금은 응급구조사로 일하고 있는 장애진입니다." 잊지 않겠다는 약속을 지키기 위해 늘 그 자리에서 묵묵히 자신만의 걸음을 꾸준히 걷고 있구나. 그의 변하지 않는 모습이 좋았다.

2023년 인터뷰를 하기 위해 다시 만났을 때 뭔가 많이 변했다고 느꼈다. 흐릿했던 기억이 그의 달라진 분위기를 보면서 떠올랐다. 예전엔 몸에 잔뜩 힘을 주고 있는 것처럼 보였는데. 아, 이렇게 발랄한 사람이었나? 자연스럽게 풀어진 얼굴과 몸을 보니 그 인상이 더 선명하게 느껴졌다. "이제 돈 버니까 커피는 제가 사드릴게요." 이십 대가 된 그가 말했다. 왠지 웃음이 나왔다. 그를 조금씩 새롭게 만나는 시간이었다. 그는 꽃을 좋아한다. 그의 몸에는 좋아하는 꽃들을 그린 타투가 있다. 그가 좋아하는 꽃은 목련, 목련이 필 때는 4월, 그날도 4월. 그는 몸에 새긴 좋아하는 꽃 이야기를 봄의 아픔과 함께 전해주었다.

봄이 오는 신호가 보이면 어김없이 너희들 생각이 나. 벚꽃잎이 흩날리면 그곳에 좋아하던 모습이 떠올라. 근데 요즘 벚꽃을 보면 좀 힘들어지는 것 같다는 느낌을 받았어. 그저 피고 지는 것이 아름답기만 한 꽃이었는데 왜 이렇게 되었을까? (…) 그저 우리 곁에 있었다면 얼마나 좋았을까? 그게 너무 큰 바람인 걸까? 도대체 우리가 무엇을 잘못했길래 우릴 갈라놓은 걸까? 너희가 그리워서 그냥 울고 싶은 날이 있어.

— 세월호참사 5주기 기억식에서, 장애진의 편지

준비한 글을 열 번 넘게 읽고 갔는데 5주기 기억식 때도 울었어요. 울면 말을 더듬거려서 전달이 안 되잖아요. 기억식에 온 정치인들이 제대로 듣고 갔으면 하는 마음으로 안 울려고 하는데 잘 안 돼요. 그날 바람이 많이 불었어요. 무대에 설치된 바람개비들이 계속 도는 거예요. 사회를 본 아나운서가 바람개비를 보면서 친구들, 아들딸들이 바람으로 여기에 와 있는 것 같다고 했어요. "지금 여기 우리 앞에 와 있다 생각해"라는 내용이 친구들에게 보내는 편지에 있었어요. 제가 편지를 읽을 때 친구들이 곁에 와 있는 것 같은 느낌이 들었어요. 기억식에서 편지를 읽을 때는 늘 조심스러워요. "글을 왜 이렇게 썼어?"

하는 말을 들을까 봐 마음이 쓰여요. 기억식 때마다 똑같은 말을 할 수도 없잖아요. 책을 많이 읽으면 글이 잘 써져서, 주기가 가까워지면 책을 더 많이 읽어요. "이번에는 어떤 내용이 좋을까?" "내용이 괜찮은지 한번 봐줘." 주위 사람들에게 의견을 물어보고 여러 번 고치면서 준비를 해요.

만약 참사가 없었다면 인터뷰나 발언을 할 일은 없었겠죠. 낯을 가리는 제 성격으론 많은 사람 앞에서, 낯선 사람을 만나서 이야기하는 건 별로 상상이 안 되는 일이에요. 근데 참사로 인해 제가 사건의 목격자가 됐어요. 이런 참사가 일어난다는 게 말이 안 되는 일인데 제 친구들은 돌아오지 못했어요. 저는 친구들이 돌아오지 못한 이유를 알고 싶어요. 왜 이런 일이 일어났는지 모르면 너무 억울하잖아요. 진실을 알려면 더 많은 사람들에게 제가 목격한 걸 말해야 하는 거죠. 참사를 없었던 일로 할 수는 없으니 제가 해야 할 것을 생각하고 살아가고 있어요. 2017년 '에버트 인권상' 수상자 대표로 독일에 간 일도 그중 하나예요. 처음에는 제가 가는 게 맞나 싶었어요. 대한민국 촛불시민을 대표해 시상식에 가는 게 부담스러웠죠. 에버트 재단에 관한 자료도 찾아보고 주위 사람들에게 의견도 물었어요. 박근혜 탄핵에 세월호참사가 영향을 미쳤잖아요. 목격자인 제가 말할 때 사람들이 더 집중해서 들을 테니 해외에 세월호참사를 알릴 수 있는 좋은 기회이기도 하고, 이 상은 저에게 주는 게 아니라 국민들에게 주는 상이니까, 가기로 결정을 했어요.

대학에 가서 과 사람들이 나를 안 좋게 보면 어떡하지? 두려움이 크진 않았지만 걱정은 했어요. 저희 입장에서는 입시를 준비할 수도, 행정적으로 내신을 채울 수도 없는 상황이어서 특별전형으로 대학을 갔지만 다른 사람들은 혜택이라고 생각하고 화가 날 수도 있잖아요. 이해는 해요. 당시 생존학생의 특별전형에 대한 여론도 좋지 않았고요. 걱정은 했지만 굳이 피할 생각은 없었어요. 어차피 출신 고등학교 이야기가 나오면 사람들이 알 수밖에 없는 거니까. 한 친구가 자기는 원래 특별전형을 안 좋게 생각했는데 지금은 딱히 상관없어졌다고 이야기하더라고요. 앞에서 반감을 갖고 저를 대하는 사람은 없었어요. 아마 응급구조과라서 부정적 시선이 없었던 것일 수도 있겠다는 생각은 들어요.

응급구조과는 고3 때 선택을 했어요. 고2 때 담임 선생님이 주신 과 소개에서 응급구조과를 보고 궁금증만 가지고 있다가, 세월호참사 이후에 관련 정보를 찾아봤어요. 응급 상황에 초기 대응을 하는 일을 배우는 곳이더라고요. 유아교육과를 가고 싶었지만 응급구조과로 바꾸는 게 큰일이라고 생각은 안 했어요. 이때는 이런저런 진로 고민을 할 때니까요. 세월호참사의 영향도 있지만, 제가 활발한 성격이라 활동적인 일을 하고 싶었어요.

"여기 단원고 생존학생이 있다는데 누구지?" 재난 수업 시간에 교수님이 물어보는 거예요. 당황스러웠지만 손을 들었어요. 재난 수업이니까 세월호참사 이야기를 할 수는 있지만 굳이 제 존재를 확인할 필요가 있었을까요. 애들도 대부분 알고 있고 딱히 별다른 반응이 없어서 별일 없이 넘어가긴 했어요. 안산에 사는 애들은 제가 생존자라는 걸 알고 있었고 다른 사람들도 짐작은 하고 있었던 것 같아요. 어떤 친구가 저한테 어디 사냐고 물어서 '안산'이라고 했는데, 그 친구가 단원고냐고 또 물어보니까 다른 사람들이 그걸 몰랐냐고, 굳이 왜 물어보냐고 하더라고요. 그런 걸 보면 다들 알았던 것 같아요. 몇몇 애들이 노란 팔찌 달라고 해서 나눠준 일도 있었고요.

대학 입학할 때 저는 분향소 앞에서 찍었거나 단원고 교복을 입고 찍은 카카오톡 프로필 사진을 일부러 바꾸지 않았어요. 안산 이야기 나오면 바로 다음 질문을 할 테니까 프로필 사진을 그대로 둔 거죠. 누가 물어보면 대답을 하겠지만, 사람들이 먼저 알아채고 굳이 나한테 안 물어봤으면 좋겠다 싶어서요. 숨기다 나중에 말하면 더 이상할 것 같았어요. 더구나 내가 잘못한 게 아닌데 왜 숨겨야 하나 생각도 했고요. 굳이 밝힐 필요는 없지만 굳이 숨길 필요도 없으니까. 사람들이 저를 '생존자' 장애진으로만 볼 거라는 생각은 안 했어요. 제가 생존자라는 걸 사람들이 알고 난 뒤에도 '생존자' 장애진으로 본다는 느낌을 받지는 않았어요. 일상에서는 장애진으로 생각해주니까요. 4월 16일쯤엔 사람들이 애진이도 생존자였지 하고 생각하지만 4월 16일 하루는 생존자 장애진으로 살아도 상관없으니까. 4월은 매년 몸으로 오는 것 같아요. 평소처럼 지내다가 우울한 느낌이 들 때가 있어요. 아, 벌써 4월인가! 달력을 보면 4월이 와 있어요.

/ 병원의 일상

2019년 12월에 응급구조사로 병원에 취직을 했어요. 대부분 비정규직인데 응급구조사를 뽑는 곳이 많지 않아서 경쟁이 치열해요. 간호사는 법적으로 환자 몇 명당 간호사 몇 명으로 인원이 정해져 있는데 응급구조사는 정해져 있지 않아요. 권역 응급의료센터만 법적으로 응급구조사를 채용하게 돼 있고요. 일자리는 한정돼 있는데 병원 중에서 몇몇 곳은 특정 학교를 선호하는 경우가 더러 있어서 벽이 높아요. 경력이 없으면 대체 인력으로 가는 것도 어려워서, 공백 기간이 길어지면 더 취직이 안 될까 봐 일단 병원에 들어갔어요.

아침 6시 35분쯤 병원에 도착해요. 출근하면 먼저 부목 같은 의료 물품 개수를 세고 정리를 해요. 간호사들과 함께 라운딩을 돌면서 전날 있었던 환자 상태에 대한 인수인계를 받고요. 저는 응급실에서만 근무를 해요. 환자가 접수되면 체온과 혈압을 재고 어떤 증상이 언제 발병했는지 환자에게 물어봐요. 의사도 문진을 하지만 제가 초기 문진을 해요. 문진은 환자를 분류하기 위한 과정인데 이 환자를 중증 구역에 보낼 건지, 외상 구역에 보낼 건지, 아니면 격리실에 둘 건지를 정하게 되죠. CPR 환자가 오면 응급 처치를 하고요. 3교대로 일하는데 데이, 이 브, 나이트로 돌아가요. 데이는 아침 7시부터 오후 3시까지, 이 브닝은 오후 3시부터 11시까지, 나이트는 밤 11시부터 다음 날 아침 7시까지 일해요. 출근은 정해진 시간보다 30분 전에 해요. 응급실은 금요일부터 월요일 사이에 환자가 많아서 힘들어요. 주말엔 병원 문을 닫으니까 응급실로 환자가 몰리거든요. 어제 는 환자가 80명 정도였는데 100명이 넘을 때도 있어요. 바쁠 땐 점심도 못 먹고 일을 해요.

몇몇 환자 때문에 짜증이 날 때가 있어요. 술 마시고 응급 실에 와서 난동 부리는 사람들도 있고, 응급실에 영양제 맞으러 오는 것도 곤란하고요. 자기 먼저 치료해달라고 하거나 왜 빨리 안 해주냐고 난리를 치는 경우도 있어요. 사람들은 응급실이라 고 다 빨리 처치가 되는 줄 아는데, 아니거든요. 환자 증상에 따 라서 응급인지 아닌지를 판단해 순서가 정해지는데, 환자들은 접수한 순서대로만 생각하거나 내 몸이 아픈 게 우선이에요. 응 급실은 보안 담당자가 문을 열어줘야 들어올 수 있는데, 문이 열렸을 때 어쩌다 경증 환자가 들어오게 됐나 봐요. 배 아파서 왔다고 빨리 해달라고 재촉을 하는 거예요. 너무 바쁜 때라 화 가 나더라고요.

환자 중에 아가씨라고 부르면서 반말을 하는 사람들이 있 어요. 연세가 많은 어르신은 이해를 하는 편인데 아닌 경우도 많아요. 그럴 땐 여기 아가씨 없다고 말하고 대답을 안 해요. 어느 날 중년 여성이 계속 반말을 하는 거예요. 처음에는 반말하지 마시라고 이야기했는데, 안 멈추는 거예요. "처음 보는 사람인데 왜 이렇게 반말을 하실까?" 했더니 자기는 괜찮대요. 제가 계속 존댓말로 해달라고 하니까 나중에야 제대로 말을 하더라고요. 저는 무례한 상황이라고 생각하면 참지 않고 말하는 편이에요. 근데 지금 다니는 병원은 환자 민원에 대해서 예민한 편이라 하고 싶은 말을 못 할 때가 있어요. 민원이 들어오면 응급실로 서류가 전달돼요. 전에 다녔던 병원에서는 민원서류를 받아본 적도 없어요. 어떤 간호사는 환자와 전화로 이야기하다가 "응급실 간호사 누구누구니까 민원 거세요"라고 말하는 경우도 있었어요. 지금 있는 병원은 그런 분위기가 아니에요. 여기는 규모가 커진 지 얼마 안 된 곳이라 관리 차원에서 민원에 신경을 많이 쓰는 것 같아요. 그래서 민원 안 걸릴 정도로 적당히 눈치 봐가면서 이야기하는 편이에요.

예전에 잠깐 수어를 배웠어요. 일을 하다 보니 청각 장애인을 만나게 될 때가 있거든요. 그럴 땐 응급 상황에서 의사소통을 해야 하는데 제가 수어를 못하니까, 마스크를 벗고 페이스실드를 착용해요. 청각 장애인 중에는 입모양을 보고 소통할 수 있는 경우가 있어요. 아니면 글씨로 적어서 소통을 하고요. 외국인 환자의 경우는 제가 영어를 잘 못해서 파파고 앱을 이용해요. 중국어, 베트남어, 러시아는 통역사가 있어서 소통이 가능한데 다른 국가의 경우는 번역 앱을 이용하는 편이에요. 다양한 환자가 있어서, 필요에 따라 의사소통 방식을 알아가는 것도 하나의 일이에요.

/ 나답게

　　　　　　　응급 상황은 다 안타깝지만, 일하다 난 사고는 더 속상해요. 26층에서 떨어진 사람이 CPR로 응급실에 온 경우가 있어요. 건물 벽에 누수가 있어서 보수 공사를 하다가 26층에서 떨어진 거예요. 원래 트라우마로 인한 CPR은 큰 병원으로 가야 하는데, 환자가 살 가능성이 희박한 데다 가까운 병원이 제가 일하는 곳이었어요. 일하다 보면 다치는 경우도 있을 수 있겠죠. 하지만 26층에서 이뤄지는 작업이라면 안전장치를 제대로 갖춰야 하잖아요. 위험을 알고도 노동자가 감수하고 일을 하는 거죠. 엘리베이터 고장 수리를 하다가 CPR로 온 환자도 있어요. 2인 1조로 작업을 하지 않는 경우가 많잖아요. 두 사람이면 다친 사람을 빨리 발견해서 살 수 있는 가능성이 높아지는데, 혼자서 일하다 사망을 한 거죠. 위험한 시스템을 바꾸면 노동자가 죽지 않을 가능성이 높아지는데 사람의 목숨이 하찮게 여겨지는 게 문제예요. 젊은 사람의 죽음이라서 더 슬프거나 그러진 않아요. 죽음에 대한 슬픔은 크기를 매길 수 없으니까. 근데 CPR을 하기 전 그 사람의 상황과 사연을 들으면 슬퍼져요. 응급실에 있으면 죽음을 매일 가까이서 보잖아요. 죽음에 무뎌지게 될까 봐 두려워요. 실습할 때는 CPR 환자가 오면

손도 떨리고 무서웠거든요. 근데 일이다 보니 점점 죽음에 무뎌지는 것 같아요. 그렇게 안 되려고 계속 생각하고 노력해요. 시간이 지나도 환자의 보호자를 만나는 일은 힘들어요. 남겨진 사람의 마음을 아니까. 저도 소중한 사람을 잃어봤잖아요.

"손목에 있는 타투, 뭘 그린 거예요?" 병원에 같이 일하는 선생님이 물어보더라고요. 노란 리본이고 단원고 다녔다고 얘기 했어요. "세월호에 탄 친구가 있었어요?" "제가 그 배를 탔어요." 그 선생님은 제가 생존자일 거라고 생각을 못 하셨나 봐요. 8주기 기억식 때 제가 발언한 영상을 보고 묻는 선생님도 있었어요. 물어보지 않으면 굳이 이야기 안 하는데, 물어보면 숨기지는 않아요. 생존자라는 걸 안다고 주위의 시선이 이전과 달라지지는 않더라고요. 제가 위축되고 소심한 모습을 보였으면 선생님들도 조심스러워 하셨을 텐데, 처음 만났을 때부터 저는 밝은 성격이어서 그런 것 같기도 해요. 직장에서도 선은 넘지 않으면서 자유롭게 행동하는 편이라 그런 걸 수도 있고요.

예전에는 제 어떤 행동이 생존자 전체에 대한 부정적인 시선을 만들면 안 되니까 뭐든 조심해야 하고, 다른 사람의 시선에 더 신경 쓰며 살아야 할 것 같았어요. 예를 들면 환자를 대할 때 내가 너무 짜증을 냈나, 그런 생각을 할 때가 있어요. 근데 저를 존중하는 환자들한테는 저도 정말 잘하거든요. 저를 함부로 대하는 사람에게 할 말을 하는 게 문제는 아니잖아요. 제가 범죄를 저지른 것도 아니고 인성이 삐뚤어진 것도 아니고 세월호 생존자일 뿐이고 보통 사람인데, 굳이 그렇게 신경을 써야 하나 싶어요. 생존자라는 것과 제 자신을 분리할 수는 없지만, 생존자로만 존재하고 사는 건 아니잖아요. 생존자니까 더 이래야 한다는 생각은 이제 안 하는 것 같아요. 평소 성격대로 자기답게 사는 거고 자유롭게 사는 게 당연한 거잖아요. 피해자는, 생존자는 이럴 거다 또는 이래야 한다는 건 사람들이 만들어놓은 틀이니까요.

지금 다니는 병원 계약 기간이 8월에 끝나요. 병원에서 응급실 코디네이터 상근직으로 전환해주겠다는 제안이 있었어요. 나중에 결혼하고 아이 낳으면 상근직이 오히려 좋다고 하시더라고요. 근데 거절했어요. 제가 삼십 대 중반이면 이 제안을 받았을 것도 같은데, 아직 젊으니까 새로운 도전을 해보고 싶고 계속 임상에서 일하고 싶어요. 응급구조사는 '응급' 상황에 대처하는 일이잖아요. 응급 현장에서 제일 먼저 보는 사람인 거죠. 정맥 확보를 통한 처치, 심폐소생술 같은 것들이 구조 현장에서 초기에 응급구조사가 해야 할 일이에요. 학교 수업 자체가 응급 현장에 필요한 전문적인 내용을 배워요. 저는 '응급' 상황에 필요한 처치를 할 때 일의 매력을 느껴요. 중증 환자 케어를 하면서 깔끔하게 막힘없이 필요한 처치를 했을 때 뿌듯하고요. 공부머리는 없는데 일머리는 있는 것 같아요. 간호사는 일을 배울 때 선배 사수가 배정되어 있고 배울 수 있는 기회를 주는데, 응급구조사는 그렇지 않아요. 병원에서는 응급구조사 업무만 할 수가 없어서 전반적인 걸 다 알아야 하는 상황이기도 하고요. 일을 할 때 경험도 중요하지만 눈치가 있어야 해요.

요즘은 정규직 응급구조사도 조금씩 보이지만 여전히 비정규직이 많아서 응급구조사의 위치가 불안정해요. 어릴 때 아빠가 노동조합 활동을 해서 비정규직 문제에 목소리를 내는 모습도 봤고 집회도 같이 갔었거든요. 그런데 막상 지금은 제가 비정규직이네요. 정규직 전환이 어려워서 계약이 끝나면 다시 다른 직장을 알아봐야 해요. 안정적으로 일할 수 있는 병원이 있으면 저도 가고 싶지만 정규직 채용을 하는 병원은 별로 없더라고요. 그래서 소방 쪽 응급구조사도 고민 중이에요. 제가 하고 싶은 일이니까 고용이 안정된 상태에서 계속 일하고 싶어요.

/ 받고 싶지 않은 질문

솔직히 많이 힘들었습니다. 4월이 되면 혼자서 많은 언론을 감당해야 했고 단원고인 걸 알게 되어 물어보면 담담하게 말하는 것도, 친구들이 그리워 우울할 때도 사실 괜찮지 않았습니다. 그래도 제가 이렇게 먼저 나서서 목소리를 내면 다른 친구들이 함께 해줄 거라고 생각하고 7년을 버텨온 것 같습니다. 그렇게 7년이 된 지금 소수의 친구들이지만 함께 용기를 내 참여해주니 제 노력이 헛되지 않은 것 같다는 생각이 들어 다행스럽습니다.

— 세월호참사 7주기 기억식에서, 장애진의 편지

여러 번 인터뷰를 했지만 여전히 불편해요. 낯을 가리는 성격인데 항상 새로운 사람을 만나서 제 이야기를 해야 하니까요. 야외에서 촬영하는 인터뷰는 카메라가 보이니까 사람들이 무슨 일인가 싶어서 저를 쳐다보거든요. 연출된 장면을 만들 때 저기 가서 서봐라, 어디 바라보고 있어달라, 어떤 포즈를 취해 달라, 억지로 뭔가 장면을 만드는 것 같아서 싫었어요. 사실 촬영을 한다는 건 어느 정도 연출이 있을 수밖에 없다는 걸 알지만 처음에는 다 싫더라고요. 근데 생각해보니까 그 사람들이 나를 잠깐 본다고 계속 기억하는 것도 아니고 갑자기 다가와서 "그때 촬영했던 분 아니에요?" 하는 것도 아니니까. 카메라가 여전히 불편하지만 우리가 잘못한 게 아니니까 얼굴을 숨길 필요가 없다고 생각을 했어요. 마주하고 말을 할 때 사람들이 더 귀를 기울이잖아요. 얼굴 노출에 대한 걱정이 있지만 생각보다 알아보는 사람은 별로 없더라고요.

'친구들이 자주 생각나세요? 힘들지 않으세요?' 항상 받는 질문이에요. 친구랑 이야기하다가 떠난 친구 이야기가 나오면 생각이 나죠. 1년에 한 번씩 그 친구 만나러 갈 때 생각해요. 4월이 다가올 때 친구가 떠오르죠. 하지만 매일 하루에 몇 번씩 생각나는 건 아니에요. 그러면 어떻게 일상생활을 하겠어요? 사람들이 누군가를 항상 생각하고 사는 건 아니잖아요. 다른 사람들이 보기엔 제가 떠난 친구를 자주 생각하고 힘들어할 거라고 상상하는데 그렇지 않거든요. 추가 질문을 받을수록 슬픈 감정을 유도하는 느낌이 들어요. 참사를 겪고 나서 모든 사람이 항상 우울에 빠져 있다면 피해자들은 살아 있지 못하겠죠.

약을 먹나요? 아니요. 심리상담을 계속 받나요? 아니요. 울고 지낼 때가 있나요? 아니요. 악몽을 꾸나요? 참사 초기에는 그랬지만 지금은 아니에요. 인터뷰할 때 받는 질문들이에요. 결국 운 적이 있다는 말을 하게 돼요. 안 운 건 아니니까. 정해진 답이 있는 질문들이 싫어요. 원하는 답이 있지만 저는 그 답을 해줄 수 없어요. 사람마다 다르잖아요. 사람들은 보이는 아픔에 대해서 더 많이 물어보더라고요. 상처가 보여야 슬프고 아프다고 생각하는 것 같아요. 기사를 읽게 하려면 자극적인 내용이 있어야 한다는 건 알아요. 저처럼 무미건조하게 말하면 누가 읽겠어요? 하지만 제가 할 수 있는 답변은 이런 거죠. 다른 친구들에 비해서 트라우마는 없는 편이다. 다른 친구들은 약을 먹거나 자해를 하는 경우도 있다. 인터뷰를 하는 생존자가 많지 않아서 제 이야기가 다른 생존자들에게 적용돼서 비슷하게 이해될까 봐 부담이 가요. 그래서 항상 저와는 다른 친구들의 상황에 대해서 말을 해요.

대학교 때 수업 때문에 스킨스쿠버를 하러 갔어요. 바다에 가기 전에 수영장에서 미리 연습을 했고요. 슈트를 입고 공기통을 메고 바다 속으로 들어갔는데 아무렇지 않았어요. 그다음엔 공기통을 안 매고 오리발 끼고 헤엄쳐서 바다로 들어갔는데 어느 순간 바다가 깜깜하게만 보였어요. 너무 어두운 거예요. 너무 무서워서 울면서 더 못 하겠다고 했어요. 장비를 갖추고 바다에 들어갈 때는 숨을 쉴 수 있으니까 안 무서웠던 것 같아요.

친구들은 제가 생존자라는 걸 아니까 사람들한테 말하라고 했는데 싫다고 했어요. 그 사람들은 저에 대해 잘 모르니까요. 깜깜한 바다가 왜 그렇게까지 무서웠는지 잘 모르겠어요. 배 안으로 물이 들어오는데 갇혀 있었고, 전등불도 다 꺼진 어두운 배 안에 있어서 그랬나. 잘 모르겠어요.

배에서 어떻게 탈출했는지는 항상 말을 할 수 있어요. 사람들이 보는 매체가 다르니까 여러 사람에게 가닿기 위해서라도 이 이야기는 계속 해야 한다고 생각해요. 근데 응급구조사라는 직업을 선택한 이유를 묻는 질문은 그만 받고 싶어요. 꿈을 바꾼 이유는 사람들이 덜 관심을 가져도 된다고 생각해요. 제가 응급구조사가 아니라 사무직이었다면 이렇게 까지 안 물어봤을 것 같아요. 물론 제가 응급구조사로 진로를 바꾼 데엔 당연히 세월호참사의 영향이 있죠. 하지만 그렇게 대단한 결정이라고는 생각하지 않아요. 반복해서 똑같은 질문을 받다 보니 저의 선택이 극적으로 그려지는 것 같은 느낌을 받아요. 생존자가 아니었다면 선택을 안 했을 수 있지만 결국 제가 원해서 한 일이에요.

대학 입학하고 맞이한 세월호참사 주기 때 일주일에 다섯 번 정도 인터뷰를 한 적이 있어요. 진상규명 활동을 해야 한다고 생각해서 많은 인터뷰를 했지만 너무 힘들었어요. 외롭다고 느꼈나? 그건 잘 모르겠지만, 왜 혼자만 해야 하나 싶었어요. 누군가는 말을 해야 하니까 제가 시작을 한 건데 시간이 흘러도 상황이 달라지진 않더라고요. 다른 생존자들이 없으니까 제가 계속 말을 해야 하는 상황이 됐어요. 처음에는 이해하려고 했어요. 제가 인터뷰나 발언 경험은 없지만 어릴 때부터 아빠랑 집회에도 나가봤고 아빠가 인터뷰나 발언을 하는 걸 본 적도 있으니까. 부모님은 제가 청소년일 때도 선택을 존중해주셨지만 다른 애들은 부모님의 허락을 받아야 하는 상황일 수 있으니 이해했어요. 각자 가정환경이 다르니까. 대학 입학해서도 안 해본 거니까 시간이 더 필요하겠지, 하면서 기다렸어요. 집회라도 오는 친구들이 있겠지, 기대도 했고요. 기다리다 보니 그런 생각이 들었더라고요. 나도 어렸는데. 나도 처음이었는데. 보이지 않는 곳에서 열심히 하는 것도 좋지만, 안 보이면 사람들이 알 수가 없잖아요. 보이지 않는 곳에서 하면 세월호참사는 잊혀질텐데…

/ 기억의 약속

저는 제가 계속해서 학생의 신분에 멈춰 있고 성인이 될 줄은 몰랐는데 26살이 되어버렸네요. 제가 성인이 되어 사회생활을 하는 지금쯤이면 조금은 진상규명에 가까워져 있을 거라고 생각했는데 아니에요. 오래 걸릴 걸 알고 있었습니다. 2014년 4월 16일 그 이후 아빠랑 다짐한 게 있었습니다. 친구들이 왜 돌아오지 못했는지 진상규명 끝까지 같이해보자고 최소 10년은 생각하고 시작했습니다. 2022년 4월 16일, 어느

덧 8년이라는 시간이 흘렀네요. 벌써 8년이 아니라 아직 8년 이라는 생각으로 시간이 흘러도 진상규명은 그대로지만 지치더라도 제가 할 수 있는 만큼 끝까지 가보려 합니다. 시간이 흐를수록 그만하라고 말하는 사람들이 많아지네요. 저도 그만하고 싶습니다. 항상 진상규명을 위해 힘들었고 무서웠던 기억을 꺼내야만 하는데 누가 계속하고 싶겠어요. 근데 또 어떻게 그만하겠어요. 소중한 내 친구들인데.

— 세월호참사 8주기 기억식에서, 장애진의 편지

모임을 만들려고 단원고 단톡방에 제안 글을 올렸어요. 생존자들끼리 세월호참사 진상규명에 대한 전반적인 내용을 자료로 만들어서 정리해보고 함께 이야기를 해보고 싶었어요. 함께할 사람은 연락을 달라고 했어요. 일단 시작을 하면 계속 모이지 않을까 하는 생각으로 어떻게든 모임을 만들려고 했던 것 같아요. 지금은 못 하고 있는데, 모임 '메모리아'로 모여서 주기 때 기억물품을 만들어 시민들에게 나눠주는 활동을 했어요.

메모리아는 생존자 모임이지 단체는 아니에요. 단체를 하려면 함께할 사람도 있어야 하고 조직 체계도 갖춰야 하잖아요. 저는 계속 응급구조사 일을 하고 싶은데 제 일을 포기해야 가능할 일인 것 같은 거예요. 단체를 만들려면 많은 준비가 필요하고 힘을 쏟아야 하니까요. 단체가 유지되려면 운영비도 필요한데 그것도 어떡하지? 한참 이런저런 생각을 하다 보니 이걸 또 내가 하자고 제안을 해야 하는 건가? 제안을 하면 같이할 사람은 있을까? 한 명은 떠오르지만 몇 명밖에 없겠지? 이런저런 생각을 하다 보면 엄두가 안 나는 거죠.

　생존자 장애진. 주위 사람들은 그렇게 부르지 않지만 언론에서는 저를 '생존자'라고 불러요. 제 이름 앞에 다른 수식어가 안 붙었으면 좋았을 거예요. 다른 수식어 없이 이름만으로 불리는 게 좋으니까. 생존자라는 무게에 눌려 있지는 않지만 그렇다고 죄책감이 사라지지는 않아요. 세월호참사 9주기 때 10·29 이태원참사 생존자와 함께 인터뷰를 한 적이 있어요. 만나보니 저보다 한 살 어린 분이더라고요. 자기만 살아서 나왔다는 생각 때문에 죄책감을 많이 가지고 있었어요. 지인들이 2차 가해가 되는 말을 했는데 그걸 전해 들었나 봐요. 많이 힘들어했어요. 트라우마 때문에 심리상담을 받는데 지원이 안 되는 문제도 있었고. 너무 힘들어하진 말라고 이야기하고 싶지만 그렇게 되지 않는 걸 아니까… 아직 1년도 안 됐으니까요. 울고 싶으면 울어도 된다고 말해주고 싶은 마음으로 인터뷰를 같이 했던 것 같아요. 세월호참사가 10년이 돼가지만 제 죄책감의 무게는 줄어들지 않았어요. 그 친구도 그러지 않을까요? 그 친구나 저나 죄책감을 안 가져도 된다는 걸 알지만, 가질 수밖에 없어요. 세월호참사 때 제가 친구들을 구할 수 없었던 것처럼, 이태원참사 생존자도 옆에 있는 사람을 구할 수 없었던 상황이라는 걸 스스로 알지만 죄책감이 줄어들지는 않아요. 저도 그 친구도 그날의 현장을 목격한 사람들이니까. 제가 듣고 싶은 말이기도 하고 이태원참사 생존자들에게 해주고 싶은 말이 있어요. '잊지 않고

기억할게요.'

/ 몸에 새긴 기억

　　　　　타투를 하면 행복해져요. 처음에는 손목 안쪽에 노란 리본 그림과 2014년 4월 16일 글자를 넣었어요. 누군가를 만날 때 손을 잡거나 악수를 하면 타투가 보이게 하고 싶었거든요. 세월호참사 팔찌는 끊어질 수도 잃어버릴 수도 있으니까, 사람들에게 계속 보여주고 싶어서 몸에 새겼어요. 타투를 본 사람들이 물어보면 말해줄 수 있고 함께 기억해줬으면 해서요. 그래서 아빠랑 같이 가서 똑같은 타투를 새기고 돌아왔어요. 그다음 타투는 대학교 들어가서 했어요. 단발머리에 단원고 교복을 입은 사람이 바다를 보면서 앉아 있는 그림인데 저를 그린 거예요. 뒷모습에서 누군가를 그리워하는 느낌이 들지 않나요? 옆에는 물망초와 별을 같이 넣었어요. 물망초는 'forget-me-not(나를 잊지 마세요)'이 꽃말이에요. 아직 친구들이 그립고 잊지 않겠다는 마음을 담았어요. 그다음은 떠난 친구들이 보고 싶어서 민지와 민정이 탄생화인 과꽃과 수선화를 새겼어요. 허벅지에는 강아지 세 마리가 그려져 있어요. 두 마리는 죽었고 한 마리는 지금 키우고 있어요. 플루메리아도 있는데 꽃말은 '당신을 만난 건 행운입니다'예요. 여기 글씨로 새긴 거요? '시바스 베네 발레오'라는 라틴어인데, 당신이 편안하면 나도 편안하다는 안부 인사예요. 저를 포함해 모두에게 전하고 싶은 안부거든요. 유일하게 레터링으로 새긴 건데, 레터링은 잘못했다간 나중에 후회를 많이 한다고 해서 어떤 말을 새길지 1년 정도 고민했어요. 가장 최근은 델피니움 꽃을 선택했어요. 꽃말이 '당신을 행복하게 해줄 거예요'래요. 몸에 꽃이 많아요. 동백꽃, 붓꽃, 아이리스, 플루메리아…

　타투 메시지가 세월호참사와 기억으로 시작해서 모두의 안녕으로 가고 있다고요? 한 번도 생각해보지 않았는데, 이야기를 들어보니 그러네요. 제 삶의 흐름을 나타내는 게 맞는 것 같아요. 저에게 타투는 제 감정의 표현이고, 기억하고 싶은 메시지고, 당시 기분 상태이기도 해요. 아무리 꽃말이 좋아도 제가 느꼈던 느낌이 아니면 안 새기거든요. 저는 네잎 클로버를 새기지 않고 굳이 세잎 클로버를 새겼어요. 둘 다 꽃말은 '행운'이에요. 사람들은 네잎 클로버를 찾으려 하지만 저는 세잎 클로버로 충분하다고 생각했어요. 행복 속에서 왜 굳이 다른 행복을 또 찾으려 하나 싶어서요. 지워지지 않게 제가 하고 싶은 이야기를 몸에 새긴다고 생각하면 기분이 좋아져요.

　타투 한 걸 나중에 후회할 수도 있겠죠. 근데 안 하고 후회하기는 싫어요. 일단 하고 싶은 건 해야 하고, 후회해도 하는 게 나은 것 같아요. 원래도 하고 싶은 걸 하고 살아야지 생각했지만 참사 이후 더 분명해졌어요. '열심히'라는 단어가 하나 더 붙었죠. 저도 돌아오지 못할 뻔했던 거니까. 이 자리에 없을 뻔했으니까. 제가 언제 죽을지도 모르는 거니까요. 병원에서 일하다 보니 죽음을 많이 보잖아요. 일하러 가다 교통사고로 죽는 사람, 놀러 갔다가 죽는 사람, 질병으로 죽는 사람… 또 연령대도 다양하거든요. 지금 당장은 아니지만 언젠가는 그날이 오겠죠. 그게 그렇게 멀지 않을 수 있다는 생각을 해요. 아직 하고 싶은 게 많은데 갑자기 죽으면 억울하잖아요. 열심히 내가 하고 싶은 걸 하면서 살아야겠다는 생각이 들어요.

참사가 나고 아빠랑 약속을 했어요. 진상규명을 위해 최소 10년은 활동을 하자. 저도 참사의 피해자잖아요. 생존자와 그의 부모가 가협에 들어가서 활동하는 게 이상하거나 특별한 일은 아니라고 생각해요. 유가족뿐만 아니라 더 많은 피해자가 진상규명 활동에 의견을 모으고 함께해야 진실이 더 빨리 밝혀질 테니까. 그래서 아빠와 엄마도 가협에서 활동을 하고 계세요. 아빠가 10킬로그램 정도 살이 빠졌어요. 생존자 가족으로 처음 가협에 들어가서 활동하느라 스트레스가 많으셨을 거예요. 몸도 마음도 힘들었던 것 같아요. 아빠는 저하고 약속을 했으니까 그걸 지키고 싶어 해요. 근데 제가 아빠한테 말했어요. 지금이라도 가협 활동 쉬어도 괜찮다고. 진상규명도 중요하지만 아빠가 그렇게 몸과 마음이 상할 정도로 하진 않아도 된다고. 엄마도 4·16가족극단 노란리본에서 활동하는데, 제가 똑같이 말했어요. 힘든 일 있으면 사람들에게 말하라고. 너무 힘들면 극단 활동 안 해도 된다고. 엄마가 힘든 이야기를 사람들에게 못 하는 사람이라서 제가 더 그렇게 말하게 돼요. 아빠와 엄마가 10년 동안 가협에서 함께 활동을 했고 못하지 않았다고 생각하거든요.

　10주기를 앞두고 남기고 싶은 말이요? 진상규명은 아직 마침표가 아닌 물음표만 남아 있지만 우리가 노력하고 움직여서 만든 변화가 있잖아요. 세월호가 인양됐고, 정치적 상황의 영향으로 제대로 활동하진 못했지만 세월호참사 특별조사위원회가 만들어졌고요. 10년, 긴 시간이죠. 머리로는 '벌써 10년이네' 생각을 해요. 근데 이렇게 생각하면 뭔가 기운이 없어지고 축 처져요. 아직 10년밖에 안 됐다는 생각으로 계속 진상규명 활동을 해야죠. 빨리 진상규명이 되면 좋겠지만 앞으로 10년이 지나도 저는 마흔이 안 된 나이니까 계속할 수 있을 것 같아요. 더 이상 피해자가 외치는 세상을 만들고 싶지 않다는 생각을 해요. 우린 피해자인데 항상 진실을 밝혀달라며 먼저 말을 해야 뭐라도 진행이 되잖아요. 사실 가해자들 스스로가 잘못이 없는 걸 증명하는 게 맞는 건데 말이요. 성범죄 사건도 그렇고, 비단 참사뿐만은 아닌 것 같아요. 더는 피해자가 생기지 않는 세상이면 좋겠다. 피해가 생긴다면 피해자가 그것을 증명하기 위해 목소리를 내야 하는 세상은 아니었으면 좋겠다. 이 말을 하고 싶어요.

어떤 사람이 항상 그 자리에서 자신의

할 일을 오랫동안 감당하고 있을 때 그것은 보는 사람의 마음을 흔든다. 그는 자신의 갈 길을 가는 것뿐이라고 말하지만 내가 그 길에 함께하지 못할 때 고맙고 미안하다. 누군가는 대단하다고 말할지 모르지만 어쩌면 이 말이 이 사람을 특별하게 만드는 것인 동시에 외롭게 만드는 것일 수 있다. 그는 특별하고 싶지도 외롭고 싶지도 않을 것이다. 그가 물러설 수 없는 길을 걸을 때 그의 곁에서 손을 잡아주고 물을 건네주고 이야기를 나눠줄 사람들이 필요한 것일 뿐. 그 자리에 묵묵히 있는 건 그가 포기를 모르는 강한 사람이어서가 아니다. 자신의 곁에 있었던 이들을 잊을 수 없기에, 원하지 않는 이별을 이해하고 싶지 않기에, 약속한 것을 지키기 위해, 그리고 이미 달라져버린 삶에 대한 책임을 다하기 위해 그는 할 수 있는 것을 한다. 세월호참사를 겪으면서 우리는 어떤 약속을 했는가? 그 약속은 우리의 삶에서 어떻게 잊어지거나 이어지고 있는가? 10년, 짧지 않은 시간 동안 그가 다져온 마음이 전해져 우리가 그날의 약속을 다시 상기하고 움직이게 되길 바란다.

/ 이호연

단 하나의 이유, 우리들

생존자 김주희, 조수빈 이야기

2022년 겨울 '쉼표'에서 생존자 분들과 함께 세월호 10주기 기록을 위한 설명회를 진행했다. 조수빈은 참가자 중의 한 사람이었다. 우리 기록자들은 기록이 가진 의미를 설명했다. 조수빈은 우리의 이야기에 공감했지만 자기가 할 수 있는 이야기가 별로 없을 것 같다고 에둘러 거절했다. 이런 기록 작업에는 트라우마를 크게 겪은 친구들이나 앞장서서 활동한 친구들이 참여해야지, 자신은 적합한 사람이 아니라고 했다. 조수빈은 대학을 졸업하자마자 취업했고, 결혼을 했고, 안산을 떠나 살고 있었다. 기록자들은 조수빈의 이야기가 더 듣고 싶어서, 그렇다면 인터뷰가 아니라 편히 만나자고 청했다. 망설이는 그를 위해 김주희가 동행해주었다. (김주희는 단원고 생존자와 희생자의 형제자매 기록집이었던 『다시 봄이 올 거예요』에서 구술자로 참여했던 이다. 그 뒤로 기록자들이 청하는 자리에 항상 참여해주었는데, 이번에도 조수빈과 만나는 자리에 함께해주었다.)

우리는 조수빈의 집 근처 카페에서 만나 근황에 대해 이야기 나누었다. 그의 망설이는 마음이 여전히 느껴졌다. 김주희는 조수빈에게 참사에는 여러 피해자가 있으니 우리 같은 생존자가 있다는 것이 누군가에게 도움이 될 수 있을 거라고 말을 보태주었다. 이야기 말미에 조수빈은 김주희가 함께해준다면 기록에 참여해보겠다며 용기를 냈다. 그리하여 우리는 2023년 봄부터 가을까지 안산과 대전에서 만났다.

✦

김주희　우리가 참사 이전에는 친한 사이가 아니었지?

조수빈　참사 나고 나서 생존학생들로 새로운 반을 만들면서 그때 서로 알게 됐지. 참사 난 직후에는 병원에서 한 달 정도 있다가 연수원으로 함께 이동했잖아. 병원이랑 연수원에서는 보호자와 함께 있어야 했는데 우리 집은 동생이 어려서 엄마가 집을 비우실 수가 없는 상황이었거든. 그래서 병원이랑 연수원 모두 아빠가 같이 있었어. 병원에서는 친구들이 병실마다 많으니까 낮에는 수액 거치대 끌고 다니면서 친구들하고 시간 보내고, 밥 주면 먹고, 밤에는 자고, 이런 생활의 반복이었지. 하…갇혀 있느라 정말 답답했다.

김주희　나는 엄마랑 같이 있었어. 엄마가 친구들한테 나랑 이야기 좀 하라고 부탁하셨던 기억이 난다. 나는 병실 밖으로 거의 안 나갔었거든. 병원에 3주 정도 있다가 퇴원한다고 해서 집으로 가는 줄 알았는데 연수원으로 간다고 해서 처음엔 정말 싫었어.

조수빈　그래도 연수원에서는 병원에서처럼 아무것도 할 수 없지는 않아서 그나마 다행이었잖아. 학교 선생님들이 오셔서 교과 수업도 해주시고 다양한 프로그램도 있었고. 나이 차이가 별로 안 나는 대학생 언니 오빠들이 와서 멘토링 프로그램도 진행해주고.

김주희　　　난 연수원 때도 거의 방 안에만 있었어. 아무것도 하고 싶지 않았거든. 아, 그때 밤에 화재경보기 울렸던 거 기억나? 자고 있는데 갑자기 화재경보기가 울렸잖아. 다들 너무 놀라서 난리가 났었어. 새벽이었는데 다 우르르 1층으로 내려오고.

조수빈　　　잘못 울린 거였지. 아, 기억났다. 진짜 놀랐는데.

김주희　　　복도에 나가면 애들이 항상 모여 있었어. 그때는 참사 초기니까 친구 부모님들께도 연락이 많이 왔었잖아. '혹시 배 안에서 누구 못 봤니? 나올 때 옆에 누구 없었니?' 이런 걸 많이 물어보셨어. 아는 대로 최대한 말씀을 드리려고 했지만 내가 아는 게 별로 없어서 너무 죄송했지. 내가 초기에 나와서 배 안의 상황을 잘 몰랐거든. 밤마다 애들하고 복도에서 당시 이야기를 시간대별로 하면서 맞춰봤었어. 나중에 다른 부모님이 물어보실 수도 있으니까 정리를 해두고 싶어서. 아, 그러다 강당에 다 같이 모여서 참사 당시에 대해 시간대별로 이야기한 적이 있었잖아. 카메라로 녹화도 했던 거 같은데. 내가 먼저 나왔으니까 내가 이야기를 시작해서 '여기서는 이런 일이 있었고 이때 이런 상황이 벌어졌다'까지 이야기하면 그다음 위치에 있던 친구가 넘겨받아서 그 뒤에는 이런 일이 있었고 그쪽에서 무슨 일이 있었고… 이런 식으로 정리를 했어. 이런 시간 덕분에 우리도 그때 배 위에서 있었던 일을 다시 정리할 수 있었지.

조수빈　　　연수원에서는 24시간 함께 있었던 거잖아. 새벽에 못 자는 애들은 로비에 있는 소파에 모여 앉아서 같이 이야기하다가 울기도 많이 울고. 지금 생각해보면 연수원에서 함께 모여 있는 시간이 필요했던 것 같아. 병원에서 바로 집으로 갔으면 가족들 앞이라 마음 편히 울지도 못했을 거야.

김주희　　맞아. 다행이다 싶어. 친구들이랑 힘든 거 서로 들어주고 말하고 같이 울고 위로해주고. 연수원에서 서로 안고 울었던 장면들이 많이 떠올라. 우리끼리는 설명할 필요가 없으니까. 어떤 상황인지 알고 어떤 슬픔인지도 아니까, 그런 마음을 혼자 쌓아놓기보다는 이야기하면서 울면서 같이 풀 수 있었던 게 좋았어. 연수원에서 두 달 정도 지내고 집으로 돌아왔지.

/ 돌아온 학교

조수빈　　연수원이 우리 마음을 돌보는 데는 좋았을지 몰라도 학교와 집으로 돌아갔을 때 비로소 안정이 됐던 것 같아. 학교에 돌아가니까 친구들이 많이 생각나고 보고 싶고 슬펐지만, 언젠간 겪어야 하는 거니까. 학교로 돌아와서는 학교생활을 그런대로 해나갔지. 그래도 슬픈 순간들이 계속 찾아오잖아. 공부하다가도 친구들이 보고 싶으면 예전 교실 찾아가고. 그럼 또 한없이 슬퍼지지. 놀다가도 생각이 나고, 친구들이랑 이야기하다가도 생각이 나고, 희생된 친구가 좋아하는 가수 이야기 하다 보면 그 친구가 당연히 떠오를 수밖에 없고. 친구들이랑 학교 마치고 중앙동에 갔다가 친구랑 자주 갔던 식당을 지나도 생각나고.

김주희　　우리가 쓰던 교실에 가보니까 친구들 책상 위에 꽃이 엄청 많이 올려져 있었지. 남은 생존학생들 모아서 11반부터 시작해서 12반, 13반, 14반, 이렇게 네 개 반을 새로 만들었잖아. 초반에는 분위기가 정말 안 좋았지. 쉬는 시간마다 예전 교실 찾아가서 우는 친구들도 많았고. 그때도 연수원 때처럼 부모님이 학교에 상주해계셨고, 부모님과 함께 등교하고 함께 하교하고, 무슨 일 있으면 수업 중에도 부모님들께서 찾아오시기도 하고, 쉬는 시간에 학생이 부모님을 찾아가기도 하고 그랬지. 학교에 노란 리본이 여기저기 있고 교실 위치도 바뀌고 남자반 여자반 두 반씩밖에 없다는 것도 어색하고… 적응하는 데 시간이 오래 걸렸던 것 같아.

조수빈　　병원이나 연수원은 어쩔 수 없었다고 하지만 학교는 우리들의 공간인데 부모님들이 함께 계시는 게 난 좀 불편했어. 아빠가 나 때문에 일도 못 하시는 게 마음에 걸리기도 하고. 그래서 몇 주 뒤에 이제 괜찮으니까 아빠한테 오시지 말라고 했었어.

김주희　　그때 학교 분위기가 한동안 공부하기 어려운 분위기였잖아. 심적으로 힘든 친구도 많았고. 아마 그래서 부모님들이 번갈아가면서 상주하셨을 거야. 수업 시간에 계속 엎드려 있어도 누구도 뭐라고 할 수 없는 그런 분위기였지. 계속 어수선했어.

/ 애도할 기회

조수빈   친구들이 대부분 평택 서호추모공원이나 하늘추모공원에 있었잖아. 혼자 가기에는 멀고 마음이 힘드니까 평소에는 못 가다가 희생된 친구 생일이나 4월 16일에 서로서로 같이 가주곤 했던 것 같아. 친구 생일 때 납골당에 가면 같이 찍은 사진을 붙여놓고 오거나 케이크를 앞에 두고 노래 불러주고 오기도 하고. 최혜정 선생님이 고1 때 담임 선생님이셨거든. 우리가 선생님의 첫 제자라 선생님이랑 좋은 기억이 많아. 1학년 생활이 너무 재밌었어. 선생님 돌아가시고 1학년 때 같은 반이었던 친구들이랑 선생님 아버지를 뵌 적이 있어. 고3 때는 선생님 아버지께서 먼저 맛있는 거 사주고 싶다며 연락을 주시기도 하고, 혜정 샘이 계신 곳에 같이 가고 그랬지.

근데 납골당에 가도 친구가 죽었다는 게 실감이 나지는 않았어. 그냥 어디 멀리 여행을 가서 오래 못 만난 거 같아. 넌 실감이 나?

김주희   나도 그래. 아직도 실감이 안 나. 진짜 안 나.

조수빈   우리가 장례식에 못 갔잖아. 같이 수학여행을 갔고, 밤에 "잘 자" 하고 인사하고 서로 방에 들어가서 놀다가 잠들었는데 참사가 일어났잖아. 어떤 친구한테는 "잘 자"라고 인사한 게 마지막이었단 말이야. 그리고 못 만난 거니까 그 친구가 그냥 여행을 간 거 같아.

김주희   나도 매년 친한 친구 생일에 납골당에 가는데 그 친구 이름이 있고 사진이 있는데도 실감이 안 나. 이 친구가 참사로 희생되어서 세상을 떠났다는 말을 내 입으로 내뱉으면 아직도 가슴이 철렁해. 여전히 믿기지가 않아.

조수빈　　장례식에 갔으면 달랐을까?

김주희　　그때 부모님들이 장례식장에 가면 우리가 힘들까 봐 막으셨잖아. 우리가 힘들까 봐 걱정해서이기도 했을 거고, 친구들 부모님이 우리를 보면 힘드실 테니까 못 가게 하신 것도 있겠지. 근데 난 친구들 장례식장에 다 가고 싶었거든. 친구가 너무 보고 싶고 잘 보내주고도 싶었는데, 갈 수가 없었어. (침묵) 친구들 마지막을 보지 못했어.

조수빈　　우리가 병원에 있을 때 아무도 친구 소식을 알려주는 사람이 없었어. 뉴스에는 누가 나왔다고 이름은 언뜻 나오는데 제대로 전해주는 사람이 없었지. 나랑 친한 그 친구는 나왔을까, 하고 계속 뉴스를 보려고 했던 기억이 난다.

김주희　　다른 학교 친구 중에 장례식장에 간 친구가 있었거든. 그 친구가 병실에 올 때 누구누구 장례식장이 마련됐다고 전해줬었어. 그러면 생각하는 거지. '아, 다행이다. 그 친구가 나왔구나. 정말 다행이다.'

잘 애도하고 추모해서 친구를 잘 보내줘야 했는데 우리는 그러지 못했어. 그래서 시간이 이렇게 많이 흘러도 내가 현실 파악을 못 하고 있나 봐. 제자리에 머물러 있는 것 같아.

/ 힘이 되어주신 선생님

김주희　　2014년 7월, 학교로 돌아간 지 20일째에 안산 단원고에서 광화문까지 생존학생 도보행진을 했잖아. 그때 세월호특별법이 잘 안 되면서 유가족분들이 광화문에서 단식을 시작하셔서, 우리도 할 수 있는 걸 하자는 마음이었던 거 같아. 수업 마치고 오후 5시에 교복을 입은 채로 학교 입구부터 걸었지. 학교 차원에서 결합한 게 아니라 신청한 생존학생들만 갔는데, 정말 힘들게 걸었던 기억이 난다. 둘째 날 점심 무렵에 드디어 광화문광장에 도착했는데 정말 뿌듯한 마음이 들었거든. 광화문광장에 가면 추모제를 하거나 우리가 참여할 수 있는 프로그램이 있을 거라고 생각했는데 도착하자마자 부모님들이 우리한테 바로 버스에 타라고 하셨잖아. 아마 기자도 많고 광장 상황이 어지러웠겠지만, 너무 아쉽더라고.

조수빈　　맞아. 나는 세월호 활동을 많이 해보지 않아서 큰맘 먹고 한 활동이었거든. 마무리가 흐지부지된 것 같아. 그래도 친구들을 생각하면서 열심히 걸어간 게 나름 뿌듯하긴 했어. 이 활동으로 주변 사람들한테 힘이 되고, 나도 주변 사람들이랑 으쌰으쌰 했던 게 오래 기억에 남더라고. 근데 마지막이 정말 흐지부지해서 좀 아쉬웠지.

김주희　　맞아. 걷느라고 진짜 힘들었는데.

조수빈　　아, 도보행진을 생각하면 난 오재영 선생님이 떠올라. 첫째 날에 저녁이 돼서 어두워진 길을 걷고 있는데 뒤에서 누가 부르더라고. 선생님이셨어. 퇴근하고 와서 같이 걸어 주신 거지. 단원고 선생님 중에 유일하게 와준 분이셨어. 정말 놀랍고 감사했어.

김주희   재영 샘은 참사 이후에 자원해서 단원고로 오신 분이었지?

조수빈   맞아. 항상 우리 입장을 먼저 생각해주셨던 분이 었잖아. 기억교실로 문제가 될 때도 우리 편에서 목소리를 내주 셨고. 나는 지금까지도 매년 선생님하고 만나. 학생 때 "샘, 이 번엔 저희가 밥 살게요"라고 하면 선생님은 항상 "돈 벌어서 나중에 사줘"라고 하셨거든. 이제 우리가 다 직장에 다니잖아. 동아리 활동 함께했던 세 명이 같이 선생님 선물도 고르고 맛있 는 것도 사드려. 선생님이 기억해줘서 고맙다고 말씀해주시는 데, 우리야말로 샘이 계셔서 정말 감사하지.

/ 고마운 친구들

조수빈   생존학생 도보행진을 마치고 다음 날 등교했을 때 기억나? 도보행진에 참여했던 학생들 책상에 포스트잇이 붙어 있었잖아. '고맙다' '힘내' '함께하지 못해 미안해' 같은 친구들의 메모들… 함께하지 못하는 생존학생들도 그런 마음 은 다 갖고 있잖아. 사실 나도 도보행진 이후로는 별다른 활동 을 하지 못했거든. 누구 앞에 보여지는 것에 두려움이 컸으니까. 나랑 다른 생각을 가진 사람들한테 안 좋게 들리거나 말이 왜곡되지 않을까, 내 말로 누군가 불편하거나 상처를 받지 않을까 하는 걱정이 많았지.

김주희   맞아. 그때는 진짜 너무 심했잖아. 구조되어서 진도체육관에 있을 때, 위로할 것처럼 다가와서는 전화 한 번만 받아달라고 하는 기자가 많았어. 다짜고짜 전화기를 쥐여주더니 갑자기 "지금 라디오 생중계 중인데 지금 현재 상황이 어떤지 말해주세요"라면서 생방송 연결을 해버리는 일도 있었고. 얼굴은 내보내지 말아달라고 요청해도 얼굴까지 다 내보내고. 이름 내보내지 말라고 해도 다 내보내고. 언젠가는 자기가 희생학생 삼촌이라면서 거짓말하고 인터뷰를 해 간 기자도 있었어. 그런 상황이 너무 잦으니까 나서서 활동하는 것에 대한 거부감이 너무 컸지.

조수빈   그때 진도체육관 앞에 칠판이 있었는데 생존학생 이름과 전화번호가 적혀 있었대.

김주희   개인 번호가 너무 퍼져서 학교로 돌아간 뒤에도 수업 시간에 전화가 많이 왔었어. 전화 받으면 어디 방송국인데 인터뷰 가능하냐? 이런 식이었지. 절차가 잘못됐다고 생각해. 우리 의사를 먼저 묻지도 않고 다짜고짜 인터뷰해달라고 하는 식이었잖아. 하도 시달려서 나중엔 어떤 인터뷰든 들어보지도 않고 안 한다고 그랬어. 대학교 때도, 대학교 졸업 후에도 그런 전화가 많이 왔고. 원하지 않는데도 노출이 되고 오보에 많이 당해서 더 숨으려고 했던 것 같아. 100명이 한 가지씩 물어도 같은 걸 100번 대답해야 하는 거니까 피로감도 있었고. 당시에는 숨기 바빴지. 관심을 받고 싶지가 않더라고.

조수빈　그런 상황은 앞에 나서준 친구들이 더 많이 겪었을 텐데, 상처받고 힘들어도 앞에 나서주었잖아. 그렇게 나와서 이야기해준 친구들이 정말 적은 수였어. TV에 나오고 대표로 마이크 잡고 말하는 것들이 너무 대단하게 느껴지고. 그 친구들이 자기가 목격했던 것들을 말하지 않았다면, 사람들은 많은 친구들이 희생이 됐어도 생존학생들은 구조가 잘되어서 나왔다고 생각할 수 있잖아. 근데 그게 아니니까. 구조가 됐던 게 아니잖아. 물론 구조된 친구들도 있지만 자기가 스스로 구명조끼 찾아서 입고 물 밖으로 힘들게 나온 친구들이 대부분이었으니까. 그런 걸 세상에 알리고 세월호참사가 지금까지 잊혀지지 않고 추모되는 건 앞에 나서서 이야기해준 친구들 덕이지.

김주희　나서서 하기 어려운 게 당연하다고 생각해. 그런 걸로 미안해하고 죄책감을 느끼지 않아도 괜찮아. 너한테 그런 마음이 많았나 보다.

조수빈　그런 자리마다 해주는 친구들이 있으니까 우리는 그 친구들을 믿고 학교생활을 할 수 있었지. 친구들한테 항상 고마워. 직접적으로 표현은 못 하지만 항상 응원하고 있었어. 근데 이런 마음을 전해본 적이 없었지. 속으로는 고마운데 고맙다는 말도 해본 적이 없어. 주희랑 도연이랑 다 친하지만 이런 이야기하기가 부끄러워서 그냥 슬쩍 흘리는 말로 "잘했다, 고생했다"라고 말하고는 곧바로 다른 말로 넘어가지. 고맙다고

제대로 표현해본 적이 없었어. 친구들아, 고마워. (웃음)

/ 나를 생존자로서 소개한다는 것 1

조수빈   고등학교 3학년을 어떻게 보냈는지 모르겠어. 뭔가 이런저런 활동들을 많이 했던 것 같은데. 3학년 후반에는 대학교 가는 것 때문에 정신이 좀 없었던 거 같기도 하고. 학과를 정하는 게 쉽지 않았잖아. 근데 너는 태권도학과로 가야겠다는 생각을 언제 한 거야?

김주희   대학 원서 쓸 때 다들 그랬겠지만 나도 어느 학교로 지원해야 하나 고민을 많이 했었어. 교실 벽에 특례입학이 가능한 대학과 학과를 붙여놨었잖아. 태권도학과로 지원 가능한 학교가 두 곳이더라. 내가 다섯 살 때부터 태권도를 배웠거든. 엄마가 태권도를 배우고 싶으면 검은 띠 딸 때까지 해야 한다고 하셨는데, 그때는 어려서 검은 띠 따는 데 시간이 많이 걸릴 거란 생각을 못 했지. 1단 따는 데 1년, 2단 따는 데 1년, 3단 따는 데 2년 해서 검은 띠를 땄을 땐 이미 중학생이더라고. 중학교 1학년 때 그만뒀다가 운동이 하고 싶어서 3학년 때 다시 시작했어. 원래 운동을 좋아하는 건 아닌데 태권도장에서 사람들과 어울려 노는 게 재밌었거든. 고등학교 1학년 때 야간자율학습이 의무였잖아. 근데 학원에 다니면 공식적으로 야자를 뺄 수 있었거든. 그래서 계속 운동을 했었지. 태권도학과는 태권도 단증이 있어야 지원을 할 수 있었거든. 단원고에서 나 말고는 지원할 사람이 없었지. 그래서 다른 친구들이 가고 싶어 하는 학과나 학교랑 겹치지 않으니까 다행인 마음이었어. 지금까지 태권도 했던 걸 써먹을 수 있으니까, 난 별 고민 없이 태권도 학과로 원서를 썼어.

조수빈　난 유아교육과로 진학했는데 의외로 적성에 맞더라고. 입학해서 학교생활을 열심히 하긴 했는데 나는 세월호 생존자라는 이야기는 못 했어. 용기가 안 났거든. 그때 너는 학교 들어가자마자 밝혔다고 했지?

김주희　대학입학전형이 서류에서 통과되면 면접 시험을 보러 가잖아. 면접장에 가니 전형별로 지원자 수가 적힌 종이가 벽에 붙어 있더라고. 가장 마지막 줄에 '세월호 특별전형 1명'이라고 적혀 있었는데, 합격을 한다면 세월호 특별전형으로 누군가 입학했다는 걸 알 사람은 다 알겠구나 싶었지. 학과 정원이 80명인데 나랑 외국인 전형으로 들어온 두 명까지 정원 외세 명 입학해서 총 83명이 입학했더라고. 누가 세월호 전형으로 들어왔는지 다들 궁금했을 거잖아. 신입생 오리엔테이션에 학과 교수님들, 선배들 앞에서 한 명씩 자기소개를 하는 시간이 있었는데 그 자리에서 나는 세월호 생존자고 세월호 특별전형으로 들어왔다고 이야기했어.

조수빈　말하기가 쉽지 않았을 텐데, 주희 너는 정말 대단하다.

김주희　뽑아준 데 고마운 마음이 있어서 입학하고 나서

학생회 활동을 열심히 했어. 과 행사가 있으면 빠지지 않고 참석하는 학생이었지.

조수빈　너는 학교생활을 진짜 열심히 했잖아. 세월호 활동도 했었어?

김주희　대학교 1, 2학년 때는 학생회 일 때문에 세월호 활동은 못 했어. 아예 생각도 못 하고 지냈던 거 같아. 그러다 3학년 때 학생회를 안 했거든. 그때 시간 여유가 생겨서 뭔가 해보고 싶더라고. 아마 4주기 때였던 것 같아. 대학 들어가자마자 세월호 활동을 꾸준히 했던 한 친구는 매년 4월 16일 혼자서 굿즈를 만들어서 학교에서 배포하고 있었어.

나도 뭔가 해보고 싶어서 학교 입구 버스 정류장에 책상이랑 의자를 갖다두고 세월호 배지와 리본을 나눠줬어. 반응이 좋더라고. 굿즈를 사비로 준비한 거라, 동전만 들어갈 정도의 작은 저금통을 책상에 하나 놨거든. 그냥 가져가도 되고, 마음을 표현하고 싶은 사람들이 작은 잔돈 정도만 넣을 수 있게 하려고 가져다 둔 건데. 지폐를 꼬깃꼬깃 접어서 저금통에 넣어주신 분들이 많았어. 양이 많다고 생각했는데 물품도 생각보다 빨리 동났고. 집에 가려고 짐을 정리하다 보면 사람들에게 받은 선물이 오히려 차고 넘칠 정도였지. 그때 받았던 물품을 아직도 달고 있다면서 매년 주기마다 연락을 주는 분들이 계시고. 그 이후로 매년 무언가 하려고 해. 인터뷰를 하든 뭘 하든.

/ 학생장이 되다

조수빈　너는 학생장도 했었잖아. 여성 학생장으로는 최초라고 했지? 최초의 여성 학생장이라니, 멋있다. 역시 대단해.

김주희　4학년이 되고 재학생들의 지지를 많이 받았던 거같아. 학생장이 되고는 조금씩 변화를 시도해봤어. 1학년부터 3학년 때까지 매년 학생회 행사에 참여했는데 똑같은 행사를 계속 반복하더라고. 학교에 입학하면 하는 첫 번째 행사가 교수님과 전 학년 학생이 모여서 인사하는 대면식인데, 이전까지는 신입생들한테 참가비를 걷어서 술과 함께 인사시키는 방식으로 진행됐거든. 내가 학생장 할 때는 참가비도 안 걷고 사발식도 없앴어. 대신 서로를 알아가는 프로그램을 만들어 참가를 하게끔 유도했지. 전에 엠티를 가면 무조건 1학년 장기자랑을 시켰는데, 그런 거 너무 하기 싫잖아. 억지로 하는 장기자랑은 없애고, 학생회비 털어서 상금 만들고 자발적으로 참여할 수 있게 했어. 같이 준비하는 학생회 후배들은 힘들었을 거야. 학생회 행사가 있으면 게임 프로그램을 많이 넣으려고 학생회 후배들이랑 게임을 공장처럼 만들어냈어. 우리끼리는 학생회 1년 하면 이벤트회사 차려도 된다는 이야기도 하곤 했지. 큰 틀은 놔두고 내용을 조금씩 바꿨어. 학생들은 작년과 같은 행사 이름만 보고 왔다가 내용이 다르니까 신선하다고 생각해주더라고.

조수빈　네가 혼자 있는 걸 좋아한다고는 하지만 항상 사람들과 잘 어울리는 자리에 있었던 것 같아. 너는 사람을 정말 잘 챙기잖아. 학생회 하면서도 좋은 사람들 많이 만났겠다.

김주희 맞아. 학생장 활동으로 가장 크게 남은 건 사람인 것 같아. 학생회 활동을 같이했던 선후배들, 동기들이랑 아직도 연락하면서 지내거든. 뜬금없이 학교 선배한테 전화가 와. 사람들끼리 모여서 이야기를 하면 내 이야기가 많이 나온대. 누구랑 술 먹고 있는데 내 이야기가 나와서 전화했다고. 서로를 떠올릴 수 있는 시간들을 함께 보냈던 것 같아. 그리고 경험이 남았지. 학생회 하면서 많은 걸 배워야 했거든. 동영상 편집, 포토샵, 엑셀, 문서 작업… 어떻게 해야 이 일을 빨리 처리할 수 있는가, 이렇게 하면 쉽게 할 수 있겠구나, 이런 걸 터득하니까 사회생활 할 때도 도움이 많이 되더라고.

/ 몸에 새긴 우정

김주희 내가 셋이서 자주 만나는 친구들이 박솔비랑 홍주희야. 솔비는 생존학생이고, 주희는 우리 학교는 아니고 단원고 근처 다른 고등학교에 다녔는데, 그 동네에 오래 살았기 때문에 단원고에 친한 친구가 많았거든. 우리가 고대병원에 입원했을 때 매일 왔어. 주희는 우리를 문병 오면서 장례식장도 매일 갔어. 주희의 친구는 병실에도 있었고 장례식장에도 많았지. 이 친구는 우리 앞에서는 내색을 못 했는데 우리 못지않게 많이 힘들어했어. 인근 학교에 다녔기 때문에 참사 당시 트라우마 관련 설문을 이 친구도 했었대. 상담을 받아야 한다는 결과가 나왔는데, 이 친구는 상담보다 우리를 만나는 게 우선이라고 생각하는 친구였어.

사실 우리만 당사자고 피해자가 아니라 참사에 같이 연루된 주희도 피해자인데, 본인은 인지를 못 하고 있더라고. 대화하면서 우리가 인지시켜준 거지. '너도 피해자다. 우리를 배려하려고 하지 말고 네 감정을 챙기는 게 먼저다.' 그제서야 주희도 자기도 피해자가 될 수 있구나, 하고 받아들였어. 그 이후로 상담도 받고 우리랑 같이 세월호 활동도 하고.

조수빈　그 세 명이 타투를 같이 새긴 친구들이지?

김주희　응. 셋이 2017년에 타투를 처음 했어. 노란 팔찌나 노란 리본을 하고 다니지만 소모품이니까 끊어질 수도 있잖아. 항상 몸에 지니고 다니고 싶다는 생각을 셋이 비슷하게 한 거야. 셋이 거의 동시에 타투를 하자고 이야기했고 계획 없이 가까운 타투숍에 찾아갔어. 세월호에 관한 걸 새기고 싶다 정도만 있었고 특별한 도안을 생각하고 간 건 아니었거든. 노란 리본을 들어 올리고 있는 고래 그림으로 정하고 나는 발목, 친구들은 팔꿈치 위에 했어.

조수빈　왜 똑같이 팔에 안 하고 너만 발목에 했어?

김주희　나는 그 당시에 태권도를 하고 있었잖아. 태권도 도복은 긴팔에 긴바지고, 맨발로 있으니까 도복을 입었을 때 보이는 곳이 발이거든. 그래서 발목에 했어. 보일 수 있을 때 보여지고 숨길 수 있을 때 숨길 수 있는 곳에 하고 싶었거든. 그리고 다음 해에 또 타투를 하자며 의기투합했지. 그때는 셋이 함께 여행 가서 찍은 사진으로 하기로 했고, 난 팔에 했지. 그래서 발목에 세월호 리본과 고래가 새겨져 있고, 팔에는 친구들이 새겨져 있어.

/ 나와 친구를 지키는 방법

　　<u>김주희</u>　　학생회 활동을 하는 학생들은 수업이 없는 날에도 학생회실을 지켜야 하거든. 나는 더구나 학생장이니까 학생회실을 잘 지켜야 하는데 4월 16일은 뭘 해도 집중 못 할 걸 아니까 학교에 안 갔어. 동기들이나 선배들은 내가 세월호 생존자인 걸 아는데 신입생들은 모르잖아.

　　<u>조수빈</u>　　나도 4·16 때는 그냥 조용하게 보내려고 했던 거같아.

　　<u>김주희</u>　　나도 매해 4·16 때는 일상 보내듯이 그냥 하루를 잘 보내면 그걸로 됐다고 생각해. 너무 무기력하거나 힘들어하지 않는 하루면 된다고. 나는 다른 친구에 비해 트라우마를 깊게 겪거나 힘들지는 않았거든. 나는 무탈하게 지내왔다고 생각하지만 친한 친구들 중에 아직도 힘들어하는 친구들이 있어. 밥을 잘 못 먹고 몸이 아파서 달력을 보면 4월인 거야. 몸이 기억하는 거지. 힘든 시간이라서 기억식에 참여하면 더 힘들 수도 있잖아. 그래서 매년 그날은 따로 약속하지 않아도 만나서 밥

먹고 카페 가고 이야기 나누면서 아침부터 저녁까지 함께 보내고 집에 무탈하게 복귀를 하는 게 나랑 친구들이 4월 16일을 보내는 방법이야.

셋 중에 솔비는 아직도 많이 힘들어해. 그 친구는 4월과 가을에 우울감이 크게 와. 그럴 때일수록 평상시처럼 행동하지. 그 친구 앞에서 서로 더 신경 쓰자는 이야기도 나누고. 솔비를 옆에서 지켜보느라 둘이 돈독해지지. 솔비는 4월쯤에 많이 힘들어하니까 서로 번갈아가면서 챙겨. 이 친구가 너무 힘들어 보이면 아예 4월 15일 만나서 같이 자고 그다음 날 같이 보내고. 서로를 안전하게 지키기 위해서 그렇게 보내는 거지. 그날이 지나가면 이번 한 해도 별 탈 없이 잘 보냈다 싶어.

조수빈 둘이서 그 친구를 지키는 거구나.

김주희 나는 그 친구만큼 트라우마를 겪지는 않아서 그 친구의 힘듦이 잘 이해가 안 갈 때도 있거든. 스쿨닥터였던 은지 샘을 찾아가서, 이 친구가 이럴 때 내가 어떻게 해주는 게 도움이 되는지를 물어본 적도 있어. 조언하지 말고 그대로 그냥 인정해주는 게 도움이 된다고 하시더라고. 그걸 실천하려고 해. 친구가 어떤 상태이든 그냥 최선을 다해서 이해하자. 이 친구가 필요한 것을 주자. 관심을 달라면 관심을 주고 묵묵히 들어주어야 하면 들어주자고. 그게 나와 친구를 지키는 방법인 것 같아. 친구를 또 허무하게 잃고 싶지 않으니까… 참사 후 세월호 활동을 하는 것도 이런 마음이지. 소중한 사람을 무방비 상태에서 갑작스럽게 잃고 싶지 않은 거.

조수빈　서로가 곁에 있어서 다행이다…

/ 결혼과 일

김주희　수빈이 결혼한 지 이제 1년이 되어가나?

조수빈　곧 있으면 1주년이야.

김주희　친구들 중에 거의 처음이었지?

조수빈　나는 원래 결혼을 좀 빨리 하고 싶었어. 내가 감정 기복이 조금 있는 사람인데 남편이 잔잔한 성품의 사람이거든. 연애하면서 나를 감싸줄 수 있는 사람이라고 느꼈고, 연애를 4년 했는데 연애 초반보다 점점 더 편하고 좋아서 자연스럽게 결혼해야겠다는 생각이 들었던 것 같아.

김주희　결혼식 때 어땠어?

조수빈　정신없고 너무 떨렸지, 뭐. 많은 사람들 앞에서 입장을 하는 게 너무 떨리더라. 나 원래 주목받는 거 별로 안 좋아하잖아. 배달 주문 전화도 잘 못 하는 성격이거든. 이런 성격이라 유치원교사 시작하고도 엄청 힘들었어. 엄마들 앞에서 수업을 하거나 전화 통화를 많이 하잖아. 초임 때는 엄마들과 전화할 때 대사를 다 적어놓고 읽었던 기억이 난다. 그럴 정도로 누구 앞에 나서는 걸 싫어했는데 결혼식은 치르긴 해야 한다고 생각했으니까. 그렇게 식이 다 끝나니까 너무 마음이 후련했지. 큰 거 하나 끝냈구나 하고.

김주희　그날 친구들도 많이 왔었어. 도연이가 축사를 하는데 너무 떨린다고 해서 나는 도연이 옆에 앉아 있었지. 나는 네가 결혼하기 전부터 준비하는 과정도 알고 있고 웨딩 사진도 다 봤는데도 결혼식을 올리니까 마음이 이상하더라고. 웨딩드레스 입고 걸어오는 모습도 낯설고 이상했어. 고등학교 때랑 크게 달라진 게 없는 거 같은데 결혼을 한다니, 신기했지. 우리가 벌써 결혼이라니, 시간이 빠르다. 너 유치원 교사로 일한 지 벌써 5년이 넘었지?

조수빈　진짜 시간이 빨라, 너무 빨라.

김주희　유치원 선생님으로 일하면서 네가 가장 신경 쓰는 건 뭐야?

조수빈　나는 안전에 대한 고민이 많아. 소방대피훈련, 지진대피훈련을 할 때 진지하게 하려고 하는 편이야. 아이들이 진지하게 안전교육에 참여할 수 있도록. 실제로 이런 일이 일어났을 때 신속하게 대처하고 대피할 수 있어야 하니까. 항상 애들한테 이야기해. "우리가 내일 소방대피훈련을 할 거야. 그 시간에는 우리가 장난치고 싶은 마음을 참고 진지하게 했으면 좋겠어. 정말 중요한 시간이거든." 학기 초부터 항상 강조하고, 활동하기 전에도 늘 이야기를 해. 어느 상황일 때 대피를 하는지, 대피할 때는 어떻게 해야 하는지, 왜 코를 막고 자세를 낮추는지, 교실에서 밖으로 나오는 데 얼마나 걸렸는데 다음에는 조금 더 시간을 줄여보자는 이야기를 나누는 거야. 애들이 질문을 엄청 많이 해. 교육시간을 넘겨도 아이들의 궁금증이 해결될 때까지 이야기를 나누려고 하지. "선생님! 양치하고 있는데 불이 나면 어떡해요?" 이런 질문을 하거든. 어떤 아이들은 "선생님, 2차 피해로 화재가 날 수도 있죠?" 이런 것까지 물어보기도 해. 질문들에 답해주면서 다양한 사례도 함께 이야기를 해주려고 하지. 교육 자료도 다양하게 찾아보고 가장 최신의 것을 사용하고. 아이들도 처음 듣는 거니까 신기해하고 집중도 잘해. 뭐든 구체적으로 이야기하려고 해. 안전에 관해서는 그렇게 해주고 싶은 마음이 있지.

김주희　집중을 잘한다니까 신기하고 대단하다.

조수빈　얼마나 잘하나 몰라. 유치원에서 가끔 외부로 체험학습을 가거든. 며칠 전부터 안전약속을 정해. 하원할 때마다 안전약속 잊어버리지 않게 다시 이야기를 하고. 안전약속은 특별한 건 없는데, 이름표 뒤에 유치원 이름과 전화번호가 있다는 것을 재차 확인시켜주지. 혹시 길을 잃더라도 당황하지 않고 어른들에게 도움을 요청할 수 있도록. 그리고 길을 걸을 때 짝꿍 손은 절대 놓으면 안 된다는 거랑 신호등 건널 때는 파란불에 건너야 한다는 것을 계속 이야기해줘.

김주희　네가 다른 선생님들에 비해 안전에 대해 더 신경을 많이 쓰는 편이지?

조수빈　아무래도 난 참사를 경험했으니까. 체험학습 나갈 때 틈만 나면 인원 수를 세. 누가 우리 반 애들한테 이야기하고 도와주려는 마음은 고맙지만, 별로 안 좋아해. 다 내 손으로 확인해야 마음이 놓이거든. 우리 반 아이들은 나한테 맞춰져 있고 다른 선생님들보다는 나랑 소통이 잘되잖아. 가능한 한 내가 내 아이들을 챙기려고 하는 편이야.

김주희　　안전에 대해 더 강조하게 된 것도 참사의 영향이겠다.

조수빈　　그렇겠지. 유치원에서 생활을 하다 보면 화재경보기가 잘못 눌릴 때가 있거든. 나는 바로 전화해서 확인해. 경보기가 울려도 아이들이 놀이를 하고 있으면 다시 이야기하지. "화재경보기가 울리면 놀이를 멈추고 대피할 준비를 해야 해"라고. 그런 상황이 생길 때마다 아이들에게 안전에 대해 이야기하고 위험은 언제 어떻게 생길지 모른다는 걸 강조하는 편이야.

/ 나를 생존자로서 소개한다는 것 2

김주희　　일하면서 세월호 생존자라는 거 이야기한 적이 있어?

조수빈　　내가 2022년에 이직을 했거든. 내 이력서 보시고 원장님이 계산을 잘못하시고 후배들이 참사를 당한 줄 아시더라고. 그래서 그때 놀랐겠다 정도로 넘어갔어. 이렇게 헷갈릴 만큼 시간이 많이 흘렀구나 싶더라. 이직하기 전에도 내가 생존자라는 걸 동료들에게 이야기하지는 않았거든. 그러다 작년 4월 16일에 아이들 하원 후에 선생님들과 업무를 하면서 이야기를 나누고 있었어. 일하면서 자연스럽게 참사 당시에 대한 이야기를 하게 됐지. 나랑 동료 선생님들이랑 나이 차이가 거의 안 났거든. 비슷한 나이니까 세월호를 기억 못 할 수 없잖아. 선생님들이 당시 뉴스를 보고 너무 놀랐다고 하는데 내가 '나도 그랬어'라고 할 수 없잖아. 그래서 당시 사고 생존자였다고 이야기를 하게 됐지. 다들 너무 놀라더라고. 한 선생님은 내 손을 잡고 울었고 다른 선생님은 몰랐다고 미안하다고 하더라고. 그리고 참사 당일에 대해 캐묻지 않았어. 그게 고맙더라고.

나는 세월호 활동을 나서서 하지 않았기 때문에 사람들에게 크게 상처받은 기억이 많지 않아. 나는 그냥 사람들의 반응에 영향을 받았지. 내가 생존자라는 걸 알게 되는 순간 사람들의 반응이 있잖아. 너무 놀라면서 '어떡해' 하는 반응이 있거든. 그런 반응이 느껴지면 '이제 이것저것 묻겠구나, 그럼 뭐라고 이야기해야 하지? 나는 이제 괜찮은데 괜찮다고 해도 되나?' 이런저런 생각을 하게 돼. 그냥 '그렇구나, 힘들었겠다' 정도면 충분한데… 계속 물어보는 사람들도 있었지. 세월호 활동을 앞장서서 해온 친구들은 그런 일을 많이 겪었잖아. 그때 나는 그런 일을 당하면 당황해서 아무 말도 못 했던 거 같아.

김주희   그럴 때는 늘 당황하게 되지. 지금은 괜찮아?

조수빈   지금은 정확한 사실을 말해주고 싶은 마음이 있어. 누가 세월호에 대해서 물어봐준다면 그것 자체로 반갑고 고마울 것 같아. 궁금해하는 게 있다면 내가 아는 한도에서 이야기해주고, 틀린 정보를 알고 있다면 아니라고 사실을 바로잡아주고 싶어. 궁금하다는 건 관심이 있다는 거잖아. 세월호에 관심이 없으면 안 궁금할 테니까. 그 사람이 나한테 세월호에 대해 듣게 되면, 주변 다른 사람들이 잘못 말했을 때 그 사람이 아니라고 이야기해줄 수 있으니까. 그래서 지금은 이야기를 하고 싶은 마음이 생겼어. 참사가 나면 사람들은 뉴스나 SNS에서 보는 게 다잖아. 추측해서 알고 있거나 정확하지 않은 기사를 통해서 잘못 알고 있는 사람들이 엄청 많았는데, 그런 것들로 인해 우리가 받았던 상처들이 또 정말 많았으니까. 이제는 그렇게 잘못 알고 있는 사람들을 만나면 아니라고 정확하게 알려주고 싶어.

김주희　큰 변화다. 물어봤을 때 당황하지 않고 답할 수 있게 된 거고, 잘 말하고 싶은 마음이 생긴 거잖아.

조수빈　그렇게 말할 기회가 지금은 많이 없다는 게 좀 아쉬운 것 같아. 당시에는 큰 이슈니까 사람들이 관심을 많이 가졌는데 지금은 그렇지 않잖아. 지금은 누가 물어본다면 반가운 마음이 먼저 들 거 같아. 지금은 시간도 많이 흐르고 그날이 다가와도 사람들이 예전만큼 많이 함께해주지 않잖아. 그러다 보니까 그런 이야기를 할 기회가 많이 없어서 아쉽지. 그때는 당황하고 제대로 대답도 못 하고 피했지만, 지금은 몇 년 동안 그런 시기를 겪었고 더 정확하게 다른 이야기를 해줄 수 있을 것 같은데.

김주희   세월호참사 10주기 기록 작업 설명회를 쉼표에서 했었잖아.

조수빈   2022년 말이었나? 결혼식 이후로 쉼표에 처음 간 날이었어. 참사 10주기를 앞두고 우리 이야기를 기록한다니까 관심이 가더라고. 나는 세월호 이야기하는 자리가 처음이었어. 도연이나 주희가 그동안 이런 일을 해왔구나. 나는 왜 참여를 안 했지? 그러면서 내 마음을 돌아볼 수 있었어.

김주희   그때 네가 오래 함께해주어서 좋았어. 기록 설명회에서 네가 질문을 많이 했었지.

조수빈   너무 궁금했어. 나는 왜 다른 친구들처럼 나서서 이야기를 못 했지? 왜 안 나서지? 이런 생각을 한 번도 해본 적이 없었거든. 그런 자리에 얼떨결에 가서 다양한 사람들 이야기를 듣다 보니까 나도 생각을 해보게 되고 이야기를 계속 듣고 싶더라고.

김주희   네 이야기도 많이 해서 놀랐어. 그 변화는 어디에서 온 거야?

조수빈   그냥 계기가 있었던 건 아니고 그냥 어느 순간에 그렇게 된 거 같아. 일이 자리를 잡아서 그랬을까. 일을 한 지 몇 년이 지나고 결혼도 하게 되면서 내가 선택을 해야 하는 순간들이 생기잖아. 선택하다 보면 후회하는 일이 생기기도 하고. 후회하기 싫으니까 내 생각을 더 표현하게 된 거 같아. 원래 내 성격이 이런데, 예전에는 좀 눈치를 많이 봤던 것 같기도 하고. 지금은 나를 기준으로 생각하는 거 같아. 그러면서 이런 나랑 잘 맞는 사람들이 주변에 남으니까 더 편해지고. 이십 대 후반이 되면서 안정된 거 같기도 하다.

김주희　이 기록 작업 참여할 때 너 엄청 망설였잖아.

조수빈　내가 할 수 있는 이야기가 없을 거라고 생각했거든. 난 거의 처음에 구조됐고 물에 빠지지도 않아서 트라우마의 정도가 달랐으니까. 다른 친구들처럼 힘들게 살지 않는데 이런 이야기를 내가 해도 되는 걸까? 이런 망설임이 있었지.

김주희　우리 같은 생존자의 이야기도 누군가에게 필요할 거야.

조수빈　응. 그런 마음으로 함께하기로 한 거지. 그리고 네가 인터뷰를 함께 해준다고 해서 용기를 낼 수 있었고.

/ 생존학생들을 위한 유일한 공간

김주희　생존학생 모임 할 때 도움을 가장 많이 주신 곳이 '쉼표'였어. 일단 우리가 모여 있는 유일한 카톡방이 쉼표 단체 톡방이니까.

조수빈　고등학생 때 쉼표에 거의 매일 갔었는데. 학교 근처가 주택가라 마땅히 갈 곳이 없었잖아. 쉼표가 만들어지고 우리들만의 공간이 생겨서 너무 좋았어. 쉼표 선생님들은 권위적이지 않고 우리를 편안하게 대해주시잖아. 항상 "너희들 하고 싶은 대로 있다가 정리만 잘하고 가"라고 하시고. 단원고 바로 앞 낡고 낮은 상가건물 2층에 있었는데 주방 시설도 있고 동아리방도 있고 거실같이 넓은 공간도 있고 누울 곳도 있었고. 놀다가 누워서 쉴 수도 있었어. 정말 우리가 뭐든 할 수 있는 공간이었지.

김주희   나도 단원고 다닐 때 자주 갔었고 대학에 진학한 후에도 멘토링 프로그램에 참여하면서 계속 쉼표에 갔었어.

조수빈   진짜 우리 아지트였지. 테이블에서 보드게임 하다가 평상에서 담요 덮고 온수매트 틀어놓고 누워서 수다 떨고. 대학생 되고 나서도 가끔 갔어. 친하게 어울리는 고등학교 친구들이 일고여덟 명 정도 되거든. 1년에 한 번 연말이나 연초에 만나서 같이 시간을 보내는데 인원이 많으니까 술집에 가도 자리 잡기가 쉽지 않잖아. 그럴 때는 쉼표 선생님께 말씀드리고 편하게 놀았지.

김주희   쉼표 단체톡방이 있잖아. 안산에서 이사 가거나 바쁜 친구들은 나가서 지금은 선생님들, 생존학생들 55명 정도가 남아 있어. 남아 있는 친구들은 쉼표 소식을 계속 듣고 싶어서 남은 거겠지? 나도 그러니까. 난 나가기 싫어. 쉼표 소식을 계속 듣고 싶거든.

조수빈   2022년에 쉼표가 없어질 뻔했잖아.

김주희   쉼표 공간 운영이 정말 어려웠대. 초기에는 주변 도움으로 운영하다가 현재는 쉼표 선생님들이 운영하는 단체에서 운영비를 받으시는 것 같아. 2022년 5월에 쉼표 선생님들이 공간 운영 중단에 대한 의견을 단체톡방에서 물어보셨잖아. 그때 코로나 때문에 프로그램도 거의 하지 못하면서 운영이 정말 어려웠대. '유지한다' '없앤다' 중에 투표하는 거였는데 20명인가 참여해서 '유지한다'가 12표, '없앤다'가 8표로 유지했으면 좋겠다는 의견이 조금 더 많았지. 나도 유지했으면 좋겠다는 데 투표했어. 선생님들이 계속 유지하기로 했고, 이후 공간 운영을 위해 쉼표 후원회원을 모집하기 시작했어. 나도 일 시작하자마자 후원회원 신청을 했지.

조수빈   그때 쉼표가 없어진다고 생각하니까 너무 마음이 안 좋았어. 우리가 다 모여 있는 곳이 정말 쉼표 톡방밖에 없구나.

김주희   누가 톡방을 나가면 시우가 바로 초대하잖아. (웃음) 초대했는데 바로 또 나가면 다시 초대 안 하고, 초대했는데 안 나가면 실수로 나간 거니까. 시우는 우리가 함께 있길 바라는 마음이 있는 것 같아.

조수빈   시우가 조용해 보여도 자기가 하고 싶은 말이나 행동은 적극적으로 하니까.

김주희   시우가 매 주기마다 그림을 그려서 올려주거든. 단톡방에 자기가 그린 그림을 공유해줘. 그렇게 우리 소식을 서로 전할 수 있는 창구이기도 하고, 실제 친구들이 모여 있다는 게 눈에 보이니까 좋기도 하고.

조수빈   없어진다고 생각하면 진짜 허전할 것 같아. 쉼표 말고는 생존학생들이 마음 붙일 수 있는 곳이 없으니까. 쉼표가 유일하지. 편하게 왕래할 수 있는 곳은 거기뿐이야.

김주희　어떻게든 붙잡고 싶어. 유일한 우리 공간이었는데 없어지면 기록 하나가 없어지는 거잖아. 유적지를 보러 여행을 가잖아. 유적지에 대해 잘 몰라도 유적지가 있으면 보러 가는 사람도 생기고, 잘 모르고 갔어도 남아 있는 흔적을 보면서 새로 배우기도 하고. 쉼표는 세월호의 한 조각이기 때문에 꼭 남아 있었으면 좋겠어. 없어진다고 생각하니까 내 안의 무언가가 와르르 무너지는 것 같았어. 우리가 지켜야 하는 공간인데, 지금까지 선생님들이 애써 지켜시고 계시지. 선생님들이 그곳을 지키는 이유는 단 하나밖에 없지. 우리들.

/ 한 명도 빠트리지 않기 위한 노력

조수빈　너는 지금 생존학생 모임 하고 있잖아. 넌 항상 사람들을 만나고 이어주는 역할을 했던 것 같아.

김주희　아는 분이 제안해주셔서 하게 됐어. 송김경화라는 연극인인데 세월호에 꾸준히 관심을 갖고 관련 작품도 꾸준히 만든 분이야. 작년에 그 언니가 만든 〈2014년생〉이라는 연극에 참여했거든. 그 연극을 함께 만들면서 나한테 질문을 많이 해주셨어. 참사 생존자로서 배제되고 소외되는 상황에 대한 질문들이었는데, 그러다가 생존자 모임을 해보면 어떻겠느냐고 제안해주셨어. 경화 언니와 둘이서 조직하는 건 어려우니까 청소년 인권 활동가, 연극인 분들에게 함께하자고 요청하고, 도연이에게도 도움을 요청했지.

조수빈 모임을 만드는 게 쉬운 일이 아니구나.

김주희 어려워. 너무 어려워. (웃음) 모임 만드는 일이 처음이라 많은 단계를 거쳐서 만들어가는 중이야. 첫모임을 하기 전에 준비회의를 진짜 여러 번 했어. '줌'으로도 하고 직접 만나기도 하고. 매회 모임마다 사전모임을 갖고, 모임을 하고 난 뒤에는 피드백을 하는 평가모임도 꼭 하고. 모임 후기에 대해서도 공유를 해야 하니까 후기를 카드뉴스처럼 만들어서 생존학생만 볼 수 있는 SNS 비밀계정에 올리고 있어. 모임에 대한 기록을 꾸준히 하는 것까지 모임에서 해야 할 일이니까. 이렇게 모임 한 번 마치면 다음 모임을 위한 사전모임부터 시작하지.

조수빈 야, 진짜 엄청난 정성이다.

김주희 이렇게 단계를 만들어 모임을 구성하기까지 서포터분들이 곁에서 도와주신 거야. 도와주시는 분들을 '서포터'라고 부르고 있거든. 연극인 세 분, 청소년 인권 활동가 두 분, 일러스트레이터 한 분 계셔. 연극인분들은 모임을 할 수 있는 공간을 알아보면서 필요한 것들을 살펴주시고, 청소년 인권 활동가분들은 세월호참사 기록을 위한 인터뷰를 꾸준히 해오신 분들이거든. 그때 기록 설명회 때 만난 분들 기억하지? 그분들은 모임 중 이야기를 정리해주시거나 감정이 올라오면 가라앉히는 역할을 해주시고. 일러스트레이터분은 초대장이나 필요한 것을 함께 살펴주고 계시지. 모두가 사전모임부터 다 함께하고 있어.

조수빈   연락처 모으는 것도 쉽지 않았겠다.

김주희   생존자 모임을 준비하면서 가장 중요하게 생각했던 게, 이 모임은 누구도 배제되지 않아야 한다는 점이었거든. 한 명도 빠트리지 않으려고 졸업 앨범을 펴서 한 명씩 이름을 다 적어가면서 명단을 작성했지. 나나 도연이한테 연락처가 없는 친구들이 꽤 많더라고. 연락처를 알아내려고 쉼표에도 연락하고 4·16재단에도 연락하고 온마음센터에도 연락했지. 그런데 우리를 지원한다는 단체들에도 생존학생 연락처가 취합된 게 없는 거야. 친구의 친구를 통해서 수소문하거나 페이스북이나 인스타그램 계정으로 DM을 보내서 찾았지. 연락처를 다 찾기까지 한 달 넘게 걸린 것 같아. 그렇게 연락처가 빠짐없이 다 모이자마자 동시에 첫 모임 공지 문자를 보냈어.

조수빈   엄청 자세하게 문자를 보내준 거 기억난다.

김주희   모임을 성사시키기 전에는 애들이 안 오면 어쩌나 하는 걱정이 너무 되더라고. 불편한 사람이 있을 수도 있고.

조수빈   맞아. 만나기 껄끄러운 사이도 있을 수 있지.

김주희   그래서 누가 오기로 했다는 건 사전에 이야기하지 않기로 했어. 몇 명이 오기로 했다 정도만 공유하기로. 다들 어렵게 결심하고 나오는 걸 거야. 나오기 쉽지 않았는데도 보고 싶어서 나오는 친구들도 있을 거니 최대한 불편한 점이 없도록 하고 싶었어.

조수빈　　첫 모임은 어땠어? 내가 일이 있어서 그날 못 갔잖아. 너무 아쉬웠어.

김주희　　첫 모임은 6월에 서울 영등포에 있는 '비정규직 쉼터 꿀잠'이란 공간에서 했거든. 4·16재단이나 온마음센터는 안산에 있고 공간도 무료로 사용할 수 있지만 세월호나 4·16에 얽매이고 싶지 않은 친구들도 있을 수 있잖아. 그래서 첫 모임장소를 안산이 아닌 곳으로 택했어. 외부지만 안전한 공간을 만들어주고 싶어서. 생존학생인 우리는 심리적인 안정감이 중요하잖아. 안전하다고 느꼈을 때 말을 할 수 있으니까. 많은 인원이 모이지는 않았지만 모임이 성사가 된 것 자체가 정말 좋았어. 진짜 오랜만에 만나는 자리였지. 대부분은 친구들 근황이 궁금해서 왔더라고. 한 친구가 대화를 나눠보고 싶다고 던져준 내용에서 확장해서 이야기를 나눴어. 생존자임을 숨겼던 경험과 당시엔 큰일이라고 생각했는데 돌아보니 별거 아니었던 것들, 지금까지 지내오면서 경험했던 무례했던 질문들, 이렇게 세 개 주제로 이야기를 나눴는데 하다 보니 세 시간이 훌쩍 지나 있더라.

조수빈　　난 두 번째 모임에 나갔잖아. 아는 친구들이 있어서 편하게 있을 수 있었지.

김주희　　두 번째 모임에서는 최근 이슈 중 몇 개를 정해서 이야기 나눴어. 이때는 친한 친구들이 주로 나왔거든. 최근 안부는 거의 알고 있으니 각자 자기 이야기를 하는 건 서로 민망할 것 같아서, 즉흥적으로 주제를 잡아서 대화를 나눈 거지. 첫 번째 모임에 처음 나왔던 친구가 그때는 말을 많이 안 하더니 두 번째 모임 때는 서로 얼굴을 익힌 후라서인지 말을 편하게 잘하더라고. 모임을 할수록 방법을 알게 되는 것 같아서, 최소한 세 번은 하고 앞으로의 방향을 정해보자고 이야기한 상태야.

조수빈 세 번이 아니라 열 번은 해야지. 1년 사계절은 돌려봐야지.

김주희 참가자가 별로 없어서 좀 고민이야.

조수빈 처음이 어렵지. 금방 친해지진 못해도 한 번 보고 두 번 보고 하면서 자리 잡을 거야. 어떻게 살고 있었는지 서로 묻고 나면 이 자리가 더 편해지겠지. 점점 더 많이 참여할걸? 주희 너는, 필요하다고 생각하고 마음먹은 건 해내는 사람이니까 이 모임도 잘될 거야. 생존학생 모임이 동창회처럼 돼서 편하게 자주 만났으면 좋겠다.

　　　　　　원고 검토하는 날, 두 사람은 내가 사는 대전에서 만나자고 핑계 김에 대전 여행을 하겠다고 했다. 나와는 오후 4시에 만나기로 했는데, 둘은 오전 11시 무렵 도착해 대전 토박이인 내가 처음 들어본 유명 식당에서 점심을 먹고 근처 유명 카페에서 디저트까지 해치우고는 오후 3시경 우리 집 앞에 도착했다. 그들은 내게 선물할 과일을 들고 정확히 오후 4시

우리 집 초인종을 눌렀다.

조수빈은 인터뷰를 하면서도 자신의 이야기에 대해 염려하는 마음을 자주 건넸는데 원고를 확인하면서도 자기 글로 인해 누군가가 피해를 받지 않을지 먼저 살폈다. 그런 그가 원고에서 삭제 요청을 한 부분은 친구들의 이름이었다. 앞서 활동해 주었던 생존학생들의 이름을 들어가며 고마운 마음을 표하는 내용이었는데, 그는 친구들의 이름을 빼달라고 요청했다. 고마움을 표현한 부분에서조차 혹여 이름이 언급되어 친구들이 불편을 겪지 않을지 염려하는 마음이었다.

김주희는 항상 먼저 살펴주는 사람이다. 그는 인터뷰 일정을 먼저 확인하고는 다 같이 나눠 먹을 간식을 챙겨오곤 했다. 인터뷰 중에 언급되는 주요 에피소드는 친구들에게 묻거나 기사를 검색해서 그 참고 자료들을 보내주었다. 인터뷰 말미에는 자신에게 궁금한 점이 있으면 언제든 연락을 달라고 말해주었다. 인터뷰 시작부터 끝까지 그의 손이 닿지 않은 부분이 없다. 그의 이야기가 친구들의 곁에서, 친구들과 함께한, 곁의 사람들을 살피는 이야기임은 어찌 보면 당연한 일이다.

/ 홍세미

교실문을 열고 들어서면

생존자 박선영 이야기

"저도… 해도 되나요?" 박선영을 처음 만난 건 2023년 3월 쉼표에서 진행했던 세월호참사 10주기 기록 설명회 자리였다. 처음 보는 얼굴이었지만 다른 생존자들과 함께 앉아 있는 그를 보며 우리는 생존자겠거니 짐작하고 있었다. 인터뷰 대상에 대한 설명을 가만히 듣던 그는 이십 대 시민에 대한 인터뷰도 진행할 계획이라는 말에 표정이 달라졌다. "이십 대 시민으로 저도… 해도 되나요?"

생존자가 아니었나? 그가 궁금해졌다. 도대체 어떻게 여기에 와 있는 걸까? 다른 생존자들과는 어떤 사이인 걸까? 설명회가 끝나고 이어진 술자리에서 박선영은 자신이 수학여행을 가지 않았던 단원고 학생이라는 것을 말해줬다. 우리가 고려하고 있던 범주를 뛰어넘는 한 존재의 등장이었다. 수학여행을 안 간 사람들이 있다더라, 그들도 많이 힘들어한다더라 하는 이야기는 오랫동안 들어왔다. 여기저기서 전해져오는 이야기였다. 그러나 한 번도 만나보질 못했다. 근데 그가 우리 앞에 나타난 것이다. 수학여행을 가지 않았던 학생들 중에 지금 세월호 활동과 연결되어 있는 사람은 박선영이 유일했다. 무엇이 그 연결을 가능하게 했을까? 그가 보내온 생존의 시간이 궁금했다. 10년이 지나고서야 만난 이 사람의 이야기가 세상에 꼭 등장해야 한다는 생각이 들었다.

사고 나고 다음 날까지 거의 잠을 못 잤어요. 그때 저는 집에 있었는데 애들이 수학여행 가던 중에 사고가 났다는 거예요. 뉴스를 보면서 계속 발을 동동 굴렀어요. 그러다 잠깐 잠들었다 깼는데 속보가 나오고 있었어요. '신원 미상의 남자 시신이 올라왔다.' 그 기사를 보자마자 남윤철 선생님인 것 같다는 직감이 들었어요. 할 수 있는 게 없으니까 무작정 학교에 갔어요. 학교에 도착할 때쯤 되니까 남윤철 선생님이라는 기사가 뜨더라고요. 저는 제 직감이 틀리길 바랐는데… 교실에 도착해서는 마음이 울적해서 칠판에 친구에게 전할 말을 쓰고 있었어요. 근데 갑자기 기자들이 몰려와서 저를 둥그렇게 둘러싸는 거예요. 당황해서 분필을 내려놨더니, "학생 그거 좀 마저 써줘" 하더라고요. 마치 제가 쓰지 않으면 거기서 내보내주지 않을 듯이요. 그때 제가 울고 있는 뒷모습이 뉴스에 나왔다고 하더라고요. 다른 학교 친구들이 그 뉴스를 보고는 "쟤 박선영 아냐? 쟤는 수학여행 안 갔나 봐", 이런 식으로 말했다는 이야기도 전해 들었어요. 하루는 생존자 친구들이 입원한 병원에 갔어요. 거기서 어떤 남자분을 뵀는데, 본인이 생존자 ○○의 사촌 오빠인데 지금 걔 상태가 이렇다고 자세하게 이야기를 해주더라고요. 저는 당연히 진짜 사촌 오빠라고 생각했어

275

요. 그래서 저도 제 이야기를 털어놓았는데 그게 기사로 나간 거예요. 게다가 가명도 아니고 실명으로요. 알고 보니까 그 친구는 사촌 오빠가 없다고 하고요. 기자들한테 환멸을 엄청 크게 느꼈어요. 사람이 무섭더라고요.

수학여행을 안 갔던 애들은 운동부 애들을 제외하고는 저 포함 세 명이었어요. 학교에서는 저희에게 바로 복귀하라고 했었어요. 학교 앞에 분향소도 있고, 기자들도 몰래 찾아오고, 정말 정리가 안 된 상태였는데도요. 저희 부모님은 제가 연수원에 들어가길 바랐어요. 날것의 현장에 애를 던져두고 싶지 않은 거죠. 차라리 연수원에서 애들이랑 같이 있으면 치료 프로그램도 받고 어쨌든 사회랑 떨어져 있을 수 있잖아요. 그런데 학교 측에서는 "너희라도 있어야 생존학생들이 빨리 학교로 복귀한다"라고 했어요. 연수원에 못 들어가게 막았죠. 마치 볼모가 된 느낌이었어요. 그럴 의도는 아니었을 거라고 믿고 싶어요. 그래도 학교가 저한테 나빴다는 건 달라지지 않아요. 그렇게 억지로 학교에 앉혀두고선 치료나 상담은커녕 수업조차 제대로 운영하지 않았으니까요. 선생님들이 들어와서 앉아 있으면 저도 앉아 있고. 저는 어디에도 집중을 못 하겠어서 풀리지도 않는데 수학 문제집을 풀었어요. 매번 그날의 첫 페이지만 지저분했어요. 아무것도 안 되니까 그 페이지만 계속 붙들고 있는 거예요. 제가 오죽하면 어떤 선생님한테 '수업 좀 해달라'고 했다니까요. 생존학생들에 대한 지원 프로그램도 제대로 마련이 안 되어 있었는데 저희는 얼마나 난장판이었겠어요. 점심도 애들 서

너 명이 급식실에 들어가기 애매하니까 선생님들 드시는 데서 같이 먹어야 했어요. 그나마 저에게 위안이 되었던 건 주차장을 개조해서 만든 상담실이었어요. 배은경 선생님이 저를 엄청 챙겨주셨어요. 얼마 전에는 오랜만에 연락을 드렸더니 제게 고맙다고 하시더라고요. 고등학교 2학년 때 가장 날것의 상황에서 아파하던 걸 보다가, 이제 제가 하고 싶은 일이 생겼다고 하니까 그게 최고의 선물이라고요.

/ 애쓰는 시간

"야! 그때 우리 배에서 이랬던 거 기억나?"

"나 배 안 탔는데? 수학여행 안 갔잖아."

"뭐? 너 배 안 탔어? 근데 왜 나는 너가 같이 간 것 같지?"

학교에서 지내다가 연수원에 애들 위문방문을 간 적이 있어요. 그때의 분위기를 아직도 잊을 수가 없어요. 연수원 복도에 선생님이랑 제가 걸어가는데 방마다 애들이 빼꼼 나와서 쳐다보고 그냥 들어가는 거예요. 복도를 지나가는 동안에 인사를 나눌 수가 없는 분위기였어요. 아마 애들도 너무 힘들고 경계심이 높을 때니까 그랬을 것 같아요. 사고 나고 못 만나다가 갑자기 만났으니까요. 저는 그때 애들과 저 사이가 좁혀지지 않을 것처럼 느껴졌어요. 친구들에 대한 죄책감이 한창 클 때라 더 중압감을 받았을지도 모르겠어요. 그렇게 떨어져 있다가 애들이 학교로 복귀했는데 막상 만나니 어떻게 대해야 할지 전혀 모르겠는 거예요. 이미 애들끼리는 연수원에서 끈끈한 관계가 생겨버렸을 텐데 거기에 갑자기 제가 끼어들어야 하는 거잖아요.

예전 같았으면 장난으로 넘길 수 있는 말에도 애들이 갑자기 정색해서 막 엎드리거나 우는 일도 많았어요. 다들 예민해져 있으니까요. 근데 저는 그런 분위기가 처음이었으니까 어떻게 해야 할지 혼란스러웠던 것 같아요. 연수원에서 나도 애들 상황을 알아갈 수 있는 시간을 보냈다면 어땠을까. 사실 그런 생각을 많이 했어요. 근데 그런 생각이 드는 것조차 죄책감이 들었어요. 내가 뭐라고, 이게 뭐라고 힘들다고 하고 있지. 애들은 나보다 더 힘든 시간을 보내고 있을 텐데. 힘든 애들 앞에서 엄살 부리는 것 같아서 티를 낼 수가 없었죠. 지금 생각해보면 애들은 저한테 진심으로 다가왔을 수도 있어요. 애들이 저를 엄청 많이 배려해줬다고 생각해요. 걔들도 저를 대하는 게 쉽지 않았을 텐데. 그럼에도 엄청 높은 벽이 세워진 느낌이었어요. 편하게 다가갈 수가 없더라고요. 내가 아무리 용을 쓰고 아무리 노력을 해도 애네랑은 친구가 될 수 없겠구나.

그래도 애들과 가까워지고 싶었어요. 저랑 친했던 친구들은 세월호에서 모두 희생된 상황이었거든요. 애들이 연수원을 나와서 학교로 돌아오기 전에는 '친구들이 아직도 수학여행 중'이라고 스스로를 세뇌하면서 버틸 수 있었는데, 그게 아니라는 걸 이제는 받아들여야 하는 거잖아요. 애들이 돌아왔는데도 혼자 있으면, 내 단짝친구들이 없다는 게 너무 잘 느껴지니까요. 그래서 아무리 벽이 느껴져도, 무서워도 내가 다가가서 다시 관계를 만들어야만 했어요. 이런 큰일을 겪은 아이들과 다시 가까워질 수 있으려면 어떻게 해야 할까 고민하다 보니 성격도 달라졌어요. 원래 저는 소심하고 새로운 관계에 적응하는 데 오래 걸리는 사람이었거든요. 사고 전에는 9반에 권민경이라는 친구랑 제일 친했는데, 저랑 다르게 민경이는 본래도 되게 사교적이고 활발한 애였어요. '민경이는 사람들한테 어떻게 했더라?' 하고 떠올리면서 따라하기도 했어요. 그러면서 저도 많이 활발해졌죠. 제 나름대로 정말 할 수 있는 방법을 다 시도한 것 같아요. 애들이 서로 어떻게 대하는지, 세월호 이야기가 나오면 어떻게 반응하는지 지켜보고 저도 거기에 맞추다 보니까 조금씩 가까워졌어요. 애들이 세월호 이야기할 때도 열심히 듣고, 반 분위기도 좋게 만들려고 하고 에너지를 다 쏟아부었죠. 고맙게도 애들도 제 마음을 알아줘서 관계가 점점 깊어졌어요. 고3 때는 부반장으로 뽑힐 정도로요. 졸업할 때쯤엔 애들이 제가 수학여행을 갔는지 안 갔는지도 헷갈려 하더라고요. 그럴 때는 참 고맙죠. 애들도 저에게 손을 내밀어준 거니까요. 그러지 않았다면 학교를 끝까지 다닐 수 없었을 것 같아요.

저는 다행히 잘 적응했지만 수학여행 안 갔던 다른 애들 중에는 계속 어울리기 힘들어하는 애들도 있었어요. 제가 애쓰기도 했고, 다른 애들이 저를 받아들여줘서 여기까지 올 수 있었지만, 모두가 그렇게 되는 건 아니잖아요. 그 마음을 아는 제가 더 잘 챙겼으면 좋았겠지만, 그때는 다른 사람을 살필 여력이 없었어요. 그게 아직도 마음에 걸려요. 결국 학교에 나오지 못하던 애도 있었거든요. 돌이켜보면 저희가 서로 이렇게 애쓰지 않아도 되도록 학교나 사회가 지원해주었으면 어땠을까 싶어요. 저 같은 피해자들까지 신경 쓰기 어렵다는 것을 모르는 건 아니에요. 저도 만약에 제가 이런 일을 안 겪었으면 참사에서 이런 형태의 피해자도 있다는 사실을 평생 인지하지 못했을 테니까요. 그래도 정말 생각지도 못한 곳에 참사의 소외된 피해자가 있다는 걸 알아주었으면 좋겠어요.

/ 다시 넓어지는 세계

졸업하고는 재수를 하겠다는 핑계로 폐인처럼 지냈어요. 제가 대인기피증이랑 우울증이 너무 심해졌었거든요. 학교 다니면서 어떻게든 버티던 것들이 졸업 후에 하나둘씩 깨지기 시작하면서 완전히 무너졌던 것 같아요. 그때 엄마가 크게 아프셨는데, 내가 사랑하는 사람을 또 잃을 수도 있다는 두려움이 확 밀려오더라고요.

성격이 급격하게 바뀌기 시작하면서 부모님과도 많이 싸웠어요. 그때 저에게 화가 많았나 봐요. 꼭 부모님에게만 화가 났던 건 아니었는데, 사실은 세상에 화가 난 거였는데… 그 과정에서 부모님에게 화를 많이 냈던 것 같아요. 그동안 억눌러왔던 것들, 하지 못했던 말들을 막 쏟아냈어요. 그때 부모님을 너무 괴롭힌 것 같아서 후회돼요. 그래도 그렇게 싸우는 동안 엄마랑 대화를 많이 하다 보니 어느새 서로 가까워졌어요. 제가 다섯 살 때부터 엄마가 직장에 다니셔서, 원래 편하면서도 조금은 어색한 느낌이었거든요. 엄마가 지금까지 살아계셔서 지금의 나를 봤다면 어땠을까. 이제야 내가 경제적으로나 심리적으로나 부모님에게 뭐라도 해드릴 수 있게 됐는데… 그래도 돌아가실 때쯤에는 엄마랑 가까워져서 다행이에요. 서로 몰랐던 모습을 알게 된 것도요.

부모님과 싸우는 시간 외에는 이십 대 초반을 아무것도 안하면서 보낸 게 아쉬워요. 가끔 애들이 저를 보러 오면 잠깐 인사하는 정도가 전부였으니까… 지금 생각하면 너무 고마운 일인데, 그때는 고맙다고 말하질 못했어요. 그래서 자꾸 잠수를 타고… 연락을 안 받고… 주변에서 걱정을 많이 했을 거예요. 저희 집이랑 엄마가 치료받던 병원이 엄청 가까웠는데 그 가까운 거리를 걷는 것도 두려워서 엄마 돌아가시기 전까지 병문안을 거의 못 갔어요. 하루 종일 누워만 있고, 누가 건들면 울고, 밥 먹자고 하면 밥 먹고서 나서 다시 또 누워 있고… 매일 그렇게 보냈어요.

제가 제일 밑바닥이었던 그때 '햇살이'를 만났죠. 저를 집 밖으로 나오게 해준 결정적인 계기는 저희 강아지인 햇살이예요. 엄마 일기장에도 그런 말이 있어요. "선영이가 햇살이를 보면 너무 행복하게 웃는다. 햇살이가 너무 너무 사랑스럽다." 제가 햇살이 산책시켜야 한다고 잠깐이라도 밖을 걷게 됐으니까요. 처음 만났을 때부터 햇살이가 저를 많이 따랐어요. 처음 안았을 때엔 상상할 수도, 말로 표현할 수도 없는 그런 따뜻한 감정을 느꼈어요. 집에 데리고 온 날 밤에 햇살이랑 누웠는데 이런 감정이 있나, 사람이 이런 행복을 느껴도 되나 싶을 정도로 행복했어요. 가족들은 경계하면서도 제 무릎에는 올라오려고 하고, 저에게 안겨서 꾸벅꾸벅 조는 게 너무 신기했죠. 강아지는 제가 어떤 모습이어도 저를 사랑해주잖아요. 그런 존재가 필요했던 것 같아요. 세월호를 겪으면서 다시는 소중한 존재를 만들고 싶지 않다고 했지만, 저도 외로웠나 봐요.

햇살이를 키우게 되면서 하루에 10분이라도 무조건 나가게 되더라고요. 강아지 산책도 시켜야 하고, 병원도 데려가야 하니까요. 그렇게 제 세계가 다시 조금씩 넓어졌어요. 열 발자국도 못 나가던 사람이 동네 단지 정도는 걸을 수 있게 되고, 동네 단지 걷던 사람이 '쉼표'까지 나올 수 있게 됐죠. 그렇게 다시 외부 활동을 할 수 있었어요. 그때 쉼표에 계시던 라은영, 장성희 선생님이 "쉼표 나와서 하루에 세 시간씩 알바하면서 선생님들이랑 점심도 먹고 같이 운동도 하면 어때?" 하고 제안해주셨어요. 일주일에 두세 번씩 쉼표에서 선생님들이랑 일도 하고 밥도 먹게 되니까 여기에 오면 일상생활을 할 수 있잖아요. 대략 반년간 그렇게 보냈어요. 그러다가 쉼표에서 다른 곳 인턴 자리를 제안해주셔서 그곳에서 일하면서 점점 더 회복되었어요. 나중에 알았는데 쉼표 선생님이, 저희 어머니 돌아가신 소식을 듣고 저를 많이 걱정해주셨더라고요. 그래서 쉼표 알바나 다른 곳 인턴 자리도 제안해주신 것 같아요. 제가 세상에서 멀어져 있을 때에도 저를 걱정해주고 말을 건네준 분들이 있다는 게 너무 고맙죠.

그때 마침 '운디드힐러'*에서 새로운 멤버를 뽑는다는 소식을 들었어요. 원래 '상처 입은(운디드) 치유자(힐러)'라는 이름에 끌려서 관심이 있었는데 신청은 망설이고 있었거든요. 수학여행도 가지 않은 내가 들어가도 될지, 내가 누군가에게 힐러 역할을 할 수 있을지 걱정이 많았어요. 근데 이번에는 그냥 도전해보자는 생각이 들었어요. 마침 제가 세상 밖으로 나올 때쯤이라 그런 용기를 냈던 것 같아요. 타이밍이 좋았죠. 지금은 운디드힐러에 들어온 지 2년쯤 됐어요. 여기에 들어온 걸 기점으로 제가 힐러로 도약했다는 느낌을 받아요. 이 모임이 '운디드'였던 저를 '운디드힐러'로 만들어준 거 같아요. 제가 감정적으로 힘든 걸 토로할 때 그걸 받아주는 집단이 생겼고, 저 스스로에 대해 잘 몰랐던 부분들도 알게 되었고요. 아무래도 심리와 관련된 활동이다 보니까 나 자신에 대해서도 들여다볼 수밖에 없잖아요. 그래서 저한테는 무척 애착이 가고 소중한 곳이에요. 이곳이 저를 '목소리를 낼 수 있는 사람'으로 만들어준 것 같아요.

---

* 아동·청소년의 트라우마 치료를 돕는 단체. 인형극과 보드게임 등의 방법으로 아동·청소년들에게 트라우마에 대해 알리고 그들의 일상회복을 돕는 활동을 진행하고 있다. 자세한 설명은 이 책의 부록「상처받은 치유자, 운디드힐러」참고.

사실 아직도 때때로 '나는 아직도 운디드인 것 같은데 힐러가 될 수 있을까?' 이런 생각을 엄청 많이 해요. 많은 고비가 있었어요. 그런데 운디드힐러 회장인 인서가 항상 저를 있는 그대로 받아주었어요. 예를 들면 제가 불안도가 높다 보니까 변화에 취약해요. 제가 다녔던 직장이 건물이 낡아서 화재경보기가 자주 울렸는데, 그때마다 멘붕이 오더라고요. 저는 그 배 안에 없었는데도요. 직접 그 사고를 겪지 않았는데도 그런 상황이 오면 공황이 온 사람처럼 멍해져요. 일할 때도 내가 정해놓은 틀에서 벗어나면 되게 불안해지고 예민해지고요. 사람이 날카로워지고 말투도 딱딱해지고 융통성이 없어지거든요. 그러다 보니 부회장이 되고 인서랑 업무에 대해 이야기할 때 염려가 됐어요. 그래서 인서에게 내가 변화를 받아들이기 버거워하고, 이런 단점을 고치려고 노력하고는 있는데 그게 잘 안 된다고 말했어요. 그랬더니 인서가 저에게, 그걸 고치지 않으면 또 어떠냐고 하는 거예요. "그게 너잖아. 넌 다른 더 좋은 점이 있는 사람이잖아. 괜찮지 않아도 괜찮아." 인서의 말이 큰 충격으로 와닿았어요. 괜찮지 않아도 괜찮구나. 마음이 탁 놓였어요.

　참사 피해자도, 이렇게 바닥을 치더라도 성장할 수 있다는 걸 이야기하고 싶어요. 원래는 이렇게 생각했어요. '당장 내일 죽더라도 아무 생각이 없다. 오히려 좋아요. 데려가주세요.' 그런데 요즘에는 살길 잘했다는 순간들이 있어요. 운디드힐러로 외부에서 상을 받고 애들이랑 발을 동동 구르면서 엄청 행복해하는 사진이 있어요. 예전에는 행복할 때마다 나에게 그럴 자격이 있나 의심부터 들었거든요. 근데 그 사진을 보니까 그 순간에는 다른 걱정 없이 그냥 그 자체만을 엄청 행복해하고 좋아했더라고요. 이런 순간이 오는구나, 살길 잘했구나. 물론 아직도 상처가 남아 있는 순간이 있지만, 과거로 돌아가지 않을 거라는 자신감이 생겼어요.

/ 친구

어느 날 생존자 애들이랑 밥을 먹다가 자연스럽게 상실에 대한 이야기가 나왔어요. 그 애는 가끔 누군가가 사라져버릴까 불안하면 그 사람을 만져봐야 한대요. 스킨십을 해서 '이 사람이 진짜 여기 내 옆에 있구나' 하고 알아야 한다는 거예요. 그 말을 듣고 제가 많이 울었어요. 어떤 사람들은 그 말을 듣고도 대수롭지 않게 생각할 수 있어요. '바로 옆에 있는데 뭘 만져봐.' 하지만 우리는 바로 알아채고 이해할 수 있는 거죠. 어느 날은 다른 단원고 애랑 기억식에 같이 가려고 걔네 집에 가 있었어요. 그러다가 말하지 않아도 본능적으로 우리는 오늘 둘 다 이 기억식에 참석할 수 없다는 걸 느꼈어요. 자꾸 "우리 조금만 이따 나갈까" 하다가 나중에는 "우리 그냥 쉼표 가자"고 이야기했어요. 서로 말하지 않아도 기억식에 가면 마음이 더 힘들 걸 아니까요. 그래서 그날은 쉼표에서 모여서 도란도란 이야기 나누면서 보냈어요. 귀한 사람들이죠. 하지만 아직도 입 밖으로 '애네들이 내 친구'라는 말을 꺼내진 못하겠어요. 애들이 서운해할까 봐 걱정이지만 저에게 '친구'라는 단어가 아직 무겁게 느껴져서 그런 것 같아요. 그걸 인정하는 순간 너무 힘들 것 같아서요.

친구를 잃었을 때 말로 표현할 수 없는 고통을 겪었으니까 친구라는 걸 만들고 싶지 않았어요. 친구가 없으면 애초에 누군가를 잃을 일도 없으니까요. 세월호 때 민경이를 잃고 나서 무척 힘들었거든요. 엄마 말로는 제가 아무것도 심지어 물조차 안 먹고, 하루 종일 장례식과 학교를 오가곤 했다는 거예요. 사실 제가 수학여행을 갈지 말지 고민할 때 민경이도 저랑 같이 빠지고 싶어 했어요. 근데 제가 "야, 무슨 소리야 수학여행 가야지" 이랬어요. 내가 그때 민경이한테 수학여행 가지 말라고 했으면 민경이는 살 수도 있지 않았을까? 아니면 만약 내가 갔다면 또 다른 변수가 생길 수도 있지 않았을까? 이런 생각이 계속 꼬리에 꼬리를 물었어요. 누굴 잃는다는 게 이렇게 아픈 거라면, 다시는 소중한 관계를 만들지 않아야겠다고 생각했어요.

근데 얼마 전에 이런 생각이 들더라고요. 내가 상처받지 않겠다고 친구라고 부르지 않고 친구가 아니라고 말해왔는데, 실제로는 생각보다 많은 친구가 있었구나. 9년이라는 시간이 지났으니까 제가 아무리 소중한 사람을 만들고 싶지 않다고 해도 제 안에 소중한 사람들이 생기잖아요. 그걸 자각하고 나니 좀 두렵기는 했어요. 또다시 잃을 사람이 많아진 건가 해서요. 근데 곰곰이 생각해보니까 이 사람들 때문에 제가 지금까지 버터온 거 같더라고요. 이건 좀 흐뭇한 이야기인데, 3학년 때도 그런 일이 있었어요. 제 동생이 단원고 1학년이었는데 같은 반 애들한테 괴롭힘을 당했어요. 그래서 점심시간이 되면 동생이 저랑 제 친구들 사이에서 같이 밥을 먹었거든요. 결국은 저희 아빠가 폭발해서 신고를 하셨고 학교폭력위원회가 열렸어요. 그런데 그 자리에서도 아빠가 잠깐 나간 사이에 걔들이 동생한 테 쌍욕을 하면서 '너만 아빠 있냐'며 괴롭힌 거예요. 그때 위원회에 참여한 교사분들도 말리지 않고 있던 걸, 제 친구들이 가서 완전히 논리적으로 혼내줬어요. 선생님들 다 보는 앞에서 "너희 이거 학교 폭력인 거 몰라?" 한 거예요. 그때 정말 친구들이 멋져 보이고 고마웠어요. 나는 혼자라고만 생각했는데 그렇지만은 않다는 걸 느끼는 순간이었죠.

누군가가 마음을 알아주고 서로 마음이 통하는 게 중요한 거 같아요. 제가 원래 수학여행을 가지 않았다는 이야기나, 세월호사건에 대해서 잘 말하지 않거든요. 예전에 몇 번 이야기 꺼냈다가 몇 번 상처받은 적이 있어서요. 저의 치부를 드러냈는데 누군가 그걸 공격한 거잖아요. 그 뒤로는 내가 먼저 이야기하지 말아야지, 생각했어요. 그러다 친해진 어떤 사람한테 이야기를 하게 됐는데 눈물이 글썽글썽 고여서 울려고 하는 거예요. 그때 감동받았죠. 이 사람이 내 마음에 공감하고 있구나. 저는 사람들이 세월호 이야기에 어떤 감정들을 보일 때 마음의 벽이 낮아지나 봐요. 그렇게 제 마음속에 계속 사람들이 들어와요.

세월호참사를 겪으면서 이런 생각이 들었어요. '돈 버는 게 짱인 세상이었다면 이미 이 세상은 멸망했겠구나.' 참사 전에는 얼른 커서 돈을 많이 벌고 싶었어요. 내가 제일 잘되어야 한다는 압박이 컸어요. 그게 너무 커서 또 다른 부담이자 불안이었죠. 항상 내가 성공하지 못할까 봐, 결과가 잘 나오지 않을까 봐 초조했어요. 세월호참사를 지켜보면서도 처음에는 우리가 성공하지 못해서, 부자가 아니라서, 힘이 센 사람의 자식이 아니라서 벌어진 일인 것만 같았어요.

그런데 시간이 지나면서 생각이 점점 바뀌더라고요. 아무도 시키지 않았는데 세월호운동에 계속 찾아오고 함께하는 분들을 봤어요. 누가 알아주는 것도 아니고 돈을 주는 것도 아닌데 이렇게 한다는 건… 이전의 저라면 상상도 못 할 일인 거죠. 그러다 어느 날 '조금 더디게 가더라도 함께 가는 게 중요하다'는 말을 우연히 접했어요. 그 말이 저한테 확 꽂혔나 봐요. 더디더라도 같이 가는 게 중요하다… 이젠 더 이상 불안하지 않아요. 돈이나 성공이 세상의 전부가 아니라는 것을 아니까요. 갑자기 사람이 이렇게 변할 수 있나 싶을 정도로 바뀌었죠.

지금 하는 사회적 경제 일도 일맥상통해요. 너만 잘 사는 게 아니라 나도 같이 잘 살자. 우리 조금 더디게 가더라도 같이 가보자. 저는 사회적 경제를 그렇게 이해하고 있거든요. 사회적 경제의 분야가 진짜 엄청 많잖아요. 그 안에서 사회적 가치를 찾는 거니까. 앞으로도 저는 사회적 가치를 만드는 일을 하면서 재밌게 활동하고 싶어요. 예전엔 제가 비영리 활동을 하게 될 거라곤 상상도 못 했는데, 지금 사회적 기업에서 일을 하고 있으니 웃긴 일이죠. 저도 가끔 신기할 때가 있어요.

근래 들어서는 청소년 교육 쪽으로 관심이 생겨서 일의 분야를 바꿀까 고민 중이에요. 저는 좋은 쪽으로든, 안 좋은 쪽으로든 주변 어른들의 영향을 많이 받았어요. 언젠가 선생님한테 들은 한마디를 아직까지도 힘들 때마다 생각하곤 해요. 그래서 저도 아이들에게 아주 작게라도 좋은 영향력을 주면 좋겠다는 생각을 계속해왔어요. 교사가 되는 꿈을 포기하고 나서는 청소년교육과로 진학했지만, 과연 그 일이 나한테 잘 맞을지가 고민되더라고요. 그때 마침 생존자 애들이랑 멘토링 동아리를 꾸려보게 됐어요. 저는 멘토링 동아리에서 보드게임 활동을 했는데, 그냥 게임을 하며 노는 게 아니라 매번 고민을 하면서 준비했어요. 코로나가 너무 장기화되면서 학생들 사이에서 사회성이 많이 차이 난다고 하더라고요. 코로나 전과 후에 공동체 활동을 하는 기회의 차이가 컸던 거죠. 그래서 공동체를 살릴 수 있는 프로그램을 준비했어요. 생각한 것보다 엄청 힘들긴 했어요. 아이들이 너무 시끄럽고 자유분방하니까 내가 이걸 업으로 삼는 게 맞을까 망설이게 되더라고요. 그러다가 학부모들 모시고 가족 운동회를 했는데 그날이 아직도 기억에 남아요.

그날 어떤 아이 부모님이 일정이 있어 못 오신 거예요. 부모님이랑 같이 하는 활동인데 그러면 아이가 참여를 못 하잖아요. 그래서 제가 엄마 역할을 대신해주기로 했어요. 둘이 옥신 각신하면서 여러 활동을 같이 했죠. 그러다가 제 성을 따서 "너 오늘은 박슬기야" 하면서 그 아이 성을 바꿔 장난을 쳤어요. 근데 걔한테는 그게 인상 깊었나 봐요. 나중에 제게 고맙다면서 자기가 앞으로 또 다른 박슬기로 살아가겠다고 편지를 써준 거예요. 그 말에 너무 감동했어요. 그 멘토링을 계기로 청소년 교육 활동에 확신을 갖게 됐어요. 아동·청소년 전공을 더 살려서 이쪽 길로 갈지 아니면 이건 내 외부활동으로만 두고 사회적 경제를 직업으로 삼을지에 대한 고민이 있긴 해요. 어느 쪽을 선택하더라도 돈이 전부가 아니라, 더디게 가더라도 함께할 수 있는 일을 하면서 살고 싶어요.

/ 그런 교사는 되지 않겠다

사고 나기 전까지는 저의 모든 삶의 목표가 교사 되기였어요. 예전에는 선생님이 못 되면 곧 인생이 실패하는 거라고 생각할 정도였죠. 그러다 참사가 나고 나서 여러 어른들을 만났잖아요. 그 뒤로 생각이 완전 바뀌었어요. 선생님이라고 다 옳기만 한 게 아니구나.

저처럼 수학여행 안 간 학생들이 같이 생존 선생님들 두 분께 보낼 응원 영상을 만들려고 했어요. 도화지에 멘트를 써서 사진을 찍고 슬라이드쇼처럼 넘어가게끔 했었어요. 그때 정신

건강의학과 전문의 선생님들도 이런 작업이 추모 활동에도 좋고 심리적인 면에서도 도움이 될 거라고 했고요. 근데 교장 선생님이 저희를 보더니 "당장 그 영상 폐기해. 너희가 그렇게 하는 게 생존학생과 생존교사를 더 힘들게 하는 거야"라고 말하는 거예요. 결국 영상을 보내드리지도 못하고 지워야 했죠. 그게 큰 상처로 남았어요. 그런 일이 계속 누적되니까 훌륭한 인격체가 선생님이 되는 게 아니라는 생각을 하게 됐어요. 선생님들이 무조건 다 멋지고 좋은 사람이 아니구나. 희생된 학생들의 졸업 문제를 어떻게 할 건지 논의할 때도, 행정상 어쩔 수 없다면서 제적 처리를 하겠다는 거예요. 나중에는 결국 학적이 복원되긴 했지만 그때는 충격이었죠. 근데 제가 학교 선생님이 되면 결국 행정적인 절차에 따를 수밖에 없잖아요. 그럼 나도 그 똑같은 사람이 되는 게 아닐까 싶기도 했어요. 아무튼 저는 수학여행을 안 가고 곧장 학교로 복귀하면서 날것의 상황을 되게 많이 봤잖아요. 그런 걸 보면서 저도 모르게 실망감이 쌓였던 것 같아요.

좋은 선생님들도 있었어요. 쉼표 선생님들도 그렇고 스승의 날마다 만나는 고등학교 때 선생님 두 분이 계신데 그 두 분 덕분에도 버텼죠. 사고 나기 전에 담임 선생님이 김초원 선생님이었어요. 그 선생님이 돌아가시고 나서 새로 화학 과목의 박지현 선생님이 오셨는데, 그때는 이 선생님이 김초원 선생님 자리를 빼앗은 것만 같아서 수업도 안 듣고 반항을 했어요. 저도 상처가 많았으니 그랬겠지만 돌이켜보면 너무 철이 없었죠. 선생님도 힘드셨을 거예요. 근데 하루는 선생님하고 대화를 하다가 제 속 이야기를 털어놓게 됐어요. 그런데 선생님이 저보다 더 많이 우시는 거예요. 저는 그렇게 못되게 굴었는데도요. 선생님 본인이 애들이 복귀하기 전에 날것 그대로의 학교를 봤고, 그 상황의 중심에 있던 저를 보셨던 터라 더욱 이해가 되셨나봐요. 그 모습을 보면서 제가 했던 행동이 죄송하기도 하고, 그럼에도 저를 이해해주셔서 감사하기도 했죠. 그때부터 제가 그분을 엄청 좋아하게 됐어요. 쉬는 시간에 선생님을 찾아가 이런저런 이야기를 하면 다 받아주셨어요. 고등학교 2학년 동안 저한테는 선생님이자, 친구이자, 언니 같은 분이었죠. 사실 그때 그 선생님이 안 계셨으면 자퇴했을 수도 있고, 극단적인 생각을 품었을 수도 있어요. 매년 찾아뵙는데 이제는 연애 상담도 하고 같이 맛있는 것도 먹고 정말 사촌 언니와 동생 같은 관계가 됐어요. 제가 항상 '우리 호호 할머니가 될 때까지 함께하자'고 해요.

　　오재영 선생님은 참사 뒤에 자발적으로 단원고로 부임해 오신 분이었어요. 돌아가신 최혜정 선생님의 선배였대요. 그래서 더 마음이 쓰여서 여기로 오신 거였다고 해요. 선생님들 모교에 같이 가서 구경도 시켜주시고 최혜정 선생님 비석도 보러 가고 그랬어요. 제가 DCT라는 동아리를 했는데 원래 남윤철 선생님이 담당 교사였어요. 그런데 활동을 제대로 못 해보고 사고가 났으니까, 저는 그 동아리를 잘 이어가고 싶었어요. 오재영 선생님이 그 동아리도 맡아주셨고요. 선생님이 역사 담당이어서 더 좋았어요. 제가 원래 역사 교사가 꿈이었거든요. 저희를 정말 진심으로 아껴주는 게 느껴졌어요. 기억교실 없애는 것도 저희랑 함께 반대해주시고 온전히 저희 편에 서 있었어요. 사실 학교에서 그렇게까지 하는 게 되게 어렵잖아요. 그러다 보니까 학교 측에서는 싫어했죠. 저한테 정말 은사님 같은 분이어서 간간이 연락도 드리고 고민이 있을 때마다 항상 찾아가요. 제가 오죽하면 나이 차이가 얼마 안 나는데도, 나중에 저 결혼하면 주례 서달라고 부탁드렸겠어요.

저에게 그런 사람들이 있었던 것처럼, 저도 누군가에게 그런 사람이 되고 싶어요. 당신 잘못이 아니라는 걸, 어른들 말이 꼭 옳기만 하진 않다는 걸 말해주는 지지자요. 어떻게 보면 되게 큰 꿈이죠. 하지만 저는 그걸 해냈던 사람들을 알고 있잖아요. 그분들에게 지지받았던 경험이 있으니까 저도 교사가 되지 않더라도 그 꿈을 이룰 수 있지 않을까요? 생각을 이렇게 정리하면서 교사 직업에 대한 미련을 딱 접었어요.

/ 이별과 기억

사실 가까운 사람끼리 싸울 수 있잖아요. 근데 그 싸우는 순간에 전화를 끊고 나서 '이 순간이 마지막이면 어떡하지?' '그때처럼 갑자기 떠나버리면 어떡하지?' 이런 두려움이 몰려올 때가 있어요. 그럴 때 내가 여전히 괜찮지 않다는 걸 느껴요. 하지만 어떤 이별은 피할 수 없더라고요. 참사 뒤에 엄마가 아프셨는데 2019년에 갑자기 안 좋아져서 중환자실에 가셨어요. 그 상태로 바로 코마 상태에 빠지고, 의식이 끊겼어요. 엄마랑 마지막 인사도 제대로 못 했죠. 중환자실은 아무 때나 만날 수 없으니까요.

인사 없는 이별을 계속 겪다 보니 떠난 사람들을 떠올리는 것도 괴로워서 피하고 싶었어요. 그래서 추억의 장소에 가는 것도 너무 싫었고요. 안산을 떠나서 살아볼까 고민할 정도로요. 근데 정작 기억이 점점 사라져가니까 아차 하는 마음이 들더라고요. 얼마 전에 세월호 기억교실 가서 민경이 자리에서 제가 썼던 편지들을 봤는데 그 편지들에 민경이와의 여러 추억이 쓰여 있는 거예요. 그걸 보는데 어떤 일은 정말 기억조차 안 나더라고요. 예전에 본 영화 〈코코〉에는 사람이 죽은 뒤 다른 사람의 기억에서 지워지면 한 번 더 죽는다는 이야기가 나와요. 그게 훅 떠올랐어요. 잊으면 안 되겠다.

이제 곧 10주기가 다가오잖아요. 근데 10년이 되어가는데도 세상이 하나도 바뀌지 않은 것, 이태원참사가 일어난 것, 세월호 때와 똑같이 피해자들을 비난하는 것, 이런 것들이 저를 움직이게 해요. '놀러 가서 다친 거잖아.' '놀러 가서 난 사고잖아.' 이런 말들이 똑같이 반복되는 걸 보고 깜짝 놀랐어요. 세상은 바뀌지 않는구나. 내가 겪은 이별들을 계속 기억하고, 목소리를 내야겠다. 10년이 지났는데 어떻게 아무것도 바뀌지 않을 수 있지? 내가 어쩔 수 없이 인생을 살아가야 한다면 애들을 위해서 한 번이라도 더 목소리를 내고 행사에 한 번이라도 더 찾아가려고요. 그래서 이제는 안산에 계속 살고 싶어요.

/ 나는 누구인가

학교에 처음에 복귀했을 때는 "생존학생, 잔류학생 상관없이 여러분은 똑같은 단원고 2학년 학생"이라고 했었어요. 그런데 나중에는 학생들을 부를 때 늘 '생존자 학생들'이라고만 하는 거예요. '생존자 학생이면 나는 아닌가? 나도 이 학교 학생인데 그럼 나는 뭐지?'

애들이 복귀하고 나서는 교실에서 애들이랑 어울리지 못하고 계속 상담실에만 있었어요. 근데 그것조차 죄책감이 들었어요. 나는 수학여행도 안 갔는데 내가 뭐라고 이렇게 상담실에만 있지? 생존한 친구들이 해주는 이야기를 들으면 나는 상상할 수도 없는 일을 겪고 온 거예요. 그 이야기에 전부 공감해줄 순 없다 보니, 나만 그 일을 겪지 않은 게 미안해지더라고요. 동시에 저도 친구를 잃어 마음이 똑같이 아팠고요. 저는 수학여행을 가지 않았으니까 감히 의견을 내면 안 된다고 생각했어요. 어떻게 보면 일종의 콤플렉스죠. 그 당시에는 마음이 항상 복잡했어요.

그 당시에 사회가 세월호 바깥에 있었던 단원고 학생이 어떤 시간을 보내고 있을지에 대해 생각이 없었던 것 같아요. 부모님조차도 처음엔 저를 걱정하시다가 제가 계속 힘들어하니까 나중엔 '너는 안 갔는데 왜 계속 힘들어하느냐'며 화를 냈으니까요. 참사 현장에 없었고 겉은 멀쩡해 보이니 답답하셨던 거죠. 저는 생존자 애들이랑 다른 대상으로 구분돼서 의료 지원도 엄청 빨리 끊겼어요. 치료도 받고 약도 먹어야 하는데 그걸 못 받잖아요. 그래서 배은경 선생님이 방법을 마련해주셔서 개인 후원으로 약을 받아 먹었어요. 나라에서 계속 그렇게 구분을 지으니까 '나는 피해자가 아니구나'라는 생각이 들더라고요. 그러면서 힘들다고 말하는 게 점점 더 어려워졌어요. 고등학교 2학년 때 화학 선생님한테 제가 자주 이렇게 이야기했대요. '애들 앞에서는 못 울겠다, 내가 무슨 염치로 울 수 있는지 모르겠다'고요. 저를 친구들과 구분하는 말이나 제 상처를 이야기할 때 의아해하는 반응을 마주하면서 저조차도 스스로를 구분 짓게 된 것 같아요.

그래서인지 이태원참사를 보면서 더 힘들었어요. 피해자가 무척 많았잖아요. 그때 실시간으로 사람들이 죽어가는 것을 목격한 SNS 이용자들이나 가까운 사람을 잃은 사람들의 수는 셀 수 없을 정도죠. 그 피해자들에게 아파해도 된다고 말하고 싶어요. 충분히 아파하셔도 되고, 남 눈치 안 봐도 되고, 힘들고 아프다고 말해도 된다고요. 저는 사고 나고 나서 항상 '내가 생존자가 아닌데 아파해도 되나' 하는 생각에 시달렸잖아요. 내가 겪은 걸 피해로 볼 수 있는지, 나도 피해자가 맞는지 의심하게 되니까 내 감정에 대해서도 의심하고 저를 탓했던 것 같아요.

　아직도 세월호 관련한 저의 정체성이 저한테는 너무 어려운 숙제처럼 남아 있어요. '간접 피해자'로 저를 소개해볼까도 생각했어요. 근데 또 '간접'이라는 말이 제가 겪은 일을 다 담을 수 없는 느낌이었어요. 저를 말할 때 무슨 표현을 써야 할지는 아직 잘 모르겠어요. 피해나 생존에 꼭 이름을 붙여야 할까요? 우리 사회에서 저 같은 사람을 지칭하는 단어에 대해 고민해본 적도 없었을 거예요. 되게 애매하잖아요. 제 이야기를 읽는 사람들이 이에 대해 궁금해하고, 같이 고민했으면 좋겠어요. 사회가 한번도 궁금해하지 않았던 이야기니까요.

　　"제가 인터뷰를 그만하겠다는 이야기는 아닌데요…"

　1차 인터뷰를 끝내고 다음 일정을 잡기 위해 연락했을 때 박선영이 조심스럽게 꺼낸 첫 마디에 나는 바짝 긴장했다. 그는 잠시간 침묵하다가 지난번 인터뷰에서 내가 했던 어떤 질문이 자신에게 상처가 되었다고 말했다. 나는 그때 그를 가리켜 '수학여행 잔류자'라고 표현했다. '수학여행 잔류자 박선영.' 지난 10여 년간 자기 이름 앞에 '잔류자'라는 딱지가 붙어왔던 것을 아는 그는, 자신의 지난 경험을 그 단어로 설명하고 싶지 않다고 했다. 잔류자는 곧 배제되는 자이고 의심받는 자이기도 하니 말이다.

사실 그는 첫 인터뷰에서부터 이미 신호를 보냈다. 다른 친구가 "너 근데 '잔류학생'이라는 표현 썼는데 왜 기분 안 나빠해?!!"라며 대신 화를 냈다는 이야기를 꺼낸 것이다. 이때 '그러게요. 질문을 받았을 때 어땠어요? 제가 질문을 잘못 한 것 같아요' 하고 바로 인정하며 물어봤다면 어땠을까. 하지만 나는 비겁하게도 그 순간 어물쩍 넘기기를 선택했다. 내가 기억 저편에 묻어두고 피하는 동안 박선영은 이 인터뷰를 지속하기 위해 말을 꺼냈다. 고민과 주저 끝에도 상처받은 마음을 꺼내놓은 일은 박선영이라는 사람을 잘 보여준다. 한없이 취약해지는 순간도 있지만, 그렇기에 물러서지 않는 사람. 박선영은 그가 사랑에 빠진 '운디드힐러'라는 모임의 이름이 잘 어울리는, 상처 속에 단단함을 가진 사람이다.

박선영은 오랫동안 그의 정체성을 묻는 질문을 받아왔다. 때로는 그 스스로가 던지기도 했다. 세월호참사 속에서 박선영이 겪은 피해를 다른 학생들의 것과 구분하고, 규정하는 질문들이 그를 고립시켰다. 고립은 죄책감을 불러왔다. 나만 겪지 않아서, 내가 갔다면 뭔가 달랐을지도 모르는데, 감히 내가 힘들어해서. 죄책감은 점점 커졌다. 그래서 나는 인터뷰를 진행하면서 박선영이 보내온 시간도 그만의 '생존의 시간'이었다고 말하고 싶었다.

여전히 그는 자신의 정체성을 찾아가는 과정에 있다. 세월호참사의 생존자는 누구인가. 박선영은 자신의 존재 자체로 사회가 생각해온 생존자의 범주에 질문을 던진다. 배에 탄 사람과 타지 않은 사람의 구분을 넘어 박선영이 고군분투해온 생존의 시간은 어떻게 말할 수 있을까. 그는 우리 함께 고민해보자고 제안한다.

/ 박지연

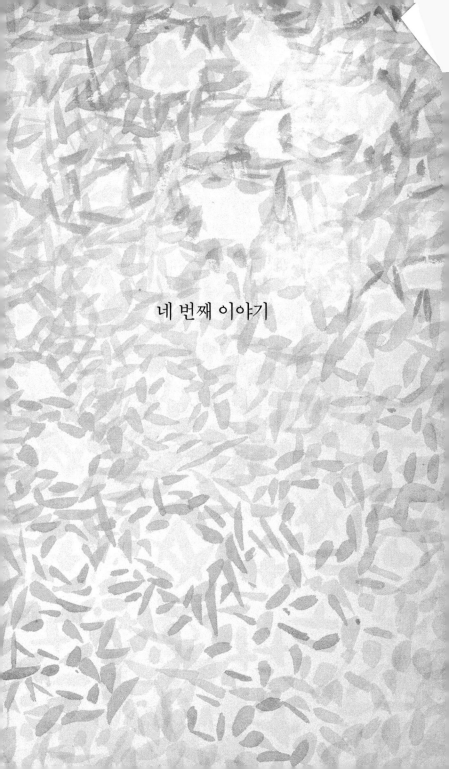

네 번째 이야기

날마다 한 걸음씩, 그렇게 10년

형제자매 남서현과 남편 오병훈 이야기

우리 인연의 시작은 2015년이었다. 형제자매와 생존학생의 목소리를 담은 『다시 봄이 올 거예요』는 형제자매들과 의견을 주고받으며 함께 진행한 책이다. 회의 때 그는 반짝이는 아이디어의 제안자였고, 이야기가 끊겨 침묵이 흐를 때 이어주는 말을 먼저 꺼내는 사람이었다. 책이 출간된 뒤에도 의논할 일이 있으면 나는 그를 찾았고, 간간이 그가 안산에서 일을 한다는 소식과 결혼을 한다는 소식을 들었다. 10주기 백서 준비를 위해 오랜만에 그를 만나는 자리였다. 그는 큰 가방을 들고 아기와 함께 나타났다. "아기가 있으면 짧은 외출에도 챙겨야 할 짐이 많아요." 우리와 이야기하면서 아기 입에 간식을 넣어주는 그의 모습을 보니 '와, 정말 엄마가 됐구나' 하는 생각이 들었다. 시간의 흐름이 실감나는 순간이었다.

"죄송해요. 제가 계속 생각해봤는데 아무래도 안 되겠어요."

세월호참사 10주기를 앞두고 다큐 영상 출연 제의를 받았어요. 감독님과 미팅까지 했는데 도저히 안 될 것 같아서 거절을 했어요. 동생에게 미안해서 많이 울었어요. 예전 같으면 힘들어도 참고 수락을 했을 거예요. 동생을 위해서 제가 할 수 있는 게 너무 없다고 생각했고 부채감 때문에라도 했을 거예요. 지금은 세월호참사 활동을 했던 지현의 언니로 살기보다 결혼해서 아이를 키우면서 남서현으로 살고 있어요. 지현이 언니가 맞지만 다시 그게 전부가 될까 봐 두려웠어요. 출산과 육아로 잊고 살았는데 감독님과 이야기하면서 이런 일에 힘들어했던 제 모습이 떠오르더라고요. 저 혼자면 괜찮은데 아이와 남편, 살고 있는 집도 영상에 노출이 되잖아요. 안산에서 활동할 때 만났던 사람들도 제가 나오는 영상을 보겠죠. 영상에서 보이는 단편적인 모습으로 내 삶을 판단하면 어떡하지. 아직도 현장에서 싸우고 있는 분들이 있는데 정작 유가족인 나는 현장에서 멀어져서 사는 모습을 보여줘도 되나? 피해자인 내가 이렇게 행복하게 사는 모습을 보여줘도 괜찮을까? 걱정보다 두려움이 컸어요. 감정이 너무 복잡해서 설명하기 어려운데, 피해자다

움 때문인 것 같아요. 지금의 제 삶을 숨기고 싶은 마음이 자꾸 생겨요. 활동하지 않는 유가족들도 비슷하지 않을까요. 일상의 삶을 사는 게 세월호참사 활동을 열심히 하는 사람들에게 미안하고 죄책감이 드니까 더 숨게 돼요.

/ 형제자매도 있다

2주기쯤 광화문에서 집회가 있었는데 장마 때처럼 비가 쏟아졌어요. 그 비를 맞으면서 물대포와 싸우며 형제자매들끼리 모여 있었어요. 서로 가방에서 옷 꺼내주면서 모여 있는데 어찌나 눈물이 나던지. 형제자매들끼리 껴안고 많이 울었던 기억이 나요. 슬프기보다 함께 있어서 위로가 됐어요. 말을 하든 안 하든 서로의 상황을 이해할 수 있는 사람들이 있다는 것, 잔인한 이야기지만 혼자가 아니어서 서로에게 줄 수 있는 위로가 있었어요. 이야기하면서 갑자기 떠오른 기억인데 아, 왜 눈물이 나지? 이날뿐 아니라 드러나지는 않았지만 형제자매는 늘 집회 현장에 있었어요. 근데 아마 사람들은 잘 모를 거예요.

2015년 4월 5일을 잊을 수가 없어요. 마치 작전을 펴듯이 가족협의회 운영위원장님에게만 공유하고 형제자매들이 기자회견을 준비했어요. 형제자매들이 나서는 걸 걱정하고 말리는 부모님들도 있었거든요. 하지만 저희도 목소리를 내고 싶었어요. 그래서 '세월호 특별법 시행령 폐기'를 촉구하는 기자회견을 했어요. 폐기에 동의하는 형제자매들 72명의 서명을 받았어요. 저희가 형제자매들의 연락처를 갖고 있지 않아서 페이스북을 뒤지고 알음알음 건너건너 연락처를 모아야 했죠. 기자회견을 하고 나서 어떤 부모님에게 항의를 받았어요. 우리 애는 연락을 못 받아서 서명을 못 했는데 왜 이게 형제자매들의 목소리냐. 형제자매 모두가 서명 명단에 있어야 한다는 의미는 아니겠지만 저희의 최선이 인정받지 못한 것 같아 속상했어요. 형제자매 모두의 목소리가 아니면 공식적으로 우리의 의견이라고 말할 수 없는 건가? 우리가 조직이 아니어서, 활동을 하면서 이 부분이 계속 고민이 됐어요.

기억식에서 형제자매는 왜 발언이 아니라 편지글을 읽어야 할까? 그동안 기억식에서 형제자매나 생존학생은 동생이나 친구들에게 전하는 편지글을 작성해서 읽었어요. 기억식뿐만 아니라 다른 집회나 문화제 때도 형제자매는 편지글을 요청받아요. 제가 지현이에게 쓴 편지를 많은 사람들 앞에서 읽는다는 게 이상하잖아요. 지현이에게 보내는 편지의 형식을 갖고 있지만 결국 청자는 시민들이니까 듣는 사람들에게 이 편지가 괜찮나 고민을 하게 돼요. 이건 누구를 위한 편지지? 편지 형식의 발언인데 왜 형제자매에게는 편지 형식을 요구하지? 기억식을 보면 사람들의 심금을 울리는 눈물 포인트가 들어가는데 편지글이 그 성격을 갖는다고 생각해요. 형제자매에게 이 역할을 부탁하는 거죠. 언젠가부터 편지글이 불편해지기 시작했어요. 정당 대표, 장관, 안산시장 앞에서 청소년, 청년의 위치에서 그리고 형제자매로서 저도 할 말이 많거든요.

진상규명을 위한 활동에서 평등한 존재로 인정받지 못하는 게 싫었어요. 참사 초기에는 부모님들도 걱정이 되니까 형제자매에게 '너희는 가만히 있으라'는 말을 많이 하셨어요. 한편으론 이해가 되지만 분노가 커지더라고요. 희생 학생들에게 가만히 있으라고 했던 게 문제라고 이야기를 하면서도 우리에게 가만히 있으라고 하는 게 불편했어요. 동시에 어떤 부모님들은 우리 세대에서 안 끝나면 언젠가 너희들이 이어받아서 해야 한다는 이야기도 하셨어요. 제 입장에서는 모순적인 이야기를 같이 듣게 되는 거죠. 저는 형제자매라는 가족의 위치에서 목소리를 내고 힘을 보태고 싶은 사람이 있다는 걸 더 이야기하고 싶어서 활동을 시작했어요.

형제자매 활동과 모임에 대해 사명감도 있지만 부담감도 동시에 있어요. 참사 당시 제가 스물세 살이었는데 형제자매 중나이가 많은 편이었거든요. 대부분의 형제자매들은 중고등학생이었어요. 제가 더 열심히 하면 더 좋은 모임으로, 더 나은 방향으로 갈 수 있지 않을까. 형제자매 모임에서 한 명이라도 기분을 상하게 만들면 안 돼. 내가 잘못해서 다음 모임에 형제자매들이 안 오면 어떡해. 나는 언니로서, 멤버로서 이 모임을 너무 무겁지 않게 만들어야 돼. 모임이 깨지지 않게 잘해야 돼… 주도하고 책임지는 위치인 게 벅찰 때가 있었어요. 물론 다른 형제자매들은 신경을 안 쓸 텐데 제가 스스로 갖게 되는 마음인 거죠. 활동을 중심적으로 하는 사람이 구심점이 돼서 움직여야 흩어지더라도 언젠가 다시 모일 수 있다고 생각했어요. 형제자매 공간인 '우리함께'가 없어져서 지금은 더 그런 생각이 드는 것 같아요.

/ '우리함께'

             '우리함께'는 우리들의 울타리였어요. 2014년 11월 문을 열 때 공간의 색을 입히고 소품을 구입하고 설치하는 모든 과정에 형제자매들이 함께했어요. '우리함께'는 형제자매들이 함께 만든 공간이기도 하고, 모일 수 있는 장소이기도 하고, 형제자매들과 함께하는 사람들 그 자체였어요. 프로그램이 있을 때나 없을 때나 자유롭게 갈 수 있는 장소였고 기자회견 준비도 '우리함께'에서 했고요. 그랬던 곳이 2018년에 없어졌어요. 공간이 생길 때도 함께 만들었으니 기관이 없어지는 과정에서 미리 정확하게 이야기했으면 마무리라도 할 수 있었을 텐데. 문을 닫을 때 사전 공유 자리가 없었고 나중에 결정되고 나서 알게 됐어요. 공간이 없어지니까 형제자매들의 자연스러운 만남이 점점 줄어들었죠. 온마음센터에서 마련한 공간에서 송년회 등 비정기적인 모임은 하지만 집처럼 그냥 머물게 되지는 않더라고요. 물론 취업이나 결혼, 출산 등 각자의 바쁜 삶 때문에 전처럼 모이기는 힘들지만, 아무 때나 갈 수 있는 편안한 공간이 사라진 것은 분명해요.

'우리함께'가 없어졌을 땐 너무 화가 났어요. 당시엔 제 감정이 말로 다 정리가 안 됐는데, 안산에서 활동을 하고 여러 경험을 쌓으면서 알게 됐어요. '우리함께'는 형제자매들이 수동적으로 프로그램에 참여하는 게 아니라 주도적으로 제안하고 활동을 만든 공간이었거든요. 이게 가능했던 건 함께했던 사회복지사들의 철학이 있었기 때문이고요. 이분들과 형제자매들이 함께한 수고와 노력으로 우리만의 편안하고 안전한 공간이 만들어졌던 거예요. 어른들은 우리에게 상처를 주지 않고 우리를 지키기 위한 방법으로 종료를 선택한 것인지 모르겠지만 제가 깨달은 현실은 그게 아니었어요.

아, 내가 할 수 있는 게 없구나. 제가 느낀 건 무력감이었어요. 어른들의 도움을 받아야 형제자매 모임과 공간이 유지될 수 있구나. 결국 나도 복지의 수혜자였구나. '우리함께'에서 어른들이 항상 하는 말이 있었어요. 너희는 복지 시스템의 수혜자가 아니다. 함께하는 거다. 하지만 결국 수혜자의 위치였던 거죠. 우리가 마무리에 대한 결정을 할 수 없었으니까. 동생의 희생으로 제가 수혜를 받는다는 자체가 싫었는데 제가 그 위치에 있었다는 걸 알고 화가 났어요. '우리함께' 공간에서만큼은 무기력하지 않고 주체로 서 있다고 느꼈는데 다 허상처럼 느껴졌어요. 아, 진정한 권리 주체로 서지 못했구나.

형제자매 모임은 조직이 아니기 때문에 오히려 더 모일 수 있는 공간이 필요해요. 세월호참사 초기부터 형제자매들은 오픈된 공간에서 모여서 이야기하기 어려워서 안전한 우리만의 공간이 필요했어요. 밖에서 만나면 항상 룸이 아니면 안 됐고 요. 지금은 10년이 되어가니 일상 대화를 많이 하지만 2014년 에는 참사 이야기를 주로 했거든요. 그래서 우리만의 공간이 더 필요했죠. '우리함께'가 없어지고 느꼈어요. 지속가능성을 위 해서는 자립이 필요했구나. 어른들은 우리를 평생 지켜줄 수는 없으니까 우리가 자립할 수 있는 연습을 할 수 있는 시간과 정 보를 주었어야 했어요. 근데 그럴 기회가 사라져버린 거죠.

/ 새터의 추억

　　　　　　　　형제자매들이 주도했던 활동 중에 3년 동안 했던 '4·16 대학생 새로 배움터'(이하 새터)를 잊을 수가 없 어요. 새터에서 만난 친구들이 9주기 때도 저희 집에 와서 자고 다음 날 기억식에 갔어요. 새터는 2015년에 4·16대학생연대의 제안으로 시작된 행사예요. 2016년에는 형제자매들이 참여만 했고 그다음 해부터 프로그램 기획과 진행을 같이했어요. 2016 년부터 2018년까지 매년 2월 초에 1박 2일 동안 전국에 있는 대 학생들이 안산에 모였죠. 대학생이 100명 넘게 모이는데 진도 체육관에서 가족들이 덮었던 이불을 학생들이 덮고 숙박을 같 이했어요. 세월호참사 기사는 띄엄띄엄 나오니까 조각난 퍼즐 을 맞춰보기 전에는 참사 내용을 이해하기 어려워요. 계속 관심 있게 보지 않은 이상 파악을 할 수가 없죠. 새터는 1박 2일 동안 진상규명이 어디까지 진행됐는지 어떤 어려움이 있는지 강의나 세미나를 통해서 심도 깊게 공부할 수 있는 자리였어요.

새터는 개강 전에 진행이 돼요. 참여한 학생들은 진상규명에 대한 강의를 듣고 유가족인 부모와 형제자매도 만나서 이야기를 들어요. 개강하면 이 학생들이 학내에서 세월호를 기억하는 활동을 시작하고요. 그리고 4월 16일에 다시 모여서 학내에서 했던 활동에 대해서 나누는 거예요. 그렇게 4월 16일을 더 의미 있게 보낼 수 있었어요. 다음 해에 다시 새터가 돌아오면 선배들이 후배들에게 새터를 소개하고요. 새터를 통해서 학내에서 4·16을 기억하는 동아리를 만드는 친구들도 많았어요. 선배에서 후배로 활동이 이어지면서 전국에서 4·16을 기억하는 활동이 만들어진 거죠.

보통 인터뷰나 간담회 요청이 오면 주로 윤아 언니, 보나, 저 이렇게 세 명이 많이 가거든요. 다른 형제자매들에게 요청을 해도 부담스러워 하니까. 근데 새터에는 형제자매들이 엄청 많이 왔어요. 스무 명 정도요. 주로 또래니까 친구처럼 가벼운 마음으로 올 수 있었던 것 같아요. 어른들이 요청해서 부모님 대신 가게 된 간담회 자리는 불편했거든요. 다녀와서, 이제 청소년·청년이 참석하는 자리가 아니면 가지 않겠다고 후기를 쓴 적도 있어요. '또래 친구들에게 세월호참사를 어떻게 알리면 좋을까요?' 같은 질문에는 대답할 수 있거든요. 엄마의 모습을 보면서 내가 힘들었던 것, 진도체육관과 팽목항에서 제가 봤던 장면은 힘들지만 이야기할 수 있어요. 근데 부모님은 어떻게 지내는지, 뭐가 힘들다고 하시는지를 물어보면 답하기 어려워요. 질문이 어려워서 답하기 어려울 때도 있지만, 제가 부모님을 대신해서 이야기를 전해야 한다고 생각하니 부담이 되더라고요.

형제자매뿐 아니라 부모님들도 새터 활동을 좋아했어요. 부모님들 몇 분만 오시면 된다고 해도 스무 분씩 오셨어요. 광화문에서 엄마들이 집회를 하고 버스 타고 안산에 밤 10시쯤 도착하면 그때 캠프장으로 오시는 거죠. 세월호를 기억하는 청년이 이렇게 많다는 걸 눈으로 확인하면서 부모님들도 힘을 많이 받으셨어요. 새터에 왔던 청년들이 부모님들 광화문에서 단식할 때 지지 방문을 가기도 했고요.

새터에서 만나고 목포에서 팽목항까지 도보행진에서 저랑 같은 조였던 친구가 했던 말이 기억나요. "나한테 세월호참사는 또래 친구들한테 일어난 가슴 아픈 일인데 널 만나고 내 친구의 일이 됐어. 더 열심히 해볼게." 그 친구의 말에 저도 위로를 받았어요. 이렇게 좋은 활동이 예산이 없어서 3년만 진행하고 중단됐어요. 새터가 계속 이어졌다면 세월호를 기억하는 청년들의 목소리가 의미 있게 지속적으로 넓게 퍼지지 않았을까 싶어서 너무 아쉬워요.

2016년 9월에 캐나다 몬트리올에서 국제사회적경제포럼이 열렸어요. 포럼섹션 중 하나가 재난에서 사회적 경제의 역할이었는데, 거기서 제가 세월호참사와 연결된 몇 가지 사례를 발표하게 됐죠. 2014년에 유가족들이 진도에서 안산으로 올 때 무료로 지원된 '다람쥐 택시'*와 형제자매 공간 '우리함께' 활동을 소개했어요. 그때 포럼에 참석 중이던 서울시장에게 부모님들의 단식투쟁에 관심을 가져달라고 말할 기회가 생겼거든요. 시장님과 함께 온 직원분이랑도 대화를 하게 됐는데 그분이 이렇게 말씀하시더라고요. "저는 세월호참사에 관심이 많아서 내가 할 수 있는 일이 뭘까 생각을 하거든요. 오늘 이렇게 다 같이 만난 것이 넓게 보면 진상규명을 위해서 제 위치에서 할 수 있는 일이라고 생각해요. 서현 씨도 직업으로 진상규명과 연결해서 할 수 있는 일이 있을 거예요." 그분 이야기를 듣고 생각했어요. 아, 형제자매 이름으로 활동하는 것만이 아니라 내가 직업을 갖고 진상규명에 기여할 수 있는 방법이 있겠구나. 그래서 한국에 돌아온 뒤에 취업 준비를 시작했어요. 내가 할 수 있는 일이 뭐가 있을까? 사회적 경제와 마을

---

* 안산시 개인택시 조합 소속 2천여 명 가운데 8백여 명이 참여한 활동. 이들은 피해자들이 장례식장과 임시분향소로 갈 때 무료 택시를 운행했다. 또한 이들 가운데 일부는 피해자들이 진도체육관과 팽목항에서 안산으로 올 때 택시를 타고 이동할 수 있도록 지원했다. 「세월호참사: 진도~안산 400km 오가는 '착한 다람쥐택시'」, 연합뉴스, 2014. 4. 27.

공동체 사업 관련 사례를 많이 접하다 보니 안산 지역에서 일하고 싶더라고요. 검색하다가 '안산시마을만들기지원센터'(이하 지원센터)라는 곳을 알게 됐고, 채용 공고가 따로 없는 걸 보고는 직접 찾아갔어요. 무슨 일이든 좋으니 일을 하고 싶다고 이야기했죠.

형제자매가 아니라 안산에서 쓰임 있는 사람으로 공동체의 훌륭한 분들과 함께하고 싶었어요. 참사 이후에 안산에서 좋은 분들을 많이 만났거든요. 캐나다에 갈 때 안산시사회적경제지원센터의 센터장님과 동행했는데, 저를 너무 따뜻하게 대해주셨어요. 새터 할 때도 안산 지역분들이 도시락을 싸서 나눠주셨고요. 안산에서 이런 분들과 함께하고 싶다, 이제 내 역할을 하고 싶다, 이 마음이 컸어요.

안산은 시화공단이 있어서 노동운동이 활발했고 시화호 오염 문제에 환경단체가 결합하면서 시민사회단체 활동이 많았던 지역이에요. 마을 만들기 조례도 시민의 힘으로 만들어졌고요. 그 과정에서 지원센터가 만들어진 건데 전국에서도 오랫동안 활동한 센터 중 하나예요. 여기 들어와서 제가 처음에 한 일은 주민 역량을 성장시키는 마을공동체 공모 사업이었어요. 지역에서 주민들이 공동체를 구성하면서 교류할 수 있도록 교육을 하고 필요한 지원을 하는 일이에요. 그다음엔 미래세대 치유 회복 사업을 했어요. 세월호특별법 예산을 이용해서 기획한 청년 사업이었죠. 안산청년네트워크에 결합해서 지역의 청년들과 교류를 하고 관계를 맺기 시작했어요. 안산시에는 청년을 지원하는 부서가 없었는데 꾸준히 노력해서 지원 부서까지 만들었어요. 청년들이 이용할 수 있는 공간을 시에 요구해서 만들고, 청년 노동 문제 세미나를 하고, 노동절에 캠페인도 같이 진행했어요. 지자체 선거 때는 시장 후보를 불러서 간담회를 진행하고, 세월호참사뿐만 아니라 지역 현안과 사회문제를 제기하는 여러 활동들을 했죠. 저도 처음 하는 일이었는데 함께하는 사람들이 있어서 신나게 했던 것 같아요.

안산에서 일할 수 있어서 기쁘다는 생각을 종종 했어요. 마을공동체 활동하시는 분들은 세월호에 대해 호의적이고 열과 성을 다하시거든요. 그걸 보면서 늘 감사한 마음이 있었어요. 물론 힘든 것도 있었죠. 입사하고 초기에 화랑유원지에서 가협이 주최하는 추모시설 간담회가 있었는데 반대하는 주민들이 와서 혐오 발언을 쏟아냈어요. 그 현장에 제가 직원으로 가 있었거든요. 너무 충격을 받았어요. 팽목항의 지옥과 비슷하다⋯ 많이 놀랐고 엄청 울었어요.

일을 하니까 주민들의 혐오 발언도 들을 수밖에 없는 위치인 거죠. 너무 속상했어요. 계속 상처를 받다 보니 나중엔 무뎌졌던 것 같아요. 계속 상처를 받으면 일을 할 수가 없잖아요. 우리를 지지해주는 좋은 사람들도 많으니까 내가 더 열심히 해야겠다. 그래서 더 열심히 하려고 했던 것 같아요.

지역에서 청년들과 만나면서 노동권에도 눈을 떴어요. 제가 오전 9시에 출근해서 새벽 2시에 퇴근하길 1년 넘게 했거든요. 일은 많았고 저는 열정이 넘쳤고요. 그게 맞다고 생각했어요. 초반에는 힘든 줄도 몰랐어요. 그런데 안산청년네트워크 친구들이 제가 일하는 걸 보고는 염려된다고 이야기하더라고요. 노동에 대한 권리를 찾아야 한다고. 그때 알았어요. 지금 일하는 게 잘못됐다는 걸. 현타가 왔어요. 그다음부터 야근을 줄이고 정시에 퇴근하기 시작했어요. 3년 넘게 일을 하니 지치더라고요. 입사 초기의 마음과 다르게 번아웃이 온 거죠. 아, 이제 못 하겠다, 다른 길을 찾아야겠다 싶어서 일을 그만뒀어요.

힘들었지만 지원센터에 다니면서 엄청 성장할 수 있었어요. 시야가 넓어졌다고 할까요? 안산에 이렇게 많은 조직이 활동하고 있구나. 전에는 나, 우리 가족 그리고 형제자매들밖에 몰랐거든요. 사회 초년생으로 많은 사람들을 만났고 많이 배웠어요. 이 시간이 저에게 좋은 자산이 됐어요.

/ 남편 오병훈을 만나다

남편은 2018년 새터를 준비하면서 처음 만났어요. 안산에 있는 청년들과 같이 새터 기획을 하면 좋겠다고 생각해서 연락을 돌렸거든요. 당시에 남편은 안산에서 세월호특별법 지원으로 운영되는 '희망마을사업추진단'에서 일하고 있었고요. 안산 지역에서 활동하는 사람들은 제가 희생자 형제자매라는 걸 아니까, 저는 오병훈을 몰랐지만 이 친구는 저를 알고 있었죠. 새터를 같이하면서 친구가 됐고 계속 좋은 친구로 지내고 싶었어요. 지역에서 형제자매가 아닌데 세월호 이야기를 자유롭게 할 수 있고 이해하는 친구는 별로 없으니까. 그러다 친구에서 연인이 됐고 1년 정도 사귀다 2020년 5월에 결혼했어요.

사실 저는 결혼할 생각이 1도 없었어요. 비혼주의자로 살겠다고 생각했거든요. 세월호참사 진상규명에 내 전부를 쏟아야겠다. 나는 진상규명을 위해 쓰임 받기 위해서 태어났다. 나는 이제 일상생활을 할 수 없는 사람이다… 그때는 왜 그렇게 생각했는지 모르겠어요. 사명감에 불타올라서 결혼할 생각 자체가 없었어요. 미래를 상상해보지 않았으니까. 세월호참사에 온전히 공감할 수 있는 사람이 아니면 친구 관계도 맺지 않았어요. 제가 병훈이를 만났을 때가 참사가 나고 5년, 6년이 지난 시점이었는데 남서현의 삶이 많이 옅어진 상태였어요. 항상 지현이 언니로 사는 게 더 컸으니까. 인터뷰를 할 때 항상 하는 말이 2014년 이전에 내가 어떤 사람이었는지 기억이 잘 안 난다는 거였거든요. 나는 뭐 때문에 웃었고 울었고 뭐가 행복했고 기억이 안 났어요. 참사 이후 남지현 언니로 구축된 삶에 익숙해진 거죠. 근데 병훈이를 만나고는 저를 꾸미지 않아도 되는 게 좋았어요. 남서현으로도 자연스러워진다고 해야 하나. 연애를 하면서 제가 일상의 삶으로 돌아올 수 있었어요. 그전에는 매일 늦게 퇴근했고 어쩌다 일찍 퇴근한 날엔 뭘 해야 할지 몰랐어요. 취미생활도 없었고 즐거운 것도 없이 살았죠. 근데 연애를 하면서 빨리 퇴근해서 놀고 싶어졌어요. 여행을 가고 바다도 볼 수 있는 사람이었더라고요, 저도. 병훈이를 만나서 재밌는 걸 많이 알게 됐어요. 그러면서도 다른 한편으론 '내가 이렇게 살면 안 되는데, 다시 나로 살아가면 안 되는데' 하는 동생에 대한 부채감과 미안함이 있었어요. 왜냐하면 이 상황은 지현이 언니로서는 점점 멀어진다는 뜻이거든요. 다시 나를 찾으면 찾을수록 그러면 안 된다고 생각했어요. 좀 아이러니하죠?

세월호 피해자인 저한테는 흔치 않은 상대였어요. 이런 사람은 다시 만날 수 없을 거예요. 병훈이는 세월호참사와 그 이후 과정을 학습하면서 피해자에 대한 이해도 깊어진 경우니까. 저도 '나는 이래서 힘들어. 지금 이 부분이 힘들어'라고 일일이 설명하고 싶지는 않거든요. 아직까지도 남편에게 진도체육관과 팽목항에서 제가 본 걸 처음부터 끝까지 쭉 이야기한 적은 없어요. 언젠가 내가 하고 싶을 때 너에게 다 이야기해줄게, 라고만 했어요. 가까운 사이인데도 이야기하기 어려워요. 당연히 제가 말하지 않으면 다 모를 수 있지만, 말하지 않아도 병훈이가 이해하는 면이 있으니까 고마워요. 너무 좋은 사람이니까, 저한테 결혼하자고 했을 때 하고 싶었어요.

너희 가족은 정치적 성향이 어떻게 되니? 결혼하기 전에 계속 물어봤어요. 남편이 아무리 좋은 사람이라도 정치적 성향이 맞지 않으면 결혼할 생각을 안 했을 거예요. 저희 가족을 이해하지 못하는 사람들과 가족이 되는 건 제가 감당이 안 되는 일이니까. 처음으로 노란 리본 문신 한 걸 후회했어요. 안산에서는 괜찮거든요. 사람들이 제 문신을 봐도 '단원고를 나왔구나' '아는 사람 중에 희생자가 있구나' 하면서 넘어가요. 근데 시댁인 남원에서는 이런 문신이 특별한 일인 거예요. 지방이니까 너무 티가 나는 거죠. 신경이 많이 쓰였어요. 감사하게도 시댁 식구들이 과하지 않게, 평범하게 저를 대해주세요. 세월호참사 주기 때도 굳이 위로의 말 같은 거 하지 않고 '오늘 TV에서 사돈 봤다' 정도로 이야기하세요. 위로의 말을 들었다면 조금 불편할 수도 있을 것 같아요. '남지현 언니'가 아니라 '남서현'으로 결혼한 거니까.

남서현은 안산시마을만들기지원센터(이하 지원센터)에서, 오병훈은 희망마을사업추진단(이하 추진단)에서 공동체 회복 프로그램을 지원하는 일을 했다. 2015년에 만들어진 세월호 특별법에는 공동체 회복 프로그램 지원에 대한 내용이 포함되었다. 이 사업은 2017년부터 현재까지 진행 중이다. 이 프로그램의 실행 담당자인 두 사람은 세월호참사를 겪고 10년의 시간을 통과하고 있는 마을의 이야기를 들려주었다.

오병훈　2014년에 세월호참사 소식을 접했지만 저는 평소처럼 일상생활을 하는 대학생이었어요. 당시엔 이렇게 엄청난 일인지도 모른 채 지냈고요. 그러다가 제대로 참사를 마주한 건 2016년이에요. 진로 고민을 하던 대학교 4학년 때 안산에 계시던 아는 분께서 지역공동체 회복을 지원하고 지역을 변화시키는 일을 같이해보면 어떻겠냐고 제안해주셨어요. 제가 조경

학을 전공했는데 정원이나 공원 설계 분야에 지역 활성화라는 영역이 있거든요. 제가 관심을 가진 분야이기도 해서 하겠다고 했죠. 일을 하면서 세월호참사 자료와 기록을 보게 됐는데, 그때서야 세월호참사가 제 삶으로 들어왔어요. (눈물)

남서현　　우리 남편이 울보예요. 이야기를 이어가보면, 공동체 회복이 뭘까 생각을 해본 적이 있어요. 일상의 삶을 살아갈 수 있는 것, 피해자와 이웃으로 범주를 규정하지 않고 다시 이웃으로 함께 살아갈 수 있는 것이 아닐까? 아무 일도 없었던 것처럼 다시 처음으로 돌아가자는 의미가 아니라요. 참사라는 큰일을 겪은 마을의 사람들이 아픔을 기억하고 서로를 품으면서 이겨내는 거죠. 안산에서 희생자가 많았던 지역이 고잔1동, 와동, 선부3동, 이렇게 세 동이에요. 2017년 전까지는 준비 단계여서 시 예산을 가지고 집중 피해 지역 중심으로 사업 기반을 만들다가, 2017년부터 정부 예산이 들어오면서 25개 동 전체로 지원이 확대됐어요. 지역 주민들도 참사를 겪으면서 고통 속에 있었고 갈등이 깊어진 상황이었거든요. 유가족들과 지역 주민들이 만나서 서로를 이해할 수 있는 접점을 만들고, 지역공동체 회복을 통해서 주민들이 다시 지역에서 함께 살아갈 수 있도록 지원하는 거죠. 사업을 진행하는 지원조직이 남편이 일하는 추진단이에요.

오병훈　　추진단은 시에서 직접 운영해요. 유가족과 지역 주민 사이에서 균형을 잡아야 하니까 중립적인 단위가 필요했고, 행정에서 주도하게 된 거죠. 구체적으로는 지원 사업들을 기획하거나 용역 사업을 선정하고 실행하기 위해 사람을 만나서 연결하고 조력하는 일을 해요. 언론에서 배보상 문제로 세월호 피해자들의 이미지를 부정적으로 만들어놨기 때문에 지역 어르신들이 유가족들에게 불편한 시선을 갖고 계셨거든요. 지역 주민들을 자주 만나면서 그런 지점들을 해소시키려고 했어요. 또 참사 초기에는 지역 주민들이 유가족들의 이웃이었으니까 반찬을 만들어서 나눠주시기도 하고 본인들이 할 수 있는 것들을 하셨는데, 유가족들이 고마움을 표현하지 않는 것처럼 보여서 오해가 쌓였었어요. 사실 당시에는 세월호특별법 제정 때문에 유가족들이 주로 국회나 청운동에 가 있었고 전국을 돌아다니면서 서명을 받고 있었거든요. 그러다 보니 아무래도 안산에 관심을 가질 수 없고 지역 주민들과 만나기 어려웠죠. 나중엔 유가족들이 감사를 표하고 마음을 나누면서 오해를 푸는 과정이 있었어요.

남서현　　추진단은 가협 부모님들과 자주 만나서 긴밀한 소통을 할 수밖에 없으니까 참사가 실제로 더 와닿게 된 것 같아요. 남편이 사실 저보다 부모님들과 더 친해요. (웃음)

오병훈　　처음엔 제가 어떻게 말을 꺼내야 할지, 웃어도 될지 생각이 많고 걱정도 되니까 어려웠어요. 제가 뉴스에서 접한 유가족에 대한 이미지는 슬프고 분노하는 모습이었는데, 막상 일상에서 마주해보니 다르지 않더라고요. 조금은 편하게 대화를 할 수 있었고, 관계가 쌓이면서 더 편해졌어요. 나중엔 유가족들도 저를 가족처럼 대해주셨던 것 같아요. 이렇게 기사에서

만 접했던 부모님들과 단원고를 만나면서 점점 참사가 현실로 다가왔죠.

/ 어긋남

<u>남서현</u>　　공동체 회복 사업은 연속성을 가져야 하잖아요. 단기간에 회복이 이루어지는 게 아니니까. 이런 재난참사가 다시 일어나면 안 되겠지만 국가가 공동체 회복을 지원할 때 어느 정도의 기간과 인력을 두고 진행을 해야 하는지를 판단할 수 있는 좋은 선례가 됐으면 했어요. 근데 여러 문제가 있었죠. 공무원 조직은 순환보직제여서, 세월호참사 가족들과 긴밀한 관계를 가지면서 사업에 대한 이해도를 쌓고 유관기관들과 협력해놓으면 담당자가 바뀌는 게 문제였어요.

<u>오병훈</u>　　공무원 조직은 관료성을 갖고 있기 때문에 추진단이나 일하는 사람이 자율성을 발휘하기가 어려워요. 더군다나 재난참사를 겪은 안산의 공동체 회복 프로그램은 국내에서 처음으로 시도된 사업이거든요. 축적된 자료와 경험이 없는 상태인데 제출한 서류에 맞춰 진행해야 하니까 현실에서는 어려운 거죠. 관(官)이 보기에 거슬리지 않게 형식과 내용을 갖춰야 하는 것들도 있어요. 그게 가장 일하면서 어려운 점이었어요. 예를 들면 사업 초기에는 지원 사업에서 '세월호'라는 단어를 가급적 쓰지 않았어요. 세월호참사에 반감이 있는 지역 주민의

눈치를 본 것도 있지만 안산시도 불편해했거든요. '중립적인 단어'를 써야 한다는 입장이었죠. 그래서 계속 모호하게 포장해야 했어요. 지원할 때 예산의 출처에 대한 충분한 설명이 없거나 간단하게 구두로만 전달하는 식으로요. 나중에서야 한 줄 정도 적었죠. '세월호참사 특별법에 있는 공동체 회복 프로그램 예산으로 진행되는 사업입니다.'

남서현　문재인 정부 때는 이런 식으로 하더니, 윤석열 정부 들어와서 사업 감사가 있었는데 왜 세월호를 언급 안 했느냐고 지적받았어요. 세월호 관련 사업이 아닌 곳에 쓴 거 아니냐는 거죠.

오병훈　2025년까지 사업 지원이 되는데 2023년 사업을 아직 시작도 못 하고 있어요. 감사가 작년 말부터 진행이 됐는데 아직 안 끝났어요. 감사가 끝나면 예산을 주겠다고 하는데 벌써 6월이어서 올해 사업이 어떻게 될지 걱정이에요. 그리고 집중 피해 지역 세 곳에서 25개 동으로 지원 지역이 확대되면서, 인력이나 조건이 안 되는 상태에서 사업 규모가 커지니까 지역 주민들과 긴밀한 관계가 없는 행사 업체나 다른 지역의 사업 주체가 입찰을 받아서 프로그램 위주로 진행이 됐어요. 주민들이 동원되는 식으로 진행되기도 하고 더 성과 위주가 돼버리는 거예요.

남서현　공동체 회복이 수치로 성과를 보여줄 수 없는 거잖아요. 누구의 마음이 얼마나 어떻게 회복됐다 이걸 계속 성과 지표로 만들다 보니 사업보고서 내용은 '99회 만남, 26곳 공익단체 참여, 119곳의 마을공동체, 9개의 갈등 해소' 이렇게 되는 거죠. 아홉 개의 갈등을 해소한 게 맞나? 이런 수치가 갈등 해소와 회복의 지표라고 볼 수 있을까요? 의문이 들었어요. 아, 이게 말이 되냐. 둘이 만날 때마다 그런 얘길 했어요. 병훈이가 보고서만 하루 종일 쓰고 있는 거예요. 그때 병훈이가 그랬거든요. 엄마 아빠들 만나고, 현장에 가고, 주민들 만나고 이야기하면서 서로 기운을 주고받았던 때가 좋았다고. 지금은 주민들 이야기 들어보지도 못하고 부모님들 못 만난 지도 오래됐다고. 제가 그랬죠. 정신 차려라. 지금 이거 잘못됐다.

사실 공동체 회복은 단기성이 아니라 시간을 두고 지켜보면서 경험을 통해 얻은 바를 적용해서 수정하면서 차츰 차츰 진행돼야 하잖아요. 근데 법적으로 사업기간이 정해져 있다 보니 어쨌든 그 안에서 성과를 보여줘야 하는 거예요. 관에서는 단기간에 가시적인 성과를 요구하니까 일하는 사람들의 부담이 컸어요. 공동체 회복의 성과를 어떤 지표로 보여줄 수 있을까요? 지역 주민들의 마음이 회복되었다고 할 때 무엇을 회복으로 볼 수 있을까요? 어떤 기준으로 회복이 진행 중이거나 회복되었다고 판단할 수 있을까요?

/ 필요한 회복

남서현　　그런 실무적인 문제들이 있

긴 했지만, 공동체 회복에 대한 지원은 참사로 인한 공동체의 피해를 인정한 거라서 피해 지원의 범위를 확대했다는 것에 중요한 의미가 있어요. 예를 들면 10·29 이태원참사에서도 이태원에 일터가 있는 사람들도 피해자일 수 있잖아요. 상권공동체라고 말할 수도 있는 거죠. 이 공동체를 어떻게 지원할 거고 어느 정도 지원을 해야 이 사람들이 회복됐다고 말할 수 있는지 고민해야 하는 거죠. 세월호참사도 마찬가지예요. 나도 피해자이고 치유를 받을 수 있고 필요한 국가 지원을 받을 수 있는 사람이다. 단원고 근처에 사는 고잔동 주민들이 이걸 알게 된 건 굉장히 중요한 점이라고 생각해요. 세월호참사가 났을 때 고잔동 주민들은 곡소리가 나고 구급차가 오고 기자들이 몰려오는 상황에서 고통을 겪으면서 마음대로 웃고 다니지도 못했어요. 유가족은 아니지만 감내해야 할 것들이 있었어요. 직접 피해자가 아니기 때문에 본인들이 느끼는 감정을 표현하기 어려웠고 참을 수밖에 없었어요. 마을에 대한 부정적 이미지 때문에 경제적인 타격을 받았을 수도 있고요.

오병훈   공동체 회복 프로그램이 생기면서 오케스트라를 만들거나 마을 정원을 만들거나 소소한 모임을 통해서 공동체가 조금 활력을 얻었어요. 그런 점이 굉장히 좋았던 것 같아요. 시간이 갈수록 고잔동 주민들이 세월호 가족을 초대해서 같이 밥을 먹고 세월호 가족들도 주민들을 초대해서 '언니' '동생' 하며 이야기를 나누는 분위기가 됐고요. 처음엔 어려울 거라고 생각했는데 이 사업의 의미를 발견하게 된 순간이었어요. 이때 참여했던 주민분들 중에 지금까지도 활동하시는 분들이 계세요. 초창기에 이런 노력을 했기 때문에, 수치화된 성과로 드러낼 수는 없지만 시간이 쌓이면서 연결된 관계가 만들어지고 인식의 변화로 이어지지 않았나 싶어요.

그런데 초창기에 공동체 회복을 위해 중요한 역할을 했던 '꼬두물 정류장'이나 '치유공간 이웃' '쉼과 힘' 같은 단체들 중에 지금은 없어진 곳도 있거든요. 운영에 직접 지원이 안 되는 예산의 특성 때문에 이런 단체들에 대한 공적 예산의 투입이 불가능했어요. 정부에 운영비 지원이 필요하다는 요구를 했지만 받아들여지지가 않았죠. 많이 아쉬워요.

남서현　참사를 겪었지만 안산이 버틸 수 있었던 건 시민들이 자발적으로 공간을 만들고 활동을 했기 때문이거든요. 가족과 주민들과 함께했던 아름다웠던 비눗방울이 10년이 지나면서 하나둘씩 터져 없어져버린 느낌이 들어요. 그런 부분에도 지원이 됐으면 지금과는 다르지 않았을까. 정부가 대신할 수 없는 민간에서 할 수 있는 역할이 있다고 생각해요. 공동체를 활성화시킬 때 그 공동체에는 주민들뿐만 아니라 주민들을 지원하는 비영리단체도 포함되는 거죠.

/ 부정하고 싶은 현실

결혼하고 1년 있다가 아기가 생겼어요.

그런데 임신 과정이 힘들었어요. 입덧이 엄청 심해서 거의 백일 넘게 밖을 못 나갔으니까요. SNS에 올라온 음식 사진만 봐도 구역질이 날 정도여서 휴대전화 사용 자체를 못 했어요. 막달에 는 앉아서 잤어요. 아기를 낳고는 육아를 하느라 다른 걸 생각 할 겨를도 없더라고요. 근데 아기가 걷고 어린이집에 보내게 되 니까 아이의 안전에 대해 관심이 많아지는 거죠. 최악의 상황은 아이를 잃는 거잖아요. 근데 저는 최악의 상황까지 늘 생각해 요. 결국 세월호참사 엄마, 아빠들이 생각날 수밖에 없어요. 9 주기 기억식 때 처음으로 남편이랑 아이를 데리고 갔거든요. 유 가족인 영석 어머니를 만났어요. "1년 동안 아이 키우느라고 너 무너무 고생했다." 영석 어머니가 저를 보고 계속 고생했다고 말씀하시는데 제 마음이 너무 아팠어요. 저는 아이를 이제 1년 키웠잖아요. 내가 고생했다고 말할 수 있나. 어머니는 그 아이 를 18년 동안 키웠는데.

'난 언제 죽을지 모른다.' 동생을 잃고 나서 그런 생각을 많이 했어요. 아이가 태어난 다음에는 내가 언제 죽을지 모른 다는 두려움보다는 사랑하는 사람을 또 잃게 될까 봐 더 두려워 요. 며칠 전에도 차를 타고 가는데 카시트에서 아기가 자고 있 었어요. 제가 옆에서 아기를 보는데 동생 지현이가 입관했을 때 모습이랑 갑자기 겹쳐 보이는 거예요. 갑자기 눈물이 확 쏟아졌 어요. 제가 우니까 남편이 차 운전하다가 왜 우느냐고. 이런 순 간이 미치겠어요… 일상을 살다가 전혀 떠오를 만한 상황이 아 닌데도 갑자기 이런 생각이 훅 들어와요. 애가 없어질 수도 있다는 공포가 확 느껴지는 순간이 있어요. 왜냐하면 그게 현실이될 수 있다는 걸 아니까. 순간순간 무서워요. 그때마다 "정신차려 남서현" 하면서 그 생각에서 벗어나려고 해요.

아이의 안전에 대한 불안감이 있지만 아이를 통제하려는마음은 없어요. 참사 이후 부모님들이 했던 후회의 말을 많이들어서 그런 것 같아요. 얘가 하고 싶다는 거 더 하게 둘 걸. 놀고 싶어 할 때 더 자유를 줄 걸. 아이가 평생 저랑 함께할 수 없다는 걸 아니까 더 자유롭게 살 수 있도록 해주는 게 중요하다는 생각을 해요. 이 사회가 안전하지 않으니까 아이의 안전을지키려고 노심초사하는 게 아니라, 지금 현재 아이가 더 행복할수 있는 방법을 찾고 싶어요.

결혼하고 1, 2년 동안 심리적으로 세월호참사와 멀어지면서 힘든 게 몸으로 왔어요. 제가 싸움의 전선에서 열심히 투쟁할 때는 몸이 힘든 줄 전혀 몰랐거든요. 싸우는 게 제 원동력이고 에너지였어요. 힘들어서 많이 울었지만 싸운다는 건 내일 다시 눈을 뜨고 살아가는 힘이었던 거죠. 적어도 죄책감은 느끼지않았으니까. 그런데 투쟁의 시간을 보내고 세월호참사와 거리를 둔 상태가 되니 저한테도 오더라고요. 이런 것들이 트라우마의 어떤 증상일 수도 있겠다 싶어요.

오랫동안 제 상태를 부정했던 것 같아요. 사실 지금도 반은 부정하고 있어요. 왜 그러는지는 잘 모르겠어요. 두려운 건가? 그동안은 상담을 받고 약의 도움을 받는 것 자체가 싫었거든요. 그런데 요즘엔 그런 생각이 들어요. 나한테 극복이 안 되는 문제가 있는 것 같아. 한 번도 해본 적이 없는데 상담을 받으러 온마음센터에 가봐야 할 것 같아.

/ 나에게 10년은

　　　　　　사람들은 세월호참사의 진상규명이 10년이나 올 줄 알았을까요? 시간이 지날수록 우리가 싸워온 것들이 쌓여서 단단해져야 하는데 희미해진 것 같아 허무할 때가 있어요. 지금 우리는 어디까지 왔지? 함께했던 사람들은 지금 어디에 있지? 저 자신조차도 세월호랑 멀어진 삶을 살고 있으니까 할 말이 없죠. 세상에는 목소리를 내야 하는 사건들이 많이 생기고 없어지니까 세월호참사에만 매달릴 수는 없을 거예요. 사람들이 우리만 기억해줄 수는 없으니까. 2014년의 분노와 입장을 10년 가까이 유지한다는 건 어려운 일이잖아요. 이 정도면 진상규명이 된 거 아니냐며 그만하라는 사람도 많잖아요. 그 사람들에게 묻고 싶어요. 그래서 이 나라에서 사는 게 안전하다고 생각하세요? '나는 안전해요'라고 말할 수 있는 사람이 얼마나 될까요? 가족협의회의 전체 이름이 '세월호참사 진상규명과 안전사회 건설을 위한 가족협의회'잖아요. 사람들은 진상규명만 생각하지만 우리의 싸움에 또 다른 부분은 안전사회 건설이 있거든요. 아직 둘 다 갈 길이 먼 거죠.

　　그럼에도 세월호운동이 만든 변화 중 가장 피부에 와닿은 건 추모문화예요. 세월호참사 이전에 누군가의 사회적 죽음에 대해서 시민들이 이렇게까지 추모하는 분위기가 있었나 싶어요. 피해자를 애도하는 분위기가 만들어졌어요. 이제 사람들은 피해자가 희생될 수밖에 없는 사회구조의 문제에 관심을 갖고 국가의 역할에 대해 이야기를 해요. 그건 세월호참사의 영향이 큰 거 같아요.

10년을 보내면서 감정과 생각의 변화가 컸다는 생각이 들어요. 형제자매 활동을 하면서 정보 공유가 안 되고 결집이 안 되는 상황이 답답하기도 했어요. 함께해야 하는 활동에 나설 수 없는 상황이라면 동의라도 해주면 좋을 텐데 연락도 닿지 않고, 모이는 사람만 계속 똑같이 모이는 것 같고… 참사 초기부터 저희를 도와주시는 목사님이 계신데 저희가 지쳐 보였는지 항상 이런 말을 해주셨거든요. '누구는 왜 안 하냐는 원망도 하지 말고 활동에 대한 부담도 너무 갖지 마라. 당장 이루어지지 않더라도 20년, 30년 뒤에 너희가 다시 구심점이 되어 모일 수 있는 날이 온다. 그러니 너무 조급해하지 마라.' 그 말씀처럼, 활동했던 형제자매들이 다시 힘을 모을 날이 오지 않을까 싶어요.

처음에는 주변 사람들에게 대한 원망을 가지고 제가 가장 불행하다고 생각했어요. 근데 시간이 흐르면서 주변 사람들에 대한 고마움이 커졌어요. 세월호참사는 대한민국 국민이 모두 나서야 하는 문제라는 생각에 집중하다가 점점 함께하는 사람들의 용기와 애씀이 보이더라고요. 피해자의 위치에서 다른 재난참사의 피해자를 보면서 내가 할 수 있는 최선이 어느 정도

인지를 생각하게 됐어요. 제 곁에서 함께했던 사람들만큼 내가 갈 수 있을까? 세월호참사에서 목소리를 같이 냈던 시민들처럼 나도 힘을 보탤 수 있을까? 참사에 대해 슬퍼하는 것을 넘어 행동하는 데엔 용기가 필요하잖아요. 피해자인 제가 시민의 위치가 됐을 때 우리의 곁을 지켜줬던 시민들이 생각났어요. 정말 고맙다, 하고.

다른 사람들한테 10년은 어느 정도 시간의 흐름이에요? 궁금해요. 일상을 살아가는 사람들과 저의 속도가 분명히 엄청나게 차이가 날 것 같아요. 저는 세월호참사가 나고 10년이 됐다고 안 느껴져요. 얼마 안 된 사건 같아요. 사실 좋은 것만 기억하고 싶은데 동생을 생각하면 좋았던 것보다 아픈 기억들이 더 커요. 왜 그런 건 옅어지지도 않는지. 2014년 그날의 기억이 엄청 생생해요. 당시의 충격과 아픔의 크기가 커서 그런가. 모르겠어요. 그날과 나의 오늘은 굉장히 가까워요. 너무 짧게 느껴져요. 10년 동안 한 게 이렇게도 없나 싶다가도 10년밖에 안 돼서 한 게 이거뿐이다 싶기도 해요.

제주 4·3 사건이나 5·18 광주 민주화운동의 피해자들도 그럴까요? 나이가 들어 할머니 할아버지가 되어 수십 년 전의 일이 돼도 엊그제처럼 그날이 기억날까? 나도 그렇겠지. 진상 규명이 돼도 그날이 엊그제 일같이 느껴질 것 같아요. 시간이 지나면 기억은 옅어져야 하잖아요. 동생에 대한 기억은 옅어지는데 2014년 그날의 기억은 선명해요. 그래서 아직도, 너무나 억울해요.

◇

　　"벌써 세월호참사가 일어난 지 10년이나 됐어요?" 세월호참사 10주기 백서를 쓰고 있다고 말할 때 주위 사람들에게 자주 듣는 말이다. "얼마 전 일인 것 같은데 10년이 됐어요." 희생자의 형제자매 남서현이 한 말이다. 그렇게 오래전 일이 아닌 것 같다는 느낌은 유사할 수 있지만 의미는 다르다. '벌써'엔 과거가 된 사건으로서의 세월호참사가 있다면 '얼마 전'엔 현재 진행형인 사건으로서의 세월호가 있다. 10년 동안 참사 피해자들을 만나면서 시간의 감각이 다르다는 걸 알게 되었다. 이들은 과거에 발생했지만 현재 진행 중인 사건을 안고 미래의 시간을 바꾸기 위해 오늘의 싸움을 하는 사람들이다.

　'아직 10년밖에 되지 않았다'는 말을 피해자에게서 들었다. 우리에게 10년의 시간은 재난참사를 둘러싼 법과 제도의 한계를 확인하는 시간이었다. '한계'의 확인은 우리가 열심히 싸웠기 때문에 볼 수 있었던 지금의 경계였다. '아직' 이후의 시간은 무엇으로 채워져야 할까? 우리가 싸워서 확인한 현재의 한계를 함께 넘어갈 때 우리는 과거의 반복이라는 시간에 갇히지 않고 조금은 나아진 세상에서 살 수 있지 않을까?

/ 이호연

슬픔의 말 걸기

형제자매 이영수 이야기

내 동생 영만이에게

영만아 안녕, 형한테 편지 받는 건 오랜만이지?

아홉 번째 4월 16일에 너한테 편지를 쓴다. 형은 잘 지내고 있다. 너를 보내고 지난 9년 동안 잘 지내기 위해서 나름대로 노력을 해봤다. "산 사람은 살아야지." 그 말이 그렇게도 잔인하고 원망스럽게 들렸는데. 너는 그렇게 갔는데 남은 우리가 어떻게 살 수 있다는 건지. 그런데도 어쨌든 잘 지낸다. 좋은 일 생기면 좋아하고, 어려운 일 있으면 애쓰면서. 이렇게 잘 지내고 있다는 사실이 형한테는 여전히 가장 슬프다.

아무리 생각해봐도 너는 정말 예쁜 아이였다. 그런 너한테 뭐라도 해준 건 잘 기억이 안 나고 못 챙겨준 것만 기억난다. 이게 후회돼서인지 아직도 문득문득 받아들일 수가 없게 된다. 내가 새로운 삶의 주기를 맞을 때마다, '영만이가 있었다면 이때 뭘 했을까?' 하고 진짜처럼 떠올려봤다. 대학에 들어가서 뭘 하고 지낼까? 빠른 연생이라 '너 때문에 족보가 꼬인다'며 동기들한테 한 소리씩 듣는 건 아닐까? 술은 잘 마실까? 군대는 다녀왔으려나?

영만이는 지금쯤 뭘 했을까? 네가 마지막에 정했던 꿈처럼 천문학자가 되려고 공부하고 있을 수도, 아니면 자주 그랬듯이 꿈이 바뀌었을 수도 있고. 취업 준비 때문에 머리 싸매고 있을지도, 아니면 알바비를 모아서 오랫동안 여행을 하고 있을지도 모르는 일이지.

뭐든 좋다. 어떤 미래라도 네가 없는 지금 여기보다는 좋다. 2014년부터 지금까지 여러 일이 있었다. 물론 네가 전부 지켜봐주고 있었을 거라 믿는다. 엄마가 삭발하셨을 때, 배가 올라오지 못하고 있을 때, 전국에서 시민분들이 행진할 때도 자주 앞에 나서지 못하고 숨죽여 울던 못난 형이었다. 이 점이 미안하고 부끄럽다.

정부가 두 번이나 바뀌었고, 이제 엄마 아빠들, 형 누나들과 거리에 나가는 일은 좀처럼 없다. 집회 때 가로막혀서 길을 잃는 일도 없고, 캡사이신 들어간 눈에 생수를 들이붓는 일도 없다. 그렇다고 해서 세상이 완전히 바뀐 건 아니다.

1주기 때 나온 신문 기사 제목이 생각난다. "외로워 마소, 물밖도 차고 깜깜하오." 그걸 보고 많이 울었는데, 9년이 지난 지금도 유효한 말인 것 같아 슬프다. 작년 가을엔 이태원에서 많은 분이 한꺼번에 세상을 떠나셨다. 이런 일을 멈추려면 얼마나 많은 죽음이 더 필요한 건지, 너를 보낼 때와 같이 마음이 아팠다. 우리가 어릴 때, 대구에서 참사가 났을 때, 너랑 엄마랑 동네 체육관 분향소에 헌화하러 갔던 게 생각난다. 그때도, 9년 전에도 하얀 꽃이 참 많이 놓였는데, 꽃은 이제 없고 우리는 작년에도 사람들을 보냈다. 이런 일을 멈추기 위해선 도대체 분향소가 몇 개나 더 필요한 건지.

사람들은 원래 너무 슬픈 일은 불편해서 피해버린다. 사람들이 나빠서가 아니라 착하고 여려서 그런 것 같다. 똑바로 쳐다보면 너무 힘들기 때문에, 금방 어쩔 수 없었던 일이자 이례적인 일이라고 마음속으로 거리를 두게 된다. 그동안 형도 이걸 몰라서 많이 힘들었는데, 이제는 적어도 머리로는 알 것 같다.

나보다 훨씬 이해심 많은 너는 벌써 알았겠지. 배시시 웃으면서 괜찮다고 하겠지. 그래도 형은 모두가 조금은 알아줬으면 한다. 이례적인 일은 사실 언제나 이례적이지 않다는 걸. 너희를 보내고 남은 우리가 해온 건, 슬픔을 강요하는 일이 아니라는 걸. 너희의 죽음만 특별하게 기억하려는 게 아니라, 오히려 모든 죽음은 위로받을 일이고 모든 생명은 귀하다는 사실을 알리고 싶었다는 걸. 국가는 언제나 사람들의 삶과 안전을 담보로 서 있다는 걸. 그리고 대규모 참사는 그 약속에 뚫린 큰 구멍을 보여주는 일이란 걸. 여기에 "놀러 가서 죽었는데" "적당히 해야 하는데" 같은 말은 들어올 자리가 없다는 걸.

영만아, 밖은 아직도 차고 깜깜하다. 시간이 약이라고들 하는데, 적어도 내가 보기엔 아주 틀린 말 같다. 시간이 갈수록 잊혀가는 듯해 무섭다. 너한테 한 약속들이, 9년 동안의 다짐이 모두한테 희미해지는 것 같아 너무 무섭다.

가끔 네가 '형아' 하고 나를 부르는 것 같다. 그때마다 마음은 힘들어도 반갑고 고맙다. 네가 가까이서 지켜봐주고 있는 것 같아 용기가 다시 생기고 그런다. 그러니까 더 자주 '형아' 하고 불러줬으면 좋겠다.

살아 있을 땐 억지로라도 잘 못 했던 말을 이제야 한다. 사랑하고 많이 보고 싶다.

— 2023년, 아홉 번째 4월 16일에 형아가

✦

2023년 9주기 기억식 때 동생 영만이에게 보내는 편지를 낭독했어요. '기억식'은 매해 4월 16일 안산 화랑유원지에서 시민분들과 함께 세월호참사 희생자를 기억하는 추모식을 말해요. 올해에도 부모님, 형제자매, 시민 분들이 자리를 많이 채워주셨어요. 무대에서 304명의 시민합창단이 합창을 한 다음 부모님들이 이야기를 하시고 제가 이어서 편지글을 낭독했어요. 매년 세월호 생존학생이나 희생자의 형제자매가 편지를 낭독하는데 올해는 제가 하게 되었어요. 낭독을 마치고 내려오는데 화랑유원지 반대편에서 한 남성분이 마이크에 대고 큰 소리로 말하더라고요. 화랑유원지에 생명안전공원을 만들려고 계획하고 있는 것을 공격하면서 원색적인 혐오의 말을 퍼붓고 있었어요.

"화랑유원지가 다 너네 땅이냐?" "배은망덕한 것들, 너희가 어떻게 그럴 수 있어?"

사실 익숙하게 들어온 이야기였어요. 세월호 유가족을 공격하는 사람들이나 일베가 했던 극단적인 말, 시체팔이 같은… 듣자마자 마음에 박히고 상처가 되는 말들이요. 세월호와 관련한 자리에는 혐오의 말을 하는 사람들이 오곤 하니까 이번에도 어김없이 그런 사람이 왔구나 싶었어요. 그러다가 그 사람이 무슨 말을 하는지 가만히 들어봤어요.

'나는 안산 사람인데 세월호 사고가 났을 때 마음이 아팠다. 그래서 아이들을 데리고 조문을 갔었다. 안산 시민인 나는 그런 마음을 가졌었는데 유가족들은 배은망덕하게 안산 시민의 부지를 빼앗아 자기 자식 유골 넣는 납골당을 만들려고 한다.'

저렇게 생각할 수도 있구나. 그 말이 맞다는 게 아니라, 저 사람이 보기엔 그렇구나, 저렇게 생각할 수도 있구나, 자신이 하는 일이 좋은 일이라고 스스로 믿는, 나와 같은 사람일 수 있겠구나 싶었어요. 전에는 혐오의 말을 들으면 그런 말을 하는 사람들이 그저 나쁘다고만 생각했는데, 시간이 흐르면서 참사에 대해 혐오하는 사람들을 떨어져서 보려고 해요.

2014년 4월 저는 고등학교 3학년이었고 기숙사에서 생활하고 있었어요. 공부한답시고 핸드폰을 없애서 그날 오후까지 참사 소식을 제대로 몰랐어요. 오전에 '제주도에 가는 배가 침몰했는데 전원 구조됐다'고 언뜻 들었던 것 같아요. 그 배에 수학여행 가는 고등학생들이 타고 있다고 듣긴 했는데 어느 학교인지 몰랐어요. 오후에 누가 안산에 있는 학교라고 하기에 '어? 내 동생 학교 안산에 있는데? 내 동생 수학여행 간다고 했는데?' 한 거죠.

바로 교무실에 가서 엄마에게 전화를 걸었어요. 오후 3시경이었는데 엄마는 진도로 내려가는 중이라고 했어요. 저는 어떻게 해야 할지 몰라 교무실에서 기다리다가 저녁 때 안산 집으로 갔어요. 그날 밤에라도 팽목에 내려가고 싶었어요. 엄마는 제가 팽목에 내려가기엔 늦었다고 생각했는지 안산 집에서 자고 학교로 가라고 하셨어요. 다음 날 시험이 있었거든요. (침묵)

그때 갔어야 했어요. 그때 팽목에 가지 못했다는 사실이 저에게는 낙인처럼 남아 있어요. 이후에 다른 형제자매들 만나보니까 참사 직후 모두 그곳에 있었더라고요. 저는 참사가 일어나고 1년이 지난 뒤에야 팽목에 갔어요. 대학 입학하고 첫 방학 때 혼자 팽목항 가는 버스를 탔죠. 그때 안산시청에서 진도까지 유가족들이 이용할 수 있는 셔틀버스를 운행했었어요. 버스에 자전거를 싣고, 진도에 들어서기 전에 버스에서 내려 진도대교에서부터 팽목항까지 자전거를 타고 갔어요. 남들보다 늦게 왔는데, 그렇다고 쉽게 가고 싶진 않았거든요. 자전거를 타고 가니 세 시간 넘게 걸리더라고요. 가는 길에 해가 져서 길을 잃고 헤매다 겨우 팽목항에 도착했어요. 달빛에 바닷물이 반짝거리더라고요. 배가 정박하는 곳으로 가 손을 뻗어 바닷물을 만져봤어요.

'왔구나… 1년 만에… 왔구나. 형아가 늦어서 미안해. 영만아.'

애도의 시간을 갖는 게 중요하다고 생각해요. 참사 직후에 그 시간을 함께 겪고 슬픔을 표현하는 시간을 가져야 했어요. 그때 부모님은 저를 걱정하는 마음에 오지 말라고 하셨을 거예요. 알아요. 그때 팽목은 지옥이었잖아요. 저는 그 일을 겪지 않게 하고 싶으셨을 거예요. 고3이니까 기숙사에 머물면서 공부하라고 하신 거죠. 근데 공부가 뭐가 중요한가요? 인생을 뒤흔들어놓은 참사가 벌어졌고, 내 동생이 바다에 있었잖아요. 내 손으로 동생을 구하진 못하더라도 저는 그때 팽목에 갔어야 했어요. 이후에 기억하기 위해서라도 거기서 겪어내야 했어요. 참사가 벌어진 뒤에 지금까지 '당시 나는 팽목에 없었지'라는 생각을 계속하면서 살았어요.

팽목에 갔다면 그곳에서 얻은 충격이 컸을 거예요. 그로 인해 힘들었을 수도 있겠죠. 그러나 겪지 않아서 남은 부채의식, 죄책감이 있어요. 이 죄책감이 다른 죄책감들하고 합쳐져요. 참사 이후에 내가 잊어가고 있구나라고 느낄 때가 있어요.

그때마다 죄책감이 무척 큰 편인데 그 죄책감과 연결 짓는 거죠. '내가 그때 팽목에 없어서 더 빨리 잊는 걸까?' 형제자매 모임에서 다른 누나들, 형들이 열심히 활동하는데 나는 도움이 되지 못하고 있구나 하고 생각이 들 때도 팽목에 가지 못한 죄책감과 연결 짓게 돼요. '내가 팽목에 가지 않아서 다른 형제에 비해 활동을 덜 하거나 덜 기억하는 걸까?' 하고요.

시민들한테만 '기억해주세요'라고 말하는 게 아니라 저 자신한테도 계속 물었어요. '너는 잘 기억하고 있어?' 시간이 흐르면서 감정이 해소되고 자연스럽게 기억에서 멀어져갈 수도 있는 건데, 저는 잊고 있다고 느낄 때마다 죄책감이 들었어요.

당시 형제자매 모임에서는 희생자의 누나들, 형들이 주로 활동을 했어요. 동생들은 나이가 너무 어렸으니까요. 저는 누나, 형 그룹에서 나이가 가장 어렸어요. 혹시 내가 어리다는 이유로, 학교 다녀서 바쁘다는 이유로 피하고 있는 건 아닌가 생각했어요. 그런 생각 때문에라도 형제자매들과 계속 붙어 있으려고 노력했던 것 같아요. 형제자매 모임에서 뭐 하자고 하면 일단 하겠다고 했어요. 만나면 정말 좋았거든요. 함께 무언가를 하고 있으면 동생을 위해서, 진상규명을 위해서 뭔가를 하고 있다는 생각이 들었어요. 2015년부터 거리투쟁 현장에 형제자매들과 함께 나갔어요. 시행령 폐지 투쟁 때 앞에 나가 선언문을 읽기도 하고 촛불시위에도 함께 나갔어요. 현장에서 형제자매와 손을 잡거나 팔짱을 끼고 거리에서 직접 몸을 부딪치면서 마음속에 무언가가 강화되는 것 같았어요. 몸을 통해서 하는 경험인 것 같아요. 진상규명이라는 목표를 이루는 데 내가 얼마나 힘을 보탰는지, 실제로 도움이 됐는지와 상관없이 저한테는 정말 중요한 경험이었어요. 내가 이 사람들하고 하나가 돼서 손을 잡고 직접 부딪쳐 뭔가를 요구하고 있구나, 싸우고 있구나 느꼈어요. 거리투쟁을 겪으면서 제 안에 있던 아픔, 슬픔, 부채감이 조금은 해소되었던 것 같아요.

/ 형제자매들과 함께 보낸 시간

저는 참사 다음 해에 대학교 1학년이 되었어요. '유가족'이 저의 가장 중요한 정체성 가운데 하나가 되었잖아요. 대학 와서 친구들이나 선후배를 만났지만 세월호에 대해서는 거의 말을 못 했어요. 처음 겪는 일이라 정신이 없었죠. 형제자매 모임 전에는 참사 이야기를 아무에게도 못 했어요. 제 마음을 잘 살피지 못하고 지낸 거죠.

2학년 때 정혜신 박사님이 운영하는 '치유공간 이웃'에서 형제자매들과 집단상담을 했어요. 조용하고 편안한 방 안에 형제자매들이 동그랗게 둘러앉았어요. 박사님이 따뜻한 음성으로 "어떻게 지냈니?" "그런 일이 있었구나. 그 말을 들었을 때 어떤 기분이 들었어?"라고 마음을 살펴주는 질문을 해주시니, 마음속 깊은 바닥까지 내려가는 것 같더라고요. 제 이야기를 듣고 다른 사람 마음에 동요가 일면, 박사님이 그걸 포착해 "너는 이 이야기를 들으면서 어떤 생각이 들었어?"라고 물어주었어요. 깊은 이야기를 함께하면서 공감대가 생겼어요. 그런 자리를 열 번 정도 가졌던 것 같아요.

그전에는 마음을 꺼내놓을 수 있는 자리가 없었어요. 가까운 친구나 부모님한테도 말하기 어려운 일이기도 하고, 제가 말 꺼내기 어려워하는 성격이기도 하고요. 솔직히 말해도 된다는 생각을 해본 적이 없었는데, 그 자리에서 처음으로 내 안에 있는 마음을 봤어요. 마음을 찾으려고 노력한 다음 말로 꺼내놓으니까, 비로소 마음이 편해졌던 것 같아요.

참사 후 팽목에 가지 못한 것, 형제자매 모임에 충분한 도움이 되지 못한다는 생각에 죄책감이 있었던 것에 대해 이야기했어요. 박사님이 '괜찮다' '괜찮다' '괜찮다' 말씀해주셨어요. 처음 겪는 일이라 마음속에서 정리도 안 되고 꼬여 있던 것들이 풀리는 느낌이었어요. 상담에 같이 참여한 다른 형제자매들하고도 돈독해졌고요. 다 꺼내놓고 같이 울다 보니 심적으로 가깝게 느껴지더라고요.

집단상담 시간이 서로에게 도움이 됐던 것 같아요. 다른 사람 말을 어떻게 들어야 하는지도 배웠어요. 저 사람이 말하고 싶은 게 있구나 가정하고, 상대방에게 관심을 가지면서 계속 물어야 하더라고요. 형제자매와 함께 시간을 보내다가 누가 이야기하고 싶은 낌새를 보이면 제가 먼저 물어봤어요. 술도 자주 마시고 모여서 놀고 함께 여행도 가고요. 지금 생각해보니까 서로에게 꼭 도움이 되려고 만났다기보다는 그냥 같이 시간을 보내고 싶었던 것 같아요. 같이 있기만 해도 좋았거든요.

그때 누나들이 정말 고생을 많이 했어요. 저는 그냥 누나들을 따라다니기만 했어요. 그분들한테 미안한 마음이 커요. 그래도 누나들이 아는 게 많고 어른이니까 잘하겠지 하고 생각했어요. 시간이 지나 제가 누나들 나이가 되어보고서야 그게 노력 없이 저절로 되는 일이 아니라는 걸 깨달았어요. 자기를 버리지 않고는 할 수 없는 일이었어요. 고생을 진짜 많이 하셨구나. 많은 걸 포기하셨구나. 저분들은 지금까지 고생했는데 지금부터 나도 뭔가를 해야 하지 않을까? 누나들이 부탁할 때 예전에는 뒤로 뺐는데, 지금은 가능한 한 하려고 해요.

9주기를 앞두고 서현 누나한테서 연락을 받았어요. 이번 해에는 형제자매가 편지글을 낭독해야 하는데 해줄 수 있겠느냐고요. 처음에는 진짜 막막하더라고요. 2주 동안 고민만 했는데… 하루 만에 썼어요. 담담하게 써 내려간 것 같고요. 심적으로는 괜찮았는데, 내가 동생한테 하는 말을 다른 사람들 앞에서 하는 게 조금 부담스러웠죠. 기억식이 끝나고 연락이 많이 왔어요. 편지 낭독 잘 들었다고, 고맙다고요. 9년이 흐르니까 형제자매들도 다들 각자 삶이 생기고, 가정을 꾸린 분도 많아요. 한동안 자주 못 만났는데 고맙다는 말을 들으니 되레 제가 더 고마웠어요.

/ 페달을 구르며 시를 쓰다

고등학교 3학년 때 대학입시 상담을 했는데 담임 선생님이 저에게 연구자가 되면 잘할 것 같다고 하시더라고요. 공부나 연구가 직업이 될 수 있다는 생각을 그때 처음 해봤어요. 대학 들어가서는 공부해야겠다는 생각이 있으니까 활동도 그쪽으로 하게 되더라고요. 신입생 때가 참사 후 1년이 안 된 때라 마음이 힘들었는데, 그래서 더 이것저것 하려고 했던 것 같아요. 학과 활동의 대부분에 참여했거든요. 학과 학회가 여덟 개인데 그중 일곱 개에 참여했을 정도니까요.

대학 생활 중 가장 기억에 남는 건 사실 공부보다 자전거 순례 동아리예요. (미소) 제가 자전거 타기를 정말 좋아해요. 재밌기도 하지만, 기름 안 쓰고 내 힘으로 가는 것도 좋고요.

자전거 순례 동아리에서 매년 국토 순례를 가요. 국토 순례 갈 때 지켜야 할 원칙들이 있어요. 속도는 가장 느린 사람에게 맞춰야 하고, 한 명이라도 도착하지 않으면 그 사람이 온 뒤에 식사를 해야 하고, 사비를 쓰면 안 되고, 핸드폰도 사용해서는 안 돼요. 이런 원칙이 생긴 이유에 대해 선배들이 제대로 설명해준 적은 없어요. 하라니까 했죠. (미소) '1980년대 전국에 있는 공장을 자전거로 찾아다니며 노동자들을 만나고 노동 현장을 보려는 취지로 시작한 동아리'라는 설명은 나중에 들었어요. 1980년대에 생긴 원칙을 2000년대까지 따르고 있던 거죠. 지금은 그런 정신은 사라지고 여행 가는 형태만 남아 있어요.

국토 순례는 정해진 일정이 따로 없고 코스도 매년 바뀌는 데요. 저는 군대 가기 전에 두 번 갔어요. 20박 21일로 서울에서 속초, 부산, 제주도로 갔다가 광주를 거쳐 서울로 되돌아오는 코스예요. 정말 힘들어요. 힘든데, 정말 재미있어요. 각자 자전거에 21일 동안 사용할 물건을 다 매달고 가요. 텐트랑 코펠, 부식을 싣고 가는 거죠. 마을에 도착해서 마을회관이나 교회가 있으면 '순례하는 학생들인데 하룻밤만 재워주십사' 부탁을 드려요. 거절당하면 공터에 텐트 치고 자고요. 점심은 거의 라면으로 때우고 저녁에는 쌀 씻어서 밥을 지어 먹었어요. 생각해보면 위험한 순간도 많았어요. 미시령 고개를 헉헉대면서 넘어가는데, 하필 그때 장맛비가 쏟아진 거예요. 그 비를 맞으면서 자전거를 탔는데, 정말 위험했죠. 다들 싸구려 자전거라 덜컹덜컹하고 미끄러지기도 하면서 넘어갔던 기억이 나요.

순례 중반에 누군가 시를 쓰자고 제안했어요. 누가 왜 제안했는지는 기억이 안 나지만요. 자전거를 타는 내내 시구를 떠올렸어요. 하루 종일 시만 생각하는 거예요. 그리고 머릿속으로 다듬고 또 다듬은 시구를 저녁식사 준비하면서 종이에 옮겨 적어요. 다들 정말 엄청 진지했어요. (미소) 그때 저는 태어나 처음으로 시를 써봤어요. 저녁식사 후에 돌아가면서 시를 낭독하고, 가장 잘 쓴 시를 선정해서 축하했어요. 다음 날도 자전거를 타고 달리면서 시구를 생각하고 저녁에 낭독하고, 그다음 날도 자전거 위에서 하루 종일 시를 썼어요.

정말 힘들었지만 정말 좋았어요. 사서 하는 고생은 그 나이 때만 할 수 있잖아요. 군대 훈련소 들어가기 전날까지 국토 순례를 했어요. 순례를 일주일 함께하다가 친구들은 배 타고 제주도로 들어가고, 저는 여수에서 기차 타고 올라와서 다음 날 입소했고요. 그때 함께했던 친구들이랑 지금도 친하게 지내요.

/ 문학으로 무엇을 할 수 있을까요

저는 어릴 때부터 문학과 역사를 좋아했어요. 언어에도 관심이 많아서 외국어고등학교 러시아어과로 진학했고, 학부 때도 러시아어를 전공했어요. 고등학교 3년 내내 러시아어를 정말 열심히 공부했는데, 대학 가서는 언어에 대한 흥미가 좀 식더라고요. 그래도 러시아에는 여전히 관심이 있으니까 고등학교에서는 못 했던 작업에 눈을 돌렸어요. 논문을 읽는다든가 글을 쓴다든가 하는 일들이요. 그러다 보니 비평이 재밌어서, 학부생인데도 혼자 열심히 읽고 썼던 것 같아요.

저희 학과에 학술지가 있었어요. 1990년대까지 나오다가 명맥이 끊겼는데 학과장님이 새로 부임하면서 학술지를 다시 살려보기로 했고, 제가 편집위원장으로 일하게 됐어요. 그때 운명이 결정된 것 같아요. (미소) 책을 만드는 과정은 힘들었지만 막상 나오니까 좋더라고요. 제 글도 한 편 실어야 했는데, 지금 보면 엉망이지만 그때는 뿌듯했어요. 대학에 들어가서 연구라는 걸 처음 해본 거죠. 그 경험 덕분에 대학원 진학을 결정했고, 문학을 기반으로 인문사회 전반을 공부하기로 마음먹었죠.

그런데 문학을 선택하면서 제 안에 질문이 생겼어요. '시나 소설 같은 문학으로 내가 뭘 할 수 있지?' 대학원 진학 상담할 때 어떤 교수님에게 물어봤어요. "제가 문학으로 뭘 할 수 있을까요?" 그때 교수님의 답변이 뭐였는 줄 아세요? "아무것도 못 하지"였어요. (미소)

저는 사회적 참사를 가까이에서 겪었잖아요. 제가 생각하기에 사회과학 방법론으로는 말하기 어려운 것들이 있어요. 딱 떨어지는 답이 없는 경우가 있거든요. 그렇다면 사회과학보다는 문학이 인간의 내면과 사회적인 경험 두 가지를 모두 아울러서 말할 수 있지 않을까? 이렇게 생각하다가 지금까지 온 것 같아요.

러시아 문학은 19세기부터 인간과 사회 두 가지 면을 탐구했던 것 같아요. 러시아에서는 정치·사상에 관한 직접적 논평의 통로가 자주 막혀 있었기 때문에 문학이 그 역할을 해왔거든요. 도스토옙스키, 톨스토이, 푸시킨, 이런 사람들 작품에서도 그런 면이 찾아져요. 러시아 혁명은 실패했다고 하지만 인류역사상 전무한 경험이었다는 데에는 다들 동의할 거예요. 그런 시대에 놓인 사람들이니 과연 어떤 생각을 하며 살아갔을까 궁금했어요. 저는 사건을 대하는 여러 사람의 목소리를 듣는 것 자체에 관심이 있거든요.

저한테는 항상 세월호가 있었잖아요. 석사 논문을 쓸 때 처음부터 그걸 염두에 두었던 건 아닌데, 쓰고 나서 확실해지더라고요. 대학원에서 문학을 전공하기로 했을 때부터 '문학을 공부해서 내가 뭘 할 수 있을까? 내가 말하고 싶은 게 뭐지? 문학이 사회에서 어떤 일을 할 수 있을까?'라는 질문을 계속 했었거든요. 세월호를 콤플렉스처럼 마음속에 담아둔 채 찾고 또 찾다 보니까 이 주제로 수렴된 것 같아요.

논문 주제를 고민하던 중에 세르게이 트레티야코프라는 작가를 발견했어요. 이 작가는 '사회가 힘을 다해서 추구해야 할 공동선이나 공동 목적'에 관해 말하는 것처럼 보였거든요. '상상하기 어려운 상황에서도 그 가능성이 있을 수 있고, 적어도 그 가능성에 관해 상상하기를 멈추지 말아야 한다.' 나한테 좋은 일이고 당신에게 좋은 일이고 결국 우리 모두에게 좋은 일이라면, 사회가 힘을 다해서 공동의 일을 해볼 수 있지 않을까요? 저한테는 그 공동선이 '안전사회'라고 생각해요.

요즘에 문해력이 떨어진다는 이야기 많이들 하잖아요. 기사에서 이런 내용을 읽었어요. '사흘 나흘을 모르는 게 문제가 아니라 우리가 근본적으로 읽기, 쓰기를 잘못 이해하고 있다. 문해력, 리터러시라는 건 인간의 성장과 더불어 발달하는 능력이고, 리터러시가 공동체적으로 갖춰지면 생각하고 판단할 수 있는 공동체가 된다. 리터러시가 성장하는 과정이 배움의 과정인 셈이다.' 그 이야기가 트레티야코프의 생각과 비슷하게 들리더라고요. 이때부터 그의 저작을 직접 번역해가면서 서너달만에 논문을 완성했어요.

/ 참사의 정치화

슬픔이 계속 사람들한테 말을 걸고 있어요. 모두한테 말을 걸고 어떻게든 관계를 맺어요. 참사를 매스컴에서만 접한 사람도 있고, 가까운 곳에 피해 당사자를 둔 사람도 있고, 건너에 당사자를 둔 사람도 있고, 지나가다 생각이 난 사람도 있을 수 있어요. 처음에는 참사에 동정적이었다가 나중에 바뀔 수도 있고요. 사회의 모든 개개인이 대화에 응하지 않을 순 있지만 그 참사로부터 오는 압도적 슬픔이라는 건 존재한다고 봐요. 사람들은 왜 관심이 없을까요? 무정하게도 왜 동조하지 않을까요? 세월호운동의 힘이 계속 떨어지는데 어떻게 운동을 유지할 수 있을까요?

사회적 참사를 수습하는 일은 참사에 대한 너와 나의 생각이 어떻게 다른지 이해하고, 우리가 왜 다 같이 보듬고 극복해야 하는지를 모두에게 설득하는 과정이고, 그게 바로 정치라고 생각해요. 세월호가 정치화됐다고 말하는 사람이 많잖아요. 그런데 저는 정치를 거치지 않고서 어떻게 이 문제에 접근하고 그걸 해결할 수 있나 싶어요.

참사와 정치는 떨어질 수가 없어요. 떨어져서도 안 되고요. 한정된 자원을 어디에 써야 할지를 논의하는 과정이 바로 정치잖아요. 세월호참사는 개인적인 사고가 아니라 사회적인 참사이기 때문에, 애도에도 해결에도 서로를 설득하며 납득해가는 과정이 필요할 수밖에 없어요.

참사의 정치화, 죽음의 정치화를 비판적으로 언급하는 사람들이 있잖아요. 참사는 정치와 무관해야 한다는 거죠. 그분들이 말하는 '정치화'란 아마 좁은 의미의 정치화, 그러니까 참사 자체가 정치의 표면 위에서 특정한 영역(이를테면 진영)에 특정한 기호로 남는 방식을 가리키는 것 같아요. 그 점에서는 저도 좁은 의미의 정치화에 반대해요.

한국사회에서는 정치의 기호화가 심해서 오해가 일어나기 쉬운 것 같아요. 오해 때문에 증오가 생기고 혐오가 생기고, 그것이 또 정치적 맥락에 섞여 들어가요. 그러다 보니까 참사를 설명하는 언어 자체도 좁은 정치판에서 으레 쓰이는 언어로 고착화되는 것 같더라고요. 빨갱이 같은 혐오의 말들이 반복적으로 쓰이면서 어느 순간 폭발적인 힘을 갖게 되는 것 같아요.

지금은 '진상규명' '끝까지 인양해라'라는 말이 혐오를 키우잖아요. 어떤 사람들이 보기에는 쓸데없는 데 자원을 쏟아붓고 있는 거니까요. 그러니 진상규명이 필요한 일이라고 설득하려면 보편적인 말로 이야기해야 하는 것 같아요. 진상규명, 책임자 처벌, 이런 말들이 곡해되고 있는데 단어 자체가 문제라기보다는 우리가 말하는 방식이 조금 바뀌어야 하지 않을까요. 진상규명이 왜 필요한지를 더 구체적으로 설명하는 방식으로요.

헌재 판결이 나올 때 저는 학생식당에 있었어요. 그 순간 식당에 있던 모든 사람이 너 나 할 것 없이 소리 지르고 좋아했어요. 박근혜 대통령 탄핵 사유가 법리적으로는 세월호 때문은 아니라고 하지만, 거리에 나와서 힘을 실어준 사람들 마음속에는 어떤 형태로든 세월호가 있었을 거라고 생각해요. 박근혜 대통령이 탄핵될 때 사람들이 좋아하던 모습을 보면 '보편적으로 받아들여진다'는 게 이런 거였나 싶기도 해요.

참사에 대한 관심을 호소할 때 '이번에는 우리 가족이지만 다음에는 당신 가족일 수 있다. 그러니 함께해달라'고 이야기하잖아요. 이 말이 이해하기 쉽고 그 자체로 틀린 말도 아니지만, 어떻게 보면 협박이기도 한 것 같아요. 사람들을 설득할 수 있는 말이 이것밖에 없다는 건 뭔가 부족하다는 사실을 보여주는 지표인 거죠. 협박의 말 말고 참사의 보편성을 전하는 말이어야 한다고 생각해요.

/ 사회적 참사에 응답하는 일

이태원참사 직후 국화꽃을 들고 이태원역에 갔어요. 1번 출구에서부터 참사가 일어난 골목 끝까지 하얀 국화와 추모의 글이 담긴 포스트잇과 사진, 간식이 빼곡히 놓여 있었어요. 그 모습을 보니 9년 전 그때가 생각나면서 정말 슬프더라고요.

이태원참사 당일부터 혐오의 말들이 나왔잖아요. 어김없이요. '놀러 가서 죽었다.' '놀러 가서 죽어놓고 살아 있는 우리한테 어쩌라는 거냐.' 이런 말을 들으면 정말 마음에 못이 박히는 느낌이에요. 그 말에 담긴 감정에는 아무래도 공감할 수가 없어요. 하지만 비판 자체만 놓고 보면, 가장 핵심적인 문제를 건드리고 있는 건지도 몰라요.

제가 이해하기에 이건 근본적으로 죽음의 정당성과 책임에 관한 문제예요. 비판하는 사람들은 그 죽음에 대한 이 정도의 추모가 과연 정당한지, 죽음의 책임은 죽은 사람들 자신에게 있지 않은지라고 말하죠. 그런데 가장 단순하게 말하자면, 죽은 사람은 이미 이 논쟁으로부터 떠나 있고 책임을 질 수 없잖아요. 영어에서, 또 러시아어에서도 같은데, '응답(response)'과 '책임(responsibility)'은 같은 어휘의 뿌리를 공유하는 어휘예요. 응답할 수 없기 때문에 책임도 질 수 없는데, 죽음의 당위를 이리저리 재단한다는 건 얼마나 한계가 명확한 일인가요.

그런데도 역설적으로 재난참사는 사회적이죠. 모든 사람이 보고 그들 나름대로 반응하면서 사건과 관계를 맺어요. 응답할 사람이 없는데, 사회적으로 말이 오가는 상황. 이걸 이해하기 위해 저는 재난참사를 이렇게 상상해보자고 제안하고 싶어요. '대량의 죽음은 그 자체로 중립적이다. 다만 침울하고 슬픈 일이다. 그 압도적인 슬픔은 재난참사의 순간에 등장해서, 세상 사람들이 신경 쓰든 말든 그 자체로 움직인다.'

우리는 재난참사의 죽음과 각자의 방식으로 대화하고 있어요. 충격을 받고, 끔찍한 시간을 보내고, 울고, 분노하고, 추모하고, 추모에 반대하고, 슬픔을 강요하거나 강요하지 말라고 하고, 평가하고. 재난에 의의를 입히는 건 산 사람들이죠. 그렇다면, 이렇게 근본적인 차원에서 재난참사가 '나와는 관계없는 일'이라고 말할 수 있을까요?

대화가 계속돼야 해요. 압도적 슬픔이 말을 걸어올 때 그걸 무시할 수는 있죠. 그렇지만 슬픔은 안길 사람을 찾지 못하면 유령처럼 떠돌면서 계속 말을 걸 것이고, 형태를 바꿔가며 찾아올 거예요. 이 경우에, 응답할 책임은 오히려 우리한테 있는 게 아닐까 해요. 영원히 대답하지 않을 수도 없는 일이고요.

사회적 참사에 응답하는 일은 우리 같은 남겨진, 산 사람들에게 중요한 일이에요. 그렇다고 해서 모두가 항상 대화에 응할 수는 없겠지요. 영화 〈스즈메의 문단속〉의 리뷰 한 편을 인상 깊게 봤는데요. 일본 애니메이션에서는 오랫동안 재난과 죽음을 많이 다뤄왔고, 그것이 불가피하다는 점을 이야기해왔잖아요. 그분은 이 영화가 죽음을 예찬하고 정당화한다고 보더라고요.

그분 말을 종종 곱씹어봐요. 앞으로 저는 재난참사에 관해 설명하는 더 나은 방법을 찾고 싶어요. 제가 보기에, 지금부터 우리에게 필요한 것은 재난과 죽음에 대한 정당화가 아니에요. 재난이 일어난 뒤에 우리가 말하는 것들, 그 담론 자체에 대한 분석을 제대로 하는 것이 필요하지요. 앞으로 공부를 얼마나 더 하든, 이 목표는 제게 항상 남아 있을 것 같아요.

◇

　　　　　2023년 4월 16일 기억식에서 시민합창단의 노래가 끝나고 이영수가 무대 위로 올라왔다. 그는 조금 떨리는 목소리로 동생에게 전하는 편지를 읽어 내려갔다. 진심이 담긴 이영수의 목소리를 나는 오래 기억했다.

　　기록자들은 올해 초부터 인터뷰에 응해줄 형제자매를 수소문했으나 쉬이 찾지 못했다. 희생자의 형제자매 이야기를 청하는 일은 9년이 흐른 뒤에도 쉽지 않았다. 우리는 기억식 무대에서 만난 이영수를 떠올렸다. 7월에 인터뷰를 부탁했고, 이영수는 유학을 준비하느라 분주한 참에도 쾌히 수락해주었다. 그는 이야기를 시작하면서 세월호 활동에 적극적이지 않은 것에 대한 미안한 마음을 자주 내비쳤다. 이 인터뷰 역시 그 마음에서 수락했을 터. 하지만 내 기록자 동료들은 대부분 이영수를 알고 있고 여러 현장에서 그와 함께한 기억이 있다.

　　이영수는 기록자의 사소한 질문도 진지하게 고민한 뒤에 풀어주었다. 기억하고 의미를 찾기 위해 애써주었고, 기록자가 어려워하는 이야기는 몇 번이고 예를 들어 다시 설명해주었다. 9월 말 러시아행 비행기를 타는 전날까지도 온라인으로 추가 인터뷰를 해주었고, 러시아에 도착해서도 원고를 함께 검토해주었다. 필요하다면 언제라도 연락을 달라고 했다.

　　이영수의 이야기를 정리하면서 들었던 고민은 내가 받은 그의 느낌을 글에 담기 어렵다는 것이었다. 부드럽고 따뜻한 음성으로 표현된 말을 글로 정리해놓고 보니 딱딱하게 읽혔다. 이영수의 부드러운 미소, 따뜻한 음성, 배려심이 깃든 태도는 어떻게 전달할 수 있을까? 글을 마무리하고 다시 읽어보아도 이 글로 그의 느낌이 잘 전해지는 것 같진 않다. 그래서 이영수가 동생에게 쓴 편지를 인터뷰 글 앞에 싣는다. 편지 역시 진지한 어투지만 그의 마음이 잘 담겼다. 그 마음을 느낀 후 인터뷰 글을 읽어주면 좋겠다.

러시아에서 긴 시간 연구를 하게 될 이영수에게 응원을 보낸다. 그의 곁에 마음을 나눌 수 있는 사람이 많이 생기길, 무엇보다 건강히 연구를 마치길 바란다. 아, 그리고 튼튼한 자전거를 마련해 러시아에서도 자주 탔으면 좋겠다.

/ 홍세미

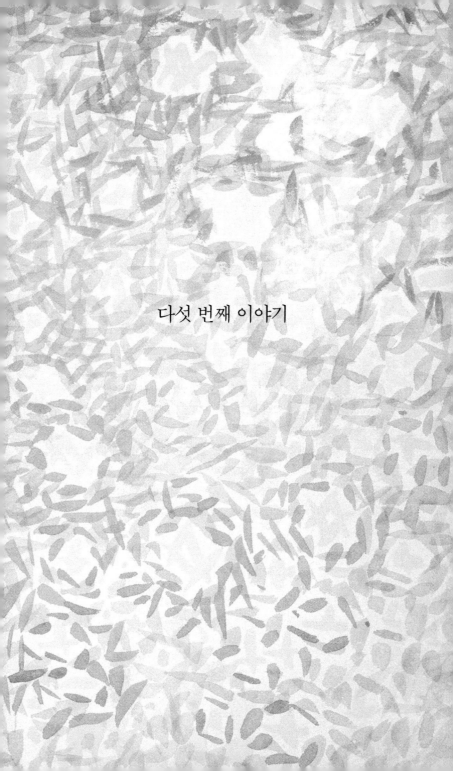

다섯 번째 이야기

카메라 뒤에서 나는

오지수 이야기

　　　　　　오지수를 처음 만난 건 2023년 4월 16일, 세월호 9주기 기억식이었다. 그는 화랑유원지 입구에 서서 찾아오는 사람들을 찍고 있었다. 날이 더워 상기된 얼굴과 집중하는 표정, 나는 그를 방해하고 싶지 않아 주변을 서성였다. 내가 그를 보는 동안 그는 렌즈 너머 무엇을 보고 있었을까? 긴 시간 동안 세월호운동의 곁을 지키며 오지수 감독이 보고, 담은 것들이 궁금해졌다.

　　"저에게 묻는 사람이 있다니 놀랐어요. 늘 저는 질문을 하는 입장이었으니까. 나도 사실은 물음을 당하고 싶었는데…"

　　첫 인터뷰에서 이 작업을 수락한 이유를 묻자 오지수는 이렇게 말했다. '나도 사실은 물음을 당하고 싶었다'는 이 기록 활동가의 고백이 나는 재미있었다. 10년 가까이 세월호운동의 곁을 지키는 동안 오지수는 작업물만이 아니라 자기 안에도 이 운동을 차곡차곡 쌓고 있었다. 그리고 그 긴 기록을 우리에게 찬찬히 풀어주었다.

✦

현장에서 카메라를 잡고 있다 보면 내가 촬영하고 있다는 걸 잊어버리고 장면 속에 빨려 들어갈 때가 있어요. 한번은 문화제에서 어떤 아버님이 이렇게 말씀하시는 거예요. "여러분은 이 문화제가 끝나면 얼른 집에 가야겠다고 생각하시나요? 근데 저는 이 문화제가 안 끝났으면 좋겠어요. 집에 들어가는 게 너무 싫어요." 그 이야기에 탁 맞은 느낌이었어요. 정신을 차려보니, 카메라를 잘 잡고 있어야 했는데 몸에 힘이 풀려서 손이 내려가 있더라고요. 제 역할은 기록을 잘하는 것임을 아는데도 카메라 뒤에 있는 '인간 오지수'가 튀어나오게 돼요. 현장의 이야기를 내 귀로 내 눈으로 담고 싶은, 또는 그래야만 할 것 같은 순간이 있어요. 카메라 뒤에 있어야 하는데 앞으로 끌어당겨지는 느낌이에요. 지금도 가장 많이 갈등하는 부분이기도 해요. 앞으로 어떡하려고 이러나. (웃음)

/ 감독 오지수

생각해보면 저는 촬영하면서 마음이 명확했던 적이 없어요. 항상 고민하고, 갈등하고, 망설였죠. 내가 느끼는 의미, 내가 본 것도 의심하려고 하거든요. 기록 활동을 하면서 더 그런 생각이 강해졌어요. 촬영이란 건 감독 입장에서 찍고 싶은 걸 찍고, 찍고 싶은 만큼만 찍고, 더 찍고 싶으면 더 찍고 싶다고 이야기하기 쉬운 일이더라고요. 카메라를 든 사람이 가진 권력이라는 게 있어요. 자기 자신을 계속 돌아봐야 해요. 그리고 무엇보다… 고민하지 않고 찍는 사람들은 그다음을 찍진 않더라고요. 고민을 해야 내가 뭘 찍어야지, 다음 해에는 뭘 찍어야지, 그런 탐색이 가능해진다고 생각해요.

우는 모습을 찍을 것인가? 이건 아직도 저의 큰 고민 중 하나예요. 누군가가 힘들어하는 모습을 그 당사자가 숨기고 싶을지도 모르는 그 모습을 찍어도 되나? 촬영 일 하는 분들은 아마 많이들 이렇게 말씀하실 거예요. '일단 찍고 안 쓰면 되잖아.' 이론적으로는 맞는 명제인데 영 내키지 않더라고요. 쓰지만 않으면 되나? 내가 기록할 수 있는 자유도는 어디까지일까? 9주기 기억식 때 생존자인 애진이를 찍을 때도 그랬어요. 시간이 흐르니까 얼른 촬영을 시작해야 하는데 계속 주저하고 있었어요. 애진이가 하필 유가족분들 한가운데에 앉아 있었는데, 그 사이로 들어가서 카메라를 두고 찍어도 될까. 기억식에 앉아 있는 그분들의 마음을 방해하게 되는 건 아닐까. 일단 찍어야 한다는 감독으로서의 결정과, 이것을 어떤 관계와 과정 속에서 기록할 것인가를 고민하는 활동가로서의 결정 사이에서 계속 갈등하게 돼요. 저는 이 사람들의 기억을 알잖아요. 그러니까 쉽게 찍을 수가 없어요.

제가 고민이 참 많죠? 이래서 촬영 끝나면 되게 피곤해요. (웃음) 그런데 또 그렇게 고민하는 과정이 저한테는 되게 흥분되는 지점이에요. 평소에 고민이 많아야 촬영의 순간이 왔을 때, 자신을 믿을 수 있어요. 혹시 촬영하면서 문제가 생기더라도 잘 설득할 수 있고, 잘 설명할 수 있고, 혹시 사과가 필요하다면 사과를 할 수 있다는 걸 스스로 좀 많이… 계속 주문을 걸었던 거 같아요. 어떤 방식과 표현으로 이 이야기를 전해야 할지, 이야기를 전한다는 건 어떤 의미일지를 계속 궁리하는 시간은… 어떤 영상이나 어떤 화면, 또는 어떤 질문으로 남는 것 같아요.

/ 새로운 세계

이제야 고백하는 건데, 사실 저는 방송국에 가고 싶었어요. 다큐멘터리 감독이나 미디어 활동가가 된다는 건 상상도 못 한 일이었죠. 초등학생 때부터 중학교 때까지 방송부 활동을 계속했었어요. 방송부라고 하면 멋지잖아요. 제가 어렸을 때부터 감투에 되게 유혹을 많이 당했거든요. (웃음) 공부는 싫어하면서도 초등학교 6년 내내 반장을 할 정도였다니까요? 반면 두 살 터울인 저희 언니는 착하고 예쁘고 똑똑한 우리 딸의 정석 그 자체였어요. 저는 언니처럼 못 살겠더라고요. 어떻게 아침 7시에 나가서 밤 10시에 들어오지? 중학교 3

학년 때 선생님이 예고 입학 설명서를 주시면서 영화과를 가보는 게 어떠냐고 하셨어요. 제가 인문계 고등학교에 가기 싫어하는 걸 알아보신 거죠. 처음엔 영화과가 뭐 하는 곳인지도 몰랐어요. 근데 교복도 요란번쩍하고 공부는 안 시킬 것 같더라고요. 집에서 멀어지는 것도 되게 멋있어 보였어요. 그때의 저는 멋있는 게 최고였나 봐요. 근데 막상 고등학교에 갔더니 제가 생각하는 거랑 너무 다른 거예요. 애들이 공부도 너무 열심히 하고, 내가 기대했던 딴따라 학교가 아닌데? 다행히 제가 새로운 걸 배우는 걸 좋아해서 설레어하면서 3년을 다녔어요.

고등학교를 졸업할 때가 되니까 중학교 3학년 때처럼 또 고민이 시작됐죠. 대학에 가야 하나? 그런데 대학 간 선배들이 다 자퇴를 하는 거예요. 이상하다고 생각했어요. 자퇴한 선배들한테 물어봤더니 다들 똑같은 이야기를 하더라고요. "대학보다 현장이 더 배울 게 많아. 대학 안 가도 돼. 걱정하지 마." 그럼 나도 현장에 가볼까? 가족들은 엄청나게 반대했죠. 그땐 저도 대판 싸우면서 세게 나갔지만 사실 속으로는 불안했던 것 같아요. 애들은 대학에 있는데 나는 이제 뭐 하지? 그 시기에 미디액트라고 하는 영상미디어 교육센터에서 아르바이트를 시작하게 됐고 세월호운동을 만났어요. 미디액트에서 미디어 활동가들을 대상으로 하는 네트워크 파티를 열었을 때였어요. 4·16연대 미디어위원회에서 활동하시던 감독님이 세월호 기록 작업 홍보를 하고 계셨어요. 게시판에 붙은 그분 명함을 보자마자 연락을 드렸고, 다음 주에 바로 만났죠. 그때는 큰 고민은 없었던 것 같아요. 마침 다른 사람들한테 어떤 영향을 주는 일을 하고 싶었는데, 세월호운동에서 카메라 다룰 수 있는 사람이 필요하다고 하네? 그럼 내가 해볼까?

처음 회의에 참관했는데 신세계에 간 느낌이었어요. 공책에 계속, 바지선이 뭐지? 누구 엄마? 그게 누구지? 이런 걸 빼곡히 적었던 기억이 나요. 한 달은 '이게 무슨 소리지?' 하는 채로 회의에 들어갔어요. 촬영 전략 논의로 넘어가게 된 날, 드디어 좀 아는 이야기가 나오겠구나 싶었죠. 그런데 제가 늘 중요하게 생각했던 아름다운 화면에 관한 이야기가 아니라, 요즘 누구 어머니가 좀 힘들어하시니까 다른 분에게 인터뷰를 요청해보자 같은 이야기가 오가더라고요. 기록 활동은 제가 배워온 촬영이랑은 문법 자체가 달랐던 거죠. 설레고 두근거렸어요. 생각보다 단순히 찍기만 하는 활동이 아니라는 걸 조금씩 알게 되면서 재밌어지기도 하고 겁나기도 했어요. 근데 도망가고 싶지는 않은 그런 긴장감 있잖아요. 겁나지만 더 알고 싶었죠. 제가 원래 생각했던 것들이 다 뒤집히는 경험을, 활동하면서 정말 많이 했던 것 같아요. '세상에 원래 그런 건 없구나.' 계속, 계속 새로운 거예요. 내 세상이 이렇게 뒤집혔는데, 이게 또 뒤집히면 다른 세상이 계속 나오겠다는 게 저한테는 이 운동의 매력이었어요.

그러다 보니 집회 촬영도 따라다니고, 다큐멘터리 작업에도 참여하게 됐어요. 집회 촬영 초기에 찍은 사진들은 다 망했지만요. (웃음) 현장 촬영 경험이 없으니까 제가 그냥 예쁘게 나오는 카메라를 가져간 거예요. 찍으면서 잘 나왔다고 생각했는데 큰 화면으로 보면 사진이 다 흔들려 있었어요. 사람들은 계속 앞으로 가지, 미리 가서 자리를 잡으려고 뛰다 보면 숨은 차지, 숨을 쉬면 카메라가 요동치지, 난리도 아니었죠. 알고 보니 다른 감독님들은 기동성이나 손 떨림 방지 기능이 있는 카메라를 가져오셨더라고요. 그 이후에도 좌충우돌이 많았어요. 우느라고 녹화 버튼을 안 누른 채로 찍은 적도 있어요. 얼마나 아찔했던지.

초반에는 활동이 재미도 있었지만 사실 무섭기도 했어요. 제가 활동가들 중에서 제일 어렸잖아요. 저랑 다른 분들 사이에 어떤 투명한 막이 있는 것 같았어요. 누가 밀쳐내는 것도 아닌데 닿지 못하는 느낌? 지금 생각해보면 사람들이 1센티미터만큼 벽을 두면 저 혼자 상상하는 벽은 10센티미터는 됐던 것 같아요. 약해 보이고 싶지 않아서, 못 하겠다거나 잘 모르겠다는 말을 할 수가 없더라고요. 못 알아들었는데 알아들은 척 하고, 시키는 일은 어떻게든 다 해냈죠. 제가 나이는 어리지만, 일을 잘할 수 있다고 증명해야 할 것 같았어요. 그러지 못하면 내쳐질 것 같고, 이래서 어린 애는 안 된다고 생각할 것 같고… 처음 썼던 카메라는 눈 감고도 조작할 수 있을 정도로 열심히 썼어요. 잘 때 손에 끼고 자기까지 했다니까요. (웃음) 자다 일어나도 찍을 수 있게 되겠다고. "나 진짜 잘할 거예요!" 힘이 바짝 들어가 있었죠.

그러다 4·16연대 미디어위원회에서 시사회를 했는데 제가 대형사고를 친 거에요. 제가 티켓, 좌석 배치도, 포스터, 팜플렛 등을 다 혼자 가지고 가다가 택시에 휴대폰을 놓고 내려서 늦은 일이었는데. 저는 당연히 엄청 혼나고 짤릴 줄 알았거든요. 근데 박종필 감독님이랑 김일란 감독님이 나중에 저를 따로 불러서 저만의 잘못이 아니라고 말씀해주시는 거예요. 중요한 물건들을 저 혼자 다 갖고 가도록 업무 분배를 한 모두의 잘못이라고요. 그때 동료관계라는 것에 대해 많이 배웠어요. 그런 일들을 겪으면서 비로소 이 사람들 사이에 스며들었다는 생각이 들었어요. 단순히 나이가 들어서라기보다는 다른 사람들을 좀 더 신뢰할 수 있고, 동료가 되었다는 감각이 중요했던 것 같아요. 여기는 나의 취약함이 공격받지 않는 공간이구나.

점점 신뢰와 경험이 쌓이면서 세월호 활동 말고도 많은 분을 만날 기회가 생겼어요. 장애인, 노인, 어린이, 성소수자… 정말 다양한 사람들을 촬영해볼 수 있었어요. 또 새로운 세상이 열리는 순간이었죠. 그렇게 만난 사람들이 펼치는 삶을 보니까 인생에 정답이라는 게 없더라고요. 그게 되게 재미있고, 멋있어 보였어요. 학교를 선택할 때도, 활동을 선택할 때도 돌이켜보면 '내가 생각했던 거 그 이외의 세상이 또 있네'라고 생각했던 순간들을 계속 따라왔던 것 같아요.

/ 동갑내기

　　　　　'내 나이를 밝히는 게 이 활동의 첫 미
션이겠다.' 처음으로 유가족분들을 만나게 됐을 때 그렇게 생
각했어요. 세월호 활동을 시작하고 7개월 정도 나이를 숨긴 채
지냈거든요. 나이를 들으면 희생된 아이랑 너무 연동될 것 같
은 거예요. 내 아이와 같은 나이의 애가 같이 일하겠다고 왔다
는 소식을 들을 때 심경이 복잡해지시지 않을까. 저부터도 유가
족분들을 보면 엄마 아빠가 연상되는 게 너무 자연스러웠으니
까요. 그러니까 사실 잘 친해지지도 않았어요. 조금씩 친해지
다 보면 의례적으로 나이를 이야기하게 되는 게 한국사회의 너
무 자연스러운 과정이잖아요. 근데 저랑은 그게 빠져 있었으니
까… 그나마 제가 처음 가까워졌다고 느꼈던 건 지성 아버지였
는데 지성 아버지가 나이를 물어보시는데 말을 못 하겠는 거예
요. 답을 피했던 기억이 나요.

　　처음으로 제가 역할을 맡아서 촬영을 했던 게 '4·16합창
단'이었어요. 그때 4·16합창단이 사람도 많고 세월호 가족분들
과 시민분들이 다 있는 모임이었어요. 자주 보고, 계속 이야기
나누고 하다 보니 자연스럽게 빨리 친해졌고, 그러다 나이에 대
한 질문이 나오게 됐죠. 그때가 제가 활동한 지 1년이 좀 안 됐
을 때였어요. 세월호운동 안에서 가족분들이 저를 보면서 나이
가 궁금해서 얼마나 근질거리셨겠어요. 가족분들 입장에서는
되게 젊은 애가 매주 와서 촬영하는 게 신기하실 테니까요. 저

만 어려서 더 눈에 띄기도 했고요. 한 달 이상 매주 얼굴을 보면서 이제 조금 장난도 칠 수 있고 농담도 좀 던질 수 있고 하니까, 하하호호 좀 웃었던 사이니까 이쯤 되면 말해도 되지 않을까. 그리고 지금 말 안 하면 언제 말하겠나, 이런 생각도 들어서 질러버렸죠. "저 97년생입니다." 그때 그 컨테이너 안의 분위기를 잊을 수가 없어요. 정적이 흘렀어요. 여러 가지 의미와 감정이 있는 정적이었죠.

눈을 피하는 분, 입을 막는 분, 멍하게 있던 분… 어쨌든 첫 반응은 "네가 우리 애랑 같은 또래구나" 하는 말이었어요. 다들 마음이 복잡하셨을 거예요. 그 뒤로 몇 주 동안 조금 서먹해진 분들도 있었어요. 저한테 되게 잘해주던 분이었는데 인사를 피하시더라고요. 시간이 필요할 거라고 생각했죠. 그러다 하나둘씩 다시 다가와주셨어요. 감사했죠. 장난스럽게 "그동안 잘 속였네?" 하는 말에 그제야 마음이 탁 놓이면서 "아유! 제가 속인 적은 없죠, 말을 안 했을 뿐이에요" 하고 답할 수 있더라고요. 어떤 어머님은 "우리 분위기 이상해서 놀랐겠다. 지수 씨, 근데 이제 그냥 '지수'라고 불러도 돼?" 하셨어요. 다른 분들은 이제 제가 좀 간격을 두고 다시 인사도 드리고, 말도 걸면서 다가가는 시간을 보냈어요. 그다음엔 더 친근하게 대해주셨던 것 같아요. 오셔서 자녀 이야기를 하는 분들도 계셨고요. 걔는 이런 꿈이 있었다고, 이런 애였다고. 같은 나이라고 하니까 자녀 이야기를 더 나누고 싶으셨나 봐요. 나중에는 유가족분들과 안부도 나누고, 스스럼없이 사적인 이야기도 나눌 수 있는 사이가 돼서 다행이었죠.

건강 때문에 활동을 2년 정도 쉬었다가 다시 복귀하고 유가족분들을 오랜만에 만나면서 다시 이 관계를 돌아보게 됐어요. 가족분들이 나이를 물어보셔서 말씀드리면 "아 맞다, 지수가 97년생이었지" 하면서 갑자기 지나온 시간을 확 직면하는 것 같은 표정이실 때가 있어요. 저와의 대화가 유가족분들이 일상에서 크게 인지하지 않고 있던 자녀의 나이나 시간의 흐름을 일깨우는⋯ 기폭제가 될 때 참 씁쓸하더라고요. 그때 알았어요. 내 존재가 이분들의 마음을 복잡하게 하는 순간도 분명 있겠다. 그게 방금이었구나. 저는 기록 활동을 하니까 유가족과 생존자를 모두 만나는 사람이잖아요. 사실 전에는 생존자들이 유가족분들을 만나는 게 조심스럽다고 할 때, 그 마음을 잘 몰랐던 것 같아요. 둘 다 우리 운동의 중요한 주축인데, 더 자주 만나고 끈끈해지면 괜찮아지지 않을까? 어찌 보면 쉽게 생각했던 거죠. 계속 만나다 보니 제가 희생자와 생존자들과 동갑이니까 똑같지는 않더라도 비슷한 위치에서 경험하는 것들이 있더라고요. 생존자와 유가족, 연대자 들에게 꼭 가깝고 많은 만남이 필요했던 게 아닐 수도 있겠다는 생각이 들었어요. 서로가 편안할 수 있는 거리를 유지하면서도 동료가 될 수 있구나. 우리에게 그런 관계가 필요하구나.

　　　　　　4월 16일을 떠올리면 복도 너머의 울음 소리가 생각나요. 그날따라 이상하게 복도가 소란스러웠어요. 저희는 예고라 전공과가 정해져 있어서 이동 수업을 많이 했었는데 애들이 시끄럽게 떠들고 있더라고요. "야, 너 뉴스 봤어?" "수학여행 가던 애들이 사고가 났대." "배가 이상하다는데?" 그러다 수업이 시작되고 11시까지는 소식을 접하지 못하다가 다시 교실로 돌아가는데 분위기가 이상했어요. 이미 선생님들은 알고 계셨던 것 같아요. 선생님들은 조용히 하고 다 자기 반으로 가라고 애들을 해산시키는 분위기였죠. 다른 반 애들하고 이야기를 못 하게 했어요. 그때 복도 너머로 들려온 울음소리가 아직도 생생해요. 전국에서 애들이 모이는 학교라 안산에서 온 애들도 있었다는 게 생각이 났어요. 중학교 때까지는 안산에서 다녔을 테니까 친구 중에 단원고 학생도 있었겠죠.

　나중에 전국적으로 수학여행이 취소되면서 저희도 안 가게 됐어요. 그때 애들의 반응이 정말… 저 진짜 많이 싸우고 다녔어요. 초등학생 때는 메르스 때문에 수학여행을 못 갔는데 이젠 세월호 때문에 못 가냐고 분통을 터트리는 애들이 몇 명 있었거든요. 저도 함께 여행 가는 시간을 기대했으니까 속상했지만 그런 말엔 동의할 수가 없었어요. 그런데 그만하라는 말 외엔 할 수 있는 말이 없더라고요. 어떻게 말해야 할지 잘 몰랐던 것 같아요. 알려주는 사람도 없었고요. 뒤돌아서는 뭐라도 한

마디 더 내뱉을걸 그랬나, 쟤는 무슨 뜻인지 하나도 못 알아들었을 텐데 다다다 쏘아붙일걸 그랬나 하고 후회했던 기억이 나요. 그래서 더 세월호 활동에 끌렸던 건지도 모르겠어요. 같은 나이의 애들이 겪은 일이니까, 그런데 나는 학교 안에서 아무것도 못 했으니까.

그러다 2022년이 되고 이태원참사가 터졌잖아요. 친구들이랑 있는 카톡방에 "야 너희 어디야? 이태원 간다고 했던 것 같은데?" 하는 메시지가 올라왔어요. 이태원? 이태원에 갔는데 왜 애들을 찾지? 근데 섬뜩한 직감이라는 게… 아무것도 모르는 상태에서도 뭔가 사달이 났구나 싶더라고요. 기사들을 확인하는데 손이 떨렸어요. 애들한테 전화랑 문자를 엄청나게 하는데 둘 다 답이 없는 거예요. 다른 친구들이랑 발을 동동 구르면서 계속 연락했어요. 두 시간이 지나고 둘은 참사가 생기기 전에 이태원을 빠져나와서 무사하다고 연락이 왔어요. 긴장이 탁 풀리더라고요. 그 느낌이 지금도 너무 생생해요. 안도하는 제 모습에 너무 소름이 끼쳤어요. '내 친구는 살았구나'라고 하는 감각이… 지금 누군가는 소중한 사람을 잃었는데, 나는… 세월호 때의 그 복도가 생각났어요. 또 이렇게 나 자신이 싫어지는 순간을 맞이했구나. 우리는 이런 일을 또다시 경험했구나.

그때 '집 밖은 위험해' 이런 농담조의 이미지를 올리는 사람도 되게 많았고, 왜 그런 데를 가냐는 반응도 생각보다 많았어요. 어떤 일이 생겼을 때 그 사안의 심각성이나 자기 감정을 해석할 시간 또는 여력이 우리 사회에는 없다는 생각이 들더라고요. 국가에 대한 믿음이든 그냥 타인에 대한 믿음이든, 우리 세대에서 그런 믿음이 계속 소멸하고 있는 것 같아요. '우리'라는 구분도 더 공고해지고 있고요. 타인하고 관계를 맺을 때도 이 사람이 안전한 사람인지 의심부터 하게 되는 게 크게 영향을 미치고 있겠죠. 이런 감각이 앞으로 사회적 참사를 다루는 운동에 부정적인 영향을 끼치게 될까 걱정스러워요.

/ 곁을 지키는 사람들

이익이나 인과를 뛰어넘어서 사람이 사람의 곁을 찾아오는 순간이 있더라고요. 4·16연대 미디어위원회 활동을 처음 시작했을 때 제가 찍은 사진을 보면 바닥에 분필로 그린 리본, 경찰 차벽에 붙어 있는 스티커 같은 사람들의 흔적을 열심히도 찍어놨어요. 세월호운동을 찾아오는 사람들이 계속 눈에 밟혔나 봐요. 매일 노란 바람막이를 입고 나오는 유가족분들, 퇴근하고 노란 리본 공작소에 와서 리본 만들던 분들, 광화문 지킴이분들, 4·16합창단에서 노래하던 분들을 카메라 너머로 지켜봤어요. 〈어른이 되어〉 다큐멘터리 상영하러 다니면서도 정말 다양한 사람들을 만났고요. 아무 연결성도 없는 사람들이 이 일을 겪었고, 각자의 방식으로 마음을 보태고 있다는 걸 알게 됐죠. 그전까지는 양보나 공감 같은 단순한 말로 배웠던 것들이 복합적으로 살아 움직이는 느낌이었어요. 이렇게 많은 서로 모르는 사람들이 모여서 함께 뭔가를 하는 것 자체가 첫 경험이었죠. 이름도 모르는 사람들이 할 일을 짚어가면서 조율하고 서로의 자리를 계속 더듬어보는 과정을 또 언제 겪어볼 수 있겠어요. 그런… 광경들이… 계속해서 낙담하고 좌절하고 절망하는 제 마음을 일으키는 것 같아요. 한창 그 힘에 빠져 지냈던 활동 초기에는 활동비도 제대로 마련되어 있지 않고, 엄청 바빴는데도 힘들지 않았어요.

문득 궁금해지더라고요. 이 사람들은 왜 서로의 곁에 가서 시간을 나누고 말을 나누는 거지? 왜 사회적 약자들은 다른 사회적 약자들을 찾아가지? 아무런 연결고리도 없는 사람들이 다른 사람한테 가는 이유를, 자본주의의 논리에 익숙했던 저로서는 설명할 수 없었어요. 그 답을 찾아가다 보니 어느새 저도 세월호 유가족들, 생존자들의 곁을 지키고 있더라고요. 해보니까 이게 간단한 일이 아니라는 걸 잘 알게 됐어요. 여전히 세월호 유가족분들이나 생존자분들을 만나는 게 정말 긴장되고 조심스러워요. 그분들이 어렵게 해서가 아니라 제 안에 너무 많은 질문이 생겨서요. 촬영하면서 '이런 걸 물어봐도 되나?' 하는 조심스러움도 있지만, 동료로서도 '이들한테 이런 걸 요청해도 되나?' 하는 긴장도 있었어요. 살아온 배경도, 가치관도, 성격도 다 다른 사람들이 세월호에 대한 뜻 하나로 뭉쳐 있는 거잖아요. 내 의견을 상대가 어떻게 받아들일지 모르니까 긴장감이 생길 수밖에 없죠. 장애인분들, 성소수자분들, 노인분들, 다양한 그룹과 촬영 일을 해봤지만, 세월호참사 피해자들이 저한테는 가장 주춤거리게 되는 존재예요. 제일 오래, 제일 가깝게 만났는데도요.

같이 일을 하려면 서로 안 맞는 부분이 있을 때 표현도 해야 하는데, 세월호운동에서는 어떤 걸 요구하는 게 조금 어렵게 느껴졌어요. 이런 일을 겪지 않고 그냥 누군가의 부모나 직장 동료였다면 안 들을 수 있는 이야기가 아닐까? 성평등한 언어문화니, 민주적 관계니 하는 것들은 사실 기존의 삶 안에서 크게 고민하지 않아도 되는 문제였을 수 있잖아요. 그런 것들을 말하는 게 참 어렵더라고요. 동료 사이에 저에게 화내면 사과할 수 있고, 그이가 저한테 실수를 하면 저도 화도 내고 이럴 수 있어야 하는데… 저희는 세월호 유가족과 연대자이면서 동시에 동료이기도 한거니까요. 그런데 세월호운동 안에서는 부딪치고 싶지가 않았어요. 한 3, 4년 정도 활동하고 나서부터 이런 일이 무척 많이 생겼던 것 같아요. '어떻게 찍어야 하나'의 다음 단계로 이제 '어떻게 관계를 맺어야 하나' 하는 고민이 생긴 거죠.

2017년부터 2018년까지 목포에서 선체기록단 활동할 때도 그랬어요. 선체 안을 수색하고 안 쓰러지게 기둥 세우는 작업이 한창이던 때였는데, 4·16연대 미디어위원회에서도 돌아가면서 2주 정도 가서 기록 활동을 했어요. 그런데 공사하시는 분들이 여성 감독들이 내려가면 성희롱을 하시는 거예요. 그때 목포에 갔던 여성 감독은 죄다 이상한 소리를 듣고 왔어요. 그래서 대책을 논의하는데 '이걸 이야기해도 되는 일인가'라는

371

걱정부터 오갔어요. 저분들이 이런 발언을 못 하게 조치해달라고 세월호 가족들한테 요청해도 되나. 공사장에 일하던 분들이 해양수산부에서 용역을 받아 온 거라 가족분들의 경계심이 높은 상황이었거든요. 가족분들도 고된 상황인데 우리의 고됨을 이야기하는 게 조심스러웠죠. 여성 감독들은 가지 않는 게 어떻겠느냐는 의견까지 나왔어요. 근데 그러면 여성 감독은 계속 활동의 범위가 줄어들 수밖에 없잖아요. 그건 받아들일 수 없었어요. 결국 당시 목포에 상주하시던 세월호 가족분들에게 도움을 요청했죠. 저희가 기록 현장에서 지켜졌으면 하는 것들을 미리 정리해서 약속문을 만들어 갔었어요. 그 약속문의 내용을 설명하면서 휴게실이나 작업 공간 등 다양한 곳에 붙여달라고 부탁드렸고, 다행히 그렇게 해주셨어요. 약속문이 붙었다고 엄청 많은 게 달라지진 않더라고요. 그래도 활동하면서 힘들었던 점도 이야기하고, 계속 활동하고 싶기에 이런 요청을 드리는 거라는 마음을 가족분들과 나눴다는 게 의미가 컸어요. 그 전까지는 가족분들께 저희 자신을 위해서 무엇을 요청한 적이 없었거든요. 오래 함께하려면 단순히 감내하면서 활동하는 게 아니라 어렵더라도 대화를 나누고 협의하는 과정이 필요하다는 것을 그때 느꼈어요. 아, 우리에게 이런 시간이 필요했구나. 이 사람들과 진짜 동료가 되어가고 있구나.

2023년에도 세월호참사 10주기 작업을 준비하면서 여러 단원고 생존자들을 만났어요. 열 명 정도를 계속 만나면서 다큐멘터리 작업을 함께해보자고 설득했죠. 결국은 다들 거절했어요. 이전에 영상매체에 출연했을 때 좋은 기억이 없으니까… "네가 그렇게 찍을 사람이 아니란 건 알지만, 얼굴이 나가는 게 부담스러워"라고 하더라고요. 그 마음도 너무 이해돼요. 그래서 재촉하고 싶지 않아요. 그때 유일하게 참여하겠다고 밝힌 사람이 애진이였어요. 작업을 할 순 있을지, 어떤 주제로 해야 할지 막막하던 참이었는데 선뜻 "네가 하자고 하면 나는 뭐든지 할게" 하고 힘을 실어줘서 고마웠죠.

애진이는 세월호참사 3주기 때 〈어른이 되어〉라는 생존학생에 대한 단편 다큐멘터리를 만들면서 처음 만났어요. 애진이랑 촬영만 하는 게 아니라 만나서 밥 먹자고 하고, 놀자고 하고 엄청 들이댔었어요. 제가 애진이를 모르는데 그냥 인터뷰만 해서 주인공으로 찍을 수 있을지 자신이 없었거든요. 이 사람이 어디에 갔을 때, 그 시간에, 그런 말을 할 때, 어떤 표정을 짓는지 보고 싶었어요. 〈어른이 되어〉 말미에 애진이랑 저랑 밥을 먹으면서 세월호참사 일어나고 이런저런 일을 겪었지만 좋은 사람들도 만나게 된 게 참 신기한 일인 것 같다고 대화하는 장면이 있어요. 사실 이 장면은 상영회 때 관객으로부터 일종의 항의를 받기도 했어요. 세월호참사로 만나게 된 건데, 어떻게 이걸 다행인 것처럼 말할 수 있냐고요. 제가 의도를 잘 표현하지 못했나 봐요.

애진이뿐만 아니라 생존자와 연대자라는 관계가 참 복잡하잖아요. 이 일이 일어나지 않아서 우리가 만날 일이 없었다면 당연히 좋았겠지만, 서로가 힘들고 지난한 시간을 버텨서 힘이 되기도 하니까요. 그때는 앞으로 잘 지내보자는 마음이었어요. 〈어른이 되어〉를 통해 대형 참사 안에서 힘들고, 눈치 보고, 한참을 치열하게 고민하던… 두 어린 동갑내기 활동가가 알아가는 과정을 사람들에게 보여주고 싶었어요.

사실 〈어른이 되어〉 작업은 엄청나게 긴장한 채로 시작해서 긴장한 채로 끝났어요. 저 혼자 겁을 먹었던 것 같아요. 저희는 애초에 친구로 만난 게 아니라 생존자 장애진과 기록자 오지수라는 이름을 갖고 만난 사이잖아요. 첫 시작부터 서로의 위치성을 생각하지 않을 수 없다 보니까 긴장을 내려놓고 싶어도 저 스스로가 경직되어 있다고 자주 생각했거든요. 이번에 10주기 작업을 하면서 그때의 긴장이 아직도 풀리지 않았다는 걸 알았어요. 애진이한테 물어보고 싶은 것도 잘 못 물어보고, 연락이 잘 안되면 재촉을 해야 하는데 망설여지더라고요. 이 긴장을 풀지 않고서는 작업이 제대로 되지 않겠구나 싶었죠. 근데 어떻게 긴장을 풀고, 어떻게 관계를 맺어야 하지? 친밀감을 쌓으려면 공감대를 형성하는 게 제일 빠를 것 같은데 관심사, 취향, 말투까지 저희는 다른 게 너무 많았어요. 그러다 어느 날 애진이랑 나란히 앉아 있다가 속마음이 툭 튀어나와버렸어요.

"근데… 너랑 나랑은 진짜 다른 사람인 것 같아."

그 말을 듣고 애진이가 엄청 웃었어요. 저는 애진이의 정말 웃겨서 웃는 얼굴을 그때 처음 봤던 것 같아요. 애진이는 이렇게 웃는구나. 고개를 마구 끄덕이면서 "맞아, 맞아, 나도 너무 그렇게 생각해"라고 하더라고요. 걔도 우리의 삐걱거림을 알고 있었나 봐요. 그 뒤로 우리가 이런 점도 다르고, 저런 점도 다르다는 이야기를 줄줄 쏟아냈어요. 애진이의 웃음을 보고 마음이 놓이면서 입이 터졌나 봐요. 애진이랑 좋아하는 것도 다르고 성격도 다른데 이 참사에 대한 마음 하나가 같아서 함께하는 것 같다고 이야기했어요. 만난 지 8년이 되어서야 우리는 그렇게 잘 맞는 친구는 아니라는 걸 인정하게 됐어요. (웃음) 그전까진 다르다는 걸 숨기려고만 했어요. 저희의 다른 점이 관계를 쌓는 데 안 좋은 영향을 끼칠 것 같아서요. 그래서 억지로 애진이 관심사에 맞추려고 하거나, 잘 모르는데도 아는 척했어요. 오히려 그런 게 우리를 비즈니스 관계로 만들었던 것 같아요.

이번 작업을 하면서 관계를 맺는다는 것에 대해 새롭게 익히고 있어요. 어떤 내용을 담을지 같이 의논하다가 애진이가, 민지라는 희생된 친구한테 매년 같이 가는 중학교 친구 이야기를 꺼냈어요. 단원고에 다니지는 않았지만 단원고에 친구들이 있었던, 세월호로 친구들을 잃은 사람인거죠. 그렇게 혜진이를 알게 됐어요. 셋이 만나서 치킨에 맥주 마시면서 이야기하는데 애진이랑 둘이 만날 때와는 또 다른 느낌이더라고요. 애진이랑 혜진이는 약간 티격태격하면서 노는 친구 관계예요. 혜진이가 애진이를 대하는 방식, 바라보는 관점에서 힌트를 얻은 느낌이었어요. 무엇이 달라져야 하는지 알겠더라고요. 저랑 애진이의 관계가 혜진이랑 애진이의 관계랑 완전히 같아질 수는 없겠지만, 그래도 그 긴장을 가지고 가면서도 지금까지와는 다르게 관계를 쌓아볼 수 있겠다는 자신감이 생겼어요. 요즘은 애진이한테 궁금한 것들, 이전에는 물어보지 말자 하고 포기해버렸던 것들을 조금씩 물어보려고 하고 있어요. 내가 이 사람과 관계를 맺고 있다는 걸 확 체감하게 됐어요. 우리 둘이 7, 8년을 알고 지냈지만 이제야 비로소 조금씩 관계가 쌓이고 있구나.

/ 언제까지 세월호 할 거야?

　　　　　　시간이 지날수록 제 주변에서 "언제까지 세월호 할 거야?" 하고 물어보는 사람이 많아져요. 영화제 뒤풀이 자리에서도, 친구들도요. 아마 제 커리어나 경제적 문제, 건강이 걱정돼서 하는 말이겠죠. 세월호 작업으로는 돈을 벌기 어려우니까 아르바이트를 병행하고 있었거든요. 건강이 안 좋아져서 중간에 1, 2년 정도 활동을 쉬기도 했고요.

　'좋은 영향을 통해 좋은 변화가 있을 것이다.' 이게 저한테는 되게 당연한 명제였어요. 확고하고 당연한 문장이었는데 몇 년 전부터 제 확신이 흔들리는 게 느껴져요. 우리가 지금 너무 의미 있는 시간과 순간을 만들고 있는데, 그다음에 와야 하는 좋은 변화가 없는 것 같은 거예요. 아주 세세하게 들여다보면 분명히 있지만… 점점 더 옅어지는 것 같았죠. 제가 흔들리니까 세월호운동 언제까지 할 거냐는 사람들의 이야기가 저한테 영향을 끼치더라고요. 생각해보면 이런 말들은 활동 초기에도 많이 들었어요. 그런데 그때는 다 튕겨 나갔거든요. "흥! 나 계속 이렇게 살 수 있는데?" 아주 단단한 마음이었어요. 내가 이렇게 의미 있는 활동을 하고, 좋은 사람들과 같이 머리를 싸매서 의제를 만들고, 계속 질문을 던지면 분명 세상이 바뀔 거니까. 그렇게 세상이 바뀌어왔다는 걸 목격했던 선배들이 저기 있으니까. 이 과정이 재밌고, 아주 짜릿하다고 생각했는데… 그런데 5년 지나고, 6년 지나고, 7년 지나고… 친구들은 승진하고, 결혼하고… "너는 요즘 뭐 해?"라고 했을 때, 저만 달라진 게 없는 것 같은 느낌이었어요. 내가 지금까지 해온 건 뭐지? 2021년, 2022년이 가장 힘들었어요.

한창 그러고 있을 때 차별금지법 제정 촉구 단식 농성장에 연대 발언을 하러 갔어요. 사실 처음에는 고생하는 분들 앞에서 이런 마음인 채로 발언하고 싶지 않아서 안 하려고 했어요. 결국은 하게 돼서 솔직하게 그런 마음을 이야기하면서, 그래도 단식 중인 두 분 보면서 다시 힘을 내보겠다고 말했어요. 그때 농성장에 계시던 분이, 우리가 하나도 못 이룬 게 아니라고 말해주신 게 기억나요. 한 겹 한 겹, 우리는 뭔가를 만들고 이어왔다고, 그걸 계속 기억하면서 활동하는 걸 터득했다고요. 그 말을 계속 떠올리면서 시간을 견디고 있었는데 그 일이 일어났어요.

2022년 10월 29일 이태원참사. 세월호참사 10주기 작업을 막 준비하기 시작할 무렵이었어요. 원래도 고민이 많았는데, 이런 일까지 생기니까 도저히 작업을 할 수 없을 것 같은 거예요. 마음이 무너지더라고요. 아무것도 바뀌지 않은 걸 넘어서 오히려 후퇴한 건 아닐까? 이 상황을 나는 어떻게 받아들여야 하지? 이런 일은 앞으로도 계속 생기는 걸까? 이런 생각에 압도됐어요. 그래서 2주 넘게 사무실에도 안 나가고, 연락도 피하면서 잠수를 탔죠.

그런데 그 무력감이 결국 저를 다시 일으킨 원동력이기도 해요. 참 이상하죠. 무력감에 깊이 빠져서 허우적거리고 나니까 오히려 빠져나오고 싶었어요. '나는 아무것도 아니고, 바꿀 수 있는 거 하나 없지만, 그래서 뭐?' 이대로 아무것도 안 하고 그냥 다른 삶을 사는 게 더 어려운 일일 것 같더라고요. 이 사람들이, 이 운동이 자꾸 아른거릴 것 같았어요. 실제로 세월호 기록 작업을 그만두고 다른 작업을 해보려고도 했는데, 그때마다 계속 세월호를 떠올리고 있었어요. 앞으로 세월호에 관한 작업을 하지 않더라도, 또는 더는 영화를 만들지 않게 되더라도 어떤 방식으로든 세월호는 제 삶에 계속 존재할 것 같았어요. 근데 저는 사실 유가족도 아니고, 단원고 학생도 아니잖아요. "언제까지 세월호 할 거야?"라는 질문에는 왜 네가 그렇게까지 하느냐는 의문도 포함되었던 것 같아요. 그런 제 위치에서 세월호를 계속 기억한다는 것은 어떤 의미일지 계속 생각했어요. 그때 깨달았죠. 세월호참사와 관련해서 내 안에 해소되지 않은 무언가가 있구나. 그걸 외면하고 떠난다면 계속 찝찝한 채로 살게 되겠구나. 나도 이 참사에 대해 이야기를 하고 싶었구나.

이번에 10주기 작업을 하면서 제 마음도 많이 정리된 것 같아요. 혜진이의 위치나 고민에 공감되는 것들이 많았어요. 혜진이는 처음엔 다큐멘터리 안에서 '애진이 친구' 또는 '민지 친구'로만 나오고 싶어 했어요. 자기는 당사자가 아니라는 부담이 이해가 가면서도 혜진이도 되게 중요한 인물이란 느낌이 자꾸 들었어요. 혜진이의 삶에서 세월호가 어떤 비중을 차지하는지는 모르지만, 이 사람만의 이야기가 꼭 들어가야 할 것 같았어요. 세월호참사가 혜진이에게 남긴 상실이 분명히 있을 텐데 그 마음을 누구랑 나눴을까, 지금까지 어떻게 지내왔을까 궁금했어요. 나중에 혜진이가 '나는 당사자도 아니고 그냥 나는 친구들을 좀 잃었을 뿐인데, 내가 말해도 되나?' 하는 마음이 있었다고 이야기하더라고요. 혜진이도 장례식도 많이 가고, 다른 친구들 보러도 가면서 14년, 15년 정신없이 지나오다가 되게 힘들었던 시기가 있었대요. 근데 이런 이야기를 애진이랑도 거의 못 해봤다는 거예요. 서로 너무 힘들 때 한두 번? 한창 활동을 시작할 때 겁먹었던 제 모습 같더라고요. 저도 생존자들, 희생자들과 동갑이고 세월호운동에 함께하고 있지만, 당사자는 아닌 사람이잖아요. 우리 둘 다 그 배를 탄 것은 아니지만, 세월호로 힘들었던 기억을 가진 우리가 세월호참사에 대해 할 수 있는 이야기를 같이 찾아보고 싶더라고요. 그런 마음을 전했더니 정말 고맙게도 혜진이도 같이 해보자고 용기를 내줬어요.

이제는 내가 연대자로서 세월호운동을 하는 게 아니라 세월호운동이 내 운동이라는 생각이 들어요. 이 일이 법적으로든, 운동적으로든 일종의 종결을 맞이하는 걸 제가 목격하지 않는 이상 쉽게 떠나지 못할 것 같아요. 10년이 다 되도록 많은 것을 해왔지만 감독으로서도, 개인으로서도 저에게 세월호는 아직 미완의 이야기예요. 더 나아가서 사실 해결이 되더라도 '나는 도대체 뭘 어떻게 기억하려고 이렇게 힘들지'라는 고민은 아마 할머니가 되어서까지 하지 않을까요?

/ 기록

기록 작업이라는 건 때론 기록하는 시간보다 기다리는 시간이 더 긴 일 같아요. 저는 처음부터 항상 생존자들에 관한 이야기를 기록하고 세상에 알리고 싶었어요. 그때는 몰랐죠. 그게 제가 하고 싶다고 되는 일이 아니라는 걸요. 생존자의 이야기를 담는다는 건 시간이 필요한 일인 것 같아요. 그들이 말하지 않는 것, 말할 수 없는 것이 있을 텐데 때가 오겠지. 그게 지금은 아닌가 보다. 그다음엔 계속 기다리는 거예요.

세월호만이 아니라 어떤 폭력이나 참사로부터 살아남은 많은 사람이 자꾸 입을 닫게 되잖아요. 죄책감 때문일 수도 있고, 떠올리고 싶지 않을 수도 있고… 아니면 미디어에 대한 불신 때문일 수도 있고요. 제 또래 세대가 공유하는 어떤 정서도 있는 것 같아요. 실제로 촬영할 때도 삼사십 대분들 인터뷰 섭외하는 건 진짜 수월해요. 그런데 십 대, 이십 대들한테 출연을 요청할 때는 항상 이 질문부터 나와요. "얼굴 나와요?" 젊은 세대 중엔 인스타, 트위터, 유튜브까지 아주 짧은 동영상이나 사진으로 자기 신체나 얼굴을 불특정 다수에게 노출하는 사람들이 많은데, 왜 찍히는 것에 대한 긴장이 동시에 존재할까요. 저는 너무 많은 노출이 가져온 긴장감이라고 생각했어요. 브이로그라는 이름으로 일상을 공개하고, 자기 침실, 화장실, 이사가는 집… 회사에서 일하는 모습을 다 노출하는 게 자연스러운 일이 됐잖아요. 사람들도 그걸 보면서 다른 사람을 판단하고, 평가하는 것에 익숙해졌고요. 동시에 자기 자신이 그렇게 노출됐을 때 평가의 대상이 될 거라는 걸 은연중에 느끼는 것 같아요. 그래서 보여지는 모습을 자신이 통제할 수 없는 것에 대한 두려움이 있는 게 아닐까. 그에 더해 세월호 생존자들은 판단과 평가를 더 많이 경험했던 사람들이고요. 그러다 보니 카메라 뒤에 서 있는 제가 다른 사람들에게는 앞에 서달라고 하는 게… 가끔 비겁하다는 생각이 들어요. 왜냐하면 이 사람이 어떤 면에서는 보호될 수 없다는 걸 아니까요.

그럼에도 '말하기'를 시작하는 사람들이 계속 생기더라고요. 시간이 지나서 그들이 닫고 있던 입을 열고 자신의 이야기를 할 때, 운이 좋게 내가 그 이야기를 들어줄 사람이 될 수 있으면 기꺼이 하겠다는 마음으로 기다리고 있어요. 물론 이 기다림이 조금은 지겨울 때도 있거든요? (웃음) 근데 그럼에도 재촉하지 않고 천천히 기다려서 만나게 될 이야기는 아주 소중한 이야기일 거라고 생각해요. 한 사람이 자신을 계속 숨기려 하다가도 다시 드러내려고 하는 마음이잖아요. 어디서도 만날 수 없는 마음들이죠. 여러 현장의 생존자들에게 말하고 싶어요. 기록자들은 언제까지나 당신의 말하기를 기다릴 수 있다고요. 그게 제가 활동하면서 계속 가져가야 할 과업 아닐까요?

반면 그런 기다림 없이 툭 던지는 "힘들지 않으세요?" "여전히 아이들을 생각하면 눈물이 나시나요?" 이런 질문은 던지는 사람에게서도, 받는 사람에게서도, 보는 사람에게서도 빠르게 휘발되는 것 같아요. 그렇다고 그런 질문을 던지는 사람이 금방 날아가버리는 기록을 만들고 싶은 사람인 건 아닐 거예요. 그래서 같은 감독으로서 그런 식으로 촬영하는 분들이 한편으로 안타깝다고 느껴요. 왜 이런 질문을 던지게 되었을까. 내용에 차이는 있더라도 누구나 복잡한 감정이 드는 일을 경험했을 텐데. 그렇게 단순한 맥락으로 설명되지 않는 경험을 스스로 해석해볼 새가 없었나? 그래서 그냥 슬프면 슬픈 거라고 생각하는 걸까? 하지만 사람은 진짜 복합적이고 세상도 그리 단순하지 않잖아요.

그렇다고 뭐 다른 작업물들하고 우열을 가린다기보다 목표가 다른 거라고 생각해요. 저는 당장은 반응이 뜨겁고 화력이 붙는 작업물이 아니더라도 계속 생명력을 가지고 이야기가 될 수 있는 기록을 남기고 싶어요. 사람들이 수십 년 전의 기록 영상들을 찾아서 그때의 생명력을 다시금 소환하는 일들을 생각보다 많이 하시더라고요. 그걸 보면서 우리가 이렇게 고민해서 지금 시대의 고민이나 현장을 잘 담아내려고 할수록 이 영상의 수명이 늘어난다는 생각을 하게 돼요. 지금 당장은 이 기록들로 어떤 변화를 만들어내지 못했더라도 나중에 쓰임이 있을 거라는 생각으로 무력감을 떨쳐내고 있어요. 실제로 최근 몇 년 사이에도 저한테 그런 연락들이 종종 와요. 세월호 영상 찍어놓은 걸 보고 연락을 주시거나 누구를 통해서 소개해주시거나요. 그럴 때마다 아직 그 기록은 유효하구나 싶어요. 기록 작업이라는 건 꼭 다른 사람들에게 우리의 시간을 말할 수 있는 바통 같아요. 여기 우리가 쌓아온 시간이 있어. 우리가 해온 것들은 없어지지 않았어. 같이 보자.

◇

　　　　　4월 16일을 떠올리면 복도 너머의 울음소리가 생각난다는 오지수의 말을 들으며 나는 소란스러웠던 자습실을 떠올렸다. 당시 고등학교 3학년이었던 나와 친구들은 쉬는 시간에 뉴스를 틀고 발을 동동 굴렀다. 선생님은 자리로 돌아가라고 다그쳤다. 전원 구조가 오보라는 사실이 밝혀진 뒤에도 학교에서 세월호참사에 대해 애도하고 분노할 수 있는 시간은 없었다. 참사 앞에서도 멈추지 않는 입시 속에 우리는 금방 세월호에 대해 이야기하지 않게 됐다. "학교 안에서 아무 것도 못 했으니까" 세월호 활동에 더 끌렸던 것 같다는 오지수를 만나면서, 우리처럼 세월호에 대해 말할 수 없었던 청소년들이 궁금해졌다. 그들은 그 시간을 어떻게 지나왔을까. 스무 살이 되고서야 세월호 활동을 만날 수 있었던 이들의 첫 기억은 무엇이었을까. 2018년에 나온 오지수의 다큐멘터리 〈어른이 되어〉는 그의 내레이션으로 시작한다.

어떤 말을 해야 할지 몰라 고민했어. 참사 해역을 거치는 배를 탈 때 네가 괜찮은지 물어보고 싶었어. (…) 우리가 가까워지기도 전에 세월호를 바라보는 너를 카메라에 담았어. 네가 다시 보게 된 세월호를 나는 너를 통해 처음 보았지.

'내가 건네는 말이 최선인지' '상대를 알기도 전에 카메라에 담는 것이 옳은 것일지' 그가 고민하고 망설였을 시간이 느껴졌다. 고민 많은 오지수는 종종 아주 단호한 모습을 보여줄 때가 있다. "확신은 의심의 절대적인 양에 비례한다"라는 최동훈 감독의 말처럼 그의 단호함은 무수히 쌓인 의심으로부터 나온다. 고민이 많아서 촬영이 끝나면 피곤하다면서도 고민을 멈추지 못하는 사람. 세월호운동을 찾아오는 이들의 흔적을 카메라 가득 담는 사람. 때로는 카메라를 들고 있다는 걸 까먹는 사람. 오지수라는 사람을 감독으로, 미디어 활동가로, 동료 시민으로 계속 만나고 싶다. 그가 차곡차곡 쌓아온 '바통'이 오래오래 건네지기를 바란다.

/ 박지연

우리가 다시 그려낼 시간은

구파란 이야기

한국사회에서 이십 대는 십 대 때 세월호참사를, 이십 대 때 10·29참사를 겪은 사람들이다. 이들은 또래 집단의 갑작스런 죽음을 목격하면서 어쩌면 자신이 피해자가 될 수도 있었다는 두려움을 느낀 세대다. 이들은 두 참사를 겪으면서 무엇을 보았고 어떤 문제의식을 갖게 됐을까? 우리는 책을 준비하면서 인권의 관점으로 이 두 사건을 함께 이야기해줄 만한 이십 대 시민을 찾기 시작했다. 그렇게 우리는 구파란을 만났다.

그는 어떤 이름으로 살아야 부끄럽거나 후회하지 않을지 고민하다가 이름을 '구파란'으로 정했다고 한다. 이름은 파란만장(波瀾萬丈)의 '파란'과 같은 한자로, 좋아하는 파란색의 의미와 크고 작은 물결의 뜻을 담고 있다. 그는 어차피 파란만장한 삶을 살았으므로 파도를 자신의 것으로 만들어서 더 큰 물결을 이루고 싶다고 생각했다. 그는 과거에도 평온하지 않았고, 앞으로도 평온하게만 살고 싶지는 않다고 말하는 사람이다. "변할 수 있는 가능성"을 지향하며 사는 그는 어떤 변화를 만들어왔을까?

✦

"저 내일 수능 안 봐요. 서울 가요." 수
능 전날에 아빠한테 말했어요. 수능 날 대학교 비진학자들이 모
이는 대학입시거부 관련 행사에 갔어요.* 아빠는 체념한 것 같
았어요. 혼내지도 않았어요. 이미 돌이킬 수도 없고, 말을 한다
고 들을 것 같지도 않았겠죠. 무책임한 아빠지만 통제하지 않아
서 느슨한 부분이 있었어요. 선만 넘지 않으면 간섭하지 않지만
조력도 없는 집인 거죠.

어릴 때 제가 밥을 안 먹어도 아무도 몰랐어요. 주 양육자
라고 할 만한 사람이 없었어요. 어머니가 두 분이 계셨어요. 한
분은 어릴 때 돌아가셨고 한 분은 제가 초등학교 때 아빠와 이
혼하면서 같이 살지 않게 됐어요. 아빠는 가족을 때리는 사람
이었어요. 초등학교 들어가기 전에 배를 맞아서 혈변을 본 적이
있어요. 아빠와 새어머니가 저를 병원에 안 데려가고 어린이집
에도 보내지 않았어요. 제가 그때 들었던 말은 장염에 걸려 집
에서 쉬어야 하니까 밖에 나가지 말라는 이야기였어요. 아버지
에게 맞던 새어머니가 신고하려고 증거를 모았나 봐요. 그 과정

---

*　2011년부터 대학 비진학자들의 모임 '투명가방끈'은 대학입시거부 선언과 관련 활동을 이
어가고 있다. 대학입시거부 선언은 대학을 안 가겠다는 선택을 넘어 "지금의 입시가, 대학이,
교육이, 그리고 사회가 잘못되었음"을 지적하고 경쟁과 차별의 문제를 제기한다.

에서 자신에게 유리하게 진술하지 않으면 저를 베란다에 가둬 놓거나 폭력적으로 굴었어요. 새어머니 신고로 아버지가 몇 개월 동안 구치소에 가게 됐어요. 친척 어른 중에 저를 돌봐준 분들이 있고 할아버지 할머니도 도움을 주셨지만 전담해서 돌봐주진 못했어요. 저는 여러 사람의 십시일반으로 완성된 사람이에요.

'이 또한 지나가리라.' 전에는 이 말을 싫어했어요. 비슷한 의미의 말이 있잖아요. '시간이 약이다.' '신은 이겨낼 수 있는 고통만 준다.' 안 겪어봤으니까 그런 소릴 하지. 그 말들이 지금 나에게 무슨 의미가 있어? 이건 내 이야기가 아니야. 힘들지 않은 사람들이나 하는 말이지. 그러다 어느 날엔가, 새어머니가 사라지고 가부장인 아빠는 구치소에 가고 집에서 언니들이랑 같이 드라마 보면서 놀고 있는데 문득 저 말이 생각났어요. 주어진 삶이 전부인 줄 알았는데, 시간은 진짜 지나가는구나. 초등학생인 나에게 갑자기 양육자 없는 상황이 닥쳤는데, 그 자체가 너무 좋았어요. 뭔가 막힌 게 트이는 경험이랄까요. 아, 내 삶이 나아지는구나. 이 말이 실현되기도 하는구나. 충분히 만족스럽진 않지만 더 나아질 수 있겠구나. 그렇게 싫어했던 말이었는데 왜 갑자기 생각이 났을까요? 이 시간이 지나가길 바라는 마음이 저에게 남아 있던 거겠죠.

몇 년 전까지도 집에 대한 악몽을 꿨어요. 꿈에서 제가 어릴 때 살던 방에 돌아와 있어요. 나가려고 하는데 육중한 나무문이 열리지 않아요. 문을 부술 수 있을 것 같은데 견고하고 딱

딱한 돌처럼 느껴져서 두 손으로 문을 두드리고만 있어요. 아, 내가 여기에 갇혀 있구나. 청소년일 때 병원에서 우울증 진단을 받았어요. 죽음을 멀지 않게 느끼고 나를 가벼운 존재로 생각하고 숨을 쉬는 게 편하지 않았어요. 당시에 문장 완성 검사를 받았어요. '나는'이라는 주어만 주어지고 다음 내용을 채우는 거였어요. 임상심리사가 이야기를 해줬는데 제가 더 이상 고통스럽고 싶지 않다고 썼대요. 아, 현재 상태를 고통으로 느끼고 있구나. 전에 아프지 않았던 사람은 아픈 상태를 정확히 묘사할 수 있지만 아프지 않은 시절이 없었던 사람은 고통을 설명하기 어려워요. 병원에 가서 알았는데 제가 다섯 살 때 병원에 갔던 차트가 있더라고요. 어릴 때 제가 자해를 하거나 다른 사람과 저에게 폭력성을 표출했었어요. 되게 불안정한 아이였어요.

만 19세가 되기 사흘 전에 집을 나왔어요. 오랜만에 아빠한테 맞았어요. 언니를 때리는 걸 말리다가 저까지 맞았어요. 너무 어이없고 화가 났어요. 이제 좀 나아진 줄 알았는데 저 사람이 계속 저런다면 나는 상종할 수 없다. 더 이상 같이 있고 싶지 않다. 신세를 질 수 있는 사람이 있어서 집을 나올 결심을 했어요. 집에 있을 때는 아무리 치료를 받아도 제자리를 돌던 상태가 집을 나오고 급격히 좋아지기 시작했어요. 거리를 두고 볼 수 있게 되니까. 무력하지 않으니까. 내 스스로 행동을 결정할 수 있으니까. 나의 십 대는 파란만장했으니까 좀 쉬어야겠다. 쉬고 싶었어요. 그리고 잘 쉬었어요.

/ 세상을 보는 기준

저는 어릴 때부터 바깥 세계에 관심이 많았어요. 보통 제 또래 애들이 초등학교 고학년 때, 중학교 때 인터넷을 많이 하기 시작해요. 근데 저는 초등학교 들어가기 전에 다음카페 활동을 시작했어요. 커뮤니티는 세상의 온갖 이야기를 하는 곳이잖아요. 제가 거대한 공론장에 일찍 등장을 한 거죠. 어릴 때 궁금한 게 많았는데 특히 관심을 가졌던 게 시국이었어요. 시국에 대한 새로운 생각들을 접하는 게 좋았어요. 옳고 그름에 대해 생각하는 걸 즐겼어요. 종교가 있어서 선악에 대한 구분도 중요했고요. 어쨌든 잘못된 것을 바로잡는 걸 좋아했어요. 사소하게는 맞춤법 고치는 거 좋아하고 물건도 제자리에 바로 놓여 있는 걸 좋아하는 사람이었어요. 뭔가 문제가 있다고 느껴지면 바로잡고 싶어 했어요.

초등학교 고학년 때 촛불집회에서 '명박산성'이라는 차벽과 살수차에 가로막혀 있는 사람들을 뉴스에서 봤어요. 일은 잘할 수도 아닐 수도 있지만 시민들의 목소리를 저런 식으로 짓밟는 건 잘못이라고 생각했어요. 시민들이 대통령을 뽑았지만 그걸로 끝이 아니고 제대로 하는지 물어보는 거잖아요. 잘못되었을 때 잘못이라고 직접 목소리를 내는 행동이잖아요. 시민들의 대응이 인상 깊었던 것 같아요. 왜 사람들이 거리에 나와서 싸우는지 알고 싶고 집회 현장에 가서 보고 싶었어요. 중학생만 돼도 용돈으로 가볼 생각을 했을 텐데 지역에 사는 초등학생이어서 갈 수 없는 게 너무 안타까웠어요. 사람들이 행동하니까 금방 좋은 세상이 올 거고 나중엔 집회에 갈 일이 없다고 생각했어요. 그래서 지금 그 자리에 더 가고 싶었어요. 초등학교 4학년 때였어요. 반 애들이 이명박 정권이 무슨 문제가 있는지 모르는 거 같은 거예요. '쥐박이'가 탄핵되어야 하는 이유를 색종이에 써서 애들한테 전단지를 돌렸어요. 2012년 12월 19일, 잊을 수가 없어요. 중학교 2학년 때 박근혜가 대통령으로 당선이 됐어요. 당선이 확실시되면서 제가 기도하는 자세처럼 의자에 무릎을 꿇고 TV 모니터를 양손으로 잡고 울었어요. 이명박 정권을 겪어놓고도 박근혜를 뽑았다고? 사람들에 대한, 세상의 변화에 대한 기대가 무너졌어요.

/ 반항과 자유의 차이

"지금 말씀은 잘못하신 것 같아요." 수업 시간에 눈 부릅뜨고 손을 들었어요. 교사가 박근혜 이야기를 하면서 "대통령이 왕인데"라는 말을 하는 거예요. '인성 인권부'라고, 예전엔 학생부로 불렸던 곳에 학생인권조례를 들고 찾아가기도 했어요. "이거랑 이거는 조례를 위반하는 거 아니에요?" 밑줄 친 내용을 보여주면서 따지러 갔어요. 생활과 윤리 수업 시간에는, 교과서에 사회적 소수자라는 내용에서 성소수자가 예시로 나왔는데 교사가 이걸 설명하면서 자기는 성소수자 예시를 인정 못 하겠다고 하는 거예요. 수업이 끝나고 가서 이야기했어요. 우리 반에 성소수자가 있을 수 있는데 그런 말을 들으면 상처를 받을 수 있습니다, 하고요. 근데 이듬해 수업 시간에 이 교사가 더 직접적인 혐오 발언을 하는 거예요. 너무 화가 났어요. 공개적으로 이야기해야겠다 싶었어요. 반 분위기가 싸늘해졌어요. 아, 앞으로 반 애들이 나에 대해 부정적으로 생각할 수 있겠구나, 싶었는데 쉬는 시간에 친한 친구가 고생했다며 격려해줬어요. 다음 날부터 무지개 배지를 달고 다녔어요. 여전히 교사의 말이 잘못됐다고 제가 생각한다는 걸 보여주고 싶었어요. 나를 어떻게 생각하든 내 알 바 아니다. 오해할 거면 해라.

특이한 사람이 갖는 특이한 위치가 있어요. 학교 집단 속에 있으면서 집단에 속해 있지 않다고 할까요? 제가 받아들여지지 못하는 것에 대한 외로움이 컸어요. 세상 어딘가에 나 같은 사람이 있을 텐데 찾아 나설 수 없는 게 갑갑했어요. 학교에서 점점 외로워졌어요. 학생 인권에 동의하는 사람들은 행동하지 않고, 행동하는 사람들은 너무 멀리 있었어요.

학교 밖에서 사람들을 찾아야겠다는 생각을 했어요. 토요일마다 옆 학교 학생들이 인문학 동아리로 모였어요. 양해를 구하고 타 학교 동아리에 들어가서 함께 활동을 했어요. 영화나 책을 보면서 이야기를 나누고 시사 문제와 학생 인권에 관심을 갖고 대자보도 붙이고 공청회도 열었어요. 그나마 가까이에서 생각을 나눌 수 있는 사람들이 있어 덜 외로웠어요. 비슷한 토

양에서 비슷한 문제를 안고 싸우는 사람들이 저의 생존에 도움이 됐어요.

강요된 규율이 있고 자유로울 권한이 없는 상황에서 반항하는 것과 내가 내 지도를 그릴 수 있는 자유가 있는 건 너무 다르잖아요. 이야기해서 바꾸고 싶지만 참을 수밖에 없는 상황이 늘 있었어요. 간을 보면서 이 정도면 학교나 집에서 문제가 되지 않겠지 하는 생각으로 적당한 위치를 잡으면서 견뎌야 했어요. 내 앞을 막고 있는 걸 부수는 것과, 내가 지도를 그려서 어떤 길을 갈지 말지를 선택하고 결정할 수 있는 건 너무 달라요.

그러다가 고3 때 한 가지 일을 도모했어요. 당시 우리 학교가 용의 복장 관련 교칙이 이슈였어요. 교복 넥타이 열두 번 안 매면 퇴학 조치가 됐거든요. 넥타이를 안 매면 벌점이 10점이고 120점이면 퇴학이었어요. 교문에서 여학생 치마 길이를 재고 선생님이 물티슈 가지고 다니면서 학생들 화장 지우고 체벌도 했어요. 이 문제에 대해 저 혼자 화내고 이상한 애가 되고 끝나면 안 될 것 같았어요. 친구들과 이야기하면서 설득하고 고민을 나눠야겠다고 생각했어요. 그래서 3학년 때 각 학년 여학생 화장실에 포스트잇을 붙였어요. 교복 넥타이로 목이 졸리는 그림에 용의 복장 교칙의 문제를 적어놨어요.

"너 그러다 큰일 나." 포스트잇을 본 반 애들이 누가 봐도 저라면서 해줬던 말이에요. 선생님의 마음에 들지 않는 학생이 되는 것 자체가 다른 애들에겐 너무 큰일이었던 거예요. 이런 친구들과 뭘 같이 하자는 게 더 이상은 엄두가 나지 않았어요.

뭔가를 더 할 수는 없었지만 학교 다닐 때 제가 했던 의미 있는 행동으로 기억에 남아 있어요.

청소년 인권 활동가세요? 주위에 사람들이 물어보면 청소년 인권 활동가 주변을 맴도는 사람이라고 이야기했어요. 내가 다니는 학교에서 운동을 만들지 못했으니까. 제가 딛고 있는 현실에서 활동을 만들려고 했지만 성공하지 못했어요. 더구나 의견을 나누며 같이할 사람을 만들지 못했어요. 아마 다른 학생들에게는 제가 특이한 사람으로 보였을 거예요. 저는 파란만장하게 살고 싶지 않았어요. 제가 하고 싶은 대로 하다 보니 특이해졌을 뿐이에요. 이걸 부정한다고 한들 부정할 수가 있나? 이 성격으로는 못 할 것 같고, 자라온 환경을 부정한대도 맥락이 지워져서 새로운 사람이 될 수 있는 것도 아니고. 저는 모르겠는데 숨겨지지 않는 기운이 있나 봐요. 비슷해 보이려고 할수록 겉돌게 됐어요. 남들과 같아 보이는 건 잘 안 되더라고요. 비슷하게 보이려고 애쓰는 건 내가 할 수 있는 범위 바깥에 있는 것 같다. 차라리 나는 이상하게 살아야겠다.

/ 동료 시민

2016년 늦가을이었는데, 제가 사는 익산에서 박근혜 퇴진 촛불집회가 있다는 거예요. 학생들 사이에 소문이 돌았어요. 고3 때였는데 날씨가 추웠던 기억이 나요.

서울에서 하는 집회는 몇 번 갔지만 익산에서 간 건 처음이었어요.

청소년일 때는 신체의 자유가 없잖아요. 복장에 대한 선택뿐 아니라 내가 어디에 있을지를 결정하는 것도 쉽지 않아요. 서울에서 열리는 집회 소식을 들으면 가보고 싶었어요. 그 자리에 모인 사람들의 목소리에 동의하니까 저도 일조를 하고 싶었고 당연히 가야 한다고 생각했어요. 역사적인 일이 일어나고 있는 곳에 서서 목격자가 되고 싶다. 하지만 청소년이라서, 지역에서 살아서 갈 수 있는 수단이 없었고 가지 못하는 상황이 더 많았어요.

그날 시간이 갈수록 점점 많은 사람이 모였는데 뒤로 갈수록 교복 입은 학생들이 많더라고요. 그렇게 많이 올 줄은 몰랐어요. 자유 발언이 익숙하지 않을 텐데 많은 학생들이 발언을 했어요. '학생들이 집회에 나올 정도면 정말 심각한 상황이다.' 이 말이 싫었어요. 집회에 나온 어른과 청소년 모두 했던 말이에요. 어른의 입장에서 청소년을 타자화하는 말이라고 느꼈어요. 우리도 같이 사는 나라에 문제가 있어서 화나서 나왔다고 말하는 게 자연스럽지 않나요? 청소년 스스로도 자신에 대한 이야기를 하면서 타자화하는 게 마음에 들지 않았어요. 청소년의 위치에서 다른 목소리가 나오지 않아 아쉽다는 생각을 했어요.

우리의 의제가 뭘까? 발언 요청이 왔을 때 고민을 했어요. 집회에서 초를 나눠줄 때 어른들은 자연스럽게 청소년에게 반

말을 해요. 마음에 안 들었어요. 이 자리에 다수의 청소년이 있는데 동료 시민으로 대해줬으면 좋겠다. 존중의 의미로 존댓말을 써달라. '청소년에게 반말을 하지 마세요.' 이 말을 태어나서 처음 들어본 어른도 있을 거예요. 지금부터라도 반말을 안 하면 되는 건가. 지금까지 반말을 해왔는데 바꾸는 게 의미가 있나. 왜 저런 요구를 하지. 혼란스런 마음일 거예요. 어떻게 해석해야 할지 모르면 어려운 말이잖아요. 지금은 이해하기 어렵지만 누군가에게 똑같은 말을 다시 들으면 상기가 되겠죠. 그런 이유로 저는 계속 똑같은 말을 여기저기에서 하고 다녀요. 물론 반말을 안 한다고 청소년의 사회적 위치가 바뀌는 건 아니에요. 하지만 반말까지 할 정도면 다른 맥락에서도 청소년을 존중하지 않을 거예요. 동등한 대화 상대로 인정하지 않는 것, 이 자리에 자기 생각을 갖고 나온 동료 시민으로 생각하지 않는 것, 그게 문제인 거죠. 제가 정확히 하고 싶은 말은 나도 끼워달라는 거예요.

/ 자리 없음

세월호참사는 어른들의 운동으로 느껴졌어요. 집회에 가면 보이는 얼굴이 다 어른이고, 분노하고 공감하고 연대하고 활동하는 사람들이 다 어른이에요. 어른들은 단원고 학생들을 '우리 아이들'로 불렀어요. 우리 아이에게 일어날 수 있는 일이어서 분노한다는 말이 와닿지 않았어요. 내가 무엇을 위해서 뭘 어떻게 해야 하는지 찾지 못했던 거죠. 나의 일이 아니라 나의 아이에게 일어날 수 있는 일로 위치를 정한 어른들 속에서 청소년인 제가 낄 자리는 없어 보였어요. 운동의 들러리로 서고 싶지도 않았어요. '세월호참사를 기억하겠다.' 옆 학교 동아리 친구들과 노란 리본을 만들고 세월호참사에 대한 편지를 쓰기도 했지만 이 말에 공감하지 못했어요. 누구에게 어떤 책임을 묻고 무엇을 요구해야 하는지 모른 채 기억이 어떤 힘을 갖는 걸까 의문이 들었어요. 사람들이 기억하겠다고 말할 때 각자의 맥락과 생각이 있을 텐데 어떤 의미로 말하는 걸까? 너무 당연한 말이라 굳이 설명하지 않았던 걸 수도 있어요. 하지만 저는 답을 듣지 못했어요.

익산에서 있었던 박근혜 탄핵 촛불집회에 많은 청소년이 나왔잖아요. 세월호참사에 대한 경험이 연결되어 있었다고 생각해요. 제 또래의 집단적인 경험이니까. 국가가 우리를 지켜주지 않는다를 넘어, '국가가 우리를 위해 있지 않다'는 말이 모두의 뇌리에 남았다고 생각해요. 저의 추측이지만 이들의 분노와 무력감이 뭐라도 하고 싶게 만들었을 거예요. 십 대 때 세월호참사를 목격하고 현재 이십 대가 된 사람들에게 세월호참사는 지금 무엇으로 남아 있을까요?

2022년 10·29 이태원참사를 겪으면서 4·16 세월호참사도 저의 세대의 일로 제대로 느끼기 시작했어요. 이태원참사의 많은 희생자들이 4월 16일의 경험을 가진 제 나이 또래예요. '나에게 무슨 일이 일어났을 때 국가가 나를 구해줄 것이다.' 우리는 이런 생각을 못한 세대잖아요. 그래서 대다수 학생들이 공부한 만큼 보상받는 게 당연하다고 생각했어요. 인간의 존엄에 대한 시스템은 작동하지 않아도 공정이라는 시스템은 믿고 싶어 했죠. 우리는 자신에게 가혹해지는 법을 일찍부터 많이 배웠던 거 같아요. 자신에게 가혹한 사람이 타인에게 너그러울 수 없다고 생각해요. 역으로 타인에게 가혹한 사람이 자신에게 관대하기도 어렵고요. 애쓰지 않는 사람은 생존과 존엄을 보장받을 가치가 없고 이건 나와 너 모두에게 적용되는 거였어요. 시스템에 대한 불신이라고 생각해요. 나를 존엄하게 여기는 시스템을 경험해보지 못해서겠죠. 나의 가치를 스스로 증명하지 않아도 되는 사회였다면 굳이 이렇게까지 하지 않았을 거예요.

세월호참사는 시스템의 부재, 작동하지 않음을 보여준 상징적인 사건이에요. 젊은 사람들은 자신이 한순간 세상을 떠날 수도 있다고는 생각하지 않으며 살잖아요. 그런데 '국가는 나를 구하지 않는다'라는 생각이 우리 목격자 모두의 뇌리에 박혔어요. 저희는 시스템에 대한 불신은 크고 안전한 시스템에 대한 경험은 없다 보니, 애초에 국가행정을 비롯한 시스템을 탓하지 못하고 개인 탓을 하게 돼요. 이태원에 있었던 것만으로 죄책감을 느낀 사람이 많아요. 시스템이 제대로 역할을 하지 못해서 발생한 문제인데 개인이 죄책감을 가져요. '내가 더 잘했어야 돼.' 먹고사는 문제뿐 아니라 모든 것에 대해서 이런 식으로 귀결되는 것 같아요.

'누칼협'이라는 말 아세요? 누가 하라고 칼 들고 협박했냐는 뜻이에요. 처음엔 공무원들에게 하는 말이었어요. 안정적이고 좋은 직장이어서 가놓고 지금 와서 힘들다고 하냐. 근데 지금은 아무것에나 다 쓰이고 있어요. 이태원참사에도 '누칼협'이 나왔어요. 누가 이태원에 놀러 가라고 칼 들고 협박했냐? 그냥 놀러 갈 수 있잖아요. 참사가 날 거라고 누가 생각이나 했겠어요? 시스템이 잘못되었고 바뀌어야 한다고 말하면 개인을 비난하는 '누칼협'이라는 댓글이 달려요. 시기하는 마음도 있겠죠. 나는 이태원에서 할로윈 축제를 경험해본 적이 없고 인싸들이 놀러 다니는 거 보기 싫다. 잘 노는 사람들에 대한 질투와 분노가 있었던 것 같아요. 특히 여성일 경우 혐오가 성희롱으로 나타나기도 했고요. 보통은 자기 세대를 안타까워하지는 않잖아요. 저는 안타까운 마음이 커요. 우리가 자연스럽게 시스템을 탓할 수 있으면 좋겠어요.

2021년부터 지역에서 인권 활동가로 살고 있어요. 학교에 학생 인권 교육을 하러 가요. 학교에서 세월호에 대한 교육을 하더라고요. 놀랐어요. 다른 건 별로 변한 게 없는 것 같아요. 제가 학교 다닐 때 있던 교사들이 지금도 교직에 계세요. 같은 사람이라는 것만의 문제는 아니겠지만 학교가 달라진 것 같지는 않아요. 인권 교육을 가면 담임 선생님이 교실 안내를 해주는 경우가 있어요. "이 교실입니다. 들어가시면 됩니다." 그러고는 같이 교실에 들어와서 꼭 하는 말이 있어요. "외부에서 선생님이 오셨으니까 우리 학교 부끄럽게 만들지 말고 말 잘 들어라." 겨울에 교육을 갔는데 교사가 학생들에게 사물함에 올려놓은 패딩을 빨리 치우라며 소리를 지르는 거예요. 외부에서 온 강사 보기에 부끄럽다는 거죠. 학생들은 '무슨 소리야' 하는 황당한 표정이었어요. 허례허식 때문에 학생들에게 고성을 지르면서 혼을 내는 모습이 더 부끄러운 거 아닌가요? 이런 생각은 못 하더라고요. 한국 교육이 사람을 얼마나 취약하게 만드는가. 순종적인 사람, 생각하지 않아도 되는 사람으로 만드는 한국의 교육 문제. 세월호참사 이후 많이 나온 이야기잖아요. 특히 중고등학교는 여전한 것 같아요. 일방적으로 교사들은 명령하고 학생들은 따를지 반항할지, 비껴나갈지의 선택지만 있는.

학생 인권 교육을 할 때 학생인권조례에서 인권침해 구제 절차에 대한 이야기를 많이 해요. 핸드폰 수거나 언어폭력, 성차별적인 문화에 같이 목소리를 내면 바꿀 수 있고 그것에 접근할 수 있는 수단이 있다는 걸 학생들에게 알려줘요. 지금 보장받지 못하고 있는 권리가 있는데 어떤 내용이고, 필요하다면 어떤 절차로 풀어낼 수 있는지도요. 저희 지역은 학교생활규정을 개정할 때 전체 학생의 의견을 수렴해야 해요. 이런 걸 알고 있느냐. 들은 적이 없다면 그건 모르는 학생들의 잘못이 아니라 이야기해주지 않은 학교가 문제다. 여러분이 의견 수렴해서 충분히 많은 사람들의 동의를 받으면 실제로 학교를 바꿀 수 있는 근거 자료가 된다. 저는 인권 교육에서 학생들이 기존의 시스템을 어떻게 잘 활용해서 자신들의 권리를 확보할 수 있는지를 강조해요.

젊은 교사들이 느끼는 정서가 있어요. '문제가 생겼을 때 학교가 나를 도와주지 않는다. 시스템이 나를 보호해주지 않는다.' 교사가 학생과의 관계에서 많이 접하는 문제가 '문제 행동'을 하는 학생이에요. 교총은 교권 강화를 통한 학생 지도를 강조하지만, 젊은 교사들은 학생에 대한 법적 조치 시 발생하는 윤리적 비난을 걱정해요. 학교장이 교사들을 지원하거나 문제를 가시화해서 해결하지 않는다는 문제도 있고요. 조례든 법 개정이든 교사를 지킬 수단을 만들어야 한다는 게 공통된 의견이에요. 동시에 학생인권조례를 반대하는 입장들이 있어요.

사실 안타깝죠. 그런 식으로 해결될 문제가 아니잖아요. 어쨌든 교사가 학생보다 더 권력이 있다는 건 진실이에요. '문

401

제 학생'의 예시로 자주 등장하는 폭력적인 학생이나 든든한 집안 배경을 둔 학생의 경우는 소수죠. 대부분의 학생들은 작은 불만도 말하기 어려워해요. 학생 입장에서 하루의 가장 많은 시간을 보내는 학교에서 어른에게 밉보이는 건 공포스러운 일이죠. 부당한 일을 겪을 때 필요한 학교나 사회의 구제 절차를 모를 뿐 아니라 알고 있더라도 자기편이 될 거라는 신뢰도 없고요. 신고하면 당연히 자신의 이름이 알려질 거라고 두려워하죠. 폭력적인 행동을 보이는 학생도 그 사람이 문제 상황을 해결할 수 있는 다른 수단을 알고 있다면 굳이 그렇게 하지 않을 거라고 생각해요. 결국 학생과 젊은 교사가 요구하는 내용은 다르지만 정서는 비슷해요. 학교가 나를 보호해주지 못한다. 각자도생이라고 느끼는 거죠.

학생인권조례는 학교라는 체계가 학생을 보호하지 못하는 상황에서 그나마 기능을 해왔어요. 근데 학생인권조례가 교사들을 공격한다고 느끼는 것 같아요. 자신은 '교육 행위'를 했을 뿐인데 아동학대자 혹은 학생 인권을 침해한 교사로 몰릴 수 있다는 공포가 퍼져 있어요. 이런 정서의 근거가 학생인권조례예요. 조례가 있어서 조사나 징계를 받고 아동학대처벌법을 통해 법적 분쟁이나 처벌에 놓일 수 있다고 보는 거죠. 자기 보호를 할 수 있는 방법과 수단이 안 보여서 잘못된 공격 대상을 찾는 경우라고 생각해요. 학생 지도의 내용과 기준은 문제적이지만 그게 학생들을 위한 거라고 강하게 생각하는 선생님들도 많아요. 공부 안 하는 학생을 진심으로 걱정해서 목덜미 잡고 교실로 끌고 오죠. 이런 분들에게 당신의 방법이 잘못되었지만 사회도 바뀌어야 한다는 이야기를 하면 자신을 향한 공격으로 받아들이더라고요. 학생인권조례가 좀 더 역할을 잘해줬으면 좋겠어요. 아직 해야 할 역할이 많이 남아 있거든요. 학교에서 자신이 겪은 부당함에 대해서 구조에 책임을 돌려보는 경험이 한 번쯤 있어야 한다고 생각해요. 학교 밖에서는 이런 경험을 하기 어려우니까요.

/ 기록 활동

이태원참사가 났을 때도 세월호참사 때처럼 감정의 셔터를 내려버렸어요. 모든 것이 한순간에 무감각해지는 느낌 아세요? 누구나 그렇듯이 세월호참사가 떠올랐고 제가 감당할 수 없을 거라는 생각이 들었어요. 의도적으로 셧다운을 하고 자버렸어요. 단체 활동가인 나는 내일부터 많은 일을 해야 할 거라는 생각을 했어요. 서울, 이태원이라는 공간에 전국의 많은 사람들이 갔을 테니까 나도 바빠지겠구나. 그 모든 것을 감당하려면 지금은 자야 한다. 내가 할 수 있는 건 무력감에 몸을 내던지지 않고 내일을 위한 힘을 비축하는 거다… 말하고 보니 제가 이미 무력감을 느꼈던 걸 수도 있겠네요.

세월호참사 때처럼 무력하게 보내고 싶지 않았어요. 세월호운동 안에 있지 않으면서 비평만 하는 상태가 부끄럽게 느껴겼어요. 감당이 어려울 것 같아 거리를 두고 싶은 마음도 있었지만, 무엇이든 하고 싶다는 마음 또한 부정할 수 없었어요. 제 의제라는 생각이 강하게 들었어요. 이태원참사는 전국에 희생자가 있는 사건이에요. 제가 사는 지역에도 당연히 유가족들이 계세요. 이분들에 대한 이야기를 듣고 전해야 한다고 생각했어요. 그래서 10·29참사기록단에 참여했어요. 유가족 투쟁이 이루어지고 있는 곳은 주로 서울이잖아요. 지역에서 유가족 운동이 있다는 것을 어떤 방식으로 말하고 필요성을 설득할지 고민하고 있어요. 잘할 수 있을지 걱정과 부담이 돼요. 필요한 일의 범위에서 제가 할 수 있는 일을 하려고요.

제가 속한 단체도 지역 대책위 안에 들어가 있어요. 연대 담당자는 다른 동료지만 저도 분향소에 가서 유가족들을 만나고 있어요. 동료가 열심히 하고 있어서 유가족들이 더 반겨주시는 것 같아요. 분향소에 오는 젊은 사람은 별로 없어서 유가족들이 저를 반갑게 맞아주세요. 초반에는 유가족들을 어떻게 만나야 할지 고민이 많았어요. 살면서 상실을 경험한 사람, 애도의 시간을 보내고 있는 사람을 가까이 만나본 적이 없어요. 평소에 편하게 썼던 어휘도 다시 돌아보게 돼요. 제가 여기저기 상처가 잘 나고 잘 아픈 사람이거든요. 어디 아프고 다친 이야기는 하기 어렵더라고요. 뼈가 아프다, 피가 난다는 말이 참사에 대한 연상으로 연결될 수 있을 것 같아 조심하고 있어요. 유가족들이 저를 어떻게 보고 계시는지는 모르지만 저는 애쓰고 있어요. 그분들이 제가 애쓰는 모습을 알아봐주는 것 같기도 해요.

　세월호참사 때 기억한다는 말이 공허하게 느껴졌다고 했잖아요. 지금은 제가 이태원참사 활동에 연대를 하고 있어요. 연대자로서, 우리와 같은 방식으로 기억하겠다고 모이는 사람들이 너무 고마운 거예요. (웃음) 추모제 때 잠깐이라도 오고 분향소에서 한참 있다가 가는 사람들이 힘이 되더라고요. 이태원참사에 대해서 물어보고 기억을 공유하려는 사람들이, 우리 연대자들이 이야기할 때 듣겠구나 생각을 하게 돼요. 들을 뿐 아니라 같이 행동도 하지 않을까요?

/ 잘 컸다는 말

　저에겐 좋았던 이전의 시간이라는 게 없어요. 회복은 좋았던 이전으로 돌아간다는 의미를 담고 있으니까 저에게 해당하는 말은 아니죠. 상실에 대한 고통이 아니어서 이 또한 지나간다는 말을 받아들일 수 있었어요. 고통스런 시간을 통과한 거니까 오히려 고통이 상실된 거죠. 저는 갖고 있던 좋은 걸 뺏긴 게 아니라 있는 줄도 몰랐던, 없던 좋은 게 생긴 거예요. 제가 이런 사람이다 보니, 재난참사 유가족을 만나면 그들의 고통이 내 것과는 다르다는 걸 새삼 느껴요. 이분들은 참사 이전의 시간으로 돌아가고 싶은 거잖아요. 앞으로의 삶이 이전의 삶과 다르다는 걸 받아들일 수 없는 거죠.

그런데 제 어린 시절이 상실의 시간만은 아니더라고요. 그 시간이 현재의 삶에 재료가 됐어요. 스스로 나를 쌓아간 시간이었어요. 예를 들면 장을 봐서 밥을 먹게 된 과정이 그래요. 어릴 때 제가 밥을 며칠 안 먹어도 가족들이 모르는 상황이라 밥을 잘 안 먹었어요. 집에서 나와서 살면서 하루에 두 끼는 먹어야겠다고 생각했어요. 점심은 든든하게 먹고 저녁은 간단하게 먹을 수 있게 챙겨놔야겠다. 음식을 사서 먹는 게 아니라 음식을 조리해서 먹을 수 있다는 개념이 생겼어요. 저를 위해 장을 보기 시작했어요. 채소를 많이 먹고 두부가 조리하기 편하다, 이런 방식으로 재료를 보관하면 오래 먹을 수 있다… 또 어떻게 먹는 게 맛있는지에 대한 경험을 쌓아갔어요. 식사 준비를 하면서 제가 뭘 좋아하는지 알게 됐고요. 지금은 웃으면서 이야기하지만, 이 생각을 처음 했을 때 울었어요. 채소 샐러드에 곰팡이가 생겼는데, 내가 이제 뭘 사다 먹을지를 선택할 수 있다는 게 너무 감격스럽더라고요. 그 순간에 제가 스스로 꽤 괜찮게 살아가고 있구나 생각했어요. 이런 시간들이 꽤 단단하다고 느껴요. 처음부터 내가 만든 시간이라서 내 몸에 맞는 걸 쌓아왔다고 생각해요.

"아이고, 그렇게 힘든 상황에서도 너무 잘 컸네." 어릴 때 제 사정을 알게 된 선생님이나 주위 어른들이 저에게 많이 했던 이야기예요. 너무 싫었어요. 내가 어떤 사람인지를 보는 게 아니니까. 저와 사람들이 느끼는 힘든 상황의 포인트도 달라요. 사람들은 엄마가 없는 걸 안타까워하는데 저는 그 점에 안타까움을 느껴본 적이 없어요. 엄마 없이도 너무 예쁘게 잘 컸네, 엄마가 볼 수 있으면 너무 좋아하시겠네, 이런 말에 공감이 안 돼요. 저는 엄마를 상실한 게 아니라 엄마가 있었던 적이 없으니까. 저를 위해 해주는 말이니까 감사하다고는 해요. 이 말을 하면서 약간 슬픈 표정을 지어야 했던 기억이 있어요.

제가 잘 크긴 했더라고요. (웃음) 제가 싫어했던 말을 제가 즐거워할 수 있고 제가 동의할 수 있는 방식으로 말하고 싶어서 스스로에게 잘 컸다는 말을 하곤 해요. 자기 스스로한테 그렇게 말하는 거 재밌잖아요. 제가 재밌는 사람이면 좋겠거든요. 불쌍한 거 싫어요. 실제로 제가 불행하기도 했지만 제가 스스로를 불쌍하게 여기는 거랑, 사람들이 저를 불쌍한 시선으로만 보는 건 너무 다르잖아요. 불행했던 시간을 저와 분리하고 숨기고 싶지는 않아요. 그 시간을 수치스럽게 생각하지도 않아요. 가정폭력 생존자인 사람이 불쌍하지 않은 표정으로 자기 경험을 말하는 모습을 보여주고 싶어요. 긍정적이지 않은 걸 긍정할 수 있잖아요. "좋은 집에서 사랑받으면서 구김살 없이 자랐나 봐요"라는 말 들을 때가 있어요. 아이러니하죠?

'이제부터는 내 마음대로 할 수 있어.' 이런 감각을 강하게 붙들고 살았던 것 같아요. 다는 아니지만 어떤 것들은 전보다 더 선택할 수 있게 됐어요. 제가 저항하거나 해결해야 할 가정이나 학교의 문제가 더 이상 있는 것도 아니고, 제가 어떤 문제랑 맞서 싸울지도 선택할 수 있어요. 어떻게 싸울지도 전보다 더 많은 선택의 폭이 있어요. 갇혀 있는 자체를 너무 싫어해서,

바뀐 상황이 되게 좋아요. 마음에 들어요. 이제는 갇혀 있지 않은 상태가 됐으니까. 그래서 힘든 순간도 좋게 느껴질 때가 있어요. 저, 잘 컸죠? (웃음)

◇

피해자의 회복 시간은 선형적이지 않다. 조금 나아졌다 싶다가도 환경적이고 관계적인 변수에 따라 예전의 자리로 돌아가는 것 같은 상황이 되기도 한다. 하지만 똑같은 자리는 아닐 수 있다. 변화가 만든 미묘한 차이가 조금은 비껴난 자리에 그를 서게 만든다. 당사자는 모를 수 있지만 시간이 지나 돌아보면 같은 자리의 반복은 아니라는 점을 발견하게 된다. 그런 의미에서 피해자의 '극복' 서사는 안심하고 싶은 타자들의 일방적인 기대일지도 모른다.

입체적인 이들의 시간을 담으려고 할 때마다 나의 듣기와 쓰기 능력 부족이 문제가 된다. 또한 피해자의 이야기를 듣는 해석의 역량이 이들의 언어를 이해하는 데 영향을 미친다. 이것은 피해자의 서사에 대한 사회적 이해의 역량이기도 하다. 그렇다면 그동안 우리 사회는 수많은 피해자의 고통을 목격하면서 이들의 언어와 삶을 이해하는 깊이가 생겼을까? 그렇다고 말하기 어렵다. 여전히 피해자다움의 틀에 이들을 몰아놓는 '사회적 각본'이 존재하고 이 안에서 피해자 또한 자유롭지 않다.

우리가 열린 마음을 가지고 있을 때 정해진 틀에 도전하는 피해자의 서사가 우리에게 전달된다.

회복은 피해 이후 자기결정권을 가지고 일상에서 균형을 잡아가는 시간이다. 구파란이 제대로 밥을 먹는 법을 스스로 터득해갔던 것처럼. 잠을 잘 자고 밥을 잘 먹고 함께 놀 수 있고 일하고 공부하는 일상은, 고작 그 정도라고 말할 수 없는 것들이다. 우리가 처한 가혹하고 차별적이고 폭력적인 관계와 환경은 이조차도 가능하지 않게 만들 때가 많기 때문이다. 피해 이후 일상을 회복하는 것은 피해자의 노력만으로 되지 않는다. 서로의 든든한 곁이 되는 여러 관계가 만들어질 때 우리는 나와 남의 탓만 하느라 바빴던 삶에서 벗어날 수 있다. 구파란의 지적처럼, 시스템의 보호를 받지 못할 때 경쟁은 심해지고 서로를 비난하면서 관계는 어그러진다. 모든 인간의 보편적 생존 조건인 상호의존적 관계는 파괴된다. 우리가 자책의 시간에 머물지 않고 저항하기 위해 사회와 시스템에 요구하는 것도 존엄한 일상의 회복이 아닐까?

/ 이호연

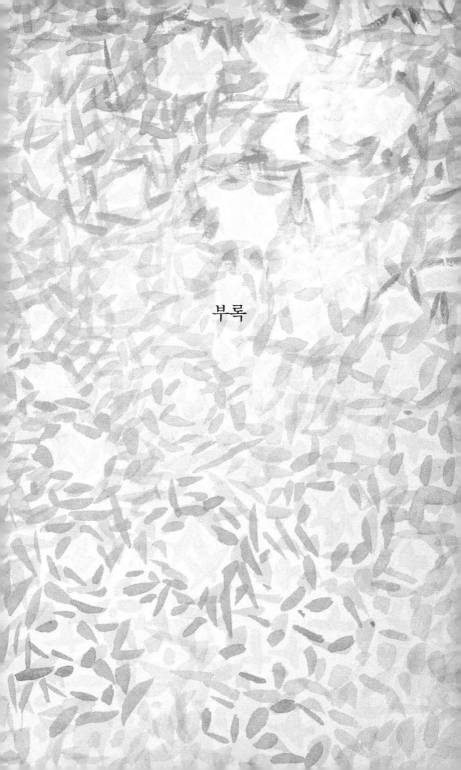

부록

/ 함께 성장하는 시간, 멘토링 프로젝트

　　　　　생존학생들의 활동인 '멘토링 프로젝트'를 설명하기 위해서는 그들의 공간 '쉼표'를 먼저 소개해야 한다. 2014년 7월 세월호참사 생존학생을 위한 휴식 공간이 필요하다는 것에 공감하는 광주와 안산의 시민들이 모였다. 그리하여 광주시민상주모임과 문화·예술사회적기업 신나는문화학교, 안산희망재단 등이 함께 기금을 모았다. 이들은 단원고 교문과 멀리 떨어지지 않은 상가건물 2층에 공간을 마련하고 생존학생들이 마음 편히 쉴 수 있길 바라는 마음을 담아 쉼표라 이름 붙였다. 쉼표는 사무 공간, 앉거나 누울 수 있는 휴식 공간, 요리 프로그램을 진행하거나 간단한 식사를 해 먹을 수 있는 키친룸, 다양한 모임을 할 수 있는 미팅룸으로 구성돼 있다.

단원고에 다닐 때도 오가면서 선생님들이랑 친해지니까 자주 갔어요. 대학교 입학하고서는 바빠서 안 가다가 군대 전역하고 가끔 갔고 코로나 이후에는 자주 갔던 것 같아요. 그때는 술집도 안 열었잖아요. 쉼표는 친구들을 강제로 볼 수 있는 공간이었죠. (웃음) 멘토링 프로젝트 하면서는 덕분에 친구 얼굴을 한 번 더 볼 수 있었어요. 저희한테는 고마운 공간이죠. 이런 공간도 있기 때문에 안 친했던 친구들이랑도 더 친해질 수 있지 않을까 싶어요. 추억도 쌓을 수 있고요. (박상원)

신나는문화학교 활동가들은 쉼표 공간에 상주하면서 생존학생들과 함께할 수 있는 프로그램을 고민했다. 개관 직후부터 단원고 생존 청소년들과 함께 봉사활동(유기견센터 봉사, 요양원 어르신들 생활봉사)을 했다. 이 활동은 2016년 초 생존학생들이 단원고 졸업할 때까지 진행되었고, 그들이 졸업한 시점에 멘토링 프로젝트가 기획되었다. 김주희는 "생존자들이 지역 내에서 건강하게 자리 잡기를 바라는 마음에서 시작된 프로젝트예요. 멘토링 대상자는 지역의 초등학생이고요. 그 아이들이 가지고 있는 자유로움과 열린 마음이 생존학생에게 건강한 관계를 맺게 할 수 있었던 기반이 되기를 바랐죠"라고 말했다.

2017년 경기도에서 지원받아 본격적으로 프로젝트를 진행했다. 세월호 생존자들이 멘토가 되어 지역의 작은도서관과 지역아동센터의 초등학생들을 만났고, 함께 청소년 봉사활동 진행, 만들기, 보드게임, 그림책 활동을 진행했다. 2018년에는 사업비를 받지 않고 자체적으로 활동을 이어갔고 2019년에는 코로나의 영향으로 따로 활동을 벌이지 못했다. 2020년부터 2022년까지 안산 희망마을추진단에서 쉼표 멘토링 프로그램을 이어받아 마을공동체 사업으로 3년 동안 지역 청소년들과 함께 문화·예술, 체육 분야의 활동을 진행했다. 해마다 멘토로는 생존자 열다섯 명 정도와 그들의 단원고 후배들이 참여했다.

원래 소속감을 갖을 수 있는 프로그램을 해보고 싶었어요. 멘토로 참가하는 친구들은 고등학교 때부터 만난 친구들인데 멘토링 프로젝트를 통해 새로운 면들을 보게 되었어요. 친구니까 장난을 많이 치는데 멘토링 진행할 때는 진지하더라고요. 생각보다 잘 가르쳐서 신기했어요. 리더십도 있고 진지하게 잘하더라고요. (한수영)

쉼표에서 하는 활동은 모두 생존자들이 원하는 방식, 방향, 속도로 구성된다. 멘토링 프로젝트 역시 이들의 의견이 가장 먼저 고려되었다. 각자 하고 싶은 활동을 스스로 정하고 그 활동을 하기 위해 필요한 수업도 함께 진행했다. 멘토링은 멘티뿐 아니라 멘토인 생존자들이 함께 성장하는 시간이었다.

만약 내가 야외 체육 수업을 하고 싶으면 체육 분야 강사를 초빙해서 강의를 들어요. 애니어그램 검사도 하고 아동 청소년을 어떻게 대하면 좋을지에 대한 교육도 들었죠. 멘토링이 끝나면 멘토랑 멘티가 모두 모여서 피드백도 하고요. 저도 멘토링을 통해 많이 배웠어요. (김주희)

3년 내내 이 활동에 참여한 멘토 중에는 3년 동안 연속 같은 멘티를 만난 생존자도 있다. 그러다 보니 3년 동안 매주 만나면서 그의 변화를 함께 지켜볼 수 있었고, 멘티들은 3년 동안 매주 젊은 청년을 선생님으로 만날 수 있었다. 멘티의 부모님들의 반응은 매우 좋았다. 특히 신체 활동에 대한 만족도가 높았는데 지역의 청년들과 다양한 프로그램을 통해 친구 같은 선생님을 만날 수 있어서 고마웠다고 한다. 현재 이 프로젝트는 경기도에서 지원하던 운영비가 끊겨 중단된 상태인데 이 활동의 재개를 기다리는 부모님들의 전화가 이어지고 있다.

2017년 처음으로 매주 정기적으로 활동했어요. 대학에서 적응해야 하는데 매주 프로그램을 진행해야 하니까 힘들었어요. 한 해 동안 프로그램을 운영하고 12월에 멘티로 참가한 초등학생, 부모님, 멘토, 쉼표 선생님이 모여서 그동안 활동들을 영상으로 보면서 졸업식을 진행했어요. 초등학생 참여자가 울먹이면서 고맙다고 했는데 그 말을 듣고 울컥하더라고요. 생존학생으로 상처받은 기억들이 있는데 이 활동을 하면서 만난 아이들은 선입견이 하나도 없었어요. 그 시간 덕분에 위로를 받았어요. (최영진)

실제로 멘토링에 참가한 생존자들은 그 활동을 통해 힘들었던 시기를 견딜 힘을 얻었다고 말하기도 했다. 김주희는 말했다. "쉼표는 우리에게 고향 같은 곳이에요. 언제나 열려 있는, 아무런 대가 없이 머물 수 있는, 안전한 공간이죠. 우리의 역사를 고스란히 담은 공간이에요. 멘토링도 쉼표와 비슷한 느낌이에요. 하고 싶은 활동을 안전하게 해볼 수 있는 시간이었어요."

(세월호 피해자를 지원하는 민간 기관들이 점차 문을 닫았고 현재는 쉼표 한 곳만이 남았다. 쉼표 역시 코로나19 펜데믹 이후 문 닫을 위기에 처했고 2022년에는 멘토링 프로젝트마저 중단되었다. 현재는 적은 후원회비와 신나는문화학교 활동으로 어렵게 공간을 유지하고 있다.)

/ 상처받은 치유자, 운디드 힐러

세월호참사가 일어나고 병원에서 3주 치료를 받고 바로 연수원으로 이동해서 두 달간 합숙했어요. 병원과 연수원에서 지내면서 불편한 점이 많았어요. 연수원에서는 교과과정 수업도 했지만 전문가들이 와서 명상이나 집단상담 프로그램을 진행했어요. 원치 않아도 참가해야 했죠. 우리는 세월호참사로 친구들을 잃었고 속해 있던 무리가 다 깨져버렸잖아요. 연수원에서는 관계를 다시 만드는 시간이었는데 전문가들이 말하는 치유 과정에는 그런 저희 마음과 상황이 제대로 고려되지 않았던 것 같아요. 제가 느끼기에 전문가들이 참사 생존자를 어떻게 다루어야 할지 잘 모르는 것 같았어요. (이인서)

참사 생존자들의 트라우마에 관심을 갖게 된 이인서는 심리학을 전공했다. 단원고 스쿨닥터였던 이은지 원장이 대학에 재학 중이던 이인서에게 트라우마를 겪은 참사 생존자로서 다른 생존자들을 돕는 '운디드힐러(wounded healer)' 활동을 해보면 어떻겠느냐고 제안했다. 이인서는 사고 후 심리적 어려움을 겪는 아동·청소년을 위해 할 수 있는 일이 있을 거라고 생각하고 관심 있는 친구들을 모았다. 2018년 12월 네 명의 단원고 생존자들(당시 졸업생 신분)은 여타 사고의 생존자들이 일상을 회복하길 바라는 마음을 품고 운디드힐러로 활동을 시작했다.

운디드힐러는 아동·청소년의 심리 치료를 돕는 활동을 하는 단체다. 인형극과 보드게임 같은 활동으로 아동·청소년들에게 트라우마에 대해 알리고 그들의 일상회복을 돕는다. 활동가들은 사고 후 심리적 장애를 겪은 사람들이 일상을 회복하기 위해 해야 하는 첫 단계에 대해 고민했다. 트라우마를 겪은 아동·청소년은 신체화 증상이 많이 나타난다. 자기 마음이 왜 아픈지 모르거나 언어로 표현하기 어렵기 때문에 몸이 대신 아프거나 신경질적인 반응이 많이 나타나는 것이다. 활동가들은 '왜 그런 증상이 나타나는지를 설명하는 것'이 치유의 시작이라고 생각했다. 아동·청소년에게 트라우마가 무엇인지, 당신 몸이 아픈 이유에 대해 쉬운 언어로 설명하고 싶었다. 운디드힐러의 첫 활동은 인형극 공연이었다.

> 운디드힐러 활동의 기본 원칙은 '우리가 할 수 있는 일을 하자'예요. 인형극을 기획했을 때도 외부 그림작가를 섭외하려고 하다가, 부족하더라도 우리가 직접 그림을 그리기로 했어요. 레퍼런스를 찾아봤는데 외부 작가의 작품으로는 우리 마음이 잘 담기지 않겠다고 생각했어요. 서툴더라도 우리가 직접 그리자고 정했어요. 그렇게 하나하나 우리 손으로 준비를 했어요. (이인서)

활동가들은 인형극 대본을 함께 썼다. 대본에는 트라우마의 의미와 치유 과정을 담았고 완성한 후에 전문가에게 내용 검수를 받았다. 아동 대상 인형극이라 쉬운 표현을 써야 하기에 언어치료사에게 표현에 대한 감수 역시 받았다. 대본을 완성한 후에는 배역을 나누어 연습했다. 연습을 마친 후에는 안산 지역의 지역아동센터에 이를 알렸고 그 뒤로 공연을 신청한 지역아동센터로 소품을 챙겨가 아동들에게 인형극을 선보였다.

> 지금도 잊지 못하는 장면이 있어요. 지역아동센터에 가서 인형극을 공연했어요. 인형극이 끝나고 초등학교 1학년 여자아이가 극 안에서 트라우마를 겪은 인형을 붙잡고 말을 걸더라

고요. "괜찮아? 나도 그런 경험을 한 적이 있었어"라고 하면서 나누어준 말이 오래 기억에 남았어요. "괜찮아. 친구야. 나도 이렇게 괜찮아. 너도 괜찮아질 거야." 그 장면을 목격하고 인형극이 우리가 생각한 메시지를 잘 전달할 수 있다고 확신했어요. 우리가 할 수 있는 일로 시작해보자고 했던 것에도 믿음이 생겼죠. 그때 공연 마치고 나오자마자 서로 얼굴을 마주보며 "꺅" 하고 기쁨의 비명을 질렀어요. (이인서)

인형극 활동을 이어가던 중에 코로나19 팬데믹이 시작되었다. 이 상황이 지속되면서 비대면으로 진행할 수 있는 프로그램을 고민했다. 인형극을 영상으로 제작해 온라인으로 프로그램을 진행하기도 하고 애착인형 만들기 키트를 개발하기도 했다. 2021년 인원이 충원되면서 일곱 명이 활동하게 되었다. 운디드힐러 활동가들은 서로가 '운디드'임을, 즉 상처받은 사람들임을 인지하고 있다. 그래서 4월이 오면 여전히 힘들어하는 동료들을 배려해준다. 인원이 늘면서 단체의 미래를 구체적으로 고민하게 되었다. 운디드힐러 공동의 목표를 함께 만들고 단체 내실을 다지기 위해 워크숍을 진행했고 그러면서 관계가 더욱 단단해졌다. 그러던 시기에 이태원참사가 일어났다.

우리가 이태원참사와 함께할 수 있는 일이 무엇일지에 대한 고민을 했어요. 현장 방문 같은 일회성 활동보다 지속적으로 애도할 수 있는 방법을 찾고 싶었어요. 거듭된 회의를 통해 우리만의 방법으로 마음을 표현하는 활동을 해보자고 결정했습니다. 트라우마를 경험한 사람들을 지원하면서 우리도 함께 치유할 수 있다면 좋겠다는 의견도 있었어요. 4월부터 1주기인 10월 29일까지 해보자고 기간을 정했고요. 이 기간 동안 쭉 활동하려면 지치지 않을 수 있는 일이어야 했어요. 그래서 참사 생존자, 유가족, 시민 들에게 전하는 짧은 글을 쓰기로 했어요. 인스타그램 계정을 새로 만들어서 활동가들이 순서를 정해 4월 초에 시작해서 10월 29일까지 이틀에 한 번 글을 올렸어요. 우리의 첫 재난참사 지원 사업이었는데, 그래도 무사히 해낸 것 같아요. (박선영)

2023년 운디드힐러는 어느 해보다 활발하게 활동하고 있다. 이태원 참사 심리지원 활동과 보드게임 제작 사업, 별별청년 지원사업, 멘토링을 진행하고 있고 세월호참사 10주기 활동도 기획 중이다. 다만 여전히 활동비 지급이 어려워 활동가들의 재능기부에 의존하고 있다. 법인화를 구상하면서 활동비를 어떻게 만들어야 할지 서로 머리를 맞대고 있다. 그래도 희망이 조금 보이는 요즘이다. 이예성은 말했다. "불과 몇 달 전에 이 질문에 물음표로 회의가 끝났어요. 그런데 요즘에는 느낌표로 회의를 마칩니다. 우리는 할 수 있다! 해보자! 우리의 슬로건은 '마음에 희망의 나무를 심는다'예요. 우리가 안정적으로 자리 잡아 활동가들이 아동과 청소년 마음에 희망의 나무를 심고, 그들도 우리를 보며 자라 다른 사람 마음에 희망의 나무를 심을 수 있게 되기를 기대합니다."

/ 홍세미

박민진(한낱)

탈가정 청소년들로부터 삶을 살아내는 법을 배웠고, '청소년주거권네트워크 온'을
함께 만들었다. 돌봄과 인권으로 지은 집과 사회가 모든 인간에게 보장되는 세상을 꿈꾼다.

박지연

'인권교육센터 들' 상임활동가. 질문의 힘이 우리를 다른 세계로 인도해줄 것이라 믿으며,
인권교육과 청소년인권운동을 하고 있다. 세상의 틈새를 뚫고 나온 이야기에 기꺼이
이끌리며 살고 싶다.

박희정

인권기록은 고통을 고하고 싶은 이들이 말할 자리를 만들어내는 일이다. 나는 겁이 많아
이 자리에 섰다. 이 위태로운 세상에서 내가 기댈 곳은 오직 이 한 뼘의 말할 자리인 까닭이다.

배경내

'인권교육센터 들' 상임활동가. 질문하는 힘, 공감하는 힘, 연결하는 힘이 이 만신창이
세상을 조금은 살 만하게 만들 거라 믿는다. 인권 교육과 기록 활동의 매력이 바로
거기에 있다.

어쓰

인권운동사랑방 활동가. 세월호와 코로나19를 겪으며 재난, 안전, 재난 피해자의 권리에 대해서 고민하게 되었다. 모두가 '자유롭고 평등하게' 안전할 수 있는 사회를 바란다.

이호연

재난참사, 청소년 인권, 빈곤 그리고 보살핌과 돌봄노동에 대한 기록과 연구를 하고 있다. 존엄이 지켜지는 세상과 서로를 돌볼 수 있는 일상을 만들기 위해 사람들을 만나고 있다.

홍세미

저항하는 사람의 곁에 서고 싶어 인권 기록을 시작했다. 무릎을 맞대고 이야기를 전해 들은 시간만큼 내 세계가 부서지고 넓어졌다.

봄을 마주하고 10년을 걸었다

세월호 생존자, 형제자매, 그 곁의 이야기

기획 / 사단법인 4.16 세월호 참사 진상규명 및 안전사회 건설을 위한 피해자 가족협의회

인터뷰 및 취재, 집필 / 4·16세월호참사 작가기록단

교정 / 박대우 김유경

디자인 / 박대성

초판 1쇄 발행   2024년 3월 15일

초판 2쇄 발행   2024년 4월 16일

ⓒ 4.16 세월호 참사 진상규명 및 안전사회 건설을 위한 피해자 가족협의회 2024

ISBN 979-11-979126-8-9 03300

온다프레스

24756 강원도 고성군 토성면 아야진길 50-3

전화. 070-4067-8645

팩스. 0303-3443-8645

이메일. onda.ayajin@gmail.com

인스타그램. @onda_press